화엄경을 머금은 법성게의 보배구슬

한 톨 먼지 속에 온 우주가, 한 찰나 생각 속에 억겁의 세월이

김 성 철

```
일—미—진—중—함—시   초—발—심—시—변—정—각—생—사
일  량  무  시  즉  방   성  익  보  우  의  사  부  의   열
즉  겁  원  겁  념  일   별  생  불—보—현—대—인  여   반
다  구  량  즉  일  체   격  만  시  해—입—능—경  출   상
체  세  무  일—념  진   란  허  별  인—삼—매—중—변   공
일  십  시  여  역  중   잡  공  분  무  연  명—사  이—화
즉  세  호  상  즉  잉—불   중  생  수  기  득  이  익   시
일  상—이—무—융—원—성   법  파—제—본—환—자—행—고
일  제  지  소  지  비  여   불  식  진  보  장  엄  법   계
중  법  중  심  성  진—경   위  망  무  수  가  귀  의   실
다  부  체  심—극—미—묘   명  상  니  분—득—자  여   보
체  동  일—절—상—무  불   동  필  라—다—이—랑  착   전
일  본—래—적—무—명  수   부  부—득—무—연—선—교   궁
중—일—성—연—수—성—자   래—구—상—도—중—제—실—좌
```

도서출판 오타쿠

화엄경을 머금은 법성게의 보배구슬

한 톨 먼지 속에 온 우주가, 한 찰나 생각 속에 억겁의 세월이

초판 발행일 2020년 11월 8일 (컬러 인쇄)
초판 7쇄   2022년 10월 3일 (흑백 인쇄)

지은이   김성철
펴낸이   김용범
펴낸곳   도서출판 오타쿠

주소 (우)04374 서울특별시 용산구 이촌로 18길 21-6 이촌상가 2층 203호
전화번호 02-6339-5050   otakubook@naver.com   www.otakubook.org

출판등록 2018.11.1   등록번호 2018-000093
ISBN 979-11-965849-0-0   93220

가격 22,000원 [eBook(가격: 15,000원)으로도 판매합니다]

이 도서의 국립중앙도서관 출판예정도서목록(CIP)은 서지정보유통지원
시스템 홈페이지(http://seoji.nl.go.kr)와 국가자료종합목록 구축시스템
(http://kolis-net.nl.go.kr)에서 이용하실 수 있습니다. CIP제어번호 : CI
P2020046295)

※ 이 책에는 네이버 글꼴이 적용되어 있습니다.

책머리에

1. 법성게 해설서. 참으로 하고 싶었던 작업이었다. 작년 5월 그러니까 1년 반 전에 집필을 시작하여 이제 모든 원고를 완성하였고 이렇게 세상에 선을 보이게 되었다. 1987년 불교를 공부하기 위해서 동국대학교 대학원에 입학할 당시, 막연히 화엄에 대해 공부해 보겠다는 생각을 갖고 있었다. 화엄을 최고의 불교라고 칭송하셨던 탄허(呑虛, 1913-1983) 스님의 영향이었다. 그러나 필연과 같은 우연으로 불교학과가 아니라 인도철학과에 입학하였고, 중관학 연구에 몰두하면서 화엄에 대해 제대로 공부할 기회를 갖지 못했다.

화엄과 관련하여 세간에 처음 발표한 내 글은 2003년 3월에 발간한『불교평론』에 실린 '탄허 스님의 예언과 정보통신문명'이라는 제목의 칼럼이었다. 탄허 스님께서는 생전에 "앞으로 초등학생도 화엄을 공부하는 시대가 올 것이다."라고 여러 차례 말씀하셨는데 인터넷, 컴퓨터, 핸드폰과 같은 정보통신기기의 활용을 이와 연관시켜서 해석한 칼럼이었다. (본서 말미에 부록으로 실었다.) 그리고 같은 해 11월에 동국대 경주캠퍼스 원효관에서, 불교사회문화연구원 주최로 '불교의 화엄세계와 유비쿼터스 정보 기술'이라는 주제의 학술대회가 열리면서 「화엄사상에 대한 현대적 이해」라는 논문을 발표하였다. 경주 동국대 불교학과의 경우 도업 스님께서 화엄학 강의를 담당하셨지만, 스님께서는 그 당시 연구년을 받아 해외에 나가계셨기에 전공자가 아닌 내가 화엄 관련 발제를 맡게 되었다. 젊은 시절, 불교를 본격적으로 공부하기 시작하면서 법성게의 한 구절, 한 구절에 담긴 뜻이 너무나 좋았기에 틈날 때마다 몇몇 구절들을 떠올리면서 그 의미에 대해 혼자서 이렇게 저렇게 풀어보곤 했는데, 그때까지 내가 갖고 있던 화엄에 대한 생각들을 논문 속에 모두 쏟아 넣었다.

그 후 10여 년이 지난 2015년 6월에 서울 방배동의 사찰음식전문점 '마지

갤러리'에서 미붓아카데비 주최로 '법성게' 특강을 하게 되었다. 같은 해 7월 10일부터 시작되었던 '21세기 불교로 철학하기' 시리즈 강좌를 준비하기 위한 시범적 강의였다. 많은 청중이 모였고 호응도 좋았던 것으로 기억한다. 그리고 작년 7월에 대한불교삼보회에서 '화엄의 세계에 빠지다.'라는 주제로 여름불교대학 시리즈강좌를 개설하면서 다시 한 번 대중 앞에서 법성게를 강의할 기회를 가졌다. 그 강의영상은 BTN 홈페이지의 '다시보기' 게시판에서 시청 가능하다. 지금까지 화엄학 또는 법성게와 관련하여 논문과 칼럼을 각각 한 편씩 썼고 두 차례의 대중강의를 했지만 학교에서는 수업의 성격에 따라서 가끔 법성게 전체를 강의했다. 법성게의 문구 하나하나가 너무나 좋았기에 언젠가 그에 대한 나의 해석을 집대성하는 책을 쓰고 싶었는데, 정년을 2년여 남기고 이제 그 뜻을 이루게 되었다.

2. 원고 작성을 시작하면서 두 가지를 집필의 원칙으로 삼았다. 첫째는 불교 초심자도 읽을 수 있도록 가능한 한 쉽게 쓴다는 것이었고, 둘째는 본서를 통해 화엄학을 포함하여 불교교학 전반을 개관할 수 있도록 한다는 것이었다. 그래서 첫 문구인 '법성원융무이상(法性圓融無二相)'의 의미를 풀이하는 데 가장 많은 지면을 할애하면서 법, 법성, 원융, 무이상 등의 의미에 대해 과도할 정도로 상세하게 설명하였다. 그리고 이어지는 '제법부동본래적', '무명무상절일체'를 비롯하여 법계연기의 핵심이 집약된 다라니인 '일중일체다중일 일즉일체다즉일', 그리고 '일미진중함시방 일체진중역여시' 등의 문구에 대해서도 다양한 예를 들어가면서 자세하게 설명하였다.

현재 우리나라의 승가교육기관에서는 실차난타(實叉難陀, 652-710) 번역의 80권본『화엄경』을 교재로 삼고 있으며, 탄허 스님께서 번역하신 이통현(李通玄, 635-730) 장자의『신화엄경합론(新華嚴經合論)』역시 80권본『화엄경』에 근거하지만, 법성게를 해석하면서 참조해야 할 문헌은 불타발타라(佛陀跋陀羅, 359-429)가 번역한 60권본『화엄경』이다. 의상이 법성게를 저술하면서 참조했던『화엄경』이기도 했고, 의상의 스승 지엄과 화엄종의 초조인 두순의 화엄학이 바로 60권본 『화엄경』에 근거하기 때문이다. 80권본 『화엄경』이 완결미에서 60권본을 능가하지만, 80권본의 경우 의상이 법성게를 저술한 후 신라로 귀국(670년)하고 나서 근 30년이 지나서(695-699년) 그 번역이 완성되었기에 의상의 화엄학과 무관하다.

법성게의 주석서로 의상 자신이 풀이한 『화엄일승법계도』가 있고, 『법융기(法融記)』, 『진수기(眞秀記)』, 『대기(大記)』, 등으로 약칭하는 각종 주석들을 집대성한 『법계도기총수록(法界圖記叢髓錄)』이 있으며, 고려시대 균여(均如, 923-973)의 『일승법계도원통기(一乘法界圖圓通記)』, 조선 후기의 승려 유문(有聞)의 『대방광불화엄경의상법사법성게과주(大方廣佛華嚴經義湘法師法性偈科註)』, 김시습(金時習, 1425~1493)의 선기(禪機) 넘치는 해석인 『대화엄법계도주(大華嚴法界圖註)』등이 있다. 본서에서는 이 가운데 의상의 자주(自註)인 『화엄일승법계도』와 『법계도기총수록』에 실린 주석들을 주로 참조하면서 법성게 해석의 근거로 삼았다. 또 법성게에 대한 주석은 아니지만 화엄종의 초조인 두순(杜順, 557-640)을 비롯하여 지엄(智儼, 602-668), 법장(法藏, 643-712), 징관(澄觀, 738-839) 및 이통현(李通玄, 635-730) 등 화엄가의 여러 저술들도 가끔 인용함으로써 논지를 보완했다.

그런데 무엇보다 이 책을 쓰면서 가장 노력을 기울인 것은 법성게의 전거가 되는 경문들을 60권본 『화엄경』에서 일일이 찾아 제시하는 일이었다. 또 이들 경문 가운데 운문의 경우, 독자가 리듬감을 느낄 수 있도록 대개 4·4조 가사체로 번역하였다. 이들 인용 경문을 통해 독자들은 법성게의 사상이 철저하게 『화엄경』의 가르침에 근거한 것이라는 점을 확인할 수 있을 것이다. 이와 아울러 위에 열거한 법성게에 대한 주석들과 어긋나지 않는 한도 내에서, 각 문구의 의미를 가능한 한 쉽게 풀어보려고 노력하였다. 이들 주석서를 직접 인용하기도 했지만 아비달마교학이나 중관학과 같은 다른 분야의 불교 사상은 물론이고 현대과학이나 서양철학, 미술이론, 정책론, 정신분석학, 뇌과학, 진화생물학 등 인접학문의 다양한 이론들과 연관시켜서 법성게의 각 문구를 해석함으로써 그 의미가 보다 분명하게 드러나도록 하였다.

3. 중관학(中觀學)을 전공한 필자로서 화엄학의 정수인 법성게를 풀이하여 책으로 발간하는 일이 주제넘은 일일지도 모른다. 그러나 동아시아의 중관학인 삼론학(三論學)을 대륙의 남조 불교계에서 부흥시킨 고구려 승랑(僧朗, 450-530경) 스님 역시 화엄에도 능하여 『화엄의소(華嚴義疏)』를 저술하셨다는 기록과, 현대의 불교학자 가운데 『화엄학개론』을 저술하신 동국대 김잉석(金芿石, 1900-1965) 교수님께서 삼론가인 승랑에 대해 여러 편의 심도 있는 연구논문을 발표하셨던 일에 비추어 보면 화엄학과 중관학 간의 학문적 거리는 그리 멀지 않은 것 같다.

『화엄경』은 참으로 방대(尨大)하다. 먼저 60권 또는 80권에 달하는 『화엄경』의 분량이 방대하고, 화엄신화에 등장하는 대중이 방대하고, 거론하는 불국토의 규모가 방대하며, 부처님의 위신력이 방대하다. 그야말로 『대방광불화엄경(大方廣佛華嚴經)』이다. 필자가 화엄의 바다에 뛰어들면서, 화엄의 바다 전체를 조망하여 그 윤곽을 잡아내고, 화엄의 바닷속 깊이 숨겨진 보배를 발견하며, 급기야 화엄의 바다가 모두 '보법(普法)'의 일미(一味)임을 알아낼 때까지, 나침반(羅針盤)이 되고 부표(浮標)가 되어준 저술들이 있다. 도업 스님의 『화엄경사상연구』와 해주 스님의 『정선화엄 I』, 그리고 본각 스님의 『화엄교학강론』이다. 세 분 스님의 학은(學恩)에 머리 숙여 감사드린다.

4. 4차산업혁명과 함께 화엄의 시대가 도래하고 있다. '감각신경→ 중추신경 → 운동신경'의 3원 구조로 이루어진 인간의 신경망을 모사하여 '입력장치→ 중앙처리장치→ 출력장치'의 3원 구조를 갖는 컴퓨터가 탄생하였고, 정보통신기술의 발달로 우리사회 전체가 하나의 거대한 신경망과 같이 연결되면서 '무한입력→ 무한처리→ 무한출력'을 특징으로 하는 4차산업문명의 시대가 시작되었다. 컴퓨터의 경우 키보드와 마우스 정도가 정보 입력장치의 전부였는데, 지금의 이 시대에는 이와 아울러 바코드, QR코드, CCTV, 마이크로칩, 음성인식장치, 얼굴인식 … 등 정보를 입력하는 장치와 방식이 극도

로 다양해지고 있다. 즉 4차산업문명은 정보의 무한입력을 지향한다. 또 과거에 컴퓨터의 중앙처리장치는, 인간이 미리 제작하여 설치한 프로그램에 따라서 연역적 방식으로 작동할 뿐이었는데, 지금 이 시대의 인공지능은 Machine Learning 또는 Deep Learning 방식을 통해 귀납적 방식으로 데이터를 처리하여 프로그램 모델을 만들어내기에, 경험적 지식에서도 인간의 능력을 능가한다. 그야말로 정보의 무한처리가 가능해진 것이다. 또 3D프린터, 드론, 로봇수술, 자율주행자동차 … 등 정보를 출력하는 방식 역시 한없이 다양해지고 있다. 정보의 무한출력이다.

그런데 이렇게 '무한입력, 무한처리, 무한출력'을 특징으로 하는 4차산업문명의 시대는 천수천안(千手千眼)의 관세음보살을 닮아있다. 천 개의 눈으로 고통 받는 중생을 찾아 살피시고, 천 개의 손을 통해 갖가지 방식으로 그들의 고통을 보듬으시는 관세음보살이다. 관세음보살의 천안은 무한입력, 천수는 무한출력과 대비된다. 다른 용어로 표현하면 천안은 전지(全知, Omniscient), 천수는 전능(全能, Omnipotent)에 해당할 것이다. 4차산업문명은 전지전능을 지향한다. 불교적으로 표현하면 누구나 부처님이고, 어느 곳이든 세상의 중심인 불국정토로 변하고 있다. 외견상 화장장엄세계(華藏莊嚴世界)가 아닐 수 없다. 『화엄경』의 가르침을 210자로 농축한 법성게의 비밀이, 본서를 통해 우리 사회에 널리 알려지고 4차산업문명과 공명(共鳴)함으로써, 누구나 주인공이 되고, 어디든 세상의 중심이 되는 차방정토(此方淨土)가 이 땅에 실현되는 그날이 보다 앞당겨지기 바란다.

끝으로, 불교신행의 길에서 어느 결에 도반이 되어 필자의 학문작업을 응원하고 조언해 주는 아내 길상화 보살과, 언제나 기쁨과 위안을 주는 두 아들 내외 가족 모두에게 감사한 마음을 전한다.

佛紀 2564年(2020) 10月 27日
慶州 寓居에서 圖南 金星喆 合掌

차 례

표 차례

그림 차례

일러두기

1. 본서에서 인용한 『화엄경』은 대부분 불타발타라 번역의 60권본 『화엄경』이며, 간혹 실차난타가 번역한 『화엄경』을 인용할 경우 반드시 80권본이라고 명기하였다.

2. 본서에서 수록한 불전의 한문은 CBETA에서 채취한 것이며, 각주에서 사용한 약부호 와 그에 해당하는 대장경은 다음과 같다.

T: 大正新修大藏經 - 일본에서 大正 13년(1924년)에 제작 시작하여 1934년에 완성.

X: 卍新續藏經 - 일본에서 1902년에 제작 시작하여 1905년에 완성.

B: 大藏經補編 - 1986年 臺灣 華宇出版社에서 간행.

L: 乾隆大藏經 - 淸의 雍正 11년(1735)에 판각 시작하여 乾隆 3년(1738)에 완성.

화엄일승법계도
華嚴一乘法界圖

```
一 微 塵 中 含 十 初 發 心 時 便 正 覺 生 死
一 量 無 是 卽 方 成 益 寶 雨 議 思 不 意 涅
卽 劫 遠 劫 念 一 別 生 佛 普 賢 大 人 如 槃
多 九 量 卽 一 切 隔 滿 十 海 入 能 境 出 常
切 世 無 一 念 塵 亂 虛 別 印 三 昧 中 繁 共
一 十 是 如 亦 中 雜 空 分 無 然 冥 事 理 和
卽 世 互 相 卽 仍 不 衆 生 隨 器 得 利 益 是
一 相 二 無 融 圓 性 法 叵 際 本 還 者 行 故
一 諸 智 所 知 非 餘 佛 息 盡 寶 莊 嚴 法 界
中 法 證 甚 性 眞 境 爲 妄 無 隨 家 歸 意 實
多 不 切 深 極 微 妙 名 想 尼 分 得 資 如 寶
切 動 一 絶 相 無 不 動 必 羅 陀 以 量 捉 殿
一 本 來 寂 無 名 守 不 不 得 無 緣 善 巧 窮
中 一 成 緣 隨 性 自 來 舊 床 道 中 際 實 坐
```

법계도인
法界圖印

칠언 분구 법계도인
七言 分句 法界圖印

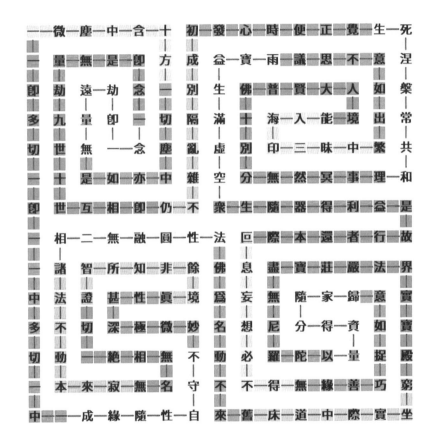

7言 30句 210字

법성게 法性偈

법성원융무이상	法性圓融無二相	법의 본성 원융하여 분별함을 용납 않고
제법부동본래적	諸法不動本來寂	모든 법은 부동하여 본래부터 고요해서
무명무상절일체	無名無相絶一切	이름 없고 모습 없어 모든 것이 끊겼으니
증지소지비여경	證智所知非餘境	깨달은 이 아는 경계 다른 이는 모른다네.
진성심심극미묘	眞性甚深極微妙	참된 본성 아주 깊고 지극하게 미묘하여
불수자성수연성	不守自性隨緣成	자기 성품 고집 않고 인연 따라 성립하네.
일중일체다중일	一中一切多中一	하나 속에 모두 들고 모두 속에 하나 들며
일즉일체다즉일	一卽一切多卽一	하나가 곧 모두이고 모두가 곧 하나라네.
일미진중함십방	一微塵中含十方	한 점 크기 티끌 속에 온 우주가 담겨있고
일체진중역여시	一切塵中亦如是	낱낱 모든 티끌에도 역시 이와 마찬가지.
무량원겁즉일념	無量遠劫卽一念	무량 세월 구원겁이 한순간의 생각이고
일념즉시무량겁	一念卽是無量劫	한순간의 잠깐 생각 무량겁의 세월이라
구세십세호상즉	九世十世互相卽	아홉 갈래 온 시간이 그냥 바로 지금이나
잉불잡란격별성	仍不雜亂隔別成	그럼에도 혼잡 없이 구분되어 성립하네.
초발심시변정각	初發心時便正覺	첫 보리심 발했을 때 그대로가 정각이니
생사열반상공화	生死涅槃常共和	생사윤회, 열반해탈 항상 함께 조화롭네.
이사명연무분별	理事冥然無分別	본체 현상 그윽하여 구별할 수 없는 것은
시불보현대인경	十佛普賢大人境	시방 부처, 보현보살 대인들의 경계일세.
능입해인삼매중	能入海印三昧中	바다 같은 해인삼매 능히 들어 가시어서
번출여의부사의	繁出如意不思議	불가사의 여의주를 무수하게 뿜으시니
우보익생만허공	雨寶益生滿虛空	단비 같은 보배 구슬 중생 위해 허공 가득
중생수기득이익	衆生隨器得利益	뭇 생명들 근기 따라 제 이익을 얻는다네.
시고행자환본제	是故行者還本際	그러므로 수행자가 본래 자리 돌아갈 때
파식망상필부득	叵息妄想必不得	망상분별 쉽잖으면 절대 결코 얻지 못해.
무연선교착여의	無緣善巧捉如意	조건 없는 선교방편 여의주를 손에 넣어
귀가수분득자량	歸家隨分得資糧	귀가할 때 분수 따라 자량으로 삼는다네.
이다라니무진보	以陀羅尼無盡寶	다라니의 한량없는 금은보화 사용하여
장엄법계실보전	莊嚴法界實寶殿	화엄법계 보배 궁전 장중하게 꾸미고서
궁좌실제중도상	窮坐實際中道床	궁극에서 참된 경계 중도 자리 앉고 보니
구래부동명위불	舊來不動名爲佛	옛적부터 부동하여 그 이름이 부처였네.

I. 법성게 이해를 위한 기초지식

1. 법계도인(法界圖印)의 탄생

　법성게(法性偈). 신라의 의상(義湘, 625-702) 스님께서 지으신『화엄일승법계도(華嚴一乘法界圖)』라는 '미로와 같은 도형'에 적힌 게송을 부르는 이름이다. 지금부터 1,350여 년 전인 서력기원 후 668년에 신라의 의상 스님께서는『화엄경』의 가르침을 7언, 30구의 게송으로 요약하여 정사각형 속에 미로를 그리듯이 배열한『화엄일승법계도』를 제작하셨다. 일곱 글자의 게송, 서른 구절이기에 글자 수가 총 210자가 된다. 정사각형의 쟁반 모양 속에 배열이 되어 있기에 반시(盤詩 또는 槃詩)라고 부르기도 한다. 법성게라고 부르는 이유는 화엄에서 가르치는 법의 본질[성(性)]에 대해 노래하기 때문일 것이다. 또는 그 첫 구절이 법성으로 시작하기 때문일 수도 있다.『논어(論語)』에서「학이(學而)」나「위정(爲政)」과 같은 각 편의 제목이 특별한 뜻이 있는 것이 아니라 "학이시습지 불역열호 …"라든지 "위정이덕 비여북신 …"으로 시작하는 첫 구절에서 유래하듯이『화엄일승법계도』의 게송이 그림 중앙의 "법성원융무이상 …"으로 시작하기에 그 첫 글자를 따서 법성게라고 부르는 것일 수도 있으리라.『화엄일승법계도』의 일승(一乘)은 억겁의 보살행 후의 성불을 지향하는 수행의 길인 대승을 넘어서서, 지금 이대로 내가 부처이고 내가 사는 바로 이곳이 불국정토임을 자각하는 일불승(一佛乘) 수행의 길이다. 따라서 '화엄일승법계도'란 '일불승을 지향하는『화엄경』에서 가르치는 법의 세계에 대한 그림'이라고 풀이할 수 있다.

　해수관음(海水觀音)으로 유명한 강원도 양양의 낙산사와 배흘림기둥의 무량수전이 있는 사찰인 경북 영주의 부석사 등을 창건한 분이 의상 스님이었고 원효(617-686) 스님의 '해골 물' 일화 때 함께 있었던 여덟 살 연하의 도반이 바로 의상 스님이었다.

　당시 당나라 장안에서는, 인도 유학을 마치고 17년 만에 돌아온 삼장법사 현장(玄奘, 602-664) 스님이 인도에서 가져온 새로운 불전들을 번역하면서 명성을 날리고 있었다. 명나라의 소설가 오승은(吳承恩, 1500-1582)이 지은 『서유기』에서 손오공(孫悟空), 저팔계(豬八戒), 사오정(沙悟淨)과 함께 천축1)으로 구법의 길에 올랐던 삼장법사의 모델이 바로 현장이었다. 의상은 원효와 함께 현장의 신학문을 배우기 위해서 당나라 유학길에 올랐다. 처음에는 육로를 택하여 북으로 올라갔는데, 도중에 고구려 순라군에게 붙잡혀 실패하고 만다. 신라, 백제, 고구려 삼국이 전쟁을 벌였던 시기이기에 일어난 일이었으리라. 그러나 이에 굴하지 않고 해로를 통해 장안으로 가기 위해 다시 길을 떠났다. 그러던 중 칠흑 같은 밤에 비를 피하여 토굴에서 숙박했는데 아침에 깨어 보니 그곳은 시체를 버리는 동굴무덤이었다. 원효는 "마음이 일어나니 온갖 만물이 나타나고 마음이 사라지니 감실(龕室)과 무덤이 다르지 않구나. … 온 세상이 오직 마음뿐이고 세상만사는 오직 마음뿐이다. 마음 바깥에 아무것도 없는데, 어찌 따로 구하겠는가? 나는 당나라에 들어가지 않겠다."라고 유심게(唯心偈)를 읊조리며 바랑을 들고서 신라로 돌아갔다.2) [그 후 10년이 지난 671년에 원효는 현장이 소개한 불교논리학 입문서인 『인명입정리론(因明入正理論)』의 오류 이론3)에 근거하여 현장의 학문을 비판하는 『판비량론(判比量論)』을 저술하였다.] 그러나 의상은 수도 장안(長安)으로 가서 화엄종의 제2조 지엄(智儼, 602-668) 스님의 문하에 들어간다.

　그런데 여기서 우리가 한 가지 짚고 넘어가야 할 점이 있다. 의상과 원효가 당나라 유학을 떠난 원래의 목적은 현장의 신학문을 배우는 것이었다고 전하

---

1) 天竺: 인도의 옛 이름인 신두(Sindhu)의 음사어. 현재 사용하는 인도(印度)라는 명칭은 현장(玄奘)의 번역어다.

2) "心生故種種法生 心滅故龕墳不二 又三界唯心萬法唯識 心外無法胡用別求 我不入唐 卻攜囊返國", T50, p.729a.

3) 불교논리학에서는 주장, 이유, 실례로 이루어진 삼단논법에서 주장, 이유, 실례를 제시할 때 발생할 수 있는 오류의 종류에 모두 33가지가 있다고 가르친다.

는데, 원효는 유심게를 읊으며 발길을 돌린 후 10년이 지나 현장을 비판하는 책을 저술했고, 의상은 현장이 아니라 지엄의 문하생이 되었다. 현장의 역경처(譯經處)인 자은사(慈恩寺)와 지엄이 주석하던 지상사(至相寺) 모두 장안의 사찰로 서로 그리 멀리 떨어져 있지 않았다. 그런데도 의상은 애초에 스승으로 모시려던 현장이 아니라 지엄 문하에 들어갔다. 원효는 현장의 학문을 비판하기 시작했고, 의상은 다른 스승을 찾아갔다. 현장의 신학문을 대하는 두 스님의 태도가 어느 순간 이후 돌변하였다. 이유야 어떻든 원효나 의상 모두 삼장법사 현장의 신학문에 대해서 호의적이지 않았음을 알 수 있다.

화엄종은 전설의 인물인 두순(杜順, 557-640)을 초조(初祖)로 삼고, 지엄을 제2조, 그리고 지엄 문하에서 의상과 함께 공부한 강거국(康居國, 서역의 사마르칸드) 혈통의 법장(法藏, 643-712)을 제3조, 징관(澄觀, 738-839)을 제4조로 삼는다. 661년에 지상사 지엄의 문하로 들어가서 화엄을 공부한 의상은 668년 7월 15일에[4] 드디어 법성게가 실린 『화엄일승법계도』를 제작한다. 『화엄일승법계도』에서 의상은 먼저 법성게를 저술한 취지를 간략히 밝힌 후, 7언 30구의 법성게를 미로처럼 배열하여 도장 모양으로 만든 법계도인(法界圖印)을 제시한다. 그리고 법계도인의 모양과 굴곡 등이 상징하는 의미에 대해 해설하고, 법성게 30구절의 게송들을 몇 가지 군으로 묶어서 제목을 달고 목차를 만든[5] 후, 핵심 구절의 의미에 대해 문답의 방식을 빌어서 해설하였다.

최치원이 저술한 의상의 전기 『부석존자전(浮石尊者傳)』에서는 의상이 법계도인을 제작하게 된 계기와 그 과정에 대해 다음과 같이 소개한다.

> 의상 스님이 지엄 스님 문하에서 화엄을 배울 때 꿈에 아주 잘생긴 신인(神人)이 나타나서 "자신이 깨달은 것을 글로 분명히 표현하여 사람들에게 베풀어야 하느니라."라고 말했다. 또 꿈속에서 선재동자가 [나타나서] 총명해지는

---

4) 『華嚴一乘法界圖』, T45, p.716a.
5) 이런 작업을 과문(科文)이라고 부른다.

첩약 10여 재를 주었다. 또 푸른 옷을 입은 동자를 만났다. 세 번에 걸쳐서 비결이 내려진 것이었다. 지엄 스님은 이 얘기를 듣고서 다음과 같이 말했다. "신(神)이 내리고 영(靈)이 주는 일이 나의 경우 한 번 있었는데, 그대는 세 번이나 되는구나. [신라에서] 멀리 건너와서 부지런하게 수행하니까 그 보답이 이렇게 나타나는구나." 이로 인해서 [지엄은 의상에게] 심오하게 통찰하여 얻은 내용을 책으로 묶을 것을 명하였다. 그래서 [의상은] 부지런히 붓을 놀려 대승의 [가르침을 담은] 문장 10권을 엮었고 스승[인 지엄]에게 잘못된 내용을 지적해 달라고 청하였다. 지엄은 "내용은 참으로 훌륭하지만, 문장이 아직 옹색하구나."라고 말했다. 그래서 [의상은] 물러나서 번잡한 곳을 삭제하고 의미가 소통되게 만들어 『입의숭현(立義崇玄)』이라고 이름을 붙였다. 이는 아마도 그의 스승이 저술한 『수현분제(搜玄分齊)』[6)의 뜻[義]을 높이고자 [崇] 함이리라. 지엄 스님은 그래서 의상 스님과 함께 부처님 앞에 나아가 서원을 발하고 이를 불에 태우면서 "말이 성인의 뜻에 부합한다면 원하건대 불에 타지 말지어다."라고 말하였다. 다 타고 남은 것에서 210개의 글자를 얻어서 의상에게 이를 줍게 하였고 간절하게 서원하고서 다시 맹렬한 불길에 던졌는데 끝내 재가 되지 않았다. 지엄은 눈물이 그렁그렁한 채로 감탄하고 칭찬하면서 이를 엮어서 게송을 만들라고 하였다. 방문을 닫고서 여러 날이 지나서 30구절을 만들었는데, 삼관(三觀)[7)의 깊은 뜻을 담고 있고 십현[연기][8) 에서 다루지 않은 훌륭한 내용이 제시되어 있었다.[9)

---

6) 원명은 『大方廣佛華嚴經搜玄分齊通智方軌』.
7) 두순이 저술한 『華嚴法界觀門』의 세 가지 큰 주제인 眞空觀, 理事無礙觀, 周遍含 容觀.
8) 十玄緣起: 同時具足相應門, 因陀羅網境界門, 祕密隱顯俱成門, 微細相容安立門, 十世隔法異成門, 諸藏純雜具德門, 一多相容不同門, 諸法相即自在門, 唯心迴轉 善成門, 託事顯法生解門. 이들 열 가지 항목의 의미에 대해서는 본서 p.246 참조.
9) "相公 於儼師所 受花嚴時 夢有神人 貌甚魁偉 謂相公曰 以自所悟著述 施人宜矣 又夢善財授聰明藥十餘劑 又遇靑衣童子 三授秘訣 儼師聞之曰 神授靈貺 我一爾 三 遠涉勤修 厥報斯現 因命編次 窺奧所得 於是奮筆 緝大乘章十卷 請師指瑕 儼 曰 義甚佳詞尙壅 乃退而芟繁爲四通 號曰立義崇玄 盖欲崇其師所著 搜玄分齊之 義 儼乃與相詣佛前 結願焚之 且曰 言有脗合聖旨者 願不爇也 旣而煨燼之餘 獲二 百一十字 令相捃拾 懇誓 更擲猛焰 竟不灰 卷上 第一張 儼含涕嗟稱 俾綴爲偈 閉 室數夕 成三十句 括三觀之奧旨 擧十玄之餘美", 均如의 『一乘法界圖圓通記』(B1, p.532a)에 인용된 내용이다.

의상이 세 번에 걸쳐 신이(神異)한 꿈을 꾼 얘기를 스승인 지엄에게 전하니, 지엄은 감탄하면서 그동안의 공부로 얻은 통찰을 책으로 엮을 것을 명하였고, 의상이 최종적으로 『입의숭현』이라는 제목의 책을 만들어 지엄에게 올리니, 지엄은 그 내용이 부처님 가르침의 취지에 맞는지 시험하기 위해 불길 속에 던지게 하였고, 끝내 재가 되지 않은 210개의 글자를 엮어서 법계도를 제작했다는 것이다. 의상이 『화엄일승법계도』를 제작한 후 3개월이 지나서 668년 10월 29일10) 지엄은 세상을 떠난다. 그리고 2년이 지난 670년에 의상은 삼국 전쟁 종료 후 마수를 드러낸 당의 침공을 알리기 위해 신라로 급거 귀국하였고, 해동 화엄종의 초조가 되어 부석사 등을 창건하였다.

2. 법계도인 기하학의 상징적 의미

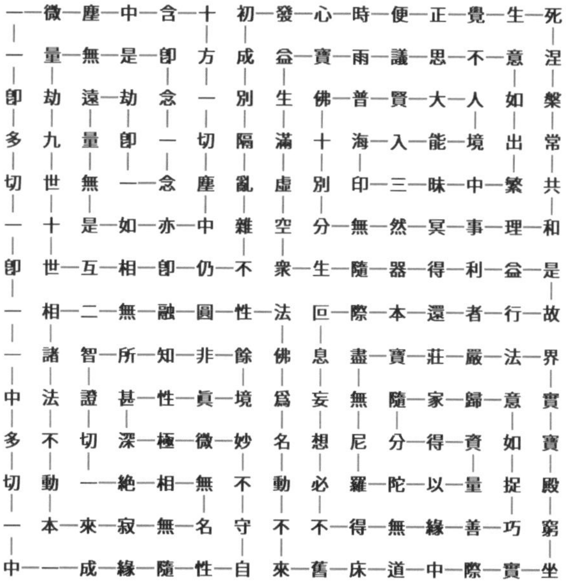

```
一—微—一—塵—一—中—一—含—一—十　初—發—心—時—便—正—覺—一—生—死
一　量　無　是　即　方　　成　益　寶　雨　議　思　不　意　　涅
即　劫　遠　劫　念　一　別　生　佛　普　賢　大　人　如　槃
多　九　量　即　一　切　隔　滿　十　海　入　能　境　出　常
切　世　無　一　念　塵　亂　虛　別　印　三　昧　中　繁　共
一　十　是　如　亦　中　雜　空　分　無　然　冥　事　理　和
即　世　互　相　即　仍　不　衆　生　隨　器　得　利　益　是
一　相　二　無　融　圓　性　法　叵　際　本　還　者　行　故
一　諸　智　所　知　非　餘　佛　息　盡　寶　莊　嚴　法　界
中　法　證　甚　性　眞　境　爲　妄　無　隨　家　歸　意　實
多　不　切　深　極　微　妙　名　想　尼　分　得　資　如　寶
切　動　一　絶　相　無　不　動　必　羅　陀　以　量　捉　殿
一　本　來　寂　無　名　守　不　不　得　無　緣　善　巧　窮
中—一—成—緣—隨—性—自　來—舊—床—道—中—際—實—坐
```

그림 1 - 법계도인 / 화엄일승법계도

10) 『華嚴經傳記』, T51, p.163c.

법계도인을 반시[쟁반과 같은 모양의 시]라고 부르듯이 법계도인의 전체적인 모습은 정사각형이다. 정사각형에는 네 개의 변과 네 개의 모서리가 있다. '법성원융무이상(法性圓融無二相) …'으로 시작하는 법성게의 첫 글자인 '법'자는 법계도인의 중앙에 위치하며 마지막 구절인 '… 구래부동명위불(舊來不動名爲佛)'의 끝 글자인 '불'자 역시 법자 바로 아래인 중앙에 배치되어 있다. 의상은 법성게를 이렇게 배열하여 기하학적 도형으로 만들어낸 이유에 대해 문답 형식으로 설명하였는데, 의상의 저술인 『화엄일승법계도』에 실린 해설과 그에 대한 주석 모음인 『법계도기총수록』에서 취사(取捨)하여 그 상징적 의미를 몇 가지 소개하면 다음과 같다.

법계도인의 전체적인 모양에 대한 문답

(1) 법성게를 도장의 모양으로 표기한 이유 – 화엄학에서 가르치는 3종 세간을 표현하기 위한 것이다. 즉 물리적 세계인 기세간(器世間)과 그곳에서 살아가는 생명체들을 의미하는 중생세간(衆生世間)과 그런 중생들에게 가르침을 주는 부처와 보살을 의미하는 지정각세간(智正覺世間)의 세 가지 세상을 표현하기 위한 것이다. 법계도기의 바탕인 하얀 종이는 기세간을 나타내고, 법성게의 검은 글씨는 중생세간을 나타내며, 각 글자를 잇는 붉은 색의 선은 지정각세간을 나타낸다.

(2) 법계도인의 문자들이 하나의 길[一道]에 배열되어 있는 이유 – 여래께서 일음(一音)으로 설법하신다는 점을 나타내기 위한 것이다. 즉 한 가지 선교방편이기 때문이다.

(3) 법계도인에 굴곡이 많은 이유 – 중생이 근기에 따라서 종교적으로 추구하는 것이 같지 않기 때문이다. 보살, 연각(緣覺), 성문(聲聞)의 삼승(三乘)

11)이 이에 해당한다.

(3) 법계도인이 하나의 길인데 시작과 끝이 없는 이유[즉, 첫 글자인 '법'자와 끝 글자인 '불'자가 중앙에서 만나게 하여 마치 고리와 같이 배열한 이유] – 부처님의 선교방편(善巧方便)에 일정한 틀이 없음을 나타낸다. [공간적으로] 모든 법[法界]과 [시간적으로] 모든 시간대[十世]가 원융하여 부족함이 없다는 점을 설명해야 하기 때문이다. [화엄일승의] 원교(圓敎)가 이에 해당한다.

(4) 법계도인의 사각형에서 네 변과 네 각이 의미하는 것 – 보살의 네 가지 교화 방편인 보시, 애어, 이행, 동사의 사섭법(四攝法)12)과 네 가지 무한한 마음인 자, 비, 희, 사의 사무량심(四無量心)13)을 드러내기 위해서다. 성문, 연각, 보살의 삼승의 가르침에 의지하여 일불승(一佛乘)14)이 있게 되는데, 이 도장의 모양에서 네 면과 네 각은 삼승의 다양성을, 그것이 모여 하나의 도형을 이루는 것은 일불승을 나타낸다.

---

11) 부처님의 전생과 같이 성불을 지향하는 수행자가 '보살', 불교를 모르거나 불교가 전파되지 않은 곳에서 생명과 세계에 대해 의문을 품고서 홀로 깨달음을 추구하는 수행자가 '연각(또는 독각)', 부처님의 가르침에 따라 수행하여 아라한이 되고자 하는 수행자가 '성문'이다. 이들 세 가지 수행의 길을 '깨달음으로 실어 나르는 세 가지 수레'라는 의미에서 삼승(三乘)이라고 부른다.
12) 사섭법은 보살의 교화 태도로 '네 가지 포용의 방법'을 의미하는데 보시(布施)는 베푸는 것, 애어(愛語)는 자애로운 말, 이행(利行)은 이익을 주는 행위, 동사(同事)는 고락을 함께 하는 것을 의미한다.
13) 사무량심은 무한한 중생을 향해서 무한히 발휘하는 네 가지 마음을 의미하는데, 자(慈)는 남에게 즐거움을 주고자 하는 마음, 비(悲)는 남의 고통을 제거해주고자 하는 마음, 희(喜)는 남의 행복을 기뻐하는 마음, 사(捨)는 원친(怨親)을 가리지 않고 평등하게 대하는 마음을 의미한다.
14) 일승과 동의어로 화엄의 길을 의미한다. 불교사상은 '소승→ 대승→ 일승'으로 발전하는데, 소승은 생사를 초월하는 아라한의 지혜를 추구하고, 대승은 긴 세월의 보살행을 통해 복덕과 지혜를 모두 갖추어 성불을 추구하며, 일승 또는 일불승에서는 지금 이대로 내가 곧 부처임을 자각한다.

(5) 법계도인에 54각의 굴곡이 있는 이유 - 『화엄경』「입법계품」에서 선재동자가 만난 54명의 선지식(善知識)을 나타낸다. 원래 55명의 선지식을 만나지만, 처음과 마지막에 만난 문수보살이 중복되기에 54명이 된다.

법계도인에 적힌 낱글자에 대한 문답

(1) 낱글자에 시작과 끝이 있는 이유 - 수행방편에 따라서 '인과(因果)'가 같지 않음을 나타내기 때문이다. [예를 들어 성문승의 수행을 하면[인] 아라한이 되고[과], 연각승의 수행을 하면 독각불이 되며, 보살승의 수행을 하면 부처가 되고, 일불승의 수행을 하면 그대로 부처임을 자각하는 것과 같다.]

(2) 낱글자에 굴곡이 있는 이유 - 성문과 연각과 보살의 삼승의 근기와 목표가 다르다는 점을 나타내기 때문이다.

(3) 법성게의 첫 글자와 끝 글자를 중앙에 배치한 이유 - 첫 글자인 '법'이 원인이고 끝 글자인 '불'이 결과인데 이 두 글자가 중앙에서 만나게 배치한 취지는 일승이나 삼승 모두에 적용할 수 있다. 일승의 경우 '원인 그대로 결과인 중도'의 길이기 때문에 중앙에 배치한다. 또 삼승의 경우 원인이나 결과 모두 본체인 '법성'에서 비롯한 성질과 작용이고 법성은 '중도'이기 때문에 중앙에 배치한다.

3. 법성게의 과문

의상은 『화엄일승법계도』에서 총 30구절로 이루어진 법성게 전체를 다음과 같이 과문(科文)하였다.

1. 약자리행(約自利行)

A. 현시증분(現示證分)

B. 현연기분(顯緣起分)

   (1) 지연기체(指緣起體)

   (2) 약다라니이용변섭법분제(約陀羅尼理用以辨攝法分齊)

   (3) 즉사법명섭법분제(卽事法明攝法分齊)

   (4) 약세시시섭법분제(約世時示攝法分齊)

   (5) 약위이창섭법분제(約位以彰攝法分齊)

   (6) 총론상의(總論上意)

2. 이타행(利他行)

3. 변수행자방편급득이익(辨修行者方便及得利益)

A. 명수행방편(明修行方便)

B. 변득이익(辨得利益)

여기서 보듯이 법성게의 30구절은 그 내용으로 보아 크게 세 부분으로 나누어지는데, 첫째는 자신을 이롭게 하는 수행에 의거한[1.약자리행] 게송들이고, 둘째는 타인을 이롭게 하는 수행[2.이타행]을 말하는 게송들이며, 셋째는 수행자의 방편과 수행자가 얻는 이익을 설명하는[3.변수행자방편급득이익] 게송들이다.

1. 자신을 이롭게 하는 수행 (自利行)

A. 깨달음 그 자체를 나타내 보임 (現示 證分)

①법성원융무이상 法性圓融無二相 법의 본성 원융하여 분별함을 용납 않고
②제법부동본래적 諸法不動本來寂 모든 법은 부동하여 본래부터 고요해서
③무명무상절일체 無名無相絶一切 이름 없고 모습 없어 모든 것이 끊겼으니
④증지소지비여경 證智所知非餘境 깨달은 이 아는 경계 다른 이는 모른다네.

B. 연기의 원리를 드러냄 (顯 緣起分)

(1) 연기의 본질을 가리킴 (指 緣起體)
⑤진성심심극미묘 眞性甚深極微妙 참된 본성 아주 깊고 지극하게 미묘하여
⑥불수자성수연성 不守自性隨緣成 자기 성품 고집 않고 인연 따라 성립하네.

(2) 다라니의 원리와 작용에 의해 법의 종류별 내용을 설명함 (約陀羅尼理用 以辨攝法分齊)
⑦일중일체다중일 一中一切多中一 하나 속에 모두 들고 모두 속에 하나 들며
⑧일즉일체다즉일 一卽一切多卽一 하나가 곧 모두이고 모두가 곧 하나라네.

(3) 구체적 현상을 소재로 삼아서 법의 종류별 내용을 밝힘 (卽事法 明攝法分齊)
⑨일미진중함시방 一微塵中含十方 한 점 크기 티끌 속에 온 우주가 담겨있고
⑩일체진중역여시 一切塵中亦如是 낱낱 모든 티끌에도 역시 이와 마찬가지.

(4) 세속의 시간에 적용하여 법의 종류별 내용을 보여줌 (約世時 示攝法分齊)
⑪무량원겁즉일념 無量遠劫卽一念 무량 세월 구원겁이 한순간의 생각이고
⑫일념즉시무량겁 一念卽是無量劫 한순간의 잠깐 생각 무량겁의 세월이라
⑬구세십세호상즉 九世十世互相卽 아홉 갈래 온 시간이 그냥 바로 지금이나
⑭잉불잡란격별성 仍不雜亂隔別成 그럼에도 혼잡 없이 구분되어 성립하네.

(5) 수행 단계를 예로 들어서 법의 종류별 내용을 드러냄 (約位 以彰攝法分齊)
⑮초발심시변정각 初發心時便正覺 첫 보리심 발했을 때 그대로가 정각이니
⑯생사열반상공화 生死涅槃常共和 생사윤회, 열반해탈 항상 함께 조화롭네.

(6) 이상의 내용에 대한 총론 (總論 上意)

⑰이사명연무분별 理事冥然無分別 본체 현상 그윽하여 구별할 수 없는 것은
⑱시불보현대인경 十佛普賢大人境 시방 부처, 보현보살 대인들의 경계일세.

2. 남에게 이로움을 주는 수행 (利他行)

⑲능입해인삼매중 能入海印三昧中 바다 같은 해인삼매 능히 들어 가시어서
⑳번출여의부사의 繁出如意不思議 불가사의 여의주를 무수하게 뿜으시니
㉑우보익생만허공 雨寶益生滿虛空 단비 같은 보배 구슬 중생 위해 허공 가득
㉒중생수기득이익 衆生隨器得利益 뭇 생명들 근기 따라 제 이익을 얻는다네.

3. 수행자의 방편과 얻게 되는 이익을 설명함 (辨 修行者方便 及得利益)

A. 수행의 방편을 밝힘 (明 修行方便)

㉓시고행자환본제 是故行者還本際 그러므로 수행자가 본래 자리 돌아갈 때
㉔파식망상필부득 叵息妄想必不得 망상분별 쉬잖으면 절대 결코 얻지 못해
㉕무연선교착여의 無緣善巧捉如意 조건 없는 선교방편 여의주를 손에 넣어
㉖귀가수분득자량 歸家隨分得資糧 귀가할 때 분수 따라 자량으로 삼는다네.

B. 얻게 되는 이익을 설명함 (辨 得利益)

㉗이다라니무진보 以陀羅尼無盡寶 다라니의 한량없는 금은보화 사용하여
㉘장엄법계실보전 莊嚴法界實寶殿 화엄법계 보배 궁전 장중하게 꾸미고서
㉙궁좌실제중도상 窮坐實際中道床 궁극에서 참된 경계 중도 자리 앉고 보니
㉚구래부동명위불 舊來不動名爲佛 옛적부터 부동하여 그 이름이 부처였네.

Ⅱ. 교학과 논리, 과학과 예시로 푸는 법성게

1. 자신을 이롭게 하는 수행 (自利行)

A. 깨달음 그 자체를 나타내 보임 (現示 證分)

①법성원융무이상 法性圓融無二相
 법의 본성 원융하여 분별함을 용납 않고

①-ⅰ. 법성 – 법의 본성

법이란?

　법성게 또는 법계도 또는 『화엄일승법계도』라는 세 가지 호칭에서 공통되는 하나의 글자는 '법(法)'자다. 법성게(法性偈)는 '법의 본질[性]을 노래하는 시', 법계도(法界圖)는 '법의 세계를 나타내는 도형', '화엄일승법계도(華嚴一乘法界圖)'는 '화엄에서 가르치는 일불승(一佛乘) 법의 세계를 나타내는 도형'이라는 의미가 될 것이다.
　'법'은 인도의 고전어인 산스끄리뜨어(Sanskrit語, 범어) 다르마(dharma)의 번역어다. '불(佛), 법(法), 승(僧)'을 불교의 세 가지 보물이라는 의미에서 삼보(三寶)라고 부르는데, 이때 '법'은 '부처님의 가르침'을 의미한다. 그런데 부처님의 가르침은 모두 진리이기에 법은 '진리'를 의미하기도 한다. 진리의 가르침이 담긴 부처님의 말씀은 모두 의미를 갖는 단어들로 이루어져 있기에 법은 '개념'이기도 하다. 또 그런 개념들이 모여서 세상 전체가 되기에 법은 세상을 이루는 구성 '요소'이기도 하다. 이렇게 법은 '가르침[teaching]', '진리[truth]', '개념[concept]', '요소[element]' 등 다양한 뜻을 갖는다. 법성게의 첫 문구인 '법성원융무이상'의 첫 글자인 '법'은 이런 여러 가지 뜻 가운데 '개념'이나 '요소'를 의미한다.

부처님 가르침은 언제, 어디서든 해당하는 '보편적' 진리를 말씀하셨기에 가르침의 주어가 대개 전칭적(全稱的)이다. 즉 '모두'라는 말을 주어로 삼는다. "모든 행(行)15)은 영원하지 않다. 모든 것은 [궁극적으로]16) 다 고통이다. 모든 것은 공(空)하다. 모든 법에는 자아가 없다. …" '모든'은 한자로 '일체(一切)'라고 쓴다. 그런데 불전(佛典)에서 이런 '일체'를 총망라하여 나열하는 방식이 참으로 다양하다. 일체는 십이처(十二處)다, 일체는 십팔계(十八界)다. 일체는 오온(五蘊)이다. 일체는 5위75법이다[『구사론』]. 일체는 5위100법이다[『성유식론』]. 일체는 660법이다[『유가사지론』].

십이처의 법들

먼저 일체를 눈, 귀, 코, 혀, 몸, 생각작용의 여섯 가지 지각기관과 형상, 소리, 냄새, 맛, 촉감, 생각내용의 여섯 가지 지각대상으로 분류할 수 있다. 이렇게 일체를 열두 가지로 정리하는 가르침을 '십이처설(十二處說)'이라고 부른다. '처(處)'는 산스끄리뜨어 '아야따나(āyatana)'의 번역어인데, 아야따나는 '영역(field), 자리(seat), 장소(place)' 등을 뜻한다. '입(入)'이나 '입처(入處)'라고 번역하기도 한다. 불교 전문용어를 드러내면서 십이처설을 표로 정리하면 다음과 같다.

---

15) 행(行)은 산스끄리뜨어 saṃskāra의 번역어로, '[조건들이] 함께 모여서(sam) 지어진 것(kāra)'을 의미한다. 즉 연기한 존재로 유위법(saṃskṛta dharma)과 동의어다.

16) 고(苦)는 그대로 고일 뿐이며, "The end of pleasure is pain(James Joyce)."이라고 하듯이 낙(樂) 역시 오래 지속되면 반드시 고로 변한다. 즉, 고와 낙(樂)의 궁극적 본질은 모두 고다.

지각기관	육내입처(六內入處)	↔	육외입처(六外入處)	지각내용
눈	①안처(眼處)	↔	⑦색처(色處)	형상
귀	②이처(耳處)	↔	⑧성처(聲處)	소리
코	③비처(鼻處)	↔	⑨향처(香處)	냄새
혀	④설처(舌處)	↔	⑩미처(味處)	맛
몸	⑤신처(身處)	↔	⑪촉처(觸處)	촉감
생각토대	⑥의처(意處)	↔	⑫법처(法處)	생각내용

표 2 - 초기불전의 십이처설

　여기서 보듯이 ①눈인 안처는 ⑦형상인 색처를 대상으로 삼고, ②귀인 이처는 ⑧소리인 성처를 대상으로 삼으며 …… ⑥생각토대인 의처는 ⑫생각내용인 법처를 대상으로 삼는다. 이것이 세상에 존재하는 모든 것이다. 이 세상은 이렇게 열두 가지 '법'들로 이루어져 있다.

　부처님께서 일체를 이렇게 십이처의 '법'들로 분류하신 목적은, "모든 것이 무상(無常)하고, 무아(無我)이고, 고통[苦]이고, 공(空)하다."는 네 가지 통찰을 가르치시기 위해서였다. 이런 네 가지 통찰을 사념처(四念處, catuḥ-smṛty-upasthāna)라고 부른다. 사념처는 사념주(四念住)라고도 번역하는데 '우리의 주의(smṛti)가 머무는(upasthāna) 네 가지(catuḥ)'라는 뜻이다.[17] 사념처 수행이 완성되면 일체에 대한 집착에서 벗어나 마음이 편안해진다. 이를 열반적정(涅槃寂靜)이라고 부른다. 탐욕이나 분노와 같은 번뇌의 불길이 모두 꺼졌기에 마음이 편안한 것이다. 열반은 산스끄리뜨어 니르바나(nirvāṇa)의 음사어(音寫語)로, 바나(vāṇa)는 '붊(blow)'을 의미하고, 니르(nir)는 강

17) '무상, 고, 공, 무아'의 사념처는 '고, 집, 멸, 도'의 사성제 가운데 고성제에 대한 통찰이다. 세친(世親, Vasubandhu, 서력기원 후 4-5세기 경)의 『아비달마구사론』에 실린 사성제 통찰[現觀] 수행에서는 이런 고성제에 대한 통찰에 이어서 집성제에 대해서는 '인(因), 집(集), 생(生), 연(緣)', 멸성제에 대해서는 '멸(滅), 정(靜), 묘(妙), 리(離)', 도성제에 대해서는 '도(道), 여(如), 행(行), 출(出)'로 통찰해야 한다고 가르친다.

조를 나타내는 접두사다. 따라서 니르바나를 문자 그대로 해석하며 '[훅!] 불어[서 꺼]버림(blowing away)'이 된다. 탐욕의 불길, 분노의 불길, 교만의 불길, 어리석음의 불길과 같은 나의 마음속 번뇌(煩惱)가 나를 힘들게 한다. 이런 번뇌 모두 이 세상 모든 것이 실재한다는 생각에 토대를 두고 있다. 그러나 이 세상 모든 것이 실재하지 않고, 항상 변한다는 진실을 철저히 통찰하게 되면, 마치 바람에 불길이 꺼지듯이, 탐욕과 분노와 교만과 어리석음의 불길이 모두 꺼져버리기에 더 이상 세상만사에 집착하지 않게 된다. 마음이 편안해진다. 열반이다.

그런데 무상, 무아, 고, 공에 대해 자각하려면 통찰의 대상이 분명해야 한다. 세상을 구성하는 여섯 가지 지각기관과 여섯 가지 지각대상인 십이처의 낱낱이 바로 그런 통찰의 대상인 것이다. 수행자는 먼저 ①눈에 대해 "무상하다. 실체를 갖지 않는다. 궁극적으로 괴로움을 야기한다. 공하다."는 통찰을 한다. 이어서 ②귀에 대해 "무상하다. 실체를 갖지 않는다. …"는 통찰을 하고 …… 끝으로 ⑫생각내용에 대해 "무상하다. 실체를 갖지 않는다. 궁극적으로 괴로움을 야기한다. 공하다."는 통찰을 함으로써 일체에 대한 '무상, 무아, 고, 공'의 통찰이 종료된다.

십팔계의 법들

이렇게 일체를, 세상만사를 12가지로 분류하여 낱낱의 법들을 사념처 통찰의 대상으로 삼을 수 있지만, 이를 더 미세하게 나눌 수도 있다. 부처님께서는 일체를 18가지로 세분하여 일체의 무상과 무아와 고와 공을 가르치시기도 하였다. 이를 십팔계설이라고 부른다. 이는 12처설을 잘 이해하지 못하는 하근기(下根機)를 위한 일체에 대한 분류다. 십팔계설에서는 십이처설에 여섯 가지 지각내용을 추가하여 일체를 총 18가지 요소로 구분하였다. 예를 들어, 눈으로 형상을 보면 눈으로 본 내용이 우리의 의식에 떠오른다. 여기서 눈은 안근, 형상은 색경이고 우리의 의식에 떠오른 장면은 안식이 된다. 감관과 대상이 만나서 그에 대한 의식이 발생하는 3단계의 인식과정에 여섯 가지 지각을 각각 대응시켜서 세상만사를 총 18가지 요소로 정리해낸 것이 십팔계설인 것이다. 북채로 장구를 치면 '쿵'하는 소리가 난다. 북채와 장구가 만났는데, 이 두 가지 도구와 전혀 다른 제3의 것인 '쿵' 소리가 발생한다. 이와 마찬가지로 눈과 형상이 만나면 안식이 생기고, 귀와 소리가 만나면 이식이 생기며, 코와 냄새가 만나면 비식이 생기고 …… 생각토대와 생각내용이 만나면 의식이 생긴다. 모두 18가지 법들로 세상만사가 벌어지는 것이다. 십팔계설을 표로 정리하면 다음과 같다.

지각기관	내육계(內六界)	+	외육계(外六界)	지각대상	=	육식계(六識界)
눈	①안계(眼根)	+	⑦색계(色境)	형상	=	⑬안식계
귀	②이계(耳根)	+	⑧성계(聲境)	소리	=	⑭이식계
코	③비계(鼻根)	+	⑨향계(香境)	냄새	=	⑮비식계
혀	④설계(舌根)	+	⑩미계(味境)	맛	=	⑯설식계
몸	⑤신계(身根)	+	⑪촉계(觸境)	촉감	=	⑰신식계
생각토대	⑥의계(意根)	+	⑫법계(法境)	생각내용	=	⑱의식계

표 3 - 초기불전의 십팔계설

『반야심경』을 봉독하다 보면 "눈의 경계도 없고 의식의 경계까지도 없으며 …[무안계 내지 무의식계(無眼界 乃至 無意識界)]"라는 경문을 만나게 되는데, 여기서 말하는 '눈의 경계'는 십팔계 가운데 ①안계를 의미하고 '의식의 경계'는 ⑱의식계를 의미한다. "모든 것이 공하다."는 점을 가르치는 『반야심경』이기에 '모든 것[일체]'을 18가지 요소로 분류하는 십팔계를 거론하면서 "안계도 없고, 이계도 없고, 비계도 없고, 설계도 없고 …… 신식계도 없고, 의식계도 없다."고 설해야 하는데, 그 종류가 너무 많아 문장이 길어지기에 18계 가운데 중간의 16계를 모두 생략하고 맨 앞의 요소 하나와 맨 뒤

의 요소 하나만 남겨서 "①눈의 경계도 없고 ⑱의식의 경계까지도 없으며
…"라고 노래하는 것이다. 어쨌든 이 세상 전체는 십팔계의 법들로 이루어져
있다고 세분할 수도 있다.

오온의 법들

지금까지 '일체'에 대한 부처님의 분류 방식인 십이처와 십팔계에 대해 설
명했는데, 이보다 더 간략한 분류 방식이 있다. 바로 오온(五蘊)이다. 세상만
사는 '색(色), 수(受), 상(想), 행(行), 식(識)'의 다섯 가지 '온(蘊)'으로 이루
어져 있다. '온'은 산스끄리뜨어로는 'skandha', 남방 상좌부(上座部)의 불전
언어인 빠알리어(Pāli語)로는 'khandha'의 번역어로 '집합(aggregate), 쌓임
(heap), 모음(collection)' 등의 의미를 갖는다. 다섯 가지 모임 이라는 의미에
서 오중(五衆)[18]이라고 번역하기도 했고, '색, 수, 상, 행, 식'의 다섯 가지가
참된 실재를 덮어 가린다[陰覆]는 의미에서 오음(五陰)[19]이라고 번역하기도
했다. '다섯 가지 쌓임'을 의미하는 오온(五蘊)은 현장의 번역어다. 우리말로
간략히 풀면 색은 물질, 수는 느낌, 상은 생각, 행은 의지, 식은 마음에 해당
한다. 몸과 마음을 구분할 때 오온 가운데 색은 몸에 해당하고, 수, 상, 행,
식은 마음에 속한다. 불교 전문용어로 마음과 몸을 '명색(名色)'이라고 부르
는데, 오온 가운데 수, 상, 행, 식의 사온이 명(名)에 해당한다. 『구사론』[20]에
서는 오온 각각의 의미를 요리에 비유하여 설명하는데, 색은 냄비나 프라이

---

18) 구마라습(鳩摩羅什, Kumārajīva, 344-413) 이전의 번역어다.
19) 구마라습 이후 현장(玄奘, 602-664) 이전까지 사용된 번역어다. 즉, 구마라습과
    진제(眞諦, 499-569) 등이 사용한 번역어다.
20) 세친의 저술로 『아비달마구사론』의 약칭이다. 아비달마구사론(阿毘達磨俱舍論)
    은 Abhidharma-Kośa-Bhāṣya의 한역으로, 세친이 설일체유부(說一切有部)의 가
    르침을 600수의 게송으로 정리한 후, 이를 다시 경량부의 관점에서 해설한 논서다.
    Abhidharma는 대법(對法)이라고 번역하기도 하는데, 부처님의 가르침[法]에 대
    (對)한 체계적인 해석을 의미하며, Kośa는 창고나 저장소의 뜻, Bhāṣya는 주석을
    의미한다.

팬과 같이 '식재료를 담는 그릇', 수는 감자나 두부와 같은 '음식재료', 상은 소금이나 고춧가루와 같은 '양념', 행은 '요리사', 식은 '먹는 자'에 대응한다고 설명한다. 오온에 대한 이상의 설명을 표로 정리하면 다음과 같다.

오온	산스끄리뜨	다섯 가지 쌓임	몸과 마음	명색	요리의 비유
색(色)	rūpa	물질	몸	색(色)	그릇
수(受)	vedanā	느낌	마음	명(名)	재료
상(想)	saṃjñā	생각			양념
행(行)들	saṃskārāḥ	의지			요리사
식(識)	vijñāna	마음			먹는 자

표 4 - 오온에 대한 이해

이런 오온 역시 일체인 이 세상을 구성하는 '법'들이다. 앞에서 말한 십이처, 십팔계 그리고 오온의 세 가지 교설을 묶어서 삼과(三科)라고 부른다. 세 가지 교과목이란 뜻이다. 부처님께서는 영리한 이근(利根)의 사람에게 오온을, 어중간한 중근(中根)의 사람에게 십이처를, 아둔한 둔근(鈍根)의 사람에게 십팔계를 가르치셨다고 한다.[21]

<u>오온, 십이처, 십팔계설의 주관적 시점</u>

그런데 이들 세 가지 가르침과 관련하여 너무나 중요한 교훈이 있기에 잠시 화제를 바꾸어 보겠다. 십이처, 십팔계, 오온의 가르침에 공통점이 한 가지 있다. 일체를 열거하는 방식의 독특함이다. 또는 일체를 바라보는 시점의 독특함이다. 이는 주관적 시점에서 일체를 분류한다는 점이다. 이 세상에 존재하는 모든 것에 대해 물을 때 일반적으로 '하늘과 땅 그리고 땅 위에 사는

---

21) 『阿毘達磨大毘婆沙論』, T27, p.367a.

온갖 생명체' 등이라고 대답한다. 이는 객관적 시점에서 바라본 일체다. 그러나 부처님께 일체에 대해 여쭈면 '안이비설신의'라는 여섯 지각기관에 근거하여 말씀하신다. 십이처설이나 십팔계설이다. 주관적 시점에서 바라본 일체다. 색, 수, 상, 행, 식의 오온 역시 주관적 시점에서 바라본 일체다. 십이처나 십팔계가 일체에 대한 횡적(橫的) 나열이라면, 오온은 일체에 대한 종적(縱的)인 서열이다. 오온 가운데 색은 객관대상, 수는 이에 대한 앎의 첫 단계, 상은 수 이후에 일어나는 생각의 분별, 행은 그런 분별에 대한 반응, 식은 이런 과정의 종점에 위치한 주관의 궁극이다. 이런 '색→ 수→ 상→ 행→ 식'의 순서는 객관에서 주관으로 들어가는 인지의 종적인 과정이다. 일체를 열거하는 방식이 종과 횡으로 갈리긴 하지만 오온이나 십이처, 십팔계 모두 주관적 시점에서 바라본 일체라는 점에서 공통된다.

그림 2 - 밖에서 본 자동차 : 객관

그림 3 - 안에서 본 자동차 : 주관

주관과 객관, 두 시점의 차이를 분명히 하기 위해 자동차를 예로 들어서 설명해보자. 나에게 자동차가 한 대 있다. 차종은 현대의 제네시스라고 치자. 그런데 이 차의 모습에 두 가지가 있다. 동일한 하나의 자동차인데 전혀 다른 모습 두 가지를 갖는다는 말이다. 하나는 자동차 밖에서 바라본 내 차의 모습[그림 2]이고, 다른 하나는 자동차 안의 운전석에 앉아서 바라본 모습[그림 3]이다. 자동차 밖에서 바라볼 때, 나는 그 모습을 다른 차와 비교할 수 있다. 내 차인 제네시스는 에쿠스보다 작고, 프라이드보다 크다. 차의 크기에 가치를 두는 사람이라면, 다른 차를 봤을 때 열등감이나 우월감을 가질 수 있으리라. 객관적 시점에서 내 차를 바라볼 때 비교와 갈등을 야기하는 상대적인 세계에서 살게 된다. 그러나 자동차 안의 운전석에 앉았을 때 보이는 내 차의 모습은 이와 전혀 다르다. 동일한 하나의 자동차인데 그 모습이 이렇게 다를 수가 없다. 백미러가 보이고, 핸들이 보이고, 계기판이 보이고, 기어가 보이고, 내비게이션이 보인다. 그 모두 단 한 개뿐인 유일무이의 절대적인 것들이다. 내 시야 속에서 백미러도 하나, 기어도 하나, 핸들도 하나뿐이고, 내비게이션도 하나뿐이다. 모든 것이 오직 하나뿐이라서 다른 것과의 비교가 불가하다. 핸들을 잡고, 백미러를 참조하면서, 액셀러레이터와 브레이크를 밟으며 오직 운전만 할 뿐이다. 시선을 남의 차의 핸들, 기어, 내비게이션 등으로 돌릴 수가 없다. 내 시야 속에 없기 때문이다. 비교 불가능한 절대의 공간이다.[22]

우리가 나와 세상을 보는 방식도 이와 마찬가지다. 나를 객관화 시키고 타자화(他者化) 시켜서 생각할 수 있다. 나의 직업이 무엇이고, 지위가 어떻고, 몇 평짜리 아파트에 거주하고 … 외모, 재산, 학벌 등을 떠올리며 살아갈 수 있다. 자동차를 밖에서 바라보는 것과 같은 객관적 시점으로 살아가는 것이다. 이런 삶은 남의 삶과의 비교가 가능하기에 열등감이나 우월감이 생긴다. 어떤 때는 우쭐하고, 어떤 때는 우울하다. 참으로 피곤한 삶이다. 그러나 주

---

22) 김성철, 「불교와 인공지능」, 『불교평론』 75호, 2018년 참조.

관적 시점에서 살아갈 때 항상 편안하다. 우월감의 짜릿한 쾌락은 없으나 항상 편안하다. 마음의 동요가 잦아드는 편안함이다. 마음의 열반이다. 그런데 부처님께서 오온, 십이처, 십팔계를 설하실 때 취하신 관점이 바로 이런 주관적 관점이었다. 자동차 운전대에 앉아서 핸들 잡고 내 차를 바라보듯이, 주관적 시점에서 세상을 바라보기에 나의 몸에 뚫린 여섯 가지 지각기관과 그에 비친 여섯 가지 지각대상으로 세상을 분석한다. 내 차 안에서 남의 차의 백미러, 핸들, 기어가 보이지 않기에 남의 차를 기웃거리지 않고 오직 운전만 하듯이, 주관적 시점에서 세상을 바라볼 때 남이 맛본 소금 맛이나 남이 맡은 꽃향기가 어떤지 도저히 내가 알 수 없기에 남의 삶과 비교하지 않고 오직 나의 삶을 살아갈 뿐이다.

오온, 십이처, 십팔계의 교설을 통해 그 낱낱이 무상하고, 무아이고, 고통이고, 공하다는 고성제(苦聖諦)의 진리를 자각해야 하겠지만, 그와 함께 우리가 배워야 할 것은 그런 교설을 제시하면서 '부처님께서 세상을 바라보셨던 방식'이다. 핸들을 잡고 자동차를 운전하듯이 주관적 시점으로 세상을 살아갈 때 나의 겉모습이 어떻든 전혀 문제가 되지 않는다. 삭발염의하시고 걸식으로 살아가셨던 부처님과 스님들의 삶이다.[23] 세끼 밥 먹을 수 있고, 추위와 더위만 피할 수 있으면 의연(毅然)하게 살아갈 수 있다. 절대빈곤만 피할 수 있으면 누구나 편안하고 행복할 수 있다. 우리 사회의 구성원들이 오온, 십이처, 십팔계의 '운전자 관점'을 갖고 살아갈 때 우리 사회는 보다 편안하고 행복해지리라.

한 가지 더 첨언한다면, 주관의 세계만이 실재하며, 객관 세계는 허구라는 점이다. 순수주관은 있어도 순수객관은 없다. 모든 객관은 특정한 주관에 의해 해석된 객관일 뿐이다. 주관의 끝이 세상의 끝이다. 오온, 십이처, 십팔계

---

23) 그러면 이런 시점을 갖기 위해 어떻게 해야 할까? 시각이나 청각 정보는, 객관적 시점에서 얻어지는 것으로 이를 자꾸 떠올릴 경우 열등감이나 우월감이 생길 수 있다. 그러나 촉감은 남과 비교 불가능한 철저한 주관적 체험이다. 따라서 시각이나 청각에서 주의를 거두고 오직 나의 신체에서 일어나는 촉감의 변화만 가만히 살피는 위빠싸나 수행을 통해 우리는 점차적으로 주관적 시점을 회복한다.

의 관점에서 보듯이 주관으로 추구해 들어갈 때 우리는 세상의 끝을 만난다.

오온이 난해한 이유

다시 화제를 돌려 오온에 대해 검토해보자. 오온의 경우 가짓수는 적지만 그 의미를 이해하기는 쉽지 않다. 우리 주변에 있는 어떤 사물이나 사태가 색, 수, 상, 행, 식의 오온 가운데 무엇에 해당하는지 확정하려면 참으로 애매하지 않을 수 없다. 지금 내 눈앞에 있는 연필은 색인가, 수인가, 상인가, 행인가, 식인가? 연필은 나무와 흑연 등으로 만들어진 물질이기 때문에 '색(色)'이다. 그런데 연필을 봄과 동시에 연필이라는 생각이 반사적으로 떠오르기에 연필은 '상(想)'이기도 하다. 또 연필을 바라볼 때 나의 의지가 작동하여 연필에 주의를 집중하기에 '행(行)'이기도 하다. 또 '수'는 괴로운 느낌[고수(苦受)], 즐거운 느낌[낙수(樂受)], 괴롭지도 즐겁지도 않은 느낌[불고불락수(不苦不樂受)]의 세 가지로 구분되는데, 연필을 바라볼 때 이는 '괴롭지도 즐겁지도 않은 느낌'의 '수'이기도 하다. 그리고 연필의 모습이 눈에 들어와 안식(眼識)이 발생하기에 이는 '식'이기도 하다. 요컨대 내 눈앞의 연필은 색이기도 하고, 수이기도 하며, 상이기도 하고, 행이기도 하고, 식이기도 하다. 그런데 비단 연필만 그런 것이 아니라 세상에 존재하는 모든 사물과 사태에 색, 수, 상, 행, 식의 오온이 중첩되어 있다. 이렇게 실재 세계에서는 오온의 낱낱이 분리되지 않는데, 우리의 생각과 언어가 다섯 가지로 나누어 색, 수, 상, 행, 식이라는 말을 만든 것이다. 더 나아가 연필은 색이고, 수이고, 상이고, 행이고, 식이기 때문에 연필 하나를 들면 그 속에 색, 수, 상, 행, 식의 일체가 들어가 있다. 이런 통찰을 화엄학에서는 일즉일체(一卽一切), 일중일체(一中一切)라고 부르는데, 이는 이 책에서 앞으로 '일중일체다중일, 일즉일체다즉일'의 문구를 해석할 때, 다시 자세히 설명하기로 하겠다. 어쨌든 불전에서는 세상만사를 '색, 수, 상, 행, 식'의 다섯 가지 '법'으로 구분하기도 하며 이를 오온이라고 부른다.

『구사론』의 5위75법

지금까지 '세상을 이루고 있는 구성요소로서의 법(法)'에 대해 설명하면서, 세상만사를 다섯 가지의 법으로 나누는 오온설, 열두 가지의 법으로 구분하는 십이처설, 열여덟 가지의 법으로 세분하는 십팔계설에 대해 간략히 개관해 보았다. 그런데 세상만사, 일체는 이보다 더 잘게 나눌 수도 있다. 『아비달마구사론』의 5위75법 이론에서는 세상만사를 일흔다섯 가지의 법으로 구분한다. 이를 정리하면 표4와 같다.

5위位			75법		5온
	1.색 色	11	안근眼根, 이근耳根, 비근鼻根, 설근舌根, 신근身根 (5근五根: 다섯 가지 지각기관)		색 (11)
			색경色境, 성경聲境, 향경香境, 미경味境, 촉경觸境 (5경五境: 다섯 가지 지각대상)		
			무표색無表色 (지계의 계체나 파계의 다짐 등)		
	2.심왕 心王	1	안식眼識, 이식耳識, 비식鼻識, 설식舌識, 신식身識, 의식意識		식
유위법有爲法	3.심소 心所	46	대지법 大地法	수受, 상想	수, 상
				사思, 촉觸, 욕欲, 혜慧, 염念, 작의作意, 승해勝解, 삼마지三摩地	10	심상응행 心相應行	행 (58)
			대선지법 大善地法	10	신信, 불방일不放逸, 경안輕安, 사捨, 참慚, 괴愧, 무탐無貪, 무진無瞋, 불해不害, 근勤		
			대번뇌지법 大煩惱地法	6	치癡, 방일放逸, 해태懈怠, 불신不信, 혼침惛沈, 도거掉擧		
			대불선지법 大不善地法	2	무참無慚, 무괴無愧		
			소번뇌지법 小煩惱地法	10	분忿, 부覆, 간慳, 질嫉, 뇌惱, 해害, 한恨, 첨諂, 광誑, 교憍		
			부정지법 不定地法	8	심尋, 사伺, 수면睡眠, 악작惡作, 탐貪, 진瞋, 만慢, 의疑		
	4.심불상응행 心不相應行	14	득得, 비득非得, 동분同分, 무상과無想果, 무상정無想定, 멸진정滅盡定, 명命, 생生, 주住, 이異, 멸滅, 명신名身, 구신句身, 문신文身		
	5.무위법 無爲法	3	허공虛空, 택멸擇滅[열반의 無], 비택멸非擇滅[緣缺不生의 無]		

표 5 - 『구사론』의 5위75법

『구사론』의 5위75법은 별다른 것이 아니라, 5온 각각을 좀 더 세분한 것이다. 오온 가운데 '색(色)'은 위의 표에서 5위 중 '색'에서 보듯이 '다섯 가지 감각 기관'과 '다섯 가지 감각 대상' 그리고 무표색의 총 11가지로 세분하였고, '수(受)'와 '상(想)'은 '심소'에 속하는 10가지 대지법 가운데 앞의 두 가지이며, '행'은 46가지 '심소' 가운데 '수'와 '상'을 제외한 다른 44가지 심소[24] 및 14가지 심불상응행으로 총 58가지에 이른다. 그리고 '식'은 '심왕'에 소속한 여섯 가지이지만 1개로 친다. 그래서 유위법의 종류가 72가지이고 이에 무위법 3가지를 더하여 총 75법이 되는 것이다.

이런 75가지 법들이 세상을 이루는 구성요소들이다. 세상만사는 이런 75가지 법들 가운데 일부가 결합함으로써 발생한다. 심소 가운데 10가지 대지법은 우리의 마음이 작동할 때 항상 수반되는 심리적 요소들이다. 우리 마음에서 가장 큰 토대가 되기에 대지(大地)라고 이름 붙였다. 대선지법은 선(善)한 마음이 발생할 때 항상 수반되는 심리적 요소들이며, 대번뇌지법은 탐욕, 분노, 교만, 우치와 같은 번뇌가 발생할 때 항상 수반되는 심리적 요소들이고, 대불선지법은 불선을 행할 때 항상 수반되는 심리적 요소들이며, 소번뇌지법은 각각 따로 발생하는 번뇌들이며, 부정지법은 이상의 다섯 가지 심소 중 어디에 속한다고 확정할 수 없는 기타 등등의 잡다한 심소 8가지를 묶어서 부르는 이름이다. 심불상응행은 '마음에 관계된 것만은 아닌 행'들이다. 예를 들어 '발생, 머묾, 변이, 소멸'을 의미하는 '생(生), 주(住), 이(異), 멸(滅)'의 경우 생명체의 마음속에서도 일어나지만, 마음 밖에서도 일어난다. 예를 들어서 마음속에서 '어떤 욕심'이 '생, 주, 이, 멸'할 수 있지만, 마음 밖에서도 '번개'가 '생, 주, 이, 멸'할 수 있다. 또 단어, 구절, 글자를 의미하는 명신, 구신, 문신도 마찬가지다. 유정류(有情類)인 우리가 이런 문자와 언어를 말로 표현할 수도 있지만, 무정물(無情物)인 책이나 바위에 기록할 수도 있기에, 이 역시 '마음에만 관계된 것은 아닌 행'인 것이다.

24) 이런 44가지 심소를 '심상응행(心相應行)'이라고 부른다. 『阿毘達磨法蘊足論』, T26, p.501b.

물리학에서는 모든 물질을 이루는 구성요소로 103가지 원자를 발견하였다. 수소, 헬륨 … 탄소, 질소, 산소, 불소 … 나트륨, 망간, 알루미늄, 규소 … 아르곤, 칼륨, 칼슘 … 우라늄 …. 이런 원자들이 일부 모이면 분자가 된다. 수소[H] 원자 두 개와 산소[O] 원자 하나가 만나면 물[H_2O] 분자가 된다. 탄소[C] 원자 6개와 수소[H] 원자 12개 산소[O] 원자 6개가 만나면 탄수화물[$C_6H_{12}O_6$]이 된다. … 이와 유사하게 우리가 살아가면서 취하는 심신의 어떤 상태는 『구사론』에서 열거한 75가지 법들 가운데 일부가 모여서 이루어진다. 예를 들어서 내가 어려움에 처한 어떤 사람을 보고서 연민의 마음을 느끼는 순간 75법 가운데 작동하는 심신의 요소들은 다음과 같이 열거할 수 있을 것이다.

1.색 – 안근과 색경의 2가지 (그 사람을 보는 안근과 그 사람의 모습인 색경)

2.심왕 – 안식 1가지 (나에게 인식된 그 사람의 모습)

3.심소 – 대지법 10가지 (이는 항상 작동한다.) / 대선지법 10가지 (선한 마음을 낼 때 항상 작동한다.) / 부정지법 가운데 '심'과 '사'의 2가지 (심은 거친 생각, 사는 미세한 생각)

4.심불상응행 – '생'과 '주'의 2가지

5.무위법 – 허공무위 1가지 (그 사람의 모습은 빈 허공을 거쳐 나에게 보이기에)

이 때 작동하는 심신의 요소들을 합산하면 총 28개가 된다. 이 세상을 이루고 있는 구성요소인 75가지 법들 가운데 28가지 법들이 작동하여 '어려움에 처한 누군가를 보고서 내게 느껴지는 연민의 마음'을 형성하는 것이다. 물질계의 103가지 원자 가운데 탄소 6개, 산소 12개, 수소 6개의 총 24개의 원자가 만나면 탄수화물이 되듯이, 총 75가지 법 가운데 28가지 법이 모이면 그런 연민의 마음이 빚어지는 것이다. 『구사론』의 5위75법 이론은 '심신의 원자론'이라고 부를 수도 있을 것이다.

　이 세상을 12가지의 법으로 구분하든[십이처설], 18가지의 법으로 구분하든[십팔계설], 5가지의 법으로 구분하든[오온설], 75가지의 법으로 구분하든[『구사론』의 5위75법설] 그 소재는 동일하다. 즉 '일체'다. '모든 것'이다. 물론 '일체'는 더 세분할 수도 있다. 마음[식(識)]에 의해 세상만사를 해석하는 유식학(唯識學)의 전범인 『성유식론(成唯識論)』에서는 5위100법 이론을 제시한다. 『구사론』의 75법보다 더 세분하고 새로운 법을 추가하여 100법을 말하는 것이다. 더 나아가 유가행유식학파25)의 수행단계에 대한 방대한 해설서인 『유가사지론』에서는 일체를 660법으로 구분하기도 한다.26)

　법과 법계

　다시 정리해 보자. 앞에서 설명했듯이 '법'에는 다양한 의미가 있는데, 법성게에서 말하는 법은 이 세상을 이루고 있는 구성 요소나 개념을 의미한다. 이 세상을 5가지 요소로 구분하면 색, 수, 상, 행, 식의 오온이고, 12가지 요소로 구분하면 십이처가 되며, 18가지로 구분하면 십팔계가 된다. 『구사론』에서는 이 세상을 75가지 요소[법]로 구분하며, 『성유식론』에서는 100가지 법으로 구분하고, 『유가사지론』에서는 660종의 법으로 구분한다.27) 물론 일체를 이 이상으로 더 세분할 수 있을 것이다. 세상만사는 낱말사전의 표제어

25) 모든 것이 공하다는 점을 논리적으로 해명하는 중관학(中觀學)과, 그럼에도 불구하고 나타나 보이는 모든 것이 마음의 소산이라는 점을 체계적으로 설명하는 유식학(唯識學)은 대승불교 교학의 두 축인데, 유식학파는 사상의 관점에서 부르는 이름이고 수행론적 관점에서는 유가행파라고 부르기도 하며 양자를 종합하여 유가행유식학파라고 부르기도 한다.
26) 『瑜伽師地論』, T30, p.293c.
27) 참고로, 『주역(周易)』에서는 세상만사를 64가지 괘(卦)의 패턴으로 구분한다. 이를 줄이면 건, 곤, 진, 손, 감, 리, 간, 태(乾, 坤, 震, 巽, 坎, 離, 艮, 兌)의 팔괘가 되고 더 줄이면 태음(太陰), 태양(太陽), 소음(少陰), 소양(少陽)의 사상(四象)이 되며, 보다 더 줄이면 음(陰)과 양(陽)의 양의(兩儀)가 된다.

개수만큼 세분할 수 있다. 사실 우리가 사용하는 단어 하나하나가 법이다. 세상을 이루고 있는 구성요소다. 산, 돌, 나무, 바람, 무지개, 삶, 죽음, 인생, 우주, 분노, 탐욕 등등 …. 인식의 세계에서는 이런 모든 단어들이 모여서 세상을 형성한다. 이 세상은 『국어사전』에 등재된 표제어 개수인 50여만 가지 법들로 이루어져 있다고 해석할 수도 있다. 말을 몰라도 나에게 떠오르는 낱낱의 개념들이 모두 법들이다. 그래서 법은 세상을 이루고 있는 구성 '요소'이기도 하고, 우리 인간의 사유와 언어의 최소 단위인 '개념'이기도 하다. 더 잘게 나누면 시간의 최소 단위인 '찰나(刹那)'와 크기의 최소 단위인 '미진(微塵)' 역시 하나의 법이다. 법 가운데 가장 미세한 것은 한 찰나만 존재하는 한 점의 미진이다. 러시아의 불교학자 체르밧스키(Stcherbasky, 1866-1942)는 이를 '점-찰나(point-instant)'라고 명명하였다.28) 세상만사를 '보편(universal)'과 '특수(particular)'로 양분할 때, '점-찰나'는 특수 중의 특수다. 불교논리학에서는 보편을 공상(共相, sāmānya-lakṣaṇa)이라고 부르고, 이런 특수를 자상(自相, sva-lakṣaṇa)이라고 부른다. 자상은 법 가운데 가장 미세한, 최소 단위의 법이다.

이 세상은 법들로 구성되어 있다. 그 법들은 색, 수, 상, 행, 식의 오온일 수도 있고, 십이처일 수도 있고, 십팔계일 수도 있고, 75법일 수도 있고, 100법일 수도 있고, 660법일 수도 있고, 『국어사전』에 등재된 50여만 단어의 법들일 수도 있다. 그리고 극도로 세분하면 이 세상은 한 찰나만 존재하는 무한 수 미진의 '법'들이 명멸하는 입체적 모자이크의 흐름으로 해석할 수도 있다. 스타디움 관중석에서 카드섹션의 한 점들은 명멸할 뿐이지만, 멀리서 볼 때 움직이는 화상으로 나타나듯이, 명멸하는 '자상(自相)'의 '점-찰나'들이 모여서 이 세상의 모습으로 나타난다. 불교인식논리학에서는 제행무상(諸行無常), 제법무아(諸法無我) 즉, 모든 것은 무상하고, 모든 것에 실체가 없다는 부처님의 가르침을 이렇게 자상의 흐름으로 설명한다. [이에 대해서

---

28) TH. Stcherbatsky, *Buddhist Logic I* (New York: Dover Publication, 1962 [초판은 1930-1932년에 발간]), p.70 각주2 ; p.84 ; p.85 ; p.87.

는 앞으로 '일미진중함시방(一微塵中含十方)'에 대해 설명할 때 다시 자세히 분석해 보기로 하겠다] 이 세상은 시간적으로는 한 찰나, 공간적으로는 한 점 크기인 무한 수 '점-찰나'들의 모임이다. 구성 요소의 수를 줄여서 설명하면 이 세상은 십팔계 또는 십이처 또는 오온과 같은 법들로 이루어져 있다. 이를 법계(法界)라고 부른다. 법들이 모여 이루어진 세계다.

법성이란?

그런데 『법성게』에서는 법이 아니라, 법성(法性)에 대해 노래한다. 산스끄리뜨어로 법성을 다르마따(dharmatā) 또는 다르마뜨와(dharmatva)라고 쓴다. 법을 의미하는 다르마(dharma)에 덧붙인 따(tā)나 뜨와(tva)는 추상명사를 만드는 접미사다. 예를 들어 산스끄리뜨어 go는 소[牛, cow]인데, gotva라고 쓰면 우성(牛性, cowness)을 뜻 한다. 소 중에는 얼룩소, 황소, 물소 등 여러 가지 종류가 있다. 그런데 공통점이 있기에 처음 그 어떤 소를 보더라도 그것을 소라고 알아본다. 소는 특수한 소, 우성은 소의 공통점이다.

이와 마찬가지로 법(dharma)은 낱낱의 법들을 의미한다. 오온을 예로 들면 색, 수, 상, 행, 식의 다섯 가지 낱낱이 법이다. 그리고 법성(dharmatva)은 색, 수, 상, 행, 식이 공유하는 본질이다. 색, 수, 상, 행, 식의 공통점이다. 법의 차원에서 색, 수, 상, 행, 식은 서로 다르다. 그러나 그 본질인 법성은 모두 동일하다. 색의 본성이나, 수의 본성이나, 상의 본성, 행의 본성, 식의 본성이 모두 똑같다는 말이다. 그 본성은 바로 공성(空性, śūnytā)이다. 색의 본성도 공성이고, 수의 본성도 공성이고, 상의 본성도 공성이고, 행의 본성도 공성이고, 식의 본성도 공성이다. 색, 수, 상, 행, 식의 본성을 집요하게 추구해 들어가면 결국 남는 것이 아무것도 없다. 그래서 공하다.

물질[색]이 무엇인지 집요하게 추구하면 물질의 개념이 해체된다. 이 세상에 물질 아닌 것이 없기에, 그 무엇에 대해서든 물질이라고 이름 붙일 것도 없다. 『반야심경』의 경문에서 노래하듯이 '색즉시공 공즉시색'이다. 물질은 공하다. 『반야심경』에서는 이렇게 '… 색즉시공 공즉시색'이라고 노래한 다음에 "수, 상, 행, 식도 역시 이와 마찬가지다[受想行識亦復如是]"라고 쓰고 있는데, 이를 풀어쓰면 '수즉시공 공즉시수, 상즉시공, 공즉시상, 행즉시공 공즉시행, 식즉시공 공즉시식'이 될 것이다. 같은 패턴의 경문이 반복되기에 암송의 편의를 위해 생략한 것이다.

'수즉시공 공즉시수'다. 느낌[수]이 무엇인지 집요하게 추구해 들어가면 느낌 아닌 것이 없기에 느낌이라는 개념이 해체된다. 느낌 아닌 것이 있어야 그 어떤 사태에 대해 느낌이라고 이름 붙일 텐데, 이 세상에 느낌 아닌 것이 없기에 느낌이랄 것도 없다. 느낌도 공하다.

'상즉시공 공즉시상'이다. 생각[상]의 정체에 대해 집요하게 추구해 들어가면 생각이라는 개념이 해체된다. 생각이 공하다. 내가 체험하는 그 어떤 것도 생각 아닌 게 없기에, 모든 것이 생각이랄 것도 없다. 생각도 공하다.

'행즉시공 공즉시행'이다. 의지[행]의 정체에 대해 집요하게 추구해 들어가면 의지의 개념이 해체된다. 그 어느 때든 의지가 작용하지 않는 적은 없다. 앞으로 가도 의지, 뒤로 가도 의지, 앉아도 의지, 일어서도 의지, 멈추어도 의지가 작용한다. 세상만사에 의지 아닌 게 없기에, 세상만사에 대해 의지라고 이름 붙일 것도 없다. 의지도 공하다.

'식즉시공 공즉시식'이다. 마음[식]에 대해 집요하게 추구해 들어가면 마음의 정체가 사라진다. 일체유심조(一切唯心造)라고 하듯이 마음 아닌 게 없기 때문이다. 모든 게 마음이라면 모든 것에 대해 마음이라고 이름 붙일 것도 없다. 일반인들이 볼 때는 주관인 마음도 존재하고 객관 대상도 존재한다. 이런 생각을 유경유식(有境有識)이라고 쓸 수 있을 것이다. 주관인 식과 객관인 경, 두 가지 개념에 의해 세상을 바라보는 것이다. 엄밀히 추구해 들어가면 모든 것은 우리의 마음이 만든 것이다. '마음'이라는 하나의 개념에 의해 세상을 해석할 수 있다. 그래서 유식학에서는 유식무경(唯識無境)이라는 보다 깊은 통찰을 제시한다. "오직 마음인 식(識)만 있을 뿐 객관 대상인 경(境)은 존재하지 않는다."는 뜻이다. 그런데 이런 통찰에 대해 논리적으로 더 깊이 천착하면, 모든 것에 대해 마음이라고 이름 붙일 것도 없다는 통찰이 생긴다. 마음 아닌 것이 있어야 마음이라는 개념이 성립하는데, 모든 것이 마음이라면 마음 아닌 것이 없기에, 내가 체험하는 그 무엇에 대해서든 마음이라고 이름 붙일 것도 없다. 그래서 마음 역시 사라지며 이런 최고의 통찰을 경식구민(境識俱泯)이라고 부른다. 객관 대상인 경과 주관인 식이 함께 사라진 경지다. 모든 게 마음이라면 마음이랄 것도 없다. 마음도 공하다.

색, 수, 상, 행, 식의 오온 낱낱의 정체를 끝까지 추구해 들어가니 모두 공성과 만난다. 즉, 이런 다섯 가지 법들의 본질은 공성이다. 이 다섯 가지 법들은 외견상 서로 달라 보여도 그 본질이 공성이라는 점에서 공통된다. 공성은 이 다섯 가지 법들의 궁극적 공통점이다. 모든 법(法)들의 성(性)이다. 법성이다. 그래서 법성은 공성이다. 법성은 모든 법의 참모습이다. 제법실상(諸法實相)이다. 모든 법[제법]의 참모습[실상]은 공성이다. 법성은 공성이다.

『반야심경』에서 '시고(是故) 공중(空中) 무색(無色) 무수상행식(無受想行識) 무안이비설신의(無眼耳鼻舌身意) 무색성향비촉법(無色聲香味觸法) 무안계내지무의식계(無眼界乃至無意識界)'라고 노래하듯이, 공의 경지[空中]에서는 색, 수, 상, 행, 식의 오온 법도 없고, 안이비설신의 색성향미촉법의 십이처 법도 없으며, 안계에서 의식계에 이르기까지 십팔계의 법도 없다. 이런 '없음[無]'이 모든 법의 본질이다.

십팔계설을 예로 들어서 법성이 공성인 점에 대해 다시 설명해 보자. 십팔계설에는 세상만사를 열여덟 가지로 구분했지만, 그 골격은 여섯 가지 지각 세계다. '시각, 청각, 후각, 미각, 촉각, 생각'의 여섯 세계를 '지각기관과 지각대상과 지각내용'의 세 가지로 구분하면 총 열여덟 가지 세계가 된다. '십팔계'나 '세계'에서 모두 '계'라는 말을 사용하지만 그 의미는 다르다. 세계에서 계는 영역이나 경계를 의미하지만, 십팔계에서 계는 산스끄리뜨어 다뚜(dhātu)의 번역어로 다뚜는 '구성요소'나 '근본'을 뜻한다. 세상을 이루고 있는 열여덟 가지 구성요소 또는 근본이 십팔계다. 십팔계는 세상을 구성하는 열여덟 가지 법들이다. 그런데 이런 열여덟 가지 법들 모두 그 본질인 법성은 공하다. 달리 표현하여 이런 열여덟 가지 법들은 실재하지 않는다고 말할 수도 있고 실체가 없다고 말할 수도 있다.

'눈'이라는 법의 본질 - 눈이 없다.

그러면 이런 십팔계의 법들 가운데 첫 번째의 세 가지[初三]인 시각의 세계를 예로 들어서 그 세 가지 법들의 본질, 즉 법성이 공성임을 설명해보자. 시각세계는 시각작용인 눈[안계]과 시각대상인 형상[색계] 그리고 시각내용인 안식(眼識)의 세 가지 법으로 이루어져 있다. 『반야심경』에서 '무안이비설신의'라고 노래하듯이 원래 눈도 없고, 귀도 없고, 코도 없고 … 생각도 없다. '무안(無眼) ….' "눈이 없다."라는 말이다. 그러나 아무리 생각해도 도저히 이해가 되지 않는다. 왜 눈이 없을까? 눈에 온갖 사물들이 보이고, 손을 대면 눈이 만져지고, 거울에 내 얼굴을 비추어 보면 틀림없이 눈이 있는데, 어째서 『반야심경』에서는 눈이 없다고 했을까? 불자들이라면 법회 의식 때항상 봉독(奉讀)하는 『반야심경』이지만 이렇게 캐물어 들어가면서 골똘히 생각해 본 사람은 그리 많지 않을 것이다. 그런데 지금으로부터 1,200년 전 『반야심경』의 이 경문을 듣자마자 의문을 품은 한 사미승이 있었다. 어린 시절의 동산(洞山) 양개(良价) 스님(807-869)이었다.

> [동산 양개] 스님께서 어렸을 때, 스승을 따라서 『반야심경』을 외다가 "무안이비설신의"라는 구절에 이르러 갑자기 손으로 얼굴을 만지면서 스승에게 다음과 같이 물었다. "누구에게나 눈, 귀, 코, 혀 등이 있는데 어째서 경전에서는 없다고 말합니까?" 그 스승은 깜짝 놀랐고, 이를 기특하게 여겨서 "나는 네 스승이 아니구나."라고 말하면서, 즉시 지시하기를 오설산(五洩山)으로 가서 영묵(靈默)선사에게 인사를 올리라고 하였다.[29]

---

[29] "師幼歲 從師因念般若心經至無眼耳鼻舌身意處 忽以手捫面 問師曰 某甲有眼耳鼻舌等 何故經言無 其師駭然異之曰 吾非汝師 即指往五洩山禮靈默禪師", 『筠州洞山悟本禪師語錄』 T47, pp.507a-b.

　동산 양개 스님은 그 제자인 조산(曹山) 본적(本寂) 스님(840-901)과 함께 선불교 오가칠종 가운데 하나인 조동종(曹洞宗)을 일으킨 인물이다. 『반야심경』의 "눈이 없다."는 경문에 의문을 품고서 그 이유를 스승에게 묻자, 스승은 대답을 하지 못하고, 오설산의 영묵 선사의 문하로 보냈고 결국 조동종의 창건조가 된다. 여기서 우리는 "자기 자신에게 솔직한 사람이 큰 인물이 된다."는 점을 새삼 확인한다. 그런데 아쉬운 것은 동산 스님의 어록 어디에도 『반야심경』에서 눈이 없다고 설하는 이유를 나중에 알게 되었다든지, 남에게 가르쳤다든지 하는 이야기가 수록되어 있지 않다는 점이다. 왜 눈이 없다고 하는가?

　동산 양개 스님과 마찬가지로 『반야심경』의 "눈이 없다."라는 경문을 보고서 발심하여 의학도의 길을 버리고 불교학의 길로 들어선 분이 계시다. 바로 고(故) 고익진(1934-1988) 교수님이다. 광주 무등산 자락의 한 암자에서 요양하던 중에 『반야심경』의 "눈이 없다."라는 경문을 읽고서 충격에 빠진다. 그 후 3년간 골똘히 생각에 잠겼다가 나름대로 해답을 얻는다. "눈이 있다는 세계와 눈이 없다는 세계, 이 두 세계는 서로 도저히 용납할 수 없는 그런 세계이며, 반야바라밀다라는 말로 전해지고 있는 것은 바로 그런 세계였다."라는 것이 그 해답이었다고 한다. 그 후 휴학 중이던 전남대 의대를 떠나 동국대 불교학과에 입학하여 불교학자의 길에 들어선다.

　고익진 교수님이 눈이 없다는 『반야심경』의 가르침에 대해 나름대로 이해했다고 하면서 '서로 용납할 수 없는 두 개의 세계'를 거론하지만, 이를 들은 제3자에게 어째서 『반야심경』에서 "눈이 없다."라고 가르치는지, 속 시원하게 설명해 준 것은 아니다. 아쉽지 않을 수 없다. 그런데 용수(龍樹, Nāgarjuna, 150-250년경)의 『중론(中論)』에서 우리는 이에 대한 해답을 발견한다. 제2의 부처님 또는 대승불교의 아버지라고 불리는 용수는 다음과 같이 노래한다.[30]

---

30) 이하의 내용은 김성철, 『중론, 논리로부터의 해탈』(불교시대사, 2004년) 참조.

눈이란 것은 스스로 자기 자신을 볼 수 없다. 스스로를 보지 못한다면 어떻게
다른 것을 보겠는가?
是眼則不能 自見其己體 若不能自見 云何見餘物
『중론』, 제3 관육정품 제2 게송

눈이 없는 이유는 간단명료하다. 이 게송의 전반에서 노래하듯이, 눈이 자
기 자신을 볼 수 없기 때문이다. 눈이 눈을 볼 수 없기 때문이다. 눈에 눈이
보이지 않기 때문이다. 칼날이 다른 모든 것은 다 자를 수 있지만, 칼날 그
자체만은 자르지 못하듯이, 검지로 다른 모든 것을 가리키지만 검지 그 자체
만은 가리키지 못하듯이 눈은 눈 자체를 볼 수 없다. 아무리 둘러보아도 눈이
보이지 않는다. 그래서 눈이 없다는 것이다. 혹자는 "거울에 비추어 보면 자
기 눈을 볼 수 있지 않느냐?"라고 반문할 수 있을 것이다. 그러나 거울에 비
친 눈은 진정한 눈이 아니다. 거울에 비친 눈은 '시각작용'이 아니라 '시각대
상'의 세계에 속한다. '안이비설신의'의 육근 가운데 안근이 아니라, '색성향
미촉법'의 육경 가운데 색경(色境)일 뿐이란 말이다. 남의 눈도 마찬가지다.
안근이 아니라 시각대상인 색경의 일부일 뿐이다. 진정한 불이기 위해서는
뜨거워야 하고, 진정한 물이기 위해서는 축축해야 하듯이, 진정한 눈이기 위
해서는 '보는 힘'이 있어야 한다. 그러나 보는 힘을 갖는 능견(能見)으로서의
눈은 아무리 둘러보아도 찾을 수가 없다. 그래서 눈이 없다.

앞에서 인용한 동산 양개 스님 어록에서 보듯이 손으로 눈알을 누르면서
그것이 눈이라고 반박할 수도 있으리라. 그러나 손가락으로 만져진 것은 '보
는 힘을 갖는 눈'이 아니라 '둥글고 물렁한 촉감'일 뿐이다. 안이비설신의,
색성향미촉법의 십이처 가운데 안근이 아니라 촉경에서 일어난 현상이다. 그
래서 안근은 없다. 안근(眼根)은 공하다. 안근의 본질은 공성(空性)이다. 안
근이라는 법의 본성은 공성이다. 안근의 법성(法性)은 공성이다.

엄밀하게 분석해 보니, 존재의 세계에서 '눈'이 증발한다. 사라지는 것이
다. 눈이 있어야 그에 대응하여 시각대상이 존재할 수 있는데, 눈이 사라지기

에 내 시야에 나타난 모든 풍경이 '시각대상'이랄 것도 없다. 큰방을 떠올려야 그런 생각에 의존하여 어떤 방이 작은방으로 인식되는데, 큰방이 없으면 그 어떤 방이 작은방이랄 것도 없듯이, 눈이 사라지기에 그에 의존하여 존재하는 시각대상도 사라지는 것이다. 여기서 "시각대상이 사라진다."라는 것은 아무것도 보이지 않는다는 의미가 아니라, 시각대상이 대상성을 상실한다는 말이다. 내 시야에 그저 울긋불긋한 형형색색의 현상이 나타나 있을 뿐, 눈이 무엇을 보는 것이 아니다. 위에 인용한 게송에서 "스스로를 보지 못한다면 어떻게 다른 것을 보겠는가?"라는 반문이 이를 의미한다. 눈의 존재가 확인되지 않기에 그것이 무엇을 본다고 말하지 못한다는 뜻이다. 주체가 있어야 작용이 있을 수 있다. 망치가 있어야 못을 박을 수 있고, 자동차가 있어야 그 자동차의 진행이 있을 수 있고, 새가 있어야 그 새의 날아감이 있을 수 있다. 이와 마찬가지로 눈이 있어야 그에 대한 시각대상이나 봄도 있을 수 있는데 눈이 없으면 '시각대상'이나 '봄'이라는 작용이 존재할 수 없다. 따라서 눈도 사라지지만, 그에 대한 시각대상도 존재하지 않고, 그것을 본다는 사실도 존재하지 않는다. 다시 말해, 안근이 없기에 색경도 없고 안식도 없다. 십팔계의 첫 세 가지인 안계, 색계, 안식계가 모두 증발하는 것이다. 존재의 세계에서 사라지는 것이다. 달리 표현하여, 안계, 색계, 안식계의 세 가지 법들의 궁극적 정체는 공성이다. 이들 세 가지의 법성은 공성이다. 이뿐만 아니라 십팔계 가운데 다른 열다섯 가지 법들도 그 본질은 공하다. 법성은 공성이다.

다시 정리해 보자. '법'에는 여러 의미가 있지만, 법성계에서 말하는 법은 요소나 개념을 뜻한다. 이 세상을 이루고 있는 구성요소가 법이다. 그런데 그런 법의 정체를 엄밀하게 추구해 들어가니 공성과 만난다. 그 어떤 법이든 궁극적 정체는 공성이다. 공성이 모든 존재의 참모습이다. 제법실상이다. 법성이다.

①-ⅱ. 원융(圓融) - 원융하여

원융(圓融). 법성에 대한 첫 번째 서술이다. 둥글 '원'자에 화할 '융'[또는 녹을 '융']자를 쓴다. 화엄학 관련 저술을 보면 "원융하여 하나로 만난다[원융일제(圓融一際).]"[31]든지 "원융하여 걸림이 없다[원융무애(圓融無礙)]"[32]와 같이 원융의 의미에 대한 부연 설명을 덧붙인 문구를 찾을 수 있다. 따라서 원융은 '걸림 없이 하나로 만남'을 의미한다. 그래서 궁극적 통찰에서는 공과 유가 원융하고[공유원융(空有圓融)],[33] 부정과 긍정이 원융하며[차표원융(遮表圓融)],[34] 현상과 본체가 원융하다[사리원융(事理圓融)].[35]

공유원융은 『반야심경』의 경문 "색즉시공, 공즉시색 … 수상행식역부여시"을 대한 포괄적 표현에 다름 아니다. 색, 수, 상, 행, 식의 오온은 모두 존재하는 것들로 유(有)에 해당하기에 "색즉시공 공즉시색, 수즉시공 공즉시수 … 식즉시공 공즉시식"은 '유즉시공 공즉시유'에 다름 아니며 이를 달리 표현하면 '유공원융'이나 '공유원융'이라고 쓸 수 있을 것이다. 또한 공은 부정적 언설[차(遮)]이고, 유는 긍정적 언설[표(表)]이기에 공유원융은 부정적 언설이 그대로 긍정적 언설이라는 의미가 되며, 이를 줄여서 차표원융(遮表圓融)이라고 표현할 수도 있다. 또 '색, 수, 상, 행, 식'의 유(有)는 사(事, 현상)이고 공(空)은 이(理, 본질)이기에 공유원융은 이사원융(理事圓融)이나 사리원융(事理圓融)을 의미하기도 한다.

이상과 같은 용례에 비추어 볼 때 원융은 '외견상 대립적인 것들이 서로 충돌하지 않고 하나로 만남'을 의미하기에, '법성원융'은 "법의 본질에서는 모든 대립이 해소된다."라는 뜻이라고 풀 수 있을 것이다. 그래서 이어지는 구절에서 "두 모습을 용납 않고[무이상(無二相)]"이라고 노래하는 것이다.

---

31) 『華嚴五敎止觀』, T45, p.511b.
32) 『華嚴五敎止觀』, T45, p.512c ; 『華嚴一乘十玄門』, T45, p.517b.
33) 『華嚴五敎止觀』, T45, p.511b.
34) 『華嚴五敎止觀』, T45, p.512c.
35) 『華嚴五敎止觀』, T45, p.509a.

①-iii. 무이상(無二相) – 분별함을 용납 않고

여기서 무이상(無二相)을 직역하면 "두 모습이 없다."가 될 것이다. 법의 본성에는 "우리의 이분법적 사유를 적용할 수 없다."라는 뜻이다. 필자는 이런 의미를 살리면서 4·4조의 가사체(歌辭體)에 자구(字句)를 맞추어 무이상을 "분별함을 용납 않고"라고 번역하였다. 이 세상을 이루고 있는 구성 요소들, 또는 우리가 사용하는 모든 개념은 그 어떤 것이든 본질적으로 원융하기에 우리의 분별이 들어가지 않는다. 다시 말해 이분법적 사유가 들어가지 않는다. 다시 말해 흑백논리를 적용할 수 없다.

우리는 머리를 굴려서 세상을 해석한다. 그런데 우리의 머리는 항상 이분법적으로 작동한다. 흑백논리적으로 작동한다. 아리스토텔레스에 기원을 두는 일반논리학에서는 우리의 논리적 사유의 토대로 3가지 기본법칙을 말한다. 동일률(同一律, the law of identity), 모순율(矛盾律, the law of contradiction), 배중률(排中律, the law of excluded middle)이다. 이 세 가지 원리를 간략히 정의하면 다음과 같다.

동일률: 어떤 경우든 A는 A이다.
모순율: 그 어떤 것도 A이면서 not A일 수는 없다.
배중률: 모든 것은 A이거나 not A이[지 제3의 것은 없]다.

동일률을 적용한 판단은, "고양이는 고양이다."라든지, "검정은 검정이다."라든지, "웃음은 웃음이다."와 같은 표현들이다. 너무나 당연한 말들 같다. 이런 판단들이 참이어야만 논리적 사유가 성립한다. 또 "그 동물은 고양이이면서 고양이가 아닌 것일 수는 없다."라는 판단은 모순율을 토대로 하며, "그것은 고양이이거나 고양이가 아니다."라는 판단에는 배중률이 깔려있다. 얼핏 보기에 이들 모두 너무나 당연한 판단들 같아 보인다. 그런데 이 모두가 바로 흑백논리에 근거한 판단들이다. 어떤 사태(事態)나 사안(事案)을 '그것'

과 '그것 아닌 것'으로 양분한 토대 위에서 작동하는 논리이기 때문이다. 물질[色]은 물질이고, 느낌[受]은 느낌이며 … 눈[眼]은 눈이고 귀[耳]는 귀이며 … 산은 산이고, 물은 물이다. 색, 수, 상, 행, 식의 오온이나 안이비설신의 색성향미촉법의 십이처와 같은 '법'들의 세계, 산과 물과 바람과 하늘로 이루어진 현상세계에서는 그런 것 같아 보인다. 동일률, 모순율, 배중률의 흑백논리가 그대로 적용되는 것 같아 보인다. 이런 '법(dharma)'들의 세계에서는 이분법적 사유, 즉 우리의 분별이 모두 옳은 것 같아 보인다. 그러나 법의 이면(裏面)인 '법성(法性, dharmatva)'의 세계에서는 그렇지가 않다. 이런 세 가지 논리법칙이 적용되지 않는다. 흑백논리가 통하지 않는다. 그 이유는 무엇일까?

큰방과 작은방의 예로 분석한 '무이상(無二相)'의 의미

예를 들어보자. 내가 어떤 방에 처음 들어갔을 때, 그 방에 대해 '큰방'이라는 생각이 들 때가 있다. 그런데 처음 보는 그 방이 크게 느껴지는 것은 방문을 열기 전에 '작은방'을 염두에 두고 있었기 때문이다. 생각 속에 떠올렸던 작은방과 비교하여 크기 때문에 큰방이라는 생각이 일어나는 것이다. 그러나 동일한 그 방에 대해 다른 어떤 사람은 '작은방'이라고 생각할 수도 있다. 그 사람의 경우 방문을 열기 전에 그보다 큰방을 염두에 두고 있었을 것이다. 작은방을 염두에 두고서 그 방을 보면 커지고, 큰방을 염두에 두고서 그 방을 보면 작아진다. 따라서 그 방의 크기에 실체가 없다. 불교 전문용어로 표현하면 그 방의 크기는 '무자성(無自性)'하다. 그래서 그 방의 크기는 공(空)하다. 공의 진정한 의미다.

그 방은 원래 큰방도 아니고 작은방도 아니다. 크지도 않고 작지도 않다. 이를 한자로 비대비소(非大非小)라고 표현할 수 있을 것이다. 그 방만 그런 것이 아니라 이 세상에 있는 모든 방들이 다 그렇다. 방만 그런 것이 아니라, 크기를 갖는 모든 것이 그렇다. 따라서 큼과 작음은 이 세상에 실재하는 게 아니다. 원래 큰 것도 없고, 원래 작은 것도 없다. 큼과 작음이 모두 생각 속의 비교를 통해 발생한다. 실재의 세계에는 큼도 없고 작음도 없다. 무대무소(無大無小)이기도 하다. 이는 불전에서 자주 볼 수 있는 패턴의 문구다. "불생불멸(不生不滅) 불구부정(不垢不淨) 부증불감(不增不減) …."『반야심경』의 경문이다.

우리말을 포함하여 동아시아 언어에서는 무언가를 부정할 때, 그 맥락에 따라서 '없다[無]'와 '아니다[非]'와 '않다[不]'의 세 가지 술어를 사용한다. 그러나 산스끄리뜨어를 포함한 인도-유럽 계통의 언어에서는 부정표현이 단순하다. "This is not a dog[이것은 개가 아니다]."에서 부정표현인 'is not'은 '아니다[非]'라고 번역된다. "She is not happy[그녀는 행복하지 않다]."에서 'is not'은 '않다[不]'라고 번역된다. "There is not a boy[거기에 소년이 없다]."에서는 'is not'이 '없다[無]'라고 번역된다. 동일한 'is not'을 우리말로 번역할 때에는 맥락에 따라서 이렇게 세 가지로 다르게 번역된다. 산스끄리뜨어에서 "자아가 없다."는 의미의 무아(無我)는 안아뜨만(anātman)이라고 쓴다. 안(an)은 부정을 뜻하는 접두사이고, 아뜨만(ātman)은 자아를 의미하는데, 이 역시 "내가 아니다."라는 의미인 비아(非我)라고 번역해도 된다. 그래서『반야심경』의 "불생불멸 불구부정 부증불감"을 "무생무멸(無生無滅), 무구무정(無垢無淨), 무증무감(無增無減)"이라고 해도 좋고, 비생비멸(非生非滅), 비구비정(非垢非淨), 비증비감(非增非減)이라고 해도 좋고, 어떤 방에 대해 "큰 것도 아니고 작은 것도 아니다[非大非小]". 라고 말해도 되고, 이 세상에는 "큰 것도 없고 작은 것도 없다[無大無小]."고 말해도 되는 것이다.36)

이뿐만이 아니다. 이 세상에는 원래 깊도 없고 짧음도 없으며[無長無短], 아름다움도 없고 추함도 없고[無好無醜], 가난함도 없고 부유함도 없다[無貧無富]. 세상만사는 근본적으로 대소, 장단, 미추, 빈부와 같은 이분법적 사유

---

36) 김성철,『중론 귀경게 팔불의 배열과 번역』,『한국불교학』제30집, 2001년 참조.

를 용납하지 않는다. 불전에서는 이런 통찰을 "모든 대립적 생각이 사라진 삼매"라는 의미에서 무상삼매(無相三昧)라고 부른다.[37]

　무상삼매의 통찰에서는 모든 대립적 사유가 무너진다. 분별이 끊어진다. 그래서 일반논리학의 3대 원리인 동일률, 모순율, 배중률이 통하지 않는다. 큰방과 작은방이라는 분별을 예로 들어서 이 3대 원리가 적용되지 않는다는 점을 설명하면 다음과 같다.

　동일률: 어떤 경우든 '큰방'은 '큰방'이다. ↔ 이는 옳지 않다. 비교 대상에 따라서 '큰방'이 '작은방'이 되기도 하기 때문이다.

　모순율: 그 어떤 것도 '큰방'이면서 '큰방 아닌 것'일 수는 없다. ↔ 이는 옳지 않다. 어떤 방을 '작은방'과 비교하면 '큰방'이 되지만, '큰방'과 비교하면 '작은방'이 되기에, 그 방은 '큰방'이기도 하지만 '큰방 아닌 것[작은방]'이기도 하다.

　배중률: 모든 것은 '큰방'이거나 '큰방 아닌 것'이[지 제3의 것은 없]다. ↔ 이는 옳지 않다. 어떤 방이든 비교를 통해 그 크기를 규정하기에, 원래는 '큰방'도 아니고 '큰방 아닌 것[작은방]'도 아니다.

　'큰방과 작은방'뿐만 아니라 아름다움과 추함, 깊과 짧음, 부유함과 가난함 등은 모두 이 세상을 구성하는 요소들이다. 불교적으로 표현하면 일체를 이루는 '법'들이다. 또 이들 낱낱은 모두 다양한 의미를 갖고 있는 '개념'들이다. 그리고 이런 법들은 서로 다르다. 큼은 작음과 다르고 아름다움, 추함, 깊, 짧음 등은 모두 서로 다른 별도의 개념들이다. 겉보기에는 그렇다는 말이다. 이렇게 서로 다른 법들로 이루어진 세계를 법계라고 부른다. 그런데 이런 법

---

37) 여기에 "모든 것에 실체가 없음"을 통찰하는 공삼매(空三昧)와, 세상에 대해 한 맺힌 것이 전혀 없기에 "아무 것도 희구하지 않음"의 경지를 체득한 무원삼매(無願三昧)[또는 아무것도 하고 싶은 게 없는 무작삼매(無作三昧)]의 두 가지를 더하여 삼삼매(三三昧)라고 부른다.

들의 정체, 즉 법성을 끝까지 추구해 들어가면 그런 개념들이 해체된다. 모든
의미가 해체되는 것이다. 큰방이 큰방이 아니고, 작은방이 원래는 작은방이
아니며, 아름다움이 아름다움이 아니고, 추함이 추함이 아니다. 일반논리학
의 동일률이 무너지는 것이다. 다양한 '법'들의 차원에서는 일반논리학의 3
대 법칙이 적용되지만, 법의 본질인 '법성'의 차원에서는 이런 흑백논리가 통
하지 않는다. 우리의 이분법적 사유가 적용되지 않는다. 즉 모든 법은 원래
우리의 분별을 용납하지 않는 것이다. 그래서 "법성원융무이상"이다.

②제법부동본래적 諸法不動本來寂
모든 법은 부동하여 본래부터 고요해서

②-ⅰ. 제법(諸法) - 모든 법은

문자 그대로 '모든 법'을 의미한다. 앞에서 설명했듯이 모든 것을 오온(五
蘊)으로 구분할 경우는 색, 수, 상, 행, 식의 다섯 가지 법들이 제법(諸法)에
해당하고, 십이처로 구분할 때는 안이비설신의(眼耳鼻舌身意)의 여섯 가지
지각기관과 색성향미촉법(色聲香味觸法)의 여섯 가지 지각대상이 '모든 법'
이다. 십팔계일 수도 있고, 『구사론』의 5위75법일 수도 있으며 더 나아가 모
든 현상을 이루는 낱낱의 구성 요소들 전체가 제법이다.

②-ⅱ. 부동(不動) - 부동하여

그런데 그런 모든 법이 부동하다. 움직이지 않는다. 여기서 말하는 움직임
은 생각의 움직임을 뜻한다. 제법은 부동하다. 모든 존재는 원래 생각의 움직
임을 일으키지 않는다. 이와 맥락은 다르지만, 불전 도처에서 물리세계의 부
동에 대해 말한다. 선종의 6조 혜능은 깃발의 펄럭임에 대해 심동(心動)이라
고 일갈한다. 거꾸로 말하면 깃발도 부동하고, 바람도 부동하며 심동일 뿐이

다. 용수의『중론』관거래품(觀去來品) 제1게송의 논리에 의하면 이 세상에 시간은 존재하지 않고, 움직임도 존재하지 않는다. 무거래(無去來)이기에 무동(無動)이다. 승조(僧肇) 스님이 저술한『물불천론(物不遷論)』에서도 모든 존재에 오고감[去來]이 없고 부동이라는 점을 역설한다. 이런 물리적 부동에 대해서는 뒤에서 다시 상세히 설명하겠다.

『법성게』의 두 번째 구절인 '제법부동본래적'의 부동은 물리세계의 부동이 아니라, 생각의 부동을 의미한다. 모든 사물은 우리에게 원래 "의미를 방출하지 않는다." 앞에서 큰방과 작은방을 예로 들었듯이, 그 어떤 방이든 자신이 큰방이라든지, 작은방이라고 스스로 주장하지 않는다. 의미를 만들어내는 것은 우리의 머리다.『화엄경』을 보면 부동이라는 표현이 등장할 때 그 주어는 보살과 같은 인격체나 그 마음이다.『화엄경』(60화엄)「사제품(四諦品)」에서 문수보살은 부처님의 공덕에 대해 다음과 같이 찬탄한다.

> …
> 최고의 깨우침은 이 세상을 초월하고
> 홀로 아신 빼어남은 이길 자가 전혀 없는
> 위대하신 선인(仙人)께서 모든 유정(有情) 제도하려
> 깨끗하고 신묘하신 온갖 공덕 갖추셨네.
>
> **그 마음은** 물듦 없고 존재할 곳 없지만은
> 무상처(無想處)와 무의처(無依處)에 한 결 같이 머무시니
> 길상처(吉祥處)에 상주하사 훼손할 자 전혀 없어
> 그 위덕이 높고 중한 크신 스승이시어라.
>
> 본래 갖춘 청정광명 온갖 어둠 물리치며
> 온갖 번뇌 벗어나서 더러움이 전혀 없고
> 고요하고 **부동하여** 이변(二邊)에서 벗어나니
> 이를 일러 여래지(如來智)에 잘 드셨다 말한다네.
> …38)

여기서 보듯이 부처님은 "그 마음"이 "고요하고 부동(不動)하여 이변을 벗어"난 분이다. 여기서 부동에 대해 부연 설명하는 용어인 이변(二邊)을 문자 그대로 풀면 양극단이 되는데, 불전에서는 상견(常見)과 단견(斷見), 유견(有見)과 무견(無見)과 같은 이율배반적 사고방식을 이변이라고 부른다. 즉 '이어져 있다[常]'거나 '끊어져 있다[斷]'는 사고방식, '있다[有]'거나 '없다[無]'는 사고방식이 이변이다. 다시 말해 이분법적 사고, 흑백논리적 사유가 이변이다. 요컨대 부처님의 마음은 고요하고 부동하여 흑백논리에서 벗어나 있고, 인용문 말미에서 쓰고 있듯이 이것이 "여래의 지혜에 잘 들어감[善入如來智]"이다. 이렇게 『화엄경』에서 고요하다거나 부동하다는 표현을 쓸 때 그 주어는 부처님이나 보살이나 중생과 같은 인격체나 그 마음이다.

그런데 '제법부동본래적'이라는 법성게의 문구에서 부동의 주어는 불보살과 같은 인격체가 아니라 '모든 법'이라는 사물들이다. 세상을 이루고 있는 구성 요소 낱낱이 모두 부동하고 본래 고요하다는 것이다. 사실 그렇다. 사물에 원래 이름이 있는 게 아니다. 사물 그 자체가 분별을 내지 않는다. 인간인 내가 사물에 대해 분별을 부여한다. 김춘수는 시 '꽃'에서 "내가 그의 이름을 불러주기 전에는 그는 다만 하나의 몸짓에 지나지 않았다. 내가 그의 이름을 불러주었을 때 그는 나에게로 와서 꽃이 되었다."라고 노래했는데, 비단 꽃만 그런 것이 아니라 모든 사물과 사태는 우리 인간이 이름을 붙이고, 분별을 덧씌우기 전에는 정체불명의 것들이다. 정체불명이 모든 사물과 사태의 본질이다. 앞에서 예로 들었듯이 어떤 방이 큰방이라든지 작은방이라고 주장하지 않는다. 그 방에 대해 크다거나 작다고 규정하는 것은 우리의 마음이다. 어떤 막대에 길다거나 짧다는 표식이 있는 것이 아니다. 그 막대에 대해 길다거나 짧다고 판단하는 것은 우리의 마음이다. 누군가의 얼굴이 원래 잘생기거나 못생긴 것이 아니다. 우리의 마음이 그런 생각을 만들어낸다. 모든 사물과

---

38) "最勝自覺超世間 無依殊特莫能勝 大仙化度一切有 具足淨妙諸功德 / 其心無染無處所 常住無想亦無依 永處吉祥無能毀 威德尊重大導師 / 從本淨明滅衆冥 永離諸染無塵穢 寂然不動離邊想 是名善入如來智 …", T9, pp.424c-425a.

사태는 그 스스로 의미를 내뿜지 않는다. 그 자체에는 분별이나 생각이 없다. 그래서 부동이다. 동(動)하는 것은 법이 아니라 우리의 마음[心]이다. 모든 법은 부동하다.

'제법부동본래적'의 부동이 원래 이렇게 '분별이나 생각의 부동'을 의미하는 것이지만, 앞에서 말했듯이 불전 도처에서는 이 세상에 존재하는 모든 사물도 부동이라고 가르친다. 뒤에서 해설할 '일미진중함시방 일체진중역여시'라는 문구의 이해를 위한 예비지식으로 삼기 위해 이런 물리적 부동에 대해서도 설명해 보겠다.

혜능 스님의 부동

선종의 제6조 혜능(慧能, 638-713) 스님의 『법보단경』에 실린 일화다.

> 혜능 스님은 제5조 홍인의 인가를 받은 후 잠적하여, 자신의 신분을 숨기고 15년 동안을 사냥꾼들과 어울려 숨어서 살았다. 그러던 어느 날 "이제 가르침을 펼 때가 되었다. 끝까지 은둔해 있을 수는 없다."라고 생각하고서 산에서 내려와 광주의 법성사로 갔다. 그때는 인종(印宗, 627~713) 법사가 『열반경』을 강의하고 있을 때였다. 마침 바람이 불어서 깃발이 펄럭이자 한 스님이 "바람이 움직인다."라고 말했다. 그러나 다른 스님이 "깃발이 움직인다."라고 말했고, 두 스님 사이의 언쟁은 끝이 나지 않았다. 그때 혜능 스님이 두 스님 앞으로 가서 "바람이 움직이는 것도 아니고, 깃발이 움직이는 것도 아니다. 그대들의 마음이 움직인다네."라고 말했다. 모두 놀라워했다.[39)]

혜능 스님이 15년간의 잠적을 끝내고 세인 앞에 모습을 드러내게 된 계기

---

39) "惠能後至曹溪 又被惡人尋逐 乃於四會 避難獵人隊中 凡經一十五載 時與獵人隨宜說法 獵人常令守網 每見生命 盡放之 每至飯時 以菜寄煮肉鍋 或問 則對曰 但喫肉邊菜 一日思惟 時當弘法 不可終避 遂出至廣州法性寺 值印宗法師講 涅槃經 時有風吹幡動 一僧曰 風動 一僧曰 幡動 議論不已 惠能進曰 不是風動 不是幡動 仁者心動 一眾駭然.", 『六祖大師法寶壇經』, T48, p.349c.

다. 깃발의 펄럭임을 보고서 "바람이 움직인다[風動]."거나 "깃발이 움직인다[旛動]."고 하면서 두 스님이 다투고 있는데, 혜능 스님이 나타나서 "마음이 움직인다[心動]."라는 대답으로 양자의 논쟁을 잠재운다. 여기서 말하는 깃발 '번(旛, 幡)'은 태극기처럼 깃대에 가로로 매단 깃발이 아니라, 세로로 내려뜨린 깃발이다. 사찰의 당간지주 사이에 올린 깃대 꼭대기에 마치 만장(挽章)처럼 걸려 펄럭이는 천이다.

어쨌든 이렇게 당간에 걸린 깃발의 펄럭임에 대해서, 그것이 바람이나 깃발과 같은 외부사물의 움직임이 아니라 '마음의 움직임'이라는 것이 혜능의 대답이었다. 다시 말해 외부세계에, 객관세계에 깃발의 움직임은 존재하지 않는다. 깃발의 움직임은 우리의 마음이 만든 허상이다. 실재의 세계에서 깃발은 원래 부동(不動)이다. 세상을 이루고 있는 구성 요소 가운데 하나인 깃발이 아무리 펄럭여도 그 움직임[動]은 우리의 마음이 만든 것일 뿐이며 실재 세계에서 깃발이라는 '법'은 부동이다. 제법부동의 예 가운데 하나다.

『중론(中論)』 제2장 관거래품(觀去來品)의 부동

용수의 『중론』에서는 총 27장(章)에 걸쳐서 '모든 법[諸法]'의 공성을 논증한다. 발생도 공하고[제1장], 감[去]도 공하며[제2장], 눈도 공하고[제3장], 물질도 공하며[제4장], 허공도 공하고[제5장], 탐욕도 공하며[제6장], 생주멸(生住滅)도 공하고[제7장], 행위자[作者]도 공하며[제8장] … 속박[縛]도 공하고 해탈[解]도 공하며[제16장] … 시간[時]도 공하고[제19장], 인과[因果]도 공하며[제20장] … 여래[如來]도 공하고[제22장] … 열반[涅槃]도 공하다[제25장] …. 이 가운데 제2장 관거래품(觀去來品)에서는 '감'의 공성을 논증하는데 그 첫 게송을 인용하면 다음과 같다.

이미 가버린 것에는 가는 것이 없다. 아직 가지 않은 것에도 역시 가는 것이 없다.

이미 가버린 것과 아직 가지 않은 것을 떠나서
지금 가고 있는 중인 것에 가는 것은 없다.
己去無有去 未去亦無去 離已去未去 去時亦無去
『중론』제2 관거래품 제1게송

너무나 분명한 말이지만, 참으로 충격적이다. 여기서 '감'은 공간적인 이동을 의미할 수도 있고, 계절의 변화를 의미할 수도 있고, 시간의 흐름을 의미할 수도 있다. 시간의 흐름에 대입하여 이해하면 위의 게송을 다음과 같이 바꾸어 쓸 수 있을 것이다.

이미 지나간 과거는 만난 적이 없고, 아직 오지 않은 미래는 만날 수가 없다.
이미 지나간 과거와 아직 오지 않은 미래를 소거하면
지금 지나가는 중인 현재가 있을 곳 없다.

이를 더 풀어서 다시 쓰면 다음과 같다.

이미 지나간 과거는 만난 적이 없고, 아직 오지 않은 미래는 만날 수가 없다.
이미 지나간 과거와 아직 오지 않는 미래의 틈에 끼어 있는
지금 지나가는 중인 현재는 있을 곳이 없다.

과거는 이미 지나간 시간이기에 전혀 만난 적이 없고, 미래는 아직 오지 않는 시간이기에 도저히 만날 수가 없으며, 현재는 과거와 미래의 틈에 끼어 있을 곳이 없다. 실재한다고 믿었던 과거, 현재, 미래가 모두 증발하는 것이다. 실재의 세계에서 사라지는 것이다. 『금강경』에서도 이런 통찰을 다음과 같이 노래한다.

과거의 마음을 얻을 수 없고, 현재의 마음을 얻을 수 없고, 미래의 마음을 얻을 수 없다.
過去心不可得 現在心不可得 未來心不可得

『금강경』 제18 일체동관분[一切同觀分]

『중론』이 『금강경』과 다른 점은 과거, 현재, 미래가 없다는 점을 단순히 선언하는 데 그치지 않고 그 이유에 대해 논리적으로 설명하는 데 있다. 과거, 현재, 미래가 모두 실재하지 않는다. 따라서 과거, 현재, 미래로 구성된 시간 역시 실재하지 않는다. 그렇다면 과거에 일어난 움직임도 실재하지 않고, 미래에 일어날 움직임도 실재하지 않고, 현재에 일어나는 움직임도 실재하지 않아야 할 것이다. 과거와 미래의 움직임이 실재하지 않는다는 점은 누구나 이해할 수 있지만, 현재의 움직임 역시 실재하지 않는다는 점은 납득이 되지 않는다. 그래서 『중론』의 논적은 다음과 같이 반론을 편다.

> 움직임이 있는 곳에 '가는 것'이 있고, 그 가운데 '가는 중인 것'이 있지, '이미 가버린 것'이나 '아직 가지 않은 것'[에 가는 중인 것이 있는 것]이 아니다. 그러므로 '가는 중인 것'은 간다.
> 動處則有去　此中有去時　非已去未去　是故去時去
>
> 『중론』 제2 관거래품 제2게송

이 역시 너무나 지당한 반론이다. 과거나 미래는 지금 체험할 수 없지만, 현재는 누구나 체험하고 있으며 지금 이 순간에 보이는 움직임[動]에서 지금 가는 중인 것의 '감[=가는 것]'을 확인할 수 있다는 말이다. 이에 대해 용수는 『중론』의 이어지는 게송에서는 '가는 것'이라는 본체적 '감'과 '가는 중인 것'이라는 현상적 '감'의 연기(緣起)관계에 근거하여 "가는 중인 것이 간다."는 판단이 범하는 논리적 오류를 지적한다. 다음을 보자.

> 어떻게 '지금 가는 중인 것'에 '가는 것'이 있겠는가? '가는 것'을 떠난다면 '지금 가는 중인 것'을 얻을 수 없다.
> 云何於去時　而當有去法　若離於去法　去時不可得
>
> 『중론』 제2 관거래품 제3게송

이 게송에서 반박의 근거로 삼는 연기관계는 "이것이 없으면 저것이 없다."와 같이 부정적으로 표현되는 환멸(還滅)연기40)다. 이 공식에서 '이것'과 '저것'은 수학의 x, y와 같은 변수다. '큰방'과 '작은방'을 대입할 수도 있고, '눈[眼]'과 '시각대상[色]'을 대입할 수도 있다. 그리고 『중론』 관거래품의 소재인 '가는 작용'과 관련해서는 '이것'에 '가는 것', '저것'에 '가는 중인 것'을 대입할 수 있다. 그러면 "가는 것이 없으면 가는 중인 것이 없고, 가는 중인 것이 없으면 가는 것이 없다."와 같은 문장이 되는데, 용수는 이를 변형하여 위의 제3게송을 만들어낸 것이다. 그 요점은 "가는 것이 실재하지 않기 때문에, 우리에게 인식되는 '가는 중인 것' 역시 실재하는 것이 아니"라는 말이다. 앞에서 인용했던 관거래품 제1게송에서 과거, 현재, 미래의 3세에 걸쳐 검토해보았듯이, '가는 것'은 실재하지 않는다. '가는 것'이 실재해야 '가는 중인 것' 역시 실재할 수 있는데, 이렇게 '가는 것'이 실재하지 않기에 '가는 중인 것' 역시 실재하지 않는다는 말이다. 실재 세계에 무엇이 움직일 시간대가 존재하지 않는다. 따라서 실재 세계에 움직임이 존재할 수 없다. 실재세계에 동은 없다. 무동(無動)이다. 부동(不動)이다. 비동(非動)이다.

우리 인식의 미분(微分)기능과 일체유심조(一切唯心造)

그러면 우리 눈에 보이는 움직임은 도대체 무엇인가? 새가 날아가는 움직임, 자동차가 지나가는 움직임, 내 손이 머리 위로 올라가는 움직임은 도대체 무어란 말인가?

다시 정리해 보자. 관거래품 제1게송에서 분석하듯이, 이미 가버린 과거는 만난 적이 없고, 아직 오지 않은 미래 역시 만날 수가 없으며, 지금 내 눈앞에

---

40) 초기불전에 제시되어 있는 "이것이 있으면 저것이 있고, 이것이 생하기에 저것이 생한다. 이것이 없으면 저것이 없고, 이것이 멸하기에 저것이 멸한다."는 연기공식에서 "이것이 있으면 저것이 있고, 이것이 생하기에 저것이 생한다."는 긍정적 표현의 연기를 유전연기(流轉緣起), "이것이 없으면 저것이 없고, 이것이 멸하기에 저것이 멸한다."는 부정적 표현의 연기를 환멸연기라고 부른다.

닥친 현재는 지나간 과거와 오지 않은 미래의 사이에 끼어서 있을 곳이 없다. 과거도 없고, 미래도 없고, 현재도 존재할 수 없다. 시간이 존재하지 않는다. 그럼에도 불구하고 지금 내 눈에 파리 한 마리가 날아가는 움직임이 보인다. 파리가 S자 곡선을 그리며 날아간다고 할 경우, S자 곡선 전체가 동시에 나에게 인지될 수는 없다. 매 순간 내가 느끼는 것은 그때그때 파리의 비행 속도다. 어느 물체가 날아갈 때 우리가 어느 순간에 느끼는 그 물체의 속도감[움직임의 느낌]은 그 순간에 이동한 거리를 그 순간의 시간 길이로 나눈 값으로 다음과 같이 기술된다.[41]

$$\text{그 순간의 속도}(v) = \frac{\text{그 순간에 이동한 거리}(s)}{\text{그 순간의 시간적 길이}(t)}$$

그런데 움직임을 느끼는 지금 이 순간의 시간적 길이(t)가 '0'일 수는 없다. 매 순간의 길이가 '0'이라면 다음과 같이 불능(不能, impossible)이나 부정(不定, indeterminate)의 등식이 된다.

$$\text{불능: } \text{속도}(v) = \frac{\text{거리}(s)}{0} \qquad \text{부정: } \text{속도}(v) = \frac{0}{0}$$

여기서 왼쪽의 식은, '속도(v) × 0 = 거리(s)'라고 변환할 수 있는데 여기서 속도(v)에 어떤 수를 대입해도 거리(s)는 '0'가 되기에 '속도(v)' 값을 구할 수 없다. 그래서 불능이다. 오른쪽의 식은 '속도(v) × 0 = 0'이라고 바꾸어 쓸 수 있는데, 여기서 속도(v)에 어떤 수를 대입하건 정답이기에 '속도(v)' 값을 확정할 수가 없다. 그래서 부정이라고 부른다. 따라서 '움직임'을

---

41) 이하의 내용은 '김성철, 『Nāgārjuna의 運動 否定論』, 동국대석사학위논문, 1988년'에 근거한다.

느끼는 현재 이 순간의 시간적 길이가 '0'일 수는 없는 것이다. 그렇다고 이와 반대로 움직임을 느끼는 현재가 어느 정도의 길이를 가질 수도 없다. 관거래품 제1게송에서 보았듯이 현재는 지나간 과거와 아직 오지 않는 미래의 틈에 끼어 있을 곳이 없기 때문이다.

이런 난국(難局)을 해결하는 것이 미분(微分, Differential)이다. 우리가 인지하는 '움직임의 느낌[속도감]'은 움직이는 물체의 순간속도[Vp]인데 그 순간속도는 무한히 '0'에 수렴하는 시간 동안 그 물체가 '이동한 거리[ΔS]'를 무한히 '0'에 수렴하는 그 순간의 '시간적 길이[ΔT]'로 나눈 값이다. 이는 다음과 같이 정리된다.

$$Vp = \frac{\Delta S}{\Delta T} \text{ 인데 } \Delta T \text{가 무한히 '0'에 수렴한다면}$$

$$Vp = \lim_{\Delta T \to 0} \frac{\Delta S}{\Delta T} \text{ 가 된다.}$$

지금 나에게 인지되는 어떤 사물의 움직임은, 지금 그 사물의 순간속도[Vp]이고 이는 위와 같이 지금이라는 순간[ΔT]을 무한히 '0'에 수렴함으로써 얻어진다. 인지기능의 미분 작용을 통해 파악되는 것이다. 움직임에 대한 지각 과정에서 우리의 '의식'에서 제일 처음에 일어나는 일이다. 러시아 불교학의 거장 체르밧스키(Stcherbatsky, 1866~1942)는 이런 과정에 대해 "수학자가 미분을 통해서 속도를 계산해 내는 것과 똑같이, 인간의 마음도 선천적인 수학자로서 찰나적인 감각의 흐름에서 지속을 축조해 낸다."[42]고 설명한 바 있다. 움직임에 대한 인식은 속도에 대한 인식이고, '속도(v) = 거리(s)/시간

(t)'으로 계산되기에, 속도에 대한 느낌은 공간(거리, s)과 시간(t)으로 이루어진 등식의 우변에, 즉 외부세계에 존재하는 것이 아니라, 등식의 좌변인 우리의 마음속에 있다. 다시 말해 물리적인 움직임[動]은 외부세계에, 실재세계에 존재하지 않는다. 실재세계의 모든 것은 부동(不動)이고 움직임이 있는 곳은 우리의 마음[心]이다. 육조 혜능 스님이 광주 법성사에서 깃발이 나부끼는 것을 보고서, 그것은 '깃발의 움직임(幡動)'도 아니고 '바람의 움직임(風動)'도 아니고 '마음의 움직임(心動)'이라고 일갈했듯이 ….43) 비단 움직임뿐만 아니라, 모든 변화는 전 찰나의 기억과 현 찰나의 느낌을 비교함으로써 우리의 마음에서 만들어진다. 유식학(唯識學)에서 가르치는 일체유심조(一切唯心造)의 미분학적 논증이다.

승조의 「물불천론」에서 말하는 부동(不動)

구마라습(鳩摩羅什, Kumārajīva: 344~413)의 제자 승조(僧肇: 384~414)의 논문 모음집인 『조론(肇論)』44) 가운데 『물불천론(物不遷論)』이란 게 있다. 문자 그대로 '사물은 천류하지 않는다는 내용을 담은 논문'이다. 사물은 흘러가지 않는다는 것이다. 불천은 부동의 다른 표현이다. 외견상 "조건이 모여 만들어진 모든 것들은 무상하다."라는 제행무상(諸行無常)의 가르침과 상반된 내용이 실린 논문 같다. 『물불천론』의 핵심 구절을 인용해 본다.

> 일반사람들은 현재에서 과거를 찾으면서 그것[과거]이 머물지 않음을 말하지만, 나는 과거에서 현재를 찾아서 그것[현재]이 가지 않음을 안다.45) 현재가

---

43) 이상에 대해서는 '김성철, 「불교와 뇌과학으로 조명한 자아와 무아」, 『불교학보』 71집, 동국대 불교문화연구원, 2015년'에서도 논의한 바 있다.

44) 『肇論』은 「物不遷論」, 「不眞空論」, 「般若無知論」, 「涅槃無名論」과 그 서문 격인 「宗本義」로 이루어져 있다.

45) 현재 시점(時點)을 중심으로 삼아서 현재가 과거로 가는 것이 거(去)다. 『조론』의 용례를 분석해 보면 '거'는 어떤 시점에서 멀어지는 것을 의미하고, '래(來)'는 어떤 시점으로 가까워지는 것을 의미함을 알 수 있다. 따라서 다음과 같이 도시할 수 있

만일 과거에 도달한다면 과거에는 응당 현재가 있어야 하고, 과거가 만일 현재에 도달한다면 현재는 응당 과거를 가져야 하리라. 현재여서 과거가 없기에 [과거가 현재로] 오지[來] 않음을 알고, 과거라서 현재가 없기에 [현재가 과거로] 가지[去] 않음을 안다. 만일 과거가 현재에 도달하지 않고 현재도 역시 과거에 도달하지 않는다면 **사물들 낱낱의 자성이 한 시점[一世]에만 머무르는데, 어떤 사물이 있어서 가거나 올 수 있겠는가?** 그렇다면, [춘하추동의] 사상(四象)이 바람처럼 달리고 [북극성을 중심으로] 선기(璇璣)46)가 번개처럼 돌아가도, 털끝만큼이라도 뜻을 얻으면, 비록 빠르다고 해도 회전하는 것이 아니다.47)

요컨대 과거에 발생한 사건은 과거의 그 시점에만 존재하고 현재로 오지 않으며, 현재에 발생한 사건 역시 현재의 시점에만 존재하고 과거로 흘러가지 않는다. 이 세상에서 일어나는 모든 사건은 발생한 그 시점에만 존재할 뿐, 과거로 가거나 현재로 오는 일은 없다는 것이다. 이 세상에 존재하는 모든 사물은 절대 이동할 수 없다. 예를 들어서 우리는 "화살로 과녁을 맞힌다."라고 말하지만, 엄밀히 말하면 그 어떤 화살도 과녁을 맞히지 못한다. 활의 시위에 올린 화살은 과녁에 꽂힌 화살과 같은 것이 아니다. 시위에 올렸던 화살은 과거의 화살이고 과녁에 꽂힌 화살은 현재의 화살이다. 아까보다 낡은 화살이다. 과녁을 맞히기 위해서 시위에 올렸던 화살을 만나려면 타임머신을 타고 조금 전의 과거로 돌아가야 한다. 시간이 흘렀기 때문이다. 또, 내가 어떤 출발점에 서서 어떤 목표점을 향해 걸어가려고 하지만, 출발점에 섰던 나는 결코 그 목표점에 도달하지 못한다. 출발점의 나를 만나려면 타임머신을 타고 그 시점으로 돌아가야 한다. 나중에 목표점에 도달한 나는 약간 늙은 나이지 출발점의 내가 아니다. 내가 손을 들어 올리려고 하지만, 엄밀히

다. 去는 ← 시점 →, 來는 → 시점 ←.
46) 일반적으로 북두칠성을 가리킨다.
47) "人則求古於今 謂其不住 吾則求今於古 知其不去 今若至古 古應有今 古若至今 今應有古 今而無古 以知不來 古而無今 以知不去 若古不至今 今亦不至古 事各性住於一世 有何物而可去來 然則四象風馳 璇璣電捲 得意毫微 雖速而不轉.", 『肇論』, T45, p.151c.

말하면 나는 내려뜨린 손을 결코 들어 올리지 못한다. 머리 위로 올라간 손은 약간 늦은 손이다. 이것이 「물불천론」의 가르침이다. 이 세상에서 일어난 사건은 발생한 그 시간대에만 존재할 뿐이다. 위의 인용문에서 말하듯이 "사물들 낱낱의 자성이 한 시점[一世]에만 머무르"기 때문이다.

　현대과학의 차원(dimension) 이론에서는 우리가 사는 우주를 3차원의 세계라고 규정한다. 좌표 1개로 어떤 지점의 위치를 나타낼 수 있는 세계는 1차원의 세계다. 예를 들면 직선이나 원주(圓周)의 세계다. 직선에서는 기준점을 잡은 후 그곳에서부터의 거리를 플러스(+) 얼마라든지, 마이너스(−) 얼마라는 하나의 숫자로 나타낼 수 있다. 원주의 경우도 총 360도(度)의 둘레 가운데 몇 도에 위치하는지 표기하여 하나의 좌표로 어떤 지점을 나타낼 수 있다. 이런 1차원 세계의 좌표는 수학에서 (x)와 같이 표기한다. 여기서 한 차원 더 올라간 면의 세계는 2차원의 세계다. 중, 고등학교 수학 시간에 배웠던 각종 함수에 대응하는 그래프를 그릴 수 있는 세계다. 2차원 세계 속의 한 지점은 (x,y)와 같이 2개의 숫자로 표시한다. 여기서 한 차원 더 올라간 입체의 세계가 3차원 세계로 우리가 사는 우주다. 3차원 세계에서 특정 지점은 (x,y,z)와 같이 3개의 숫자로 표시하며 부피를 갖는 공간을 의미한다. 이런 세 가지 차원을 도시하면 다음과 같다.

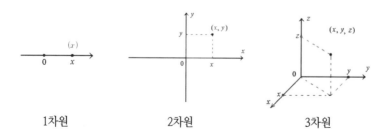

1차원　　　　2차원　　　　3차원

　그리고 이 가운데 3차원 좌표에 시간(t) 좌표를 추가할 경우 우리가 사는 우주에서 일어난 사건의 발생 시점과 위치를 특정할 수 있으며, 이는 $(x,y,z,$

t)와 같이 4개의 숫자로 표시된다. 이것이 4차원 시공(four-dimensional spacetime) 좌표로 민코프스키(Minkowski) 공간48)이라고도 불린다. 그리고 『물불천론』 가르침의 핵심은, 이 세상에서 발생하는 모든 사건은, 발생한 순간 이러한 4차원 시공 좌표계의 특정 지점에 그대로 박혀 있을 뿐 과거나 현재로 이동하는 것이 아니라는 점이다. 『물불천론』의 다른 구절을 읽어 보자.

> 일반사람들이 "움직인다[動]."라고 말하는 것은, 과거의 사물이 현재에 이르지 않기 때문에 움직이지 멈춰있는 것이 아니라고 말하는 것이다. 내가 "멈춰 있다[靜]."라고 말하는 것도 역시 과거의 사물이 현재에 이르지 않기 때문에 멈춰있지 움직이는 것이 아니라고 말하는 것이다.49)

  일반사람들의 경우는 현재의 사물에 초점을 두고서 그것이 과거와 달라졌기에 [현재의 사물이] "움직인다."라고 하지만, 승조의 경우는 과거의 사물에 초점을 두면서 그것이 그대로 현재로 오지 않기에 [과거의 사물이] "멈춰있다."라고 말한다는 것이다. 우리의 시점을 코앞의 현실에 맞출 경우는 모든 것이 변하기에 "흘러간다."거나 "움직인다."고 판단하게 된다. 그러나 우리의 시점을 한 단계 높여서 과거, 현재, 미래의 3세 모두를 염두에 두고서 모든 것을 떠올리게 되면 모든 사건은 발생한 그 시간대에 "머물러 있다."거나 "멈춰 있다."거나 "흘러가지 않는다."는 통찰이 생긴다. 우리가 사는 우주, 4차원 시공좌표로 모든 사건을 특정할 수 있는 이곳에서는, 어떤 사건이든 사태든 사물이든 그것이 발생한 그 시점과 지점에 그대로 박혀 있다. 그래서 불천(不遷)이고 부동(不動)이다. 현재의 사물에 초점을 맞추면 무상(無常)의 통찰이 생기고, 4차원 시공좌표로 시점을 올리면 불천과 부동과 상주(常住)의 통찰이 생긴다. 초기불전에서 부처님께서 가르치신 제행무상의 진리는 이렇

---

48) 아인슈타인의 상대성원리를 담기 위해 고안된 장(場).
49) "人之所謂動者 以昔物不至今 故曰動而非靜 我之所謂靜者 亦以昔物不至今 故曰靜而非動.", 『肇論』, T45, p.151a.

게 제법상주(諸法常住)로도 표현 가능하다. 제법은 상주한다. 제법은 부동이다. 이 세상을 공간적으로 미진, 시간적으로 찰나로 세분했을 때, 이를 이루고 있는 최소 단위의 구성 요소인 '점-찰나(point-instant)'는 부동이다. 모든 것은 발생한 그 시점(t)의 특정 위치(x, y, z)에 박혀있는 한 점으로서 부동이다.[50]

②-iii. 본래적(本來寂) – 본래부터 고요해서

본래적. "본래 고요하다."는 뜻이다. 여기서 '적'은 적멸(寂滅)의 준말이며, 적멸은 열반의 의역(意譯)이다. 초기불전에서는 주로 자아의 열반을 가르친다. 즉 무아를 가르친다. 무아(無我)를 알아 무아가 되면 탐욕이나 분노, 교만과 같은 모든 번뇌가 사라져 마음이 편안해진다. 열반이다. 우리 불교도들은 부처님의 가르침을 믿고 따르고 의지하여 열반을 추구한다.

부처님의 가르침은 강을 건널 때 타고 가는 뗏목과 같다. 가르침에 의지하여 강을 건넌 후에는 그 뗏목을 강에 그대로 두고 간다. 그런데 부처님의 가르침인 법의 뗏목에 의지하여 열반의 언덕에 도달했는데, 그런 법의 뗏목에 집착하는 수행자들이 있었다. 부처님께서는 이런 수행 태도를 비판하시면서 다음과 같은 가르침을 펼치셨다.

어떤 사람이 길을 가다가 큰물을 만났는데 이쪽 물가는 수상쩍고 위험하지만 저쪽 물가는 안전하고 위험이 없다고 하자. 그래서 그 사람은 … 뗏목을 만들었다. 저쪽 물가로 건너간 다음에 그는 다음과 같이 생각할 수 있다. "이 뗏목이 나에게 참으로 유용했다. 왜냐하면 … 나는 이 뗏목에 의지해서 … 건너왔기 때문이다. 이 뗏목을 머리에 이거나 등에 지고서 그 어디든 내가 가려는 곳으로 가는 것이 좋겠다." 비구들이여 그대들은 어떻게 생각하느냐? 그 사람이 그렇게 하면, 뗏목에 합당한 일을 하는 것이겠는가? "아닙니다. 세존이시

---

50) 뇌에서 요동하는 한 점 흐름으로서의 인간의 마음을 포함하여 우주에서 일어나는 모든 사건은 시공의 함수 $f(x, y, z, t)$로 나타낼 수 있다.

여." 그러면 그 사람은 뗏목에 합당한 일을 하기 위해서 어떻게 해야 할까? 그 사람은 … "이 뗏목은 나에게 참으로 유용했다. … 이 뗏목을 마른 땅으로 끌고 가든지, 물에 그대로 두어 가라앉게 하든지 하고서 내가 가려는 곳으로 가야 하겠다."라고 생각한다. 이렇게 할 경우 그는 뗏목에 대해 합당한 일을 하는 것이리라. 비구들이여, 이와 마찬가지로 나는 '법(dharma)'이 강을 건너기 위한 …… 뗏목에 비교된다고 가르쳤다. 법이 뗏목에 비교된다는 가르침대로 이해한다면, 그대는 '법'조차 버려야 하거늘 하물며 '법이 아닌 것'은 어떠하겠는가?[51]

   유명한 『벌유경(筏喩經)』이다. 『반야심경』에서 '공중(空中, 공에는)'이라는 전제를 제시한 후, '무색 무수상행식'이라고 하면서 오온을 부정하고, '무안이비설신의 무색성향미촉'이라고 하면서 십이처를 부정하고, '무안계 내지 무의식계'라고 하면서 십팔계를 부정하고 '무무명 역무무명진 내지 무노사 역무노사진'이라고 하면서 십이연기[52]를 부정하고, '무고집멸도'라고 하면서 사성제를 부정하고 '무지 역무득'이라고 하면서 지혜와 얻음을 부정하는 이유가 이에 있다. 오온, 십이처, 십팔계, 십이연기, 사성제, 지혜 등은 모두 부처님의 핵심 가르침이다. 그러나 이 모두 뗏목과 같은 도구이고 방편일 뿐이다. 궁극적인 열반의 언덕에 도달한 후에도 이들 가르침을 실체시하고 집착한다면 완전한 깨달음을 얻은 것이 아니다. 그래서 공에는, 다시 말해 열반의 경지에는 이들 갖가지 법들이 모두 없다고 역설하는 것이다. 모든 법을 부정하는 『반야심경』의 요점을 한 마디로 정리하면 다음과 같다. "궁극적 깨달음에서는 가르침[法]의 뗏목조차 모두 내려놓아라!" 위에 인용한 『벌유경』의

---

51) 『中阿含經』, T1, p.764c ; *Alagaddupama Sutta*, MN. I , p.130(PTS本).
52) 천신, 아수라, 인간, 아귀, 축생, 지옥의 육도에서 윤회하는 모든 생명체가 살아가는 방식의 공통점을 12단계로 정리한 가르침으로 다음과 같다. 무명→ 행→ 식 ↔ 명색→ 육입→ 촉→ 수→ 애→ 취→ 유→ 생→ 노사. 여기서 무명에서 노사의 방향으로 이어지는 과정을 유전문(流轉門), 무명이 멸하여, 행이 멸하고, 행이 멸하니 식이 멸하며 … 생이 멸하니 노사가 멸하는 과정을 환멸문(還滅門)이라고 부른다. 위에 인용한 경문에서 무명진(無明盡)이나 노사진(老死盡)의 진(盡)은 환멸문의 멸을 의미한다.

취지와 다르지 않다.

부처님의 법(法)을 통해 무아를 체득하여 자아가 열반에 들어야 하겠지만, 그런 법도 열반에 들어야 한다. 보다 정확히 표현하면 원래 자아가 없다는 점, 즉 무아임을 알아야 하겠지만, 이와 아울러 법에도 원래 실체가 없다는 점을 알아야 한다. 무아를 다른 말로 아공(我空)이라고 하며 법에 실체가 없다는 점을 법공(法空)이라고 한다. 부처님의 가르침을 통해 우리는 아공과 법공을 모두 알아야 한다. 예를 들어서 수레를 불로 태우면, 그 구성 요소인 바퀴, 손잡이, 굴대 등이 모두 타듯이 올바로 수행할 경우 아공을 알게 되면, 법공은 저절로 알게 된다.53) 그러나 잘못된 수행자는 아공만 추구하고, 법공을 모른다. 법이 원래 공하다는 점을 모른다. 법도 원래 열반에 들어있었다는 점을 모른다. 다시 말해 법이 본래 적멸임을 모른다. 법은 본래 열반에 들어 있다. 법은 본래 적멸이다. 제법은 적멸이다.

법의 적멸을 가르친다는 점이 대승불교의 특징 가운데 하나다. 법의 적멸은 법의 공성이다. 대승불교사상의 양대 산맥인 중관학과 유식학의 교리 모두, 법의 적멸 즉 법공에 토대를 둔다. 『화엄경』이나 화엄학에서 가르치는 지혜 역시 그 토대는 법의 적멸, 법공이다. 『화엄경』 「금강당보살십회향품(金剛幢菩薩十廻向品)」에서 금강당보살은 부처님의 위신력을 받아서 다음과 같이 노래한다.

> 오온과 십팔계를 관찰도 하고, 십이처와 자기 몸도 분별하면서
> 법(法)들에서 깨달음을 구하려 하나, 이들 모두 공적(空寂)하여 잡을 수 없네.
> 모든 법의 상주함을 취하지 말고, 단멸하는 모습 역시 수용치 마세.
> 모든 법은 있지 않고 없지도 않아, 온갖 업의 인연 모여 발생한다네.
> 깨달음을 체득하는 중생도 없고, 일체의 모든 법들 다 적멸(寂滅)이니
> 마음에서 온갖 불토 집착치 않고, 삼세의 시간 없음 잘 파악하세.
> 이와 같이 바른 법을 이해한다면, 일체에서 으뜸인 분 다를 바 없네.54)

---

53) 이는 귀류논증적 중관학파 월칭(月稱, Candrakīrti)의 해석이다.
54) "觀察五陰十八界 分別諸入及己身 於此諸法求菩提 皆悉空寂不可得 不取諸法

'색수상행식'의 오온, '안계 내지 의식계'의 십팔계, '안이비설신의와 색성
향미촉법'의 십이처 낱낱 그리고, 자기 자신의 몸 등에 실체가 있다는 관찰과
분별의 토대 위에서 깨달음을 추구하지만, 이런 법들이 모두 공적하기에 이
런 법들을 잡을 수가 없다. 따라서 법이 실재한다는 생각으로 깨달음을 추구
해서는 안 되며 다음과 같이 통찰해야 한다. "모든 법은 상주하지도 않고 단
멸하지도 않으며 있는 것도 아니고 없는 것도 아니다. 갖가지 업을 짓고 그런
업들이 조건이 되어 온갖 법들이 나타나는 것이다. 깨닫고자 하는 중생도 실
재하는 게 아니고, 세상을 이루고 있는 구성 요소인 온갖 법들 역시 실재하지
않으니, 불국정토에 집착할 것도 없고, 과거와 현재와 미래의 삼세가 모두
실재하지 않는다는 점에 대해 잘 알아야 한다. 이렇게 모든 법에 실체가 없어
서 공하고 고요하다[空寂]는 점에 대해 이해한다면 부처님과 다를 게 없다."
라는 것이다.

초기불전에 실린 뗏목의 비유에서는 열반의 언덕에 올라가면 법의 뗏목을
내려놓을 것을 가르쳤는데, 『반야심경』이나 『화엄경』에서는 그런 법의 뗏목
에 실체가 없다는 점을 가르친다. 즉 법공을 가르친다. 이는 『장자(莊子)』의
다음과 같은 비유와 그 취지가 유사하다.

> 통발이란 것은 물고기를 잡기 위한 것이니 물고기를 잡으면 통발을 잊고, 올
> 무란 것은 토끼를 잡기 위한 것이니 토끼를 얻으면 올무를 잊으며, 말이란 것
> 은 뜻을 담기 위한 것이니 뜻을 파악하면 말을 잊는다. 내가 어찌 무릇 말을
> 잊은 사람과 어울려서 말을 나눌 수 있겠는가?[55]

통발은 물고기를 잡는 수단이고, 올무는 토끼를 잡는 수단이고, 말은 뜻을

常住相 於斷滅相亦不受 一切諸法非有無 諸業因緣和合生 無有眾生得菩提 一切
諸法悉寂滅 心不染著諸佛刹 了達三世無所有 若能如是解正法 亦如一切諸最勝.",
T9, p.520b.
55) "筌者所以在魚 得魚而忘筌 蹄者所以在兎 得兎而忘蹄 言者所以在意 得意而忘
言 吾安得夫忘言之人而與之言哉.", 『莊子』, 「外物篇」.

전하기 위한 수단이다. 따라서 물고기를 잡고, 토끼를 잡고, 뜻을 전하면 이런 수단들은 모두 폐기해도 된다. 초기불전의 뗏목의 비유 역시 그 취지가 이와 같다. 그런데 『반야심경』이나 『화엄경』과 같은 대승불전에서는 '부처님의 법'이라는 수단을 버려야 하는 이유, 그에 집착하지 말아야 하는 이유에 대해 보다 강력하게 설한다. 법에 대한 집착에서 벗어나야 완전한 열반이기 때문이다. 통발이나 올무는 물고기나 토끼를 잡은 후 버리지 않아도, 물고기나 토끼에 흠결이 생기지 않는다. 그저 조금 거추장스러울 뿐이다. 그러나 불교의 열반은 이와 다르다. 열반은 모든 번뇌의 소멸을 의미한다. 탐욕, 분노, 교만, 어리석음과 같은 번뇌들이 모두 사라지면 열반을 체득했다고 한다. 부처님의 법에 의지하여 모든 번뇌가 사라진 열반의 경지에 도달했다고 하지만, 그에게 '법에 대한 집착'이 아직 남아 있다면 아직 무명(無明)이 완전히 사라진 것이 아니다. 다시 말해 완전한 열반이 아니다. 법의 뗏목을 수단으로 사용하여 완전한 열반에 도달하려고 하지만, 그 뗏목을 버리지 않은 이상, 최종목표인 완전한 열반을 체득한 것이 아니다. 열반에 아직 흠결이 남아 있다. '법'까지 열반에 들게 하지 못한 흠결이다. 물고기를 잡은 후 통발을 버리지 않아도, 물고기는 온전하지만, 법에 의지해 열반을 체득할 때 법까지 버리지 않으면 열반은 온전하지 못하다. 또 장자의 '통발'은 없던 물고기를 새롭게 소유하게 해 주지만, 불교의 '가르침'은 이를 통해 존재한다고 생각했던 모든 것들이 완전히 사라진다. 보다 정확히 말하면 모든 것이 원래 실재하지 않는다는 점을 알게 한다. 불교에서 말하는 '가르침의 뗏목'과 『장자』의 '통발'의 차이점이다. 모든 법은 원래 '공적(空寂)'하며, '적멸(寂滅)'이다. 본래 고요하다. 본래적[本來寂]이다.

『화엄일승법계도』에 대한 주석 모음집인 『법계도기총수록(法界圖記叢髓錄)』을 보면, 대표적 주석인 『법기(法記)』56)나 『진기(眞記)』57) 모두에서

---

56) 의상 스님의 증손제자이지만 행적 불명(不明)인 법융(法融) 스님의 주석으로 『법융대덕기』나 『법융기』나 『융기』라고도 쓴다. 『법계도기총수록』에서 총 47회 인용하고 있다. 해주 역주, 『정선화엄Ⅰ』, 대한불교조계종 한국전통사상서 간행위원회

'본래 고요한[本來寂]' 이유에 대해 '무이상(無二相)이기 때문'이라고 설명한다. 『대화엄일승법계도주(大華嚴一乘法界圖註)』의 저자 설잠(雪岑) 김시습(金時習, 1435-1493)도 이와 같게 해석한다. 무이상은 바로 앞 문구인 '법성원융무이상'에 실린 단어다. 풀어 말하면, 이 세상을 이루고 있는 구성 요소인 모든 법이 본래 고요한[寂] 이유는, 두 가지 모습이 없기 때문이다. 즉, 어떤 사물이든 사태든 이분법적 판단을 부가할 수 없기 때문이라는 것이다. 흑백논리적으로 작동하는 사유로는, 그 무엇에 대해서도 그것이 어떻다고 규정할 수 없기 때문에, 그 무엇이든 본래 고요하다. 사물 그 자체는 스스로 소리를 내지 않는다. 자기 스스로 분별을 내뿜지 않는다. 사물에 대해 규정하고 분별하는 것은 모두 우리의 마음이고 생각이다.

고려시대의 균여(均如, 923-973)는 『일승법계도원통기(一乘法界圖圓通記)』에서 '무명무상절일체(無名無相切一切)'이기 때문이라고 설명한다. 이는 앞으로 설명할 바로 뒤의 문구다. "이름도 없고 모양도 없어 일체가 끊어져 있기에 본래 고요하다."는 것이다.

③무명무상절일체 無名無相絶一切
이름 없고 모습 없어 모든 것이 끊겼으니

③-ⅰ. 무명(無名) - 이름 없고

무명. 이름이 없다. 주어는 앞 문구인 '제법부동본래적(諸法不動本來寂)'의 '제법'이다. 모든 법이다. 모든 법은 이름이 없다. 세상을 이루고 있는 구성 요소들은 원래 모두 이름이 없다. 세상만사를 다섯 가지 요소로 나누면 오온(五蘊)이 제법이고, 더 잘게 나누면 사전에 등재된 단어의 개수만큼의

출판부, 2010, p.43 참조.

57) 신라 하대의 문헌으로 추정되며, 『진수기』, 『진수대덕기』, 『지수덕기』로도 쓰기에 진수가 저자의 법명인 듯 하지만 확실치 않다. 해주 역주, 『정선화엄Ⅰ』, 대한불교조계종 한국전통사상서 간행위원회 출판부, 2010, p.43 참조.

것들이 제법이다. 오온은 색(色), 수(受), 상(想), 행(行), 식(識)의 다섯인데, 이런 제법에 '이름이 없다[無名]'는 것은 색이 색이 아니고, 수가 수가 아니고 ··· 식이 식이 아니라는 가르침이다.

<u>오온 각각은 정체불명이다.</u>

우리의 머릿속에서는 색, 수, 상, 행, 식이 그런대로 구분이 간다. 그러나 현실에서 오온 낱낱의 실례를 들려면 난감해진다. 앞에서 그 이유에 대해 설명한 바 있지만,[58] 다시 예를 들어보자. 가령 지금 내 책상 위에 놓인 꽃병은, 물질로 이루어진 '색'이기도 하고, 불고불락의 느낌을 주는 '수'이기도 하며, 꽃병이라는 생각을 일으키는 '상'이기도 하고, 그것을 바라볼 때 주의를 기울일 때 온갖 잡념이 함께하기에 '행들'이기도 하고, 눈에 그 모습이 보이기에 안식으로서의 '식'이기도 하다. 이런 통찰은 다음과 같이 정리된다.

꽃병 = 색
꽃병 = 수
꽃병 = 상
꽃병 = 행
꽃병 = 식

A, B, C라는 세 개의 사물이 있을 때, 수학적으로 A=B이고 A=C이면, B=C라는 결론을 얻는다. 이와 마찬가지로 여기서 '꽃병 = 색'이고 '꽃병 = 수'이고 ··· '꽃병 = 식'이기에 '색 = 수 = 상 = 행 = 식'이 되고 만다. 풀어 말하면, 색이 수이고, 수가 상이고, 상이 행이고 행이 식이다. 오온의 순서를 섞어도 된다. 수가 식이고 식이 색이고 상이 수이고 ···. 언어가 무너진다. "부

---

58) 본서 p.43, '오온이 난해한 이유' 참조.

처님은 마른 똥막대기다.”라든지 “달마 스님이 서쪽에서 온 이유는 뜰 앞의
잣나무다.”와 같은 화두(話頭), 공안(公案)59)의 경지다. 생각 속에서는 서로
무관한 듯이 보이던 색, 수, 상, 행, 식이 실재 세계에서는 동치(同値)로서
상즉(相卽)한다. 실재 세계에서는 색, 수, 상, 행, 식을 별도로 분리해 낼 수
없는 것이다. 별도의 이름을 붙일 수 없다. 그래서 무명(無名)이다.

십이처와 십팔계 낱낱은 정체불명이다.

‘안이비설신의 색성향미촉법’의 십이처의 열두 가지 낱낱 요소들이나 ‘안
계 내지 의식계’의 십팔계의 열여덟 가지 낱낱 요소들 역시 엄밀히 보면 고유
한 특성을 갖지 않는다. 일반사람들은 눈으로 사물을 보고, 귀로 소리를 듣
고, 코로 냄새를 맡는다. 그런데 부처님은 이런 다섯 가지 감각기관을 서로
바꾸어 사용하실 수 있다고 한다. 『성유식론』에서도 “만일 자재함을 얻으면
모든 감관을 서로 바꾸어 사용한다. 하나의 감관이 식을 발생시켜서 모든 경
계를 대상으로 삼는다.”60)고 말한다. 『대반열반경』에서도 여래의 자유자재
한 능력 여덟 가지[八自在]61)를 열거하면서 감각기관의 자유자재함에 대해
다음과 같이 설명한다.

> 다섯째, 감관이 자유자재하기 때문이다. 어째서 감관이 자유자재하다고 말하
> 는가? 여래는 하나의 감관으로 능히 형상을 보기도 하고, 소리를 듣고, 냄새
> 를 맡고, 맛을 구별하고, 촉감을 느끼고, 생각을 안다.62)

---

59) 간화선(看話禪) 수행의 소재가 되는 과거 선승들의 일화나 문답.
60) “若得自在諸根互用 一根發識緣一切境.”, 『成唯識論』, T31, p.26a.
61) 몸이 먼지처럼 작아지기도 하고 우주처럼 커지기도 하고, 한 몸을 여러 몸으로
    나누기도 하는 것, 먼지 크기의 몸이 우주를 가득 채우는 것, 우주를 가득 채운
    몸이 허공을 날아다니는 것 등. 『大般涅槃經』, T12, pp.502c-503a.
62) “五者 根自在故 云何名為根自在耶 如來一根 亦能見色 聞聲 嗅香 別味覺觸知
    法.”, 『大般涅槃經』, T12, p.503a.

부처님이 되어 자유자재한 경지를 체득하면 예를 들어, 눈으로 보기만 하는 것이 아니라, 듣기도 하고 냄새도 맡고 맛도 볼 수 있다는 것이다. 다른 감관도 마찬가지다. 손으로 맛보고, 듣고, 보고 할 수 있다는 것이다. 사실 모든 감각기관의 생리학적(physiological) 본질과 우리의 주의집중 기능을 엄밀히 분석해 보면 감각대상을 지각하는 과정에 본질적인 차이가 없다는 점을 알게 된다. 눈으로 사물을 본다고 하지만, 엄밀히 말하면 내 눈동자에 뚫린 동공으로 들어와서 망막에 비친 영상을 보는 것이다. 망막은 명암을 구별하는 1억2천만 개 정도의 간상(桿狀)세포와 색깔을 구별하는 7백만 개 정도의 원추(圓錐)세포로 이루어져 있는데, 이들 세포들의 후면에 수많은 시신경세포들이 분지해 있고, 이들 시신경세포들이 다발을 이루어 대뇌의 시교차(視交叉, optic chiasm)를 거쳐서 후두엽의 시각신경에 이르러 회로를 형성함으로써 시지각(視知覺)이 발생한다. 안식(眼識)이 발생하는 것이다. '빛→ 시각 대상→ 동공→ 망막→ 간상세포, 원추세포 → 시교차→ 후두엽의 시신경망' 등이 '안식'을 발생시키는 조건, 즉 인연(因緣)들이다. 후두엽의 시신경을 '시각중추'라고 부르지만, 불교적으로 통찰할 때, 이들 가운데 어떤 것도 중추가 아니다. 중심이 아니다. 이들 모두 '안식'이 발생할 때 공조(共助)하는 조건들일 뿐이다. 후두엽의 시신경망 역시 그런 조건들 가운데 하나일 뿐이다. 이런 조건들 중에서 어느 한 가지만 없거나 손상되어도 안식은 발생하지 않는다.

이런 예비지식 하에 안식에 대해 좀 더 분석해 들어가자. 우리의 시야에 무언가 보일 때, 우리는 그 시야 전체를 한꺼번에 파악하는 것이 아니다. 우리의 주의[念]가 짧게 요동하면서 시야를 훑음으로써 시각인식, 즉 안식이 발생한다. 이런 주의의 요동과 함께 일어나는 안구의 미세한 떨림을 '도약안구 운동[saccade]'이라고 부른다. 1초에 4~5회 일어나는 응시점(凝視點)의 떨림이다. 우리는 시야 전체를 동시에 인지하는 게 아니라, 우리의 시각적 주의가 시야를 재빨리 훑음으로써 안식이 발생한다. '입체(立體, 3D)'로 보이는 우리의 시야(視野)는 사실은 망막에 비친 '면(面, 2D)'이고, 더 엄밀히 분석해 보면, 재빨리 이동하는 주의집중의 선(線, line, 1D)이고, 더 잘게 자르

면 사실은 한 찰나[instant]만 존재하는 하나의 점(點, point)이다. 이 세상에
실재하는 것은 한순간만 존재하는 하나의 점이다. 앞에서 소개했듯이 러시아
의 불교학자 체르밧스키는 이를 '점-찰나(point-instant)'라고 명명하였다.
불교인식논리학에서는 이를 자상(自相, svalakṣaṇa)이라고 불렀다. 인식수
단을 직접지각[perception]인 현량(現量)과 추론[inference]인 비량(比量)의
두 가지로 구분할 때, 비량의 대상은 공상(共相, 보편)이고, 현량의 대상은
자상(自相, 특수)이다. 자상은 특수(particular) 중의 특수, 극소의 특수다. 이
것만이 실재한다.[63] 이렇게 분석해 들어갈 때, '매 찰나 명멸하는 점의 변화'
로 인해 안식이 발생한다고 말할 수 있다. 우리가 사는 세계는 원래 하나의
점일 뿐이며, 우리의 마음도 한순간만 존재하는 하나의 점일 뿐이다. 점 속에
점이 산다. 더 엄밀히 말하면 '점으로서의 마음'은 '점으로서의 세계'와 일치
한다.[64]

  시지각(視知覺)인 안식(眼識)의 발생과정에 대한 이상과 같은 통찰에 비
추어 볼 때, 몸으로 촉감을 느끼는 신식(身識) 역시 그 발생과정이 안식과
다를 게 없음을 알게 된다. 신경생리학에서는 몸에서 오는 감각을 체성감각
(體性感覺, somatic sense)이라고 부르며 우리의 피부, 근육, 내장에서 오는
감각 전체를 포괄한다. 십팔계설에서 보듯이 신근(身根)과 촉경(觸境)이 만
나면 신식(身識)이 발생한다. 그런데 우리는 내 몸에서 발생하는 모든 촉감
을 동시에 지각하지 못한다. 지금 의자에 앉아서 자판을 두드리고 있는 나에
게 온갖 촉감이 느껴진다. 발이 바닥에 닿은 느낌, 양말이 발목을 조이는 느
낌, 바지가 허리에 걸쳐진 느낌, 상의가 어깨를 누르는 느낌, 머리가 가려운

---

63) "[현량의] 대상은 자상(自相)인데 … 그것만이 승의적(勝義的) 존재(paramārtha
   -sat)이다(tasya viṣayaḥ svalakṣaṇam … tad eva paramārthasat).", 『니야야빈두
   (Nyāyabindu)』.
64) 이는 『니야야빈두』의 다음과 같은 구절에 근거한 통찰이다. "바로 그런 현량지는
   '인식의 결과'이기도 한데, 대상에 대한 인식을 그 성질로 삼기 때문이다. 이 경우
   인식방법[인 현량]은 대상과 동질적인 것인데, 그것에 근거하여 대상에 대한 인식이
   성립하기 때문이다(tad eva ca pratyakṣaṃ jñānaṃ pramāṇa-phalam, artha-sārū
   pyam asya pramāṇam tad-vaśād artha-pratīti-siddher iti)."

느낌, 식후에 배에서 오는 포만의 느낌, 속 가락이 자판에 닿는 느낌, 손목이 책상에 걸쳐진 느낌, 입술을 지그시 다문 느낌, … 호흡과 함께 콧속을 들락날락거리는 바람의 느낌 등등 그야말로 수십 가지 촉감이 느껴진다. 그러나 그런 촉감 모두를 내가 동시에 인지하지 못한다. 주의를 기울인 촉감만 나의 의식에 떠오른다. 나의 촉감이 발생하는 지점은 3차원적 입체인 나의 몸 전체다. 그러나 나의 의식에 떠오르는 촉감은 그 가운데 나의 주의가 머무는 것들뿐이다. 나의 주의는 나의 몸 이곳저곳을 훑으면서 촉감을 검색한다. 외적 자극으로 인해 수동적으로 주의를 기울이기도 하고 내적 동기에 의해 능동적으로 주의를 기울이기도 하지만, 어쨌든 나의 몸을 1차원적으로 훑으면서 촉감의 변화가 인지된다. 더 엄밀히 말하면 매 찰나 한 점의 촉감만 존재할 뿐이다.

이렇게 분석해 볼 때, 시각이든 촉각이든 주의의 1차원적인 이동을 통해, 변화를 인지한다는 점에서 공통된다. 사실 피부감각과 망막의 시지각은 그 발생과정이 본질적으로 다를 게 없다. '면'에서 일어나는 변화에 대해 주의를 1차원적으로 훑으면서 지각이 일어난다는 점에서 다를 게 없다. 망막은 '섬세한 피부', 피부는 '조야(粗野)한 망막'에 다름 아니다. 따라서 "망막에 닿은 빛의 촉감"이라든지 "피부에 보이는 촉감의 빛깔"이라는 표현이 가능할 것이다.

청각의 경우도 이와 마찬가지다. 소리는 1차원적인 현상이다. 시간의 흐름에 따른 강약, 고저만 있을 뿐 부피가 없다. 맛도 그렇고 냄새도 그렇다. 그 인지과정이 1차원적으로 이루어지는 감각들이다. 우리의 생각 역시 이와 마찬가지로 1차원적인 흐름을 토대로 구성된다. 따라서 '안, 이, 비, 설, 신, 의'의 여섯 지각은 그 발생과정에서 본질적으로 차이가 없다. 이들 모두 주의(attention)를 따라서 1차원적으로 이동하는 찰나적인 변화일 뿐이다. 눈이 눈이 아니고, 귀가 귀가 아니고, 코가 코가 아니고, 혀가 혀가 아니며, 몸이 몸이 아니고, 생각이 생각이 아니다. '안이비설신의'의 여섯 가지 지각기관이 그 정체를 상실한다. 이들 지각기관에 대해 본다거나, 듣는다거나, 맡는다거나,

맛본다거나, 느낀다거나, 생각한다는 이름을 붙이지 못한다. 아울러 이들 지각기관에 대응하는 '색성향미촉법' 역시 정체를 상실한다. 십이처가 무너지고, 십팔계가 무너진다. 모두 원래 이름이 없다. 무명(無名)이다.

<u>세상만사는 정체불명이다.</u>

법성원융무이상 제법부동본래적 무명무상절일체 … "법의 본성 원융하여 분별함을 용납 않고, 모든 법은 부동하여 본래부터 고요해서 이름 없고 모습 없어 모든 것이 끊겼으니 …" 제법에 이름이 없다. 모든 법에 이름이 없다. 모든 법은 오온의 법들로 분류할 수도 있고, 십이처의 법들이나 십팔계의 법들로 분류할 수도 있다. 지금까지 이런 오온, 십이처, 십팔계의 법들 낱낱이 어째서 본래 이름이 없는지에 대해 분석해 보았다. 이제 일체를 더 세분하여 우리가 사용하는 모든 단어가 가리키는 사물 낱낱이 어째서 이름이 없는지 살펴보겠다. 이 세상은 낱말사전에 등재된 단어의 수만큼의 법들로 구성되어 있다. 산, 돌, 나무, 하늘, 인생, 삶, 죽음, 자연, 바람, 컵, 돌멩이, 음식, 사회, 평화, 전쟁, 환경, 우주, 꿈, 잠, 연필, 컴퓨터, 방석, 시계, 분노, 욕심 … 이런 것들이 모두 모여서 우리가 사는 이 세상이 되고, 우리가 체험하는 모든 현상을 이룬다. 그런데 이들 낱낱은 모두 원래 이름이 없다. 무명(無名)이다. 모든 사물과 사건과 사태에 달린 이름은 그런 사물과 사건과 사태에 우리가 덧씌운 임시적인 이름, 가짜 이름일 뿐이다. 불교전문용어로 가명(假名)이다. 예를 들어 설명해보자.

여기 컵이 하나 있다. 물이나 음료를 담아 마시는 '컵'이다. 그러나 그 속에 흙을 담아 선인장을 심는다. 그때는 '화분'이 된다. 또 그 컵에 물을 담아 작은 물고기를 키우기도 한다. 그때는 '어항'이다. 또 그 컵에 적절히 물을 담아서 두드린다. 청아한 소리를 내는 '악기'다. 밀가루 반죽을 얇게 편 후에 그 컵을 뒤집어서 찍으면 동그란 만두피가 만들어진다. '만두피 제작 기구'다. … 하나의 동일한 컵이지만 그 용도에 따라 이름이 달라진다. 그래서 그 컵에 원래 이름이 없다. 무명이다.

　나는 대학교수다. 학생들은 나에게 '교수'라고 부른다. 그러나 집에 오면 아이들이 '아빠'라고 부르며, 아내는 나를 남에게 소개할 때 '남편'이라고 부른다. 아버지에게는 '아들'이 되고, 삼촌에게는 '조카'가 되며, 조카에게는 '삼촌'이 되며, 손자에게는 '할아버지'가 되고, 지나가던 행인은 나를 '아저씨'라고 부른다. 시베리아 밀림에 들어갔다가 길을 잃었는데 배고픈 호랑이와 맞닥뜨렸다. 호랑이는 나를 보고 침을 흘린다. 호랑이에게 나는 맛있는 '고기'다. 밤늦게 귀가하여 현관문을 열고 들어가 불을 켜니 시커먼 바퀴벌레들이 재빨리 장롱 밑으로 숨는다. 자신들을 해칠 수 있는 거대한 '괴물'이 나타났기 때문이다. … 나는 학생에게 '고기'일 수 없고, 조카에게 '아들'일 수 없고 … 호랑이에게 '삼촌'일 수 없다. 큰방을 염두에 두어야 어떤 방이 작은방이 되듯이, 아들이 있어야 아빠가 되고, 학생에게는 교수가 되며 … 아내에게 남편이 된다. 상대방이 누구인가에 따라서 비로소 나의 '정체'가 드러난다. 상대방의 정체에 의존하여 나의 정체가 나타나는 것이다. 이런 과정을 불교 전문용어로 연기(緣起)라고 말한다. 연기란 '의존적 발생'을 의미한다. 나는 원래 교수도 아니고, 아빠도 아니고, 괴물도 아니고 … 할아버지도 아니다. 나는 원래 정체불명이다. 나는 원래 이름이 없다. 무명이다.

　겨울을 따뜻하게 나기 위해 헛간에 장작을 잔뜩 쌓아놓았어도, 불을 붙이기 전까지는 그 장작은 정체불명이다. 이름을 붙이지 못한다. 기와지붕의 한 귀퉁이가 무너지면, 적절한 장작을 서까래로 사용하여 지붕을 수리한다. 그때 헛간에 쌓아놓았던 장작은 장작이 아니라, '건축재료'였다. 한여름 기와집 툇마루에 앉았다가 졸음이 와서 낮잠을 자려고 하는데, 베개가 없으면 그 장작을 가져와 베고 잔다. 그때 그 장작은 장작이 아니라 목침이다. 헛간의 장작은 조각가에는 목조(木彫) 재료가 되기도 하고, 도둑을 쫓는 몽둥이가 되기도 하며, 헝겊을 말아 두드려 주름을 펴는 홍두깨로 쓰기도 한다. 그리고 아궁이에 넣고 불을 붙이면 비로소 장작이 된다. 헛간에 쌓인 장작은 원래 이름이 없다. 나중에 사용하고 나서 이름이 붙는다. 이름이 연기(緣起)하는 것이다. 원래는 무명이다.

원인에서 결과가 발생하지만, 결과가 발생해야 원인에 이름이 붙는다. 세상만사는 원인으로서 정체불명이다. 용수의『중론』에서는 이런 통찰을 다음과 같이 노래한다.

이 법으로 인하여 결과가 발생할 때 이 법을 연(緣)이라고 부른다. 만일 그 결과가 아직 생기지 않았다면 어떻게 비연(非緣)이라고 하지 않겠느냐?
因是法生果 是法名爲緣 若是果未生 何不名非緣
『중론』, 제1 관인연품(觀因緣品) 제2 게송.

이 게송에 사용된 연(緣)이란 단어는 '원인'을 의미한다. 어떤 사물에서 어떤 결과가 발생할 때, 우리는 그 사물을 그런 결과의 '원인'이라고 부른다. 그런데 아직 결과가 발생하지 않은 단계에서는 그 사물에 대해 그런 결과의 '원인'이라고 명명하지 못한다는 것이다. 이 게송의 마지막 구절인 "어떻게 비연(非緣)이라고 하지 않겠느냐?"에서 의문과 부정을 상쇄시키면 "비연(非緣)이다."라는 뜻이다. 즉, 이 게송의 후반부는 "만일 그 결과가 아직 발생하지 않았다면 [그것은] 비연이다."라는 의미다. 예를 들어서 항아리 공장에 찰흙이 잔뜩 쌓여 있을 때, 사람들은 그 찰흙을 보고서 '항아리 재료'라고 이름을 붙인다. 그것을 뭉쳐서 물레에 올려놓고 발로 차 돌려서 항아리 모양을 만든 후, 그늘에서 말리고, 유약을 발라, 가마에 넣고 불을 지펴서 구우면 항아리가 만들어지기 때문이다. 그런데 이렇게 항아리가 만들어지고 난 다음에, 그 찰흙에 대해 '항아리 재료'라고 이름을 붙일 수 있는 것이지, 항아리가 만들어지기 전에는 그 찰흙더미에 대해 항아리재료라는 이름을 붙일 수 없다는 것이다. 어느 날 갑자기 항아리 공장 주인이, 마음이 바뀌어 그 진흙으로 기와를 만들 수도 있을 것이다. 그렇다면 애초에 그 공장에 쌓여 있던 찰흙에 대해서 '기와 재료'였다고 이름을 붙여야 한다. 찰흙에서 항아리가 만들어질 경우, 찰흙은 '항아리재료'로서의 원인이고 항아리가 결과다. 그러나 기와가 만들어지게 된다면, 결과인 기와 때문에 동일한 찰흙의 이름이 '기와재료'라고 바뀐다. 요컨대 존재의 차원에서는 원인에서 결과가 발생하지만, 인식의 차원에서는 결과가 발생해야 원인의 정체가 드러난다. 그래서 원인과 결과 간에는 다음과 같은 쌍조건적인 관계가 성립한다.

표 5 - 중론의 연기관

원인 때문에 결과가 존재하고, 결과가 발생해야 비로소 원인이 드러난다. 결과가 발생하기 전까지 원인은 무명(無名)이다. 이름이 없다. 결과가 발생해야 원인은 '항아리재료'라든지 '기와재료'라는 이름이 생긴다. 비단 찰흙만 그런 게 아니라, 세상만사가 모두 다 그렇다. 장작도 불을 붙여야 장작이지, 그 전에는 무명이다. 내 눈앞의 컵도 물을 담으면 컵이 되지만, 그 전에는 무명이다. 흙을 담아 선인장을 심으면 화분이 되지만, 그 전에는 무명이다. 금붕어를 넣어 키우면 어항이 되지만, 그 전에는 무명이다. … 물을 넣어 두드리면 악기가 되지만, 그 전에는 무명이다. 앞에서 인용했던 김춘수의 시 '꽃'에서 "내가 그 이름을 불러주었을 비로소 꽃이 되"듯이, 내가 무엇을 염두에 두고 있는가에 따라서 모든 사물과 사태와 사건의 이름이 비로소 발생한다. 원래 모든 것은 이름이 없다. 무명이다.

③-ⅱ. 무상(無相) - 모습 없어

무상의 주어도 제법이다. 모든 법에는 원래 모양이 없다. 모든 사물에는 원래 모양이 없다. 『화엄경』 「보살운집묘승전상설게품(菩薩雲集妙勝殿上說

偈品)」법혜(法慧)보살은 다음과 같이 노래한다.

> ...
> 이와 같이 관찰하면 번뇌 없고 자재하네.
> 비유(非有)이고 또한 비무(非無), 이를 일러 불이(不二)의 견(見).
> 허망함과 비(非)허망이 모두 불법(佛法) 아닌 것은
> 진실에는 이상(二相) 없고 법의 본성 청정 때문.
> 법의 본성 청정하니 **허공처럼 상이 없어**[無相]
> 일체 설명 불가하니 지자(智者)들은 이리 보네.
> 모든 법은 적멸하여 있지 않음 즐겨 보며
> 닦는 것이 아님 알면 부처님을 뵐 수 있네.
> 이리 하여 부처 보면 그 공덕이 무량하니
> 모든 행은 고요하고 **텅 비어서 상이 없네**[無相].65)

　석가모니 부처님께서 몸은 마가다국 적멸도량 보광법당에 앉아계시면서, 동시에 수미산 정상의 도리천 '묘승전'에 그 모습을 나타내셨을 때 법혜보살이 부처님의 위력을 찬탄하면서 부른 긴 게송 가운데 한 부분이다. 여기서 노래하듯이 법의 본성, 법의 본질, 즉 법성에는 유나 무, 허망함과 허망하지 않음과 같은 두 가지 모습이 실재하지 않는다. 이는 마치 허공에 아무 모습이 없는 것과 마찬가지다. 따라서 법성에 대해 말로 설명할 수 없다. 『법성게』의 앞 문구에서 '제법부동본래적'이라고 썼듯이, 모든 법은 적멸하여 존재하지 않으며, 이는 지자(智者), 즉 지혜로운 자들만 볼 수 있는 경계다. 또 이런 통찰은 닦아서 얻어지는 것이 아니며 이런 사실을 알 때 부처님을 친견한다. 이때의 부처님은 우주이신 비로자나부처님이리라. 경문 하나만 예로 들었지만 『화엄경』 도처에서 모든 법에 원래 모양이 없음, 즉 무상(無相)을 가르친

---

65) "若能如是觀 漏盡得自在 非有亦非無 是名不二見 虛妄非虛妄 非是諸佛法 真實無二相 法性清淨故 法性自清淨 無相如虛空 一切無能說 智者如是觀 樂觀一切法 寂滅無所有 亦知不可修 能見牟尼尊 如是見佛者 功德不可量 一切所有行 寂靜空無相." T9, p.443a.

다.

<u>화엄학의 무상</u>

또, 의상의 스승 지엄은 무상에 대해 다음과 같이 설명한다.

> 어째서 다시 이를 무상이라고 이름한다고 설하는가? 온갖 상(相)들이 적정하기 때문이다. 여기서 말하는 온갖 상들은 색(色), 수(受) 등에서 보리(菩提)에 이르기까지 온갖 희론(戱論)을 말한다. 진여성(眞如性) 중에서는 그런 상들이 적멸(寂滅)하기에 무상(無相)이라고 이름한다.[66]

참된 진리의 관점으로 보면 색, 수, 상, 행, 식의 오온은 물론이고 보리조차도 상이 없다. 그래서 무상이다. 색이 색이 아니고, 수가 수가 아니고 … 식이 식이 아닌 이유에 대해서는 앞에서 논의한 바 있다. 이런 오온 낱낱을 머릿속에 떠올릴 수는 있지만, 현실에서 이를 구분하여 예로 들기는 힘들다. 현실에서는 그 어떤 사물도 오온이 중첩되어 있기 때문이다. 또, 『반야심경』에서 "색즉시공 공즉시색 … 수상행식 역부여시"라고 하듯이, 오온 낱낱은 모두 공하여 정해진 상이 없다. 보리(菩提)는 '깨달음'을 의미하는데, 우리는 대승불전 도처에서 "번뇌가 그대로 깨달음이다(煩惱即菩提)."라는 문구를 만난다. 그래서 깨달음에 정해진 상(相)이 없다. "윤회가 곧 열반"이고, "중생이 그대로 부처다."라는 문구들 역시 이런 가르침과 맥락을 같이 한다. 보리에 정해진 상이 없듯이, 열반에 정해진 상이 없고, 진정한 부처에는 정해진 상이 없다. 우리가 머리 굴려서 만들어 낸 모든 생각들은 다 희론(戱論)이다. 말하자면 '생각 놀음'이다. 심지어 오온이나 십이처, 보리나 번뇌, 열반이나 윤회와 같은 부처님의 가르침조차 '생각 놀음'이다. (물론 우리의 고통을 제거해 주는 '훌륭한 생각 놀음[善巧方便]'이다.) 그래서 지엄은 '진리 그 자체[眞如

---

66) "何故復說此名無相 諸相寂靜故 諸相者 謂色受等乃至菩提諸所戱論 真如性中 彼相寂滅故名無相.", 智儼, 『華嚴經內章門等雜孔目』, T45, p.542b.

性'에서는 이런 모든 것에 상이 없다[적멸]고 말하는 것이다.

　의상과 지엄 문하에서 함께 화엄을 공부했던 동학의 후배 법장은 『화엄경지귀』에서 무상(無相)에 대해 다음과 같이 설명한다.

> 첫째, 확고한 상(相)이 없다는 것은 다음과 같다. 말하자면, 작음이 확고부동한 작음이 아니기 때문에 능히 큼을 수용한다. 큼은 확고부동한 큼이 아니기 때문에 능히 작음 속으로 들어갈 수 있다. [『화엄경』]「십주품」에서는 "금강위산(金剛圍山) 그 개수가 헤아릴 수 없지만은, 한 가닥의 털끝 위에 모두 안치(安置)할 수 있고, 지극하게 큰 모습도 작다는 점 알고 싶어, 보살께서 이로 인해 초발심을 하였다네."라고 말한다.[67]

　여기서 법장은 무상(無相)의 예로 '크다는 상'과 '작다는 상'을 든다. 큼과 작음에 실체가 없기에 큰 것이 작은 것 속에 들어간다. 「십주품」에서 법혜보살이 노래하듯이 지극히 커다란 금강위산이 지극히 작은 털끝 속에 들어간다. 그런데, 앞에서 논의해 보았듯이 비교를 통해서 크다거나 작다는 생각이 발생하기에 큼과 작음에 실체가 없다는 점은 쉽게 알겠는데, 여기서 법장은 그런 의미가 아니라 커다란 금강위산들 모두를 한 점의 털끝 위에 올릴 수 있다는 『화엄경』의 가르침처럼, 큰 것이 작은 것 속에 들어갈 수 있다고 말하는 것이다. 이건 좀 다른 얘기다. 그러면 어떻게 그런 일이 일어날 수 있는가?

　『화엄경』의 부처님은 비로자나(毘盧遮那)부처님이시다. 우리는 이 분 몸속에서 살고 있다. 화엄신화에 의하면 보광엄동자[또는 대위광태자][68]께서 보살행을 통해 비로자나 부처님이 되셨다. 비로자나는 산스끄리뜨어 바이로짜나(Vairocana)의 음사어로 '태양에서 유래한, 태양에 속한, 태양의 …' 등의 뜻을 갖는다. 산스끄리뜨에 능통했던 법장은 비로자나에서 '비'는 '두루

---

[67] "初 無定相者 謂以小非定小故能容大 大非定大故能入小 十住品云 金剛圍山數無量 悉能安置一毛端 欲知至大有小相 菩薩因此初發心.", 『華嚴經旨歸』, T45, p. 595a.
[68] 60화엄에서는 보장엄동자(普莊嚴童子), 80화엄에서는 대위광태자(大威光太子)가 비로자나불의 전신(前身)이다.

[遍]'의 뜻이고 '로자나'는 "광명이 비추다[光明照]."로 번역되기에 비로자나는 '광명이 두루 비춤[光明遍照]'을 의미한다고 설명한다. 후대에는 '대일(大日)'이라고 번역하기도 하였다.69) 우리는 비로자나 부처님의 몸속에 산다. 대일여래 몸속에 산다. 비로자나 부처님은 광명의 부처님, 빛의 부처님이시다. 『화엄경』의 비로자나 부처님에 대한 이해를 깊이 하기 위해, 여기서 필자가 지은 시 한 편을 소개해 본다.

비로자나 여래

항상 계신 분
태양처럼 밝고 어디든 비추기에
대일여래(大日如來)라 한다.

대낮
이마 위 공중에서
언제나 쏟아지는 그 따스함
처럼 …

그러나
직시하면 눈이 멀까 봐
감히 바라보지 못했던 분

화엄경의 대위광(大威光) 태자께서
억겁의 보살도로 쌓아놓은 공덕들을
한목에 펼쳐서 세계를 지으려다

꼬물거리는 생명들
차마 방치할 수 없어서
그 몸 그대로 온 중생을 품으신 분

---

69) "毘盧遮那(梵語訛也應云吠嚕左曩舊譯云光明遍照新翻為大日如來云如大日輪無幽不燭也).", 『續一切經音義』, T54, p.951c.

태양보다 밝기에 대일여래라 하고
비추지 않는 곳 없기에
광명변조(光明遍照)라 한다.

모으면 한 점이고 펼치면 허공 가득.
어디든 중심이고 누구나 주인공.
바로 그분의 마음
소리 없는 빛이기에
대적광(大寂光)이어라.[70]

일반적인 물질의 세계에서는 큰 것이 작은 것 속에 들어가지 못한다. 내 연구실 창밖 저 멀리 비스듬히 누워계신 경주 남산 전체를 내가 들고 있는 이 커피 잔 속에 넣을 수가 없다. 그러나 빛의 세계에서는 내 눈에 보이는 온 세계가 한 점 속에 들어간다. 즉 '경주 남산의 모습'은 내 눈동자 한가운데에 뚫린 한 점 동공으로 빨려 들어간다. 카메라 조리개 중앙의 검은 구멍 속으로 온 세상의 풍경이 그대로 들어간다. 그래서 거대한 금강위산의 모습이 한 가닥 털끝 위에 올라앉을 수 있는 것이다. 『화엄경』의 비로자나 부처님이 광명변조의 대일여래, 빛의 부처님이시기에 가능한 일이다. 이에 대해서는 뒤에서 '일미진중함시방'을 주석할 때 다시 자세히 설명해보기로 하겠다.

시점에 따른 모습의 변화 - 무상

색, 수, 상, 행, 식의 오온도 모습이 없으며, 깨달음에도 모습이 없고, 큼이나 작음이라는 모습이 원래 없기에 큰 것이 작은 것 속에 들어간다. 이 뿐만이 아니다. 우리 주변에 있는 그 어떤 사물도 정해진 모습이 없다. 예를 들어보자. 내 앞에 원통형의 도자기 컵이 하나 있다고 하자. 그런데 누군가가 나에게 그 컵의 기하학적 모양에 대해 물을 경우 나는 어떻게 대답해야 할까?

---

70) 김성철, 『억울한 누명』, 도서출판 오타쿠, 2019.

그 때 나는 "둥글다."고 대답할 수 있다. 그 컵을 위에서 본 모습이다. 그러나 그 컵은 둥근 모습만 갖는 게 아니다. 옆에서 보면 '직사각형'으로 네모질 것이다. 또 그 컵을 내 눈앞에 갖다 댈 경우, 벽처럼 컴컴해진다. 그때 컵의 모습은 '벽'과 같다. 또 그 컵을 아주 멀리 놓고서 그 모습을 물을 경우 나는 '점'과 같다고 대답할 것이다. 그 컵을 좌우로 흔들면 그 모습은 '접이부채'처럼 보일 것이다. … 조건[緣]에 따라서 그 컵의 모습이 다르게 나타난다[起]. 연기(緣起)하는 것이다. 그러면 원형, 직사각형, 벽, 점, 접이부채 등의 모습 가운데 어떤 것이 컵의 원래 모습일까? 그 어떤 것도 원래 모습이 아니지만, 그 모두가 다 컵의 모습 가운데 하나다. 그래서 컵에 원래의 모습은 없다. 무상(無相)이다.

운동의 상대성과 무상

다른 예를 들어보자. 모든 사물은 움직인다. 나에게서 멀어지기도 하고, 나에게 다가오기도 하며, 위로 올라가기도 하고, 밑으로 내려가기도 한다. 물론 정지하기도 한다. 그런데 이렇게 '간다, 온다, 올라감, 내려감, 정지' 등과 같은 움직임의 모습은 모두 상대적이다. 관찰자와의 관계에 따라서 움직임의 이름이 바뀐다. 내 앞에 있는 책상은 지금 정지해 있다. 그러나 내가 의자에서 일어나 멀리 가면 책상 역시 나에게서 멀어진다. 다시 다가가면 책상 역시 나에게 다가온다. 내가 방바닥에 앉으면 책상은 반대로 올라가고 내가 다시 일어서면 책상은 아래로 내려간다. 상대운동이다. 또 지구가 자전하기에 이 책상은 지구에 붙어서 둥글게 돌고 있다. 또 자전하는 지구가 태양 주위를 공전하기에 지구에 붙어 둥글게 도는 책상은 늘어진 스프링처럼 나선 운동을 하고 있다. 따라서 동일한 하나의 책상인데 관점에 따라서 '멀어짐, 다가옴, 올라감, 내려감, 회전운동, 나선운동' 등의 모든 상태가 가능하다. 물론 정지해 있다고 볼 수도 있다. 관찰자의 시점(視點)에 의존하여[緣] 새로운 움직임이 발생한다[起]. 연기(緣起)하는 것이다. 이 가운데 그 어떤 움직임도 책상의 원래 움직임이 아니다. 어떤 사물이든 어떤 상태에서든 움직임의 특정한 상(相)이 본래 있는 것이 아니다. 무상이다.

화가에게 보인 무상(無相)의 편린

또 다른 예를 들어 보자. 19세기 이후 서양미술사는 '사실주의→ 인상주의 → 입체파 …'의 순서로 전개되었다. 1839년 사진기술이 발명 이후, 카메라 의 완벽한 재현 기능에, 자존심을 상한 화가들은 사진기술이 범접할 수 없는 새로운 길을 모색하기 시작하였다. 전위적인 화가들 몇몇은 그 당시 카메라 가 재현할 수 없었던 색채의 진실을 추구하였다. 이들의 화풍을 인상주의(Impressionism) 또는 전기인상파라고 부르며 마네(Manet), 모네(Monet), 피사 로(Pissarro)와 같은 화가들이 이에 속한다. 사실주의와 같은 이들 이전의 회 화에서 그리는 사물에는 고유색이 있었다. 예를 들어 하늘은 파랗고, 나무줄 기는 고동색이고, 구름은 하얗다. 그러나 인상파의 화가들은 고유색을 버리 고, 빛에 따라 달라지는 사물의 색깔을 화폭에 나타내려고 노력하였다. 회화 는 당시의 사진으로 재현할 수 없는 독자의 영역을 확보하기 시작하였다.

그림 4 - 모네 작, 인상(印象) 일출(日出)　　　그림 5 - 고흐 작, 자화상

이들에 뒤이어 등장한 화풍을 후기인상주의(Post-Impressionism) 또는 후기인상파라고 부른다. 세잔느(Cezanne)와 고흐(Gogh)나 고갱(Gauguin) 등이 이에 속한다. 전기인상파의 화가들이 태양의 입사각에 따라서 달라지는 외적(外的)인 색채의 진실을 추구했다면, 후기인상파에서는 사물의 본질이나 화가의 내적인 느낌을 색채를 통해 표현하려고 했다. 그 후 마티스(Matisse)로 대표되는 프랑스의 야수파(Fauvism), 피카소(Picasso)와 브라크(Braque)의 입체파(Cubism), 뭉크(Munch)와 샤갈(Chagall)의 표현주의(Expressionism), 몬드리안(Mondrian)과 잭슨 폴록(Jackson Pollock)의 추상미술, 뒤샹(Duchamp)의 다다이즘(Dadaism), 달리(Dali)와 르네 마그리트(René Magritte)의 초현실주의(Super-realism) 등 다양한 미술사조가 나타났다.

그림 6 – 세잔느, 베르시(Bercy) 지방의 센(Seine)강   그림 7 – 브라크, 바이올린과 물병

그런데 『법성게』에서 세상만물의 모습에 실체가 없다는 무상(無相)의 진리는 전기인상파의 화풍에도 잘 드러나 있다. "빛의 각도[緣]에 따라 사물의 색깔에 변화가 일어나기에[起], 사물에 고유색[自性]은 없다[無]."는 이들의 통찰에서 우리는 연기(緣起)와 공성(空性)과 무자성(無自性)의 가르침을 찾을 수 있다. 그런데 '무상'과 관련하여 우리가 더더욱 주목해야 할 미술사조

(思潮)는 입체주의 또는 입체파다. 인상파의 화가들은 외적이든 내적이든 사물의 색채에서 진실을 추구하였다. 그런데 피카소나 브라크와 같은 입체파 화가들은 그들이 그리는 사물에서 형태의 진실을 추구하였다. 공간 속의 입체를 캔버스의 평면에 나타내려니 곤란한 문제가 발생한다. 예를 들어 누군가의 얼굴을 그리려고 할 때, 캔버스의 평면에 입체인 얼굴의 모습을 모두 담을 수 없다. 앞에서 본 모습, 옆에서 본 모습, 뒤에서 본 모습, 위에서 본 모습, 아래에서 본 모습 모두 그의 얼굴 모습들인데, 그 가운데 어떤 것 한 가지만 그릴 경우, 그의 얼굴 모습 가운데 많은 모습들이 누락된다. 피카소는 인물화를 그릴 때, 정면과 측면을 한 화폭에 모두 담음으로써 그런 답답함, 즉 평면 회화의 한계를 토로하였다. 그래서 입체파의 거장 피카소의 그림은 다시점적(多視點的)이다. 모든 사물은 시점에 따라 그 모습이 변한다. 무한한 모습을 갖고 있다. 반대로 표현하면 그 어떤 모습도 그 사물의 진정한 모습이 아니다. 모든 사물은 원래 모습이 없다. 무상이다. 서양의 현대 화가들이 발견한 무상(無相)의 진리다.

그림 8 - 피카소 작 게르니카, 복제 벽화

불교수행의 길에는 세 가지가 있다. 성문(聲聞)의 길, 연각(緣覺)의 길, 보살(菩薩)의 길이다. 성문은 부처님의 가르침을 배워서 깨달음을 얻는다. 부처님께서 열반하신 후 근 500년 동안은 암송에 의해서 불전이 전승되었기에, 소리[聲]를 들어서[聞] 깨달음 추구한다는 의미에서 성문이라는 호칭이 생겼을 것이다. 보살은 부처님의 전생인 『본생담(本生譚, Jātaka)』의 보살과 같이 살면서 성불을 지향하는 수행자다. 그리고 불교가 전파되지 않은 땅에 태어났기에 부처님이 계셨다는 사실도 모르고 불교도 모르지만, 홀로[獨] 골똘히 생각하여 연기(緣起)의 이치를 깨닫는 수행자를 연각(緣覺) 또는 독각(獨覺)이라고 부른다. 이는 산스끄리뜨어 쁘라띠에까 붓다(Pratyeka Buddha)의 번역어로 벽지불이라고 음사하여 쓰기도 한다. 불교를 몰랐지만, 화엄에서 가르치는 법계연기의 한 조각인 '무상(無相)'의 진리를 발견한 서양의 근대 화가들은 연각의 길, 독각의 길을 가던 수행자들이었다고 평할 수 있으리라. 이들 모두 익명의 불교도(Anonymous Buddhist), 독각행자(獨覺行者)였다.

③-iii. 절일체(絶一切) - 모든 것이 끊겼으니

7언, 30구, 210자로 이루어진 『법성게』 총30구 가운데 제3구인 '무명무상절일체'의 '절일체(絶一切)'다. 일체가 끊어져[絶] 있다는 뜻이다. 모든 것이 끊겼다는 뜻이다. 이름도 끊어지고, 모양도 끊어졌다. 제법이 그렇다는 것이다. 이 세상의 구성 요소인 '모든 법 낱낱[諸法]'은 원래 이름도 없고, 모양도 없다. 즉 일체가 다 끊어져 있다. 원융(圓融)하며 흑백논리로 규정하지 못하고[無二相] 부동(不動)이며 고요[寂]하고 이름이 없으며[無名] 모양이 없다[無相]. 본서에서 지금까지 해설했던 법성게의 경문들이다. 이들 모두 제법의 본질에 대한 묘사다. 모든 법은 그에 대한 흑백논리적인 규정을 용납하지 않고, 부동하며, 고요하고, 이름도 없고, 모양도 없다. 제법의 본질인, 법성이 그렇다는 말이다. 모든 생각이 끊어져 있다는 뜻이다. 모든 규정이 끊어져 있다는 뜻이다. 절일체다. 절일체는 공성이기도 하고, 열반이기도 하고, 본래

무일물(本來無一物)이기도 하다.

『반야심경』의 절일체 - 색즉시공 공즉시색

『반야심경』에서는 "공에는 색, 수, 상, 행, 식의 오온이 없다."고 설한다. '공중무색 무수상행식(空中無色 無受想行識)'이다. 법성은 이런 오온법 각각의 본질이고, 공통점이다. 외견상 제각각인 법들도 그 본질을 끝까지 추구해 들어가면 공성과 만난다. 정체불명임을 알게 된다. 법의 차원에서는 색, 수, 상, 행, 식이 제각각이다. 그러나 법성의 차원에서는 색도 공하고, 수도 공하고, 상도 공하고, 행도 공하고, 식도 공하다. 이들 모두가 공하다. 그래서 법성은 공성이다. 법성은 모든 법의 참모습이다. 그래서 법성을 제법실상이라고도 말한다. 모든 법의 참모습이다. 제법실상은 공성이다. 제법실상에서는 아무것도 없다. 그래서 공성이다. 공을 산스끄리뜨어로 슈냐(śūnya)라고 쓰고, 공성은 슈냐따(śūnyatā) 또는 슈냐뜨와(śūnyatva)라고 쓴다. 따(tā)와 뜨와(tva) 모두 추상명사를 만들 때 붙이는 접미사다. 슈냐는 숫자 '0'을 의미하기도 한다. 따라서 법의 본질에서 법은 '0'이 된다는 것이 "색즉시공 공즉시색 … 수상행식 역부여시"라는 경문의 가르침이다. 즉, 법의 본질에서는 법이 사라진다. 법의 산스끄리뜨어인 다르마(dharma)의 어근은 '√dhṛ'인데 '유지하다, 띠다, 소유하다 …' 등의 뜻을 갖는다. 여기에 명사화 접미사 'ma'가 붙어서 dharma가 되었다. 따라서 다르마의 원뜻은 '성질을 갖는 것'이다. 물질을 의미하는 색(色)은 지(地), 수(水), 화(火), 풍(風)의 4대(大)로 이루어져 있다. 지는 '견고함', 수는 '축축함' 화는 '따뜻함', 풍은 '움직임'의 성질을 갖는 다르마들이다. 또 이들이 적절히 배합되어 형성된 색(色)은 '질애성(質礙性)'을 갖는 다르마다. 질애성이란 문자 그대로 '성질에 걸림이 있음'이라는 뜻이다. 서로 부딪히기도 하고, 손에 만져지는 것을 질애성이라고 한다. 이렇게 색법이든, 색법의 구성요소인 지, 수, 화, 풍이 4대법이든 낱낱이 그 성질을 갖는다. 법의 차원에서는 그렇다는 말이다. 그러나 법성의 차원에서는 그런 성질이 모두 사라진다. 법성의 차원에는 그런 성질이 모두 존재하지 않는다. 공하다. 만져진다[질애성]거나, 견고하다거나, 축축하다거나, 따뜻하다거나, 움직인다는 것이 모두 무의미해진다. 이런 성질들 역시 연기한 것이지 그 실체가 존재하지 않는다. 관점에 따라서 움직임이 정지함이 되기도 하고, 비교대상에 따라서 따뜻함이 차가움이 되기도 하고, 축축함이 건조함이 되기도 하고, 견고함이 부드러움이 되기도 한다. 질애성 역시 마찬가지다. 촉각의 예민함과 대상의 크기에 따라서 질애성이 변한다. 이런 법들의 성질 모두 연기(緣起)한 상대적인 것이기에 본질적으로 공하다. 따라서 법의 본질, 법성의 차원에서는 법의 성질들이 모두 증발한다. 아무것도 없다. 일체가 끊어져 있다. 절일체(絶一切)다.

『중론』의 절일체 – 세간은 열반과 다르지 않다.

우리는 잡다한 세속을 파란만장하게 살아간다. 그러나 불교수행을 통해 열반에 이르면 잡다한 세속이 사라지고 파란만장한 삶이 편안해진다. 열반의 편안함은 세상을 바꾸어 체득되는 것이 아니라, 내 마음 속 번뇌를 제거함으로써 얻어진다. 지난(至難)한 불교 수행의 길이다. 그런데 용수의 『중론』에서는 지금 우리가 사는 이 세상 그대로가 열반에 들어있다고 가르친다. 열반은 노력을 통해 얻어지는 게 아니다. 모든 것이 원래 열반에 들어있다는 사실을 자각하면 될 뿐이다. 『중론』「관열반품」에서 용수는 다음과 같이 노래한다.

열반은 세간과 조금도 구별되지 않는다.
세간도 열반과 조금도 구별되지 않는다.
涅槃與世間 無有少分別 世間與涅槃 亦無少分別 (『중론』 제25 관열반품 제19게송)

열반의 참된 한계와 세간의 한계

> 이 양자의 한계는 털끝만큼의 차이도 없다.
> 涅槃之實際 及與世間際 如是二際者 無毫釐差別 (『중론』 제25 관열반품 제
> 20계송)

세간 그대로가 열반이고, 열반 그대로가 세간이라는 말이다. 세간과 열반
이 다르지 않고 열반과 세간이 다르지 않다는 말이다. 다시 말해 우리가 살고
있는 세계 그대로가 열반의 세계라는 얘기다. 이 세계는 법들로 구성되어 있
다. 갖가지 법들은 우리의 감성을 자극하기도 하고, 우리의 생각을 혼란에
빠뜨리기도 한다. 탐욕과 분노와 어리석음의 번뇌를 일으키는 것이다. 그러
나 그런 번뇌는 우리에게서 일어나는 것이지, 세상을 구성하는 요소인 법들
에 번뇌가 있는 게 아니다. 모든 법은 고요하다. 말이 없다. 편안하다. 원래
일체의 감성도 인지도 끊어져 있다. 모든 법은 원래 열반에 들어있다. 법성은
공하다.

또, "세간이 열반과 다르지 않고, 열반이 세간과 다르지 않다."는 말은 "색
불이공 공불이색"의 다른 표현일 뿐이다. 색이 세간, 공이 열반에 대응하기
때문이다. 『반야심경』에서 "모든 것이 공하다[五蘊皆空]."고 가르치듯이, 『
중론』에서는 "이 세상 전체가 열반에 들어있다."라고 가르친다. 일체가 끊어
진 열반에 …. 절일체인 열반에 …

선(禪)의 절일체 – 육조혜능의 본래무일물

달마 이후 선종의 제6조 혜능(慧能, 638-713)의 어록인 『법보단경(法寶
壇經)』에 실린 일화다. 황매현(黃梅縣) 동선사(東禪寺)의 제5조 홍인(弘忍,
602-675) 스님은 제자들에게 자신들이 체득한 반야의 지혜를 한 수의 시송
(詩頌)으로 지어 보라고 명하였다. 문도의 대표였던 신수(神秀, 606-706) 스
님은 다음과 같은 게송을 남쪽 벽에 적었다.

몸뚱이는 보리 나무, 이 마음은 거울 받침.
부지런히 털고 닦아, 때가 끼지 않게 하세.
身是菩提樹 心如明鏡臺 時時勤拂拭 勿使惹塵埃[71]

얼마 후 혜능은 이를 보고서 다른 사람에게 읽어달라고 했다. 글자를 모르기 때문이었다. 그러곤 게송을 지어서 다른 이에게 서쪽의 벽에 적어달라고 했다. 이는 다음과 같다.

보리 원래 나무 없고, 거울에도 받침 없네.
본래 모두 없는 건데, 어느 곳에 때가 끼나?
菩提本無樹 明鏡亦無臺 本來無一物 何處惹塵埃

이 게송으로 제5조 홍인의 인가를 받은 혜능은 다른 이들의 질투를 피해 잠적하였다가 16년 만에 광주 법성사[72]에 나타나 가르침을 펴기 시작하였다. 『법보단경』의 판본[73]에 따라서 한 두 글자가 다르기도 하지만 돈황본[74]을 제외하고는 그 내용이 대동소이하다. 앞에 인용한 게송에서 신수는 "열심히 수행하여 마음의 거울을 맑게 하자."고 노래한다. 평범한 불교수행의 가르침이다. 그런데 이를 본 혜능은 신수가 사용한 용어 낱낱을 모두 비판한다. 신수가 수행자의 몸은 깨달음[보리]의 나무와 같다고 하자, 혜능은 깨달음에 나무 따위는 없다고 반박하고, 신수가 마음은 거울 받침과 같다고 하자, 혜능은 마음 거울에 받침 같은 것은 없다고 반박하며, 신수가 보리수 같은 몸과 거울 같은 마음을 털고 닦아서 때가 끼지 않게 하라고 하자, 혜능은 보리수 같은 몸이든 거울 같은 마음이든 원래 존재하지 않는데, 어디에 때가 끼겠느

71) 莫使有塵埃나 莫遣有塵埃 등 판본에 따라 한 두 글자를 다르게 적는다.
72) 지금의 홍콩 북서쪽의 광효사(光孝寺).
73) 『법보단경』 판본은 종보본(宗寶本), 덕이본(德異本), 도원서대승본(道元書大乘本), 흥성사본(興聖寺本), 돈황본(燉煌本)의 다섯 가지가 있다. 위에 인용한 두 게송은 덕이본 『법보단경』에 근거한다.
74) 돈황본에서는 혜능의 게송을 "菩提本無樹 明鏡亦無臺 佛性常淸淨 何處有塵埃"라고 쓴다. 즉, 本來無一物이 佛性常淸淨으로 되어 있다.

냐고 반박하는 것이다. 일반적으로 신수는 점오(漸悟), 혜능은 돈오(頓悟)를 설했다고 회통하지만, 대승불교에서 가르치는 육바라밀(六波羅蜜)[75]의 범주에 대응시키면 신수는 선정(禪定)을 얘기했고, 혜능은 반야(般若)의 지혜를 역설(力說)한 것이라고 보아야 할 것이다. 반야의 지혜가 발휘되기 위해서는 먼저 다른 사람의 잘못된 이론이나 생각이 제시되어야 한다. 그러면 그런 생각이나 이론을 타파하는 과정에서 반야의 지혜가 드러난다. 동아시아의 중관학인 삼론학(三論學)[76]에서는 이런 방식을 파사현정(破邪顯正)이라고 불렀다. 현대어로 풀면 '논리적 정당방위(Logically legitimate self-defence)'라고 부를 수 있을 것이다.[77] 파사현정이란 "잘못을 논파하여 바름을 드러낸다."는 뜻인데, '잘못을 논파하고 나서 그 후에 바름을 드러내는' 파사후(後)현정이 아니라 '잘못을 논파하는 것 자체가 그대로 바름을 드러내는' 파사즉(卽)현정이다. 그리고 불교사상적으로 볼 때 여기서 중요한 문구는 위에서 "본래 모두 없는 건데"라고 번역한 '본래무일물(本來無一物)'이다. 본래 아무것도 없다. 보리든, 마음이든, 몸이든, 거울이든 본래 아무것도 없다. 실재 세계는 그렇다는 것이다. 모든 것이 끊어져 있다. 선에서 가르치는 절일체(絶一切)다.

④증지소지비여경 證智所知非餘境
 깨달은 이 아는 경계 다른 이는 모른다네.

법성원융무이상 제법부동본래적 무명무상절일체 …. 지금까지는 법성, 즉 법의 본질에 대해 설명했다. 법이 아니라, 법의 본성, 즉 법의 참모습은 원융

---

75) 보살의 수행 방법 여섯 가지로 보시, 지계, 인욕, 정진, 선정, 반야바라밀을 말한다.
76) 인도 중관학(中觀學) 문헌인 용수의 『중론』과 『십이문론』 및 용수의 제자 아리야 제바가 저술한 『백론』의 세 가지 논서에 근거한 교학이라는 의미에서 삼론학이라고 부른다.
77) 김성철, 「중관사상에 대한 마츠모토의 곡해」, 『비판불교의 파라독스』, 고려대장경 연구소, 1999.

하여, 이분법에서 벗어나 있으며[무이상], 부동하고, 고요하며[적], 이름 없고[무명], 모양 없고[무상], 일체가 끊어져 있다[절일체]. 법의 참모습에 대한 다종다양한 묘사 같지만, "법의 본질은 공하다."라는 가르침의 다른 표현들일 뿐이다. 모든 법, 즉 세상을 이루고 있는 구성 요소들 낱낱은 본질적으로 다 공(空)하다. 실체가 없다. 그런데 일반사람들은 이를 알지 못하고, 오직 깨달은 이들만 이를 안다. 증지소지비여경(證智所知非餘境)이다. 깨달음을 얻은 지혜로운 자[證智]만 알 수 있는 경계[所知]이지, 그 밖의 다른 사람들[餘]이 알 수 있는 경계[境]가 아니[非]란 뜻이다.

　의상 스님은 『법성게』에 대한 자신의 주석인 『화엄일승법계도』에서 『화엄경』(60화엄)과 세친의 『십지경론』에 의지하여 『법성게』를 저술했다고 쓰고 있다. 『십지경론』에서는 증지에 대해 '모든 불법(佛法)을 성취한 것'78)이라거나 '마사(魔事)를 상대하여 다스린 것'79)이라고 설명한다. 즉 부처님만 갖추신 최고의 지혜[또는 이런 지혜를 갖춘 분]가 증지다. 『법계도기총수록』에 실린 「진기(眞記)」에서는 '증지소지비여경'인 이유는 '오직 부처님들만 알 수 있기 때문'80)이라고 설명한다. 또 의상의 스승 지엄은 증지란 '아주 깊은 법의 지혜를 성취한 사람의 지혜'81)이고 '세간적인 인(因)이 아니라 출세간의 과(果)에서 체득하는 것'82)이라고 설명한다. 출세간의 과는 보살의 인행(因行)을 닦아 성취하는 결과인 부처님의 경지다. 조선시대 승려 유문(有聞)의 주석에서도 "문수가 갖춘 지혜의 본체로 깨달은 사람만 증득하는 것이지, 인(因)의 단계에서 알 수 있는 경계가 아니다."83)라고 설명한다.

　세상을 이루고 있는 구성 요소인 법들은 모두 공하다. 그래서 이름도 없고, 모양도 없고, 부동하며, 고요하여, 그 어떤 분별도 들어가지 못한다. 그래서

---

78) T26, p.129c.
79) T26, p.165c.
80) T45, p.721c.
81) 『華嚴經內章門等雜孔目章』, T45, p.538a.
82) 『法界圖記叢髓錄』, T45, p.738b.
83) 『義相法師法性偈』, B32, p.821a.

"일체가 끊어져 있다[절일체]."고 노래하며, 이는 완전히 깨달은 부처님의 지혜로만 알 수 있는 경계다. 그래서 증지소지비여경이다. 하늘, 땅, 산, 강, 바다, 나무, 돌멩이와 같은 자연물도 법이고, 인간이나 짐승이나 천신이나 귀신과 같은 생명체도 법이고, 삶, 죽음, 인생, 우주, 자연, 물질, 마음 등의 온갖 개념들도 법이고, 간다, 온다, 먹는다, 찾는다, 흐른다, 빠르다, 느리다와 같은 온갖 작용들도 법이다. 이런 법들이 모여서 세상을 이루는데, 이런 모든 법이 원래는 모양도 없고, 이름도 없고 일체가 끊어져 있는 공한 것들이다. 그런데 이렇게 공하다는 사실은 아무나 알 수 있는 게 아니라, 완전한 깨달음을 얻으신 부처님만 아신다. 그래서 증지소지비여경이다.

B. 연기의 원리를 드러냄 (顯 緣起分)

(1) 연기의 본질을 가리킴 (指 緣起體)

⑤진성심심극미묘 眞性甚深極微妙
참된 본성 아주 깊고 지극하게 미묘하여

⑤-i. 진성 – 참된 본성

진성(眞性). 문자 그대로 '참된 성품'을 의미한다. 지금까지 설명했던 본성의 다른 이름이기도 하다. 이 세상을 구성하는 요소들인 법들 낱낱의 참된 성품이다. 『화엄경』「보살운집묘승전상설게품(菩薩雲集妙勝殿上說偈品)」에서 진혜(眞慧)보살은 부처님의 공덕에 대해 찬탄하면서 진성에 대해 다음과 같이 노래한다.

지금 현재 부처님은 **인연 모임** 아니요.
과거, 미래 부처님도 역시 이와 마찬가지.
일체 모든 법들에서 아무 모양 없음인 것
이러한 것 그대로가 **부처님의 진성**이네.
이 세상의 온갖 법들 아주 깊고 깊은 뜻을
만일 능히 이와 같이 관찰할 수 있다면
헤아릴 수 없이 많은 시방 삼세 부처님과
진리의 몸 참된 모습 바로 즉시 친견하네.
現佛非緣合 去來亦復然 一切法無相 是則佛眞性.
若能如是觀 諸法甚深義 則見無量佛 法身眞實相

보살들이 구름처럼 모인 묘승전(妙勝殿) 위에서 게송을 설했기에 이 품의
제목이「보살운집묘승전상설게품」이다. 수미산 정상의 도리천의 33천 가운
데 중앙에 있는 제석천의 천궁에 있는 전각이 묘승전이다. 성도하신 부처님
께서 그 몸은 보드가야, 보리수 아래인 적멸도량의 보광법당에 앉아계시면서
동시에 묘승전에 그 모습을 나타내셨을 때, 진혜보살이 부처님을 찬탄하면서
위와 같이 노래하는 것이다.

여기서 먼저 현재든, 과거든, 미래든 삼세의 모든 부처님의 몸은 인연이
모여서 이루어진 것이 아니라고 노래한다. 인연에서 인(因)이란 직접조건, 연
(緣)이란 간접조건을 의미한다. 우리와 같은 중생의 몸은 인연이 모여서 이루
어진다. 동아시아의 아함경(阿含經)이나 남방상좌부의 니까야(Nikāya)와 같
은 초기불전에서는 남녀가 교합을 하고 향음이 결합하면 생명이 탄생한다고
가르친다. 『중아함경』의 경문 하나를 인용해 보자.

> 아비와 어미가 한 곳에서 만났는데, 어미가 배란기가 되어[滿] 정자[精]를 감
> 당하고, 향음(香陰)이 이미 와 있으면, 이런 세 가지가 결합한다. 만나서 모태
> 로 들어가면 모태가 대개 아홉 달 열흘을 품어서 다시 탄생하는데, 탄생하고
> 나서 피[血]로써 키운다. 피라는 것은, 성스러운 가르침에서는, 어미의 젖이라
> 고 말한다.[84]

여기서 말하는 향음은 간다르바(gandharva)의 번역어로, 중음신(中陰身)
이나 식(識)을 의미한다. 속된 말로 귀신이다. 이렇게 아비의 정, 어미의 배란
기, 향음의 세 가지 인연이 화합하여 인간이 탄생한다. 우리와 같이 육신을
가진 인간의 탄생 과정이다. 인연이 모임으로써 탄생한다.

그러나 위에 인용한『화엄경』진혜보살의 게송에서 노래하듯이, 부처님의
진성(眞性)은 이러한 '인연 모임'이 아니다. 부처님의 '참된 성품'은 '일체법

---

84) "復次 三事合會 入於母胎 父母聚集一處 母滿精堪耐 香陰已至 此三事合會 入
   於母胎 母胎或持九月十月便生 生已以血長養 血者於聖法中 謂是母乳也.",『中阿
   含經』, T1, p.769b.

의 모양 없음'이다. 세상을 이루는 구성 요소인 모든 법이 무상(無相)임을 알면 부처님의 참된 성품을 본다는 것이다. 법의 무상이 법의 진성이다. 여기서 말하는 부처님은 비로자나부처님이시다. 이 세상을 이루고 있는 모든 법의 총합이 바로 비로자나부처님이시다. 우리는 비로자나부처님의 몸속에 산다. 더 정확히 말하면 그분의 털구멍이나 털끝과 같은 점 속에 산다. 앞으로 '일미진중함시방'에 대해 풀이할 때 다시 설명하겠지만, 우리 마음의 본질은 '찰나 생멸하는 한 점 식(識)의 흐름'이다. 나의 마음도 한 점이고, 내가 사는 세상도 한 점이다. 모든 것은 그 한 점이 그린 것이기에, 원래 이름이 없고 모양이 없다. 위에 인용한 화엄경의 경문에서 말하는 '부처님의 진성'이다.

의상의 스승 지엄은 『공목장』에서 삿된 성품[邪性]과 참된 성품[眞性]을 다음과 같이 비교한다.

> 대승에서는 '분별을 내는 것'이 삿된 성품이다. 분별성은 어디에서든 작용하는데 의타성과 비교하여 삿된 성품인 것이다. 만일 분별을 떠나면 **사람과 법이 공한 진성**이라고 이름 한다. 소승에서는 '몸이 있다는 생각'이 삿된 성품이다. 이러한 '몸이 있다는 생각'에 근거해서 갖가지 번뇌가 생기기 때문이다. 만일 '몸이 있다는 생각'에서 벗어나면 모든 '삿된 집착'이 다 일어날 수 없어서 **사람이 공한 진성**을 체득한다.[85]

대승에서는 인공(人空)과 법공(法空), 즉 아공(我空)과 법공이 진성이고, 소승에서는 인공인 아공이 진성이라는 것이다. 요컨대 공성이 바로 진성이다. 이는 법성게 서두에서부터 역설한 내용과 다르지 않다. 진성은 이 세상을 구성하는 모든 법의 참된 성품으로 법성이고, 제법실상이고, 공성이다.

⑤-ⅱ. 심심극미묘 - 아주 깊고 지극하게 미묘하여

---

85) "大乘以有分別爲邪性 分別性遍行 於依他性卽是邪性 若離分別 名 人法空 眞性 小乘以身見爲邪性 因此身見生諸惑故 若離身見 一切邪執皆不得起 得人空 眞性", 『華嚴經內章門等雜孔目』, T45, p.565a.

법성, 공성, 제법실상, 진성이 모두 같은 뜻이다. 법성과 제법실상과 진성이 외피(外皮)라면 공성은 내실(內實)이다. 법성과 제법실상과 진성은 주어(subject)이고 공성은 술어(predicate)다. 법성이나 제법실상이나 진성은 모두 공성이다. 일반인들은 법성을 모른다. 법성을 추구해보려고 하지도 않는다. "배부른 돼지보다 배고픈 소크라테스가 낫다."는 제임스 밀의 격언에 수긍하던 것은 아주, 아주 옛날의 일이다. 대부분 "배고픈 소크라테스보다 배부른 부자"가 되는 것을 인생 최고의 목표로 삼는다. 따라서 지금 이 시대의 인간계에서 법의 본질을 추구하는 사람들은 거의 없을지도 모른다.

제법의 본질, 즉 이 세상을 이루고 있는 잡다한 구성 요소들의 본질이 일반인들에게 보일 리가 없다. 이를 세속인들이 알 리가 없다. 그래서 모든 법 낱낱의 참된 본성인 진성은 '아주 깊고 지극하게 미묘'한 것이다. 진성심심극미묘다.

⑥불수자성수연성 不守自性隨緣成
자기 성품 고집 않고 인연 따라 성립하네.

불수자성수연성. 문자 그대로 번역하면 "자기 성품을 지키지 않고 조건[緣]에 따라서 성립한다."는 뜻이다. 이 문장의 주어는 진성이다. 진성이 그렇다는 것이다. 법의 참된 성품이 그렇다는 것이다. '자기 성품'이라고 번역한 자성(自性)은 산스끄리뜨어로 스바브하바(svabhāva)라고 한다. 여기서 스바(sva)는 '자기(self)'라는 뜻이고, 브하바(bhāva)는 '존재(being)' 또는 '생성(becoming)'을 의미한다. 따라서 스바브하바는 '자기인 존재'를 의미한다. 예를 들어 책의 스바브하바는 '책이라는 점'이고, 꽃의 스바브하바는 '꽃이라는 점'이다. 스바브하바를 자성이라고 번역하지만, '실체(實體)'라고 번역하는 것이 더 좋다. 법에는 자기존재가 있고, 실체가 있다. 그러나 법의 본질인 법성으로 들어가면 자기존재가 사라지고, 실체가 없다. 자성이 없다. 이 세상을 이루고 있는 모든 법 낱낱은 궁극적으로 그 실체가 없다. 궁극적으로 보면 눈에도 실체가 없고 불에도 실체가 없고 컵에도 실체가 없다. 눈에도 자기존재가 없고, 불에도 자기존재가 없고, 컵에도 자기존재가 없다. 눈도 홀로 실재하지 않고, 불도 홀로 실재하지 않고, 컵도 홀로 실재하지 않는다. 앞에서 설명했듯이 눈은 스스로를 볼 수 없기에 실재하지 않는다.[86] 연료 없이 불만 외따로 있을 수 없기에 불은 홀로 실재하지 않는다.[87] 액체를 담아 사용할 때만 어떤 용기가 컵일 수가 있는 것이지, 다른 용도로 사용하면 그 이름이 변하기에 컵은 실재하지 않는다.[88] 그 모두가 공하다. 거꾸로 표현하면 "조건에 따라서 모든 것의 이름이 달라진다."

내 얼굴 해골에 박힌 두 개의 동그란 살덩어리에 무언가가 보일 때에는 그것을 눈이라고 부른다. 안근(眼根)이다. 그러나 그것을 손가락으로 만질 때에는 물컹한 촉감만 느껴진다. 즉 촉경(觸境)이다. 거울을 앞에 놓고 얼굴을 비출 때는 시각대상의 일부가 된다. 색경(色境)이다. 내 얼굴의 해골에 박혀서 시선에 따라서 이리 구르고 저리 구르는 두 개의 동그란 살덩어리가, 상황에 따라서 조건에 따라서 안근이 되기도 하고, 촉경이 되기도 하고, 색경이 되기도 한다. 원래 이름이 없고 자성이 없지만 인연 따라 자성이 발생한다. 불수자성수연성이다.

헛간에 장작이 잔뜩 쌓여 있다. 그러나 그것을 아궁이에 넣고 불을 붙여야 장작이 된다. 베고 자면 목침이 되고, 서까래로 사용하면 건축자재가 되고, 마른 빨래의 주름을 펴는 홍두깨가 되기도 한다. 헛간에 아무리 장작을 많이 쌓아놓아도 원래 이름이 없다. 어떻게 사용했는가에 따라서 비로소 이름이 붙는다. 조건에 따라서 이름이 달라진다. 불수자성수연성이다.

우리는 컵에 음료를 따라 마시지만, 컵에 왕모래를 채워 넣고서 선인장을 심으면 화분이 된다. 물을 넣고 금붕어를 키우면 어항이 되고, 뒤집어 밀가루 반죽을 찍으면 만두피 제조기가 된다. 용도에 따라서 이름이 달라진다. 불수

---

86) 본서 p.54 ; 『중론』, 제3 관육정품 제2게.
87) 『중론』, 제10 관연가연품.
88) 본서 p.86 참조.

자성수연성. "자기 성품을 지키지 않고 조건에 따라 성립한다." 눈이 눈이기도 하지만, 조건에 따라서 촉경이 되기도 하고, 색경이 되기도 한다. 장작이 장작이 되기도 하지만, 조건에 따라서 목침이 되기도 하고, 건축자재가 되기도 하고, 홍두깨가 되기도 한다. 컵이 컵이 되기도 하지만 조건에 따라서 화분이 되기도 하고, 어항이 되기도 하고, 만두피 제조기가 되기도 한다.

　나는 학생들 앞에서는 교수다. 아이들에게는 아버지고, 아내에게는 남편이고, 길에서 만난 행인에게는 아저씨이고, 배고픈 호랑이에게는 고깃덩어리 먹이이고, 바퀴벌레에게는 괴물이다. 조건에 따라서 이름이 달라진다. 조건에 따라서 정체가 변한다. 이런 원리를 연기(緣起)라고 부른다. '의존적[緣] 발생[起]'이라는 뜻이다. 학생에 의존하여 교수라는 이름이 발생하고, 아이들에 의존하여 아버지가 발생하고, 아내에 의존하여 남편이 발생하고, 행인에 의존하여 아저씨가 발생하고, 호랑이에 의존하여 고깃덩어리가 발생하고 바퀴벌레에 의존하여 괴물이 발생한다. 이런 이름들 모두 연기하는 것이다.

　세상만사는 모두 다 그렇다. 우리가 접하는 모든 현상이 다 그렇다. 원래 확고부동한 정체가 있는 게 아니라, 조건에 따라서 그 정체가 달라진다. 『법성계』에서는 이를 불수자성수연성이라고 쓰고 있다. "자기 성품 고집 않고 인연 따라 성립하네." 일상생활 속에서 대부분의 사람들은 낱낱의 법들에 자기 성품이 있다고 생각하며 살아간다. 책은 책일 뿐이고, 사람은 사람이고, 안경은 안경이고, 등불은 등불이고, 인생은 인생이고, 죽음은 죽음일 뿐이라고 생각하며 살아간다. 고정관념 속에서 살아간다. 그러나 "그 어떤 사물이나 사건도 원래 자기 성품이 없고 조건에 따라서 그 의미가 발생한다."는 연기의 이치를 자각하면 우리의 생각이 열린다.

　『법계도기총수록』에서 인용하는 『진기』에서는 불수자성수연성에 대해 다음과 같이 풀이한다.

　　만일 [성문승, 연각승, 보살승의] 삼승(三乘)에 의거하여 논의한다면, "자성청정심이 무명의 바람이라는 조건[緣]에 따라서, 차별의 만법을 성립시킨다."

만일 우리 [화엄의] 일승(一乘)의 뜻이라면 조건 이전에 어떤 법도 없기 때문
에, '미리 참된 성품[眞性]이 있고 조건에 따라서 [차별의 만법이] 성립하는
것'이 아니다. 또 내가 오늘 물[水]을 사용하기도 하고, 돌[石]을 사용하기도
하는데, 조건 속에서 법계의 모든 법이 하나도 남김없이 몰록 일어나기 때문
이다. 이와 같이 법 중에 물이라는 이름[名]과 물의 상(相)이 존재하고, 돌이
라는 이름[名]과 돌의 상(相) 등이 존재하기에 [이 세상에] 명과 상이 없는 게
아니지만 이런 '명, 상' 그대로 '무명, 무상'이다.89)

　　『진기』의 저자는 성문승, 연각승, 보살승의 삼승(三乘)과 화엄의 일승(一
乘)을 구분하면서, 이 세상을 이루고 있는 구성 요소로서의 법이 어떻게 출현
하는지에 대한 양자의 이론을 비교한 후, 화엄의 일승에서 보는 법의 발생
원리에 대해 물과 돌을 예로 들어 설명한다. 즉 삼승에서는 자성청정심이라
는 마음에, 무명의 바람이 불어서 물이나 돌과 같은 차별의 세계가 나타나는
것이라고 보는 반면, 화엄의 일승에서는 현상 그 자체가 본체이기에 내가 물
을 쓰면 물이 나타나고, 돌을 사용하면 돌이 나타나듯이, 현상이 일어난다는
것이다. 이름이 없다가, 나의 쓰임에 의해 이름이 붙는다는 것이다. 요컨대
삼승에서는 우리가 사는 차별세계에 대해 '자성청정심에 근거하여 연기(緣
起)한 것'이라고 설명하고, 이 세계 그대로가 본체라고 보는 화엄 일승에서는
나의 작용에 따라서 사물의 이름이나 모습이 나타난다고 본다. 즉 본체[性]가
그대로 작용[起]하는 성기(性起)다.

　　의상의 스승 지엄이나 동학 법장은 『대승기신론』적인 여래장 연기에 의해
이를 설명한다. 지엄의 『공목장』과 법장의 『탐현기』를 인용해 본다.

　　… 셋째 훈습이 가능하다. 오직 여래장만 자성을 고수하지 않고[不守自性],
　　제법에 따라서[隨] 연기(緣起)하여 유사한 뜻을 성립하기에 훈습이 가능한 것

---

89) "若約三乘論者 自性淸淨心隨無明之風緣成差別萬法也 若自一乘義 則以緣前無
　　法故 非先有眞性而隨緣成 且吾今日或爲水用或爲石用 緣中法界諸法無遺頓起故
　　也 如是法中而有水名水相 石名石相等 故不無名相 而此名相即無名相.", T45, p.7
　　22b.

이다. 다른 법들은 그렇지 못하다. 연에 속박 당하는데 어찌 다시 제법의 훈습을 얻겠는가? 이를 위해서 다른 법들은 훈습 가능성이 성립하지 않는다. … 넷째, 능훈과 상응한다는 것. 오직 여래장에만 제법에 응하는 이치가 있다. 다른 법들은 없다. 왜 그런가? [여래장은] 자성을 고수하지 않기 때문이다.[90]
(지엄, 『공목장』)

… 참[眞]이 전환하여 세상만사[事]를 이루기에 유식(唯識)을 설한다. 말하자면, 여래장이 자성을 고수하지 않고[不守自性] 조건에 따라서[隨緣] 8식의 심왕과 심수와 상분과 견분의 종자와 현행을 나타내는 것이기 때문이다.[91]
(법장, 『탐현기』)

이 두 가지 인용문에는 유식학의 교리와 관련된 논의가 실려 있는데, "자성을 고수하지 않는다."는 의미의 불수자성(不守自性)과 "조건에 따른다."는 의미의 수연(隨緣)의 용례가 보인다. 그런데 이런 서술의 주어가 모두 '여래장(如來藏)'이라는 점이 공통된다. 여래장이란 '여래의 씨앗'이나 '여래의 태(胎)'라는 의미로 모든 중생에게 갖추어진 불성(佛性)을 의미한다. 지엄이나 법장 모두 이러한 여래장이 자성을 고수하지 않기에 조건에 따라서 제법에 순응하여 세상만사가 나타난다고 설명한다.

앞에서 필자는 이 세상을 이루고 있는 구성 요소인 낱낱의 법들에 실체가 없기에 조건에 따라서 그 정체가 바뀐다는 통찰이 '불수자성수연성'이라고 설명한 바 있다. 즉, 불수자성수연성의 주어가 법이었다. 그런데 지엄과 법장 모두 그 주어를 여래장으로 간주하였다. 여래장에서 온갖 세상만사가 출현하는 것을 불수자성수연성이라고 보았다. 그러면 『법성게』의 저자 의상 스님의 생각은 어떠했을까? 의상 스님은 자신의 주석인 『화엄일승법계도』에서 '일중일체다중일'을 동전 하나와 동전 10개의 비유를 통해 해설하면서 불수자성

---

90) "三 可熏者 唯如來藏不守自性 隨諸法緣起成似義 故是可熏 餘法不爾 以被緣縛 何得更轉受諸法熏 為此餘法不成可熏", 『華嚴經內章門等雜孔目章』, T45, pp.544c-545a.
91) "轉眞成事故說唯識 謂如來藏 不守自性 隨緣 顯現 八識王數相見種現故.", 法藏, 『華嚴經探玄記』, T35, p.347a.

수연성에 대해 다음과 같이 설명한다.

> 중도(中道)의 뜻이란 무분별의 뜻이다. 무분별의 **법은 자성을 고수하지 않기** **[不守自性] 때문에, 조건에 따르는 일[隨緣]**이 끝이 없으며 또한 '머무르지 않음'이기도 하다. 그러므로 하나[一] 중(中)에 십(十)이 있고, 십(十) 중에 하나[一]가 있어서 [一과 十이] 서로 용납함에 걸림이 없지만, 그렇다고 해서 서로 일치하는 것은 아니다. 하나의 통찰[門]을 나타내면 그 중(中)에 열 가지 통찰을 갖추기 때문에 '중(中)'의 지혜가 명료하다. 하나의 통찰 중(中)에 무한한 뜻이 있다. 하나의 통찰과 마찬가지로, 다른 것도 역시 이와 같다.[92]

　여기서 보듯이 의상은 불수자성수연성의 주어를 여래장이 아니라 법으로 보았다. 모든 법은 자성을 고수하지 않고, 조건에 따라서 그 정체가 나타난다. 그 법은 무분별의 법이다. 확고한 의미를 갖는 법이 아니라 분별이 들어가지 않는 무정형의 법이기에 조건에 따라서 정체가 변할 수 있는 것이다. 그리고 그 조건을 따르는 방식이 무한하기에 어느 하나의 정체에 머무르지 않는다. 그래서 하나에서 열 가지 분별이 가능하고, 열 가지 다양한 현상이 하나의 개념으로 수렴될 수 있는 것이다. 하나의 장작이 연료가 되기도 하고, 목침이 되기도 하고 … 건축자재가 되기도 하듯이, 또 하나의 컵이 화분이 되기도 하고, 어항이 되기도 하고 … 악기가 되기도 하듯이, 또 내가 교수이기도 하고, 아버지이기도 하고, … 아저씨이기도 하고, 고깃덩어리이기도 하듯이 '하나' 속에 '무한한 분별'이 내재한다. 이것이 의상이 생각했던 불수자성수연성의 진정한 의미였다. 그래서 『법성게』의 게송은 자연스럽게 '하나 속에 무한이 들어있음'을 의미하는 '일중일체다중일(一中一切多中一)'이라는 사사무애(事事無碍)[93]의 다라니로 이어진다.

---

92) "中道義者 是無分別義 無分別法不守自性故 隨緣無盡 亦是不住 是故當知 一中十 十中一 相容無礙 仍不相是 現一門中具足十門 故明中智 一門中有無盡義 如一門 餘亦如是.", T45, p.714c.

93) 사물과 사물이 걸림[碍]이 없다[無]는 의미. 예를 들어서, 먼지 한 톨 속에 온 우주가 들어가는 이치로, 『법성게』의 다음 구절에서 이에 대해 설명한다.

(2) 다라니의 원리와 작용에 의해 법의 종류별 내용을 설명함 (約陀羅尼理用 以辨攝法分齊)

⑦일중일체다중일 一中一切多中一
　하나 속에 모두 들고 모두 속에 하나 들며
⑧일즉일체다즉일 一卽一切多卽一
　하나가 곧 모두이고 모두가 곧 하나라네.

'일체'를 노래하는 『화엄경』

　『화엄경』을 읽다 보면 우리는 도처에서 '일체(一切)'라는 용어와 만난다. '일체'가 주어로, 목적어로, 수식어로, 동사로 사용된다. 화엄의 가르침을 보법(普法)이라고 부르는 이유가 이에 있을 것이다. '보법'이란 언제 어디서나 모두에게 타당한 '보편적인 가르침'이라는 뜻이다.

　여래는 '일체'의 법에 대해 최고의 바른 깨달음을 이루셨고, '일체'의 세계에 그 음성이 가득하고, '일체'의 중생에 수순하고, '일체'의 도량에 앉아 계시며, '일체'에 자성이 없음을 통달하신 분이다. 온갖 보살들은 '일체' 중생의 마음을 잘 알며, '일체'의 삼매에서 자재함을 얻었고, '일체'의 부처 세계를 두루 유람하고, '일체'의 정토에 태어나며, '일체'의 여래를 공양하고, '일체'의 보현행원을 얻은 분들이다. 갖가지 신중들은 '일체'가 무한 과거부터 부처님을 위해 법당을 장엄한 분들이고, '일체'가 부처님 계신 곳에서 원행을 닦은 분들이며, '일체'가 큰 기쁨을 성취한 분들이고, '일체'가 큰 자비를 성취한 분들이며, '일체'가 중생을 위해 항상 정진하는 분들이다. … 이상은 불타발타라 번역의 『대방광불화엄경』(60권본) 가운데 「세간정안품(世間淨眼品)」[94]에 실린 몇 가지 경문들이다.

　"모든 행은 무상하다[諸行無常]."거나 "모든 법은 무아다[諸法無我]."라

---

94) 80권본 『화엄경』의 「세주묘엄품(世主妙嚴品)」에 해당한다.

는 초기불전의 가르침이나 "모든 것은 다 공하다[一切皆空]."라는 반야계 경전의 가르침에서 보듯이 불교는 보편법이기에 어느 불전에서든 전칭(全稱)의 표현이 많이 사용되지만, 『화엄경』에서는 다른 어떤 불전보다 일체라는 말을 많이 사용한다. 『잡아함경』, 『법화경』, 『대반야경』, 『대반열반경』, 80화엄, 60화엄에서 '일체'의 출현빈도는 다음과 같다.95)

	잡아함경	법화경	대반열반경	대반야경	아비달마 대비바사론	80화엄	60화엄
출현 회수	861회	229회	1,643회	59,372회	3,500회	12,577회	11,979회
전체 쪽수	373쪽	62쪽	240쪽	3,257쪽	1,004쪽	444쪽	394쪽
출현빈도	2.3회	3.7회	6.8회	18.2회	3.5회	28.3회	30.4회

표 6 - 불전 속 '일체'의 출현빈도

이 표에서 '1쪽'은 『대정신수대장경』의 한 면을 의미한다. 위의 표에서 보듯이 『잡아함경』은 1쪽 당 평균 2.3회, 『법화경』은 3.7회, 『대반열반경』은 6.8회, 『대반야경』에 18.2회 등장96)하는 반면, 『화엄경』의 경우 30회 내외 등장한다. 『화엄경』에서는 다른 어떤 불전보다 일체라는 말이 압도적으로 많이 등장한다.

일체와 같은 보법을 나타내는 용어로, 모든 시간대를 의미하는 삼세(三世), 무한을 의미하는 무량(無量), 모든 방향을 의미하는 시방(十方) 등이 있는데, 이들 용어들의 출현빈도에서도 『화엄경』이 단연 으뜸이다. 60화엄과 『대반야경』과 『법화경』에서 『대정신수대장경』 1쪽 당 출현빈도를 계산하여 비

---

95) 이는 CBETA 전자불전의 검색 기능을 활용하여 조사한 수치다. 이하 모두 마찬가지.

96) 현장 역 『大般若經』은 신수대장경으로 3권 분량으로 총 3,257쪽에 이르는 방대한 경전이기에 위의 표에서 보듯이 '일체'라는 용어 역시 59,372회나 등장한다. 그런데 이 가운데 20,078회의 용례는 『대반야경』의 「초분난신해품(初分難信解品)」에 등장하는 '일체지지청정(一切智智淸淨)'이라는 독특한 어구 속의 '일체'에 해당한다. 「초분난신해품」의 453쪽을 제외한 나머지 2,804쪽에서는 일체라는 용어가 39,294회 등장하며, 그 빈도를 계산하면 한 쪽 당 14.0회가 된다.

교하면 다음과 같다.

	법화경	대반야경	아비달마대비바사론	60화엄
삼세(三世)	0.08회	0.12회	0.35회	1.49회
무량(無量)	4.42회	2.71회	0.77회	8.42회
시방(十方)	1.00회	0.32회	0.007회	2.42회

표 7 - 삼세, 무량, 시방의 출현빈도

'삼세(三世)'라는 용어는 60화엄에서의 출현빈도가 다른 불전의 10배가 넘으며, '무량(無量)'이나 '시방(十方)'의 빈도수도 2배 내외가 된다. 『화엄경』에서는 모든 것, 모든 이, 모든 곳, 모든 때를 노래하고, 온 시간대와 온 공간과 온 대중이 설법에 동참한다. 『화엄경』은 '일체'가 동참하여, '일체'의 방식으로 '일체'를 노래하는 경전이다. 『화엄경』의 가르침은 언제나 '일체'와 함께 한다.

'하나'와 '일체'의 상즉, 상입을 노래하는 『화엄경』

『화엄경』은 이렇게 '일체'라는 용어의 출현빈도도 높을 뿐만 아니라, 다른 불전에서는 볼 수 없는 독특한 통찰을 노래한다. 즉 어떤 하나에 일체가 담겨 있고, 일체에 그런 하나가 담겨있으며, 어떤 하나가 그대로 일체이고 일체가 그대로 그 하나라는 통찰이다. 『법성게』에서 노래하는 '일중일체다중일, 일즉일체다즉일'의 통찰이다. 하나와 일체가 서로 내함(內含)한다는 의미에서 전자를 상입(相入), 서로 동치(同値)라는 의미에서 후자를 상즉(相卽)이라고 부르기도 한다.[97] 보살의 이런 통찰과 능력이 실린 『화엄경』의 게송 가운데 일부를 예로 들면 다음과 같다.

---

97) "一中一切多中一 有力無力相入義 一多相容不同門 一卽一切多卽一 有體無體相卽義 諸法相卽自在門.", 有聞, 『大方廣佛華嚴經義相法師法性偈』, B32, p.822a.

한 가지의 삼매 속에 무량 삼매 들어오고
저 무상당 오르는 것, 정월논사 행이라네.
결국 피안 참아내어 적멸한 법 인내하니
분노심을 멀리하는 무량지의 행이라네.
한 세계를 떠나잖고 한 자리에 앉은 채로
시방 국토 두루 나툼, 무량신의 행이라네.
한량없는 온갖 불국, 한 세계에 들어가도
부처나라 증감 없음, 불가사의 행이라네.[98)]

이는 60화엄 「공덕화취보살십행품(功德華聚菩薩十行品)」의 게송인데 80
화엄의 「십행품(十行品)」에 해당한다. 여기서 보듯이 하나의 삼매 속에 무량
한 삼매가 들어오고[일중일체], 한 자리에 앉아서 시방국토에 몸을 나투며[일
체중일], 하나의 세계 속에 무량한 불국토가 들어간다[일중일체]고 노래한다.
그 소재만 삼매, 몸, 불국토로 바뀔 뿐 '일중일체, 일체중일'의 통찰과 능력을
골격으로 삼고 있다. 또, 「금강당보살십회향품(金剛幢菩薩十迴向品)」의 다
음과 같은 게송을 보자.

모든 중생 무량 마음 그대로가 일심임을 밝은이는 잘 아시며
지혜문을 깨달으신 보살들은 업행 증장 내버리지 않으시네.
모든 중생 종종 근기, 상품, 중품, 하품으로 각각 같지 않지만은
그네들이 갖고 있는 깊은 공덕, 보살들은 성품 따라 다 아시네.
모든 중생 온갖 행위, 상품, 중품, 하품으로 제각각의 다른 모습
보살들은 여래력에 깊이 들어 모두 능히 분간함을 갖추셨네.
불가사의 무량겁이 그대로가 일념임을 모두 능히 잘 아시며
온갖 방향 모든 행위, 보살들의 깨달음은 청정하게 다 아시네.[99)]

---

98) "於一三昧中 入無量三昧 昇彼無上堂 淨月論師行 究竟忍彼岸 堪忍寂滅法 遠離
瞋恚心 無量智所行 不離一世界 不起一坐處 普現十方刹 無量身所行 無量諸佛刹
能入一世界 佛刹不增減 不思議所行", T9, p.473c.
99) "一切眾生無量心 明者了知即一心 菩薩覺悟智慧門 不捨增長諸業行 一切眾生
種種根 上中下品各不同 所有甚深諸功德 菩薩隨性悉了知 一切眾生種種業 上中
下品差別相 菩薩深入如來力 悉能具足分別知 不可思議無量劫 悉能了知即一念

이 게송의 주어는 보살이다. 여기서 보듯이 보살은 모든 중생의 무량한 마음이 그대로 일심이며[일즉일체], 불가사의한 무량겁의 세월이 그대로 일념임[일체즉일]을 잘 안다.

60화엄의 제31품인 『보현보살행품』에서 보살의 길을 가려고 할 때 가장 해로운 것은 분노심이라고 말하면서 그 폐해를 열거한 후, 조속히 보살행을 갖추고자 하는 자가 닦아야 하는 '바른 법[正法]'으로 다음과 같은 10가지를 열거한다.

 ① 일체의 중생을 버리지 말 것.
 ② 모든 보살들에 대해 여래라는 생각을 낼 것.
 ③ 모든 불법에 대해 그 언제든 결코 비방하지 말 것.
 ④ 온갖 부처님 나라에서 다함없는 지혜를 얻을 것.
 ⑤ 보살이 행위를 공경하고 믿고 즐길 것.
 ⑥ 허공이나 법계와 동등한 보리심을 버리지 말 것.
 ⑦ 보리를 분별하고 부처의 힘을 체득하여 피안에 이를 것.
 ⑧ 보살의 온갖 변재(辯才)를 닦을 것.
 ⑨ 중생을 교화하면서 피곤해하거나 싫어하지 않을 것.
 ⑩ 일체의 세계에서 탄생을 시현하지만, 이를 즐겨서 집착하지 말 것.[100]

그 내용을 보면 10가지 바른 법이란 보살이 갖추어야 할 마음가짐과 행동 지침 10가지를 의미한다. 그리고 이와 같은 10가지 바른 법을 닦으면, 10가지 청정함과 10가지 바른 지혜가 연이어 생기며, '10가지 바른 지혜'로 인해서 10가지 교묘한 수순입(隨順入, 따라 들어감)[101]에 들어간다고 하면서, 그때 보살이 갖추게 되는, 모든 것이 하나 속에 들어가는 '일체입일(一切入一)'

 一切十方所行業 菩薩覺悟淸淨知.", T9, p.533a.
100) "佛子 是故菩薩摩訶薩欲疾具足菩薩行者 應當修習十種正法 何等為十 所謂 不捨一切衆生 於諸菩薩及如來想 常不誹謗一切佛法 於諸佛刹得無盡智 恭敬信樂 菩薩所行 不捨虛空、法界等菩提之心 分別菩提究竟佛力到於彼岸 修習菩薩一切 諸辯 教化衆生心無疲厭 於一切世界示現受生而不樂著.", T9, pp.607b-c.
101) 80화엄에서는 이를 보입(普入)이라고 한다.

의 통찰과 능력과 하나에서 모든 것이 나오는 '일출일체(一出一切)'의 통찰과 능력을 다음과 같이 제시한다.

> 모든 세계가 하나의 털 가닥으로 들어가고[入], 하나의 털 가닥에서 불가사의한 찰토가 출현하며[出], 모든 중생의 몸[身]이 다 하나의 몸에 들어가고, 하나의 몸에서 무량한 몸들이 나타난다. 말할 수 없는 겁이 다 한 생각[念] 속에 들어가고, 한 생각으로 하여금 불가설의 겁 속으로 들어가게 하며, 모든 불법[佛法]이 죄다 하나의 법 속에 들어가고, 하나의 법으로 하여금 모든 불법 속에 들어가게 한다. 모든 감관[根]들이 하나의 감관에 들어가고 하나의 감관으로 하여금 모든 감관들에 들어가게 한다. 모든 감관들이 감관이 아닌 것에 들어가고, 감관이 아닌 모든 것들이 모든 감관 속에 들어간다. 온갖 모습[相]들이 하나의 모습 속에 들어가고, 하나의 모습이 온갖 모습 속에 들어간다. 모든 말소리[語音]가 하나의 말소리에 들어가고, 하나의 말소리가 모든 말소리에 들어가며, 삼세[世] 전체가 하나의 시간대에 들어가고, 하나의 세간대로 하여금 삼세 전체에 들어가게 한다.102)

이 경문에서 소재로 삼는 것은 '세계, 몸[身], 생각[念], 불법(佛法), 감관[根], 모습[相], 말소리[語音], 시간[世]'이다. 보살이 '수순입'의 경지 또는 '보입(普入, 두루 들어감)'의 경지에 오르면 이런 여러 가지 사태와 사물에 대해 '일체입일(一切入一), 일출일체(一出一切)'의 통찰과 능력을 갖추게 된다는 것이다. 이는 무량겁의 생각과 한 생각, 모든 장소와 하나의 장소, 모든 감관과 하나의 감관, 모든 모습과 하나의 모습, 모든 언어와 하나의 언어, 모든 세월과 하나의 세월 등이 서로 내함(內含)하는 통찰과 능력이다. 의상 스님이 요약한 일중일체다중일(一中一切多中一)의 통찰이다. 이런 통찰이 실

102) "佛子 菩薩摩訶薩安住如是十種正智 則入十種巧隨順入 何等為十 所謂 一切世界入一毛道 一毛道出不可思議剎 一切眾生身悉入一身 於一身出無量諸身 不可說劫悉入一念 令一念入不可說劫 一切佛法悉入一法 令一法入一切佛法 一切諸入入於一入 令一入入一切諸入 一切諸根入於一根 令一根入一切諸根 一切諸根入非根法 非根法入一切諸根 一切諸相悉入一相 一相入於一切諸相 一切語音入一語音 一語音入一切語音 一切三世悉入一世 令一世入一切三世.", T9, p607c.

린 다른 경문 몇 가지를 열거하면 다음과 같다.

> 과거, 현재, 미래의 무량겁에 걸쳐 이룩되고 무너졌던 갖가지 일들이 부처님의 털구멍 하나 속에서 모두 나타날 수 있다.103)

> 부처님의 털구멍 하나 속에 모든 중생이 살고 있는데 그들 역시 오고감이 없다.104)

> 그 몸은 일체 세간에 가득 차고 그 음성은 시방 국토에 두루 퍼진다. 비유하면, 허공이 갖가지 물건들을 담고 있지만 그에 대해 분별을 내지 않는 것과 같다.105)

> 부처님의 몸은 법계 전체에 가득 차 있어서 온갖 중생에게 그 모습을 나타내어 갖가지 가르침으로 교화한다.106)

> 모든 부처님은 이 세계에 가득 차는 묘한 음성으로 과거 무량겁의 세월 동안 설법했던 내용 전체를 단 한 마디의 말로 다 가르치신다.107)

> 부처님의 광명은 그 크기가 허공과 같아 모든 중생 앞에 두루 그 모습을 나타내고, 백천만겁에 걸쳐 존재했던 모든 불국토가 한 찰나의 시간에 모두 분명히 나타난다.108)

『화엄경』에는 이렇게 '하나'와 '일체'의 상즉과 상입을 노래하는 경문이 도처에서 눈에 띈다. "하나의 법에서 일체의 법들을 모두 분별하여 안다. …

---

103) "三世所有無量劫 如其成敗種種相 佛一毛孔皆能現." 80화엄, T10, p.8b.
104) "汝應觀佛一毛孔 一切衆生悉在中 彼亦不來亦不去.", 80화엄, T10, p.8b.
105) "其身充滿一切世間 其音普順十方國土 譬如虛空具含衆像 於諸境界無所分別.", 80화엄, T10, p.1c.
106) "佛身周遍等法界 普應衆生悉現前 種種教門常化誘.", 80화엄, T10, p.7c.
107) "諸佛遍世演妙音 無量劫中所說法 能以一言咸說盡.", 80화엄, T10, p.8a.
108) "光明遍照等虛空 普現一切衆生前 百千萬劫諸佛土 一刹那中悉明現.", 80화엄, T10, p.13c.

하나의 말에서 무량한 말소리를 분별하여 안다. … 낱낱의 법에서 불가설, 불가설의 법들을 모두 능히 연설할 수 있다. … 낱낱의 감관에서 무량한 감관들을 모두 다 안다."[109] "일체의 모습들이 그대로 하나의 모습이다."[110] 예를 들려면 끝이 없다. 『법성게』의 다라니를 다시 인용해 보자.

일중일체다중일 一中一切 多中一 하나 속에 모두 들고 모두 속에 하나 들며
일즉일체다즉일 一卽一切 多卽一 하나가 곧 모두이고 모두가 곧 하나라네.

이는 '하나'와 '일체'의 상입과 상즉을 노래하는 문구이기에 '일중일체 일체중일'라고 쓰는 것이 옳겠지만, 음절을 7언에 맞추기 위해서 후구의 '일체'를 '다(多)'로 대체한 것이리라. 여기서 말하는 '하나'는 부처님의 털구멍과 같은 작은 공간일 수도 있고, 부처님의 음성이나 몸일 수도 있고, 말일 수도 있으며, 광명일 수도 있고, 찰나적인 시간일 수도 있다. 그 하나에 무한이 들어가고, 그 하나가 무한으로 방출된다.

'열 개의 동전 세기'로 설명하는 상즉과 상입

이렇게 『화엄경』에서는 공간, 음성, 몸, 광명, 시간, 감관, 모습, 생각 등을 소재로 '하나[一]'와 '무한[一切]'이 상입하고 상즉하는 일중일체, 일즉일체 통찰을 노래하였는데 의상 스님은 『법성게』에서 이를 추상화하여 동전 10개를 세는 일에 비유하여 설명하였다. 이를 수십전법(數十錢法)이라고 부른다. 여기서 의상이 말하는 십(十, 10)은 일체(一切)를 대신한다. 즉 일중일체는 1중10(一中十), 다중일은 10중1(十中一), 일즉일체는 1즉10(一卽十), 다즉일은 10즉1(十卽一)이 대신한다. 의상은 다음과 같이 설명하였다.

---

109) 60화엄, 「金剛幢菩薩十迴向品」, pp.530a-b.
110) 60화엄, 「入法界品」, T9, p.761c.

만일 연기(緣起)의 실상인 다라니(陀羅尼)법을 관찰하고자 하는 자는 먼저 반드시 '10전[의 동전]을 세는 법'을 깨달아야 한다. 이른바 1전에서 10전까지다. 10을 설하는 까닭은 무한[無量]을 나타내기 위한 것이다. 이 중에 두 가지가 있다. 첫째는 1 속에 10이 있고[一中十], 10 속에 1이 있는 것[十中一]이고, 둘째는 1이 곧 10[一卽十]이고, 10이 곧 1인 것[十卽一]이다.111)

'다라니'란 산스끄리뜨어 dhāraṇī의 음사어로 총지(總持)라고 번역된다. 한자 뜻 그대로 '모두[總] 지님[持]'이라는 의미인데 '가르침을 축약한 짧은 문구'로 '가르침의 정수(精髓)'라고 풀이할 수 있다. 화엄의 가르침을 가장 간략히 요약한 문구가 '일중일체 다중일, 일즉일체다즉일'인데, 바로 이것이 화엄학에서 가르치는 '사사무애(事事無碍) 연기(緣起)'의 실상이 농축되어있는 다라니인 것이다. 그리고 동전 10개가 있을 때, 그 10개는 전체다. 그런데 그 가운데 1개의 동전 속에 10개 전체가 들어있고[1중10], 어느 1개의 동전이라도 10개의 동전 전체 속에 들어있으며[10중1], 1개의 동전이 그대로 10개 전체의 동전이며[1즉10], 10개 전체의 동전이 그대로 1개의 동전이란[10즉1] 것이다. 그러면 먼저 '1중10'과 '10중1' 상입에 대한 의상의 설명을 보자. 의상은 위의 인용문에 이어서 다음과 같이 말한다.

앞의 이론[一中十, 十中一] 중에 두 가지가 있다. 첫째는 '늘어나면서 들어오는 것[向上來]'이고, 둘째는 '줄어들면서 나아가는 것[向下去]'이다. '늘어나면서 들어오는 것'이라고 말하는 것 중에 열 가지 문(門)이 있어서 똑같지가 않다. 첫 번째는 '1'이다. 무슨 까닭인가? [1에 자성이 있는 게 아니라] 의존적으로 성립하기 때문이다. 이것은 근본 수다. 중략(中略)하고, 열 번째는 '1 속에 10이 있는 것'이다. 무슨 까닭인가? 만일 1이 없다면 10은 성립하지 않는데 그럼에도 10은 1이 아니기 때문이다. 다른 문(門)도 역시 이와 같으니 실례에 준하여 알 수 있다.
'줄어들면서 나가는 것'이라고 말하는 것 중에도 역시 열 가지 문이 있다. 첫

---

111) "若欲觀緣起實相陀羅尼法者 先應覺數十錢法 所謂一錢乃至十錢 所以說十者 欲顯無量故 此中有二 一者 一中十 十中一 二者 一卽十 十卽一.",『華嚴一乘法界 圖』, T45, p.714b.

째는 '10'이다. 무슨 까닭인가? [10에 자성이 있는 게 아니라] 의존적으로 성
립하기 때문이다. 중략(中略)하고, 열 번째는 '10 속에 1이 있는 것'이다. 무
슨 까닭인가? 만일 10이 없다면 1이 성립하지 않는데 그럼에도 1은 10이 아
니기 때문이다. 다른 수들도 역시 이같이 발생 변화[生變]하니, 이같이 [가고
오면서] 감당(勘當)하면 낱낱의 동전 속에 열 가지 문이 갖추어져 있음을 안
다. 이는 본(本)[인 1]과 말(末)[인 10]의 두 동전 속에 열 가지 문이 갖추어져
있는 것과 같다. 다른 '8개의 동전 중 …'에 대해서는 [이상과 같은] 실례에
준하여 알 수 있다.112)

　열 개의 동전이 내 눈앞에 놓여 있다고 할 때, 하나하나의 동전들이 모여서
열 개의 동전이 성립한 것이다. 그런데 그 열 개 가운데 어느 하나의 동전만
제거해도 열이라는 전체 수에 결함이 생긴다. 따라서 그 하나는 열의 성립을
위한 필수불가결한 하나다. 즉 하나 속에는 열이 내재해 있다. 그래서 일중십
(一中十)이라는 통찰이 가능하고, 더 나아가 일중일체(一中一切)라는 통찰
이 성립하는 것이다.
　좀 더 쉽게 설명해보자. '길이'의 세계는 '짧음'과 '긺'이라는 두 가지 요소
로 구성되어 있다. 짧음과 긺을 합한 것이 전체이고, 짧음이나 긺은 그 구성
요소다. 어떤 길이의 막대기를 가져왔을 때, 그 막대기에 대해 길다거나 짧다
는 판단을 모두 내릴 수 있다. 더 긴 막대기와 비교하면 짧아지고, 더 짧은
막대기와 비교하면 길어진다. 따라서 그 막대기 하나에는 긺과 짧음이라는
'길이 전체'가 모두 내재한다. 말하자면 하나 속에 전체가 들어있다. 일중일
체다.
　또 다른 예를 들어보자. '높낮이'의 세계는 '상, 중, 하'의 세 가지 요소로
구성되어 있다. 어떤 높이를 지목했을 때, 그 위치에 대해 높다[上]고 판단할

---

112) "初門中有二 一者向上來 二者向下去 言向上來中 有十門不同 一者 一 何以故
　　緣成故 即是本數 乃至十者 一中十 何以故 若無一十即不成 仍非一故 餘門亦如
　　是 准例可知 言向下去中 亦有十門 一者 十 何以故 緣成故 乃至十者 十中一 何以
　　故 若無十 一即不成 仍一非十故 餘亦 如是生變 如是[往反]勘當即知 一一錢中
　　具足十門 如本末兩錢中具足十門 餘八錢中 准例可解.",『華嚴一乘法界圖』, T45,
　　pp.714b-c.

수도 있고, 중간[中]이라고 판단할 수도 있고, 낮다[下]고 판단할 수도 있다. 어느 정도의 높이와 비교하는가에 따라서 그 위치의 높이가 달라진다. 따라서 어떤 특정 높이에는 '높음, 중간, 낮음'의 의미가 모두 들어있다. 다시 말해 어떤 특정한 하나의 위치에는 '높낮이' 전체가 모두 들어있다.

이와 마찬가지로 10개의 동전에서 어느 하나의 동전을 들어도 그 동전은 전체인 10개가 성립하기 위해서 필수불가결한 동전이다. 그 1개의 동전은 전체 개수인 10개의 성립을 뒷받침하고 있다. 그래서 하나 속에 전체인 열이 들어있다. 1중10이고 일중일체(一中一切)인 것이다. 이와 반대로 10개의 동전이 성립해 있어야 그 구성 요소인 낱낱의 동전도 존재할 수 있다. 그래서 10중1이고, 일체중일(一切中一)이고, 다중일(多中一)이다. 이어서 의상은 '1즉10'과 '10즉1'의 상즉에 대해 다음과 같이 설명한다.

　　두 번째 이론[一卽十, 十卽一]의 경우 [다시] 두 가지 이론이 있다. 첫째는 '늘어나면서 나아가는 것[向上去]'이고, 둘째는 '줄어들면서 들어오는 것[向下來]'이다. 첫 번째 이론[向上去]의 경우 [다시] 열 가지 문(門)이 있어서 똑같지가 않다. 첫째는 '1'이다. 무슨 까닭인가? [1에 자성이 있는 게 아니라] 의존적으로 성립하기 때문이다. 중략하고, 열 번째는 '1이 곧 10인 것'이다. 무슨 까닭인가? 만일 1이 없다면 10은 성립하지 않기 때문이며, 의존적으로 성립하기 때문이다.
　　두 번째 이론[向下來]의 경우도 [다시] 열 가지 문이 있다. 첫째는 '10'이다. 무슨 까닭인가? 의존적으로 성립하기 때문이다. 중략하고, 열 번째는 '10이 곧 1인 것'이다. 만일 10이 없다면 1은 성립하지 않기 때문이다. 나머지는 실례에 준한다. 이런 이치가 있기에 낱낱의 동전 중에 열 가지 문이 갖추어져 있음을 알아야 한다.113)

---

113) "第二門 此中二門 一者向上去之 二者向下來 初門中十門不同 一者 一 何以故 緣成故 乃至 十者 一卽十 何以故 若無一 十卽不成故 緣成故 第二門中亦有十門 一者 十 何以故 緣成故 乃至 十者 十卽一 若無十 一卽不成故 餘者准例 以此義故 當知一一錢中 具足十門.",『華嚴一乘法界圖』, T45, pp.714c-a.

이 역시 마찬가지다. 10개의 동전이 모여 있을 때, 그 가운데 어떤 동전도 10개를 위한 필수불가결한 요소다. 그래서 낱낱의 동전이 그대로 10개의 동전이라고 하는 것이다. 예를 들어 대한민국 국민 하나하나가 모여서 '대한민국 국민'이 성립할 때, 어느 한 사람[1]을 들어도[擧] 그를 그대로 대한민국 국민[10]이라고 부르는 것과 같다. 얼룩소, 황소, 물소, 젖소, 들소 등의 낱낱의 소들이 모여서 소 보편이 성립할 때, 황소든 물소든 '어느 하나의 소[1]'를 들어도 그것이 '소 보편[10]'인 것과 같다.

수십전법의 향상과 향하, 래와 거

균여에 의하면 이러한 수십전법의 창시자는 의상의 스승, 지엄이었다고 한다. 그런데 수십전법을 설명할 때 '늘어남[向上]'과 '줄어듦[向下]', '옴[來]'과 '감[去]'이라는 용어의 사용에서 지엄과 법장, 그리고 의상의 설명이 일치하지 않는다. 삼자의 명명(命名)을 비교하면 다음과 같다.

화엄가				지엄	의상	법장
相入	中門	①	1에서 … 1중9, 1중10으로 늘어남	향상거(去)	향상래(來)	향상수(數)
		②	10에서 … 10중2, 10중1로 줄어듦	향하래(來)	향하거(去)	향하수(數)
相卽	卽門	③	1에서 … 1즉9, 1즉10으로 늘어남	향상거	향상거	향상거
		④	10에서 … 10즉2, 10즉1로 줄어듦	향하래	향하래	향하래

표 8 - 수십전법에 대한 지엄, 의상, 법장의 명명 비교

이 가운데 의상의 명명은 다음과 같이 풀이된다.

①1에서 시작하여 '1중2, 1중3 … 1중9, 1중10'으로 수가 늘어나는[向上] 통찰은 "1에 2, 3, 4 … 9, 10이 있다."는 통찰로 "2, 3, 4 … 9, 10이 1로 온다[來]."는 의미이기에 '늘어나면서 옴[向上來]'의 통찰이다.

②10에서 시작하여 '10중9, 10중8 … 10중1'로 수가 줄어드는[向下] 통찰의 경우 "10에 9, 8 … 2, 1이 있다."는 통찰로 "9, 8, 7 … 2, 1이 10으로 간다[去]."는 의미이기에 "줄어들면서 감[向下去]'의 통찰이다.

③1에서 시작하여 '1즉2, 1즉3 … 1즉9, 1즉10'으로 수가 늘어나는[向上] 것은 "1이 그대로 2, 3 … 9, 10이다."라는 통찰로 "1이 2, 3, 4 … 9, 10으로 간다[去]."는 의미이기에 '늘어나면서 감[向上去]'의 통찰이다.

④10에서 시작하여 '10즉9, 10즉8 … 10즉1'로 수가 줄어드는[向下] 통찰의 경우 "10이 그대로 9, 8 … 2, 1이다."라는 통찰로 "10이 9, 8, 7 … 2, 1로 온다[來]."는 의미이기에 "줄어들면서 옴[向下來]'의 통찰이다.

의상의 명명이 그 스승 지엄이나 동학의 후배 법장과 다른 곳은 ①과 ②의 두 곳이다. 지엄은 ①을 향상거(去), ②를 향하래(來)라고 명명했으나, 의상은 이와 반대로 ①을 향상래(來), ②를 향하거(去)라고 명명했고, 법장은 ①과 ② 모두 향상수(數)라고 명명했다. 지엄은 외견 상 수가 늘어날 경우 무조건 '거'라고 명명하고, 줄어들 경우 무조건 '래'라고 명명하였는데, 의상은 그 의미에 근거하여 새겨서 스승인 지엄과 반대로 명명했던 것이다. 지엄과 의상이 이렇게 명명에서 다른 점을 간파한 법장은 스승인 지엄의 명명도 훼손하지 않으면서, 그 의미에서도 의상의 명명과 어긋나지 않도록 수(數)라는 제3의 용어를 사용했던 것으로 짐작된다. 요컨대 지엄은 '말'에 근거하여 명명했고, 의상은 '의미'에 근거하여 명명하였다. 청출어람청어람(靑出於藍靑於藍)한 의상이었다.

구체적인 예를 들면서, '1중10'에 대해 다시 설명해 보자. '1중10'은 "이것[1] 속에 전체[10]가 있다."는 의미가 된다. 누군가가 나에게 "당신은 누구인가?"라고 물을 경우, "나에게는 아들의 역할도 있고, 아버지의 역할도 있고, 남편의 역할도 있고, 아저씨의 역할도 있고, 조카의 역할도 있고, 삼촌의 역할도 있고, 괴물의 역할도 있고, 먹이의 역할도 있고, … 모든 것의 역할이 있다."라고 대답할 수 있는데, 여기서 '나'는 하나[1]에 해당하고 '아들, 아버지 … 먹이 … 모든 것'은 일체[10]에 해당하기에, '1중10'은 "내 속에 이런 모든 역할이 있다."는 의미가 되며, 이는 다시 '그런 모든 역할들이 나에게 들어오는 것'이라고 풀을 수 있기에 나의 역할이 점차 늘어나면서[向上] 그 모든 역할이 나에게 들어오는[來] 꼴이 된다. 의상이 규정했듯이 '늘어나면서 옴[向上來]'이 아닐 수 없다.

또 '10중1'이란 "전체[10] 속에 이것[1]이 있다."는 의미가 된다. 예를 들어서 "마음이 무엇인가?"라고 물을 경우 "내 마음[10]은 눈에 보이는 것에도 있고, 귀에 들리는 것에도 있으며, 냄새에도 있고, 맛에도 있으며, 촉감에도 있고, 생각에도 있다. …"고 대답할 수 있을 것이다. '안식(眼識), 이식(耳識), 비식(鼻識), 설식(舌識), 신식(身識), 의식(意識), 마나식(末那識), 아뢰야식(阿賴耶識)'의 총 8식 가운데 근본이 되는 마음은 제8 아뢰야식인데, 아뢰야식인 내 마음이 작용하지 않는 곳이 없기 때문이다. 이렇게 "내 마음[10]은 이들 8식 낱낱[9, 8 … 2, 1]에 있다."는 것은 "내 마음이 이들 8식 낱낱으로 간다."는 의미가 되기에 의상 스님이 규정했듯이 '줄어들면서 감[向下去]'이 아닐 수 없다.

'1즉10'이란 "이것[1]이 그대로 전체[10]다."라는 의미다. 예를 들어서 누군가가 "물질이란 무엇인가?"라고 물을 경우, "내 눈 앞의 컵[1]이 물질[10]이다."라고 대답할 수 있다. 나의 손[2]도 물질이고, 몸[3]도 물질이고, 눈에 보이고 귀에 들리는 모든 사물들[4]이 물질이다. 뿐만 아니라 나의 생각이나 감정 모두[5] 물질에 다름 아니다. 두개골 속에 얽혀 있는 대뇌 뉴런 간의 전기, 화학적 작용이기 때문이다. 낱낱 가운데 물질 아닌 게 없다. 낱낱의 모든 것들[1, 2, 3 … 9]이 물질[10]이다. 유물론적 조망이다. 또 "마음이 무엇인가?"라고 물을 경우, "마음은 모든 것이다."라고 대답할 수 있다. 유심론적 조망이다. "부처가 무엇인가?"라고 물을 경우, "두두물물(頭頭物物) 부처 아닌 것이 없다."라고 대답할 수 있다. 화엄에서 가르치는 법신불이다. 이렇게 어떤 하나의 개념을 들면[擧], 그것이 무엇이든 모든 것에 적용 가능하다. 하나가 곧 모든 것이다. 『법성게』의 일즉일체다. '수십전법'의 1즉10이다. 시각

대상도 물질이고, 소리도 물질이고 … 생각도 물질이고, 감정도 물질이다. 소재를 하나하나 늘여가면서[向上] 적용해 보면 물질이 모든 것의 의미에 들어감[去]을 알게 된다. '늘어나면서 감[向上去]'이다.

'10즉1'이란 "전체가 그대로 이것이다."라는 의미다. 물질은 낱낱의 모든 것이다. 5감의 대상도 물질이고 생각도 물질이고 감정도 물질이다. 그 어떤 것을 들어도[擧] 물질이기에 모든 것이 물질로 들어온다. "길[道]이 무엇인가?"라고 물을 때, "길[10]은 낱낱의 모든 것[9, 8, 7 … 2, 1]이다."라고 답할 수 있다. 땅에도 길이 있고[차도], 하늘과 바다에도 길이 있다[항로]. 개미가 일렬로 기어가는 것은 그 궤적이 무언가 그들의 길이기 때문이다. 프랭크 시나트라(Frank Sinatra)의 "My Way"에서 노래하듯이 인생도 길이다. 우리 눈동자로 들어오는 빛의 경로가 있고, 귓구멍으로 들어오는 소리의 경로가 있다. 모두 길이다. 세상에 길 아닌 것이 없다. 이렇게 세상만사가 다 길이라는 통찰은 세상만사가 다 '길'로 들어온다[來]는 의미이기에 어떤 것이든 다 길로 들어온다. '줄어들면서 옴[向下來]'이다.

『화엄경』에서 우리는 보살이나 부처의 통찰이나 능력이나 행위에 대해 1중10이나 10중1, 1즉10이나 10즉1의 방식으로 설명하는 경문을 도처에서 만날 수 있다. 그러나 수십전법에서 열거하듯이 '1중2, 1중3 … 1중9', '10중9, 10중8 … 10중2', '1즉2, 1즉3 … 1즉9', '10즉9, 10즉8 … 10즉3, 10즉2'와 같은 의미를 갖는 경문은 전혀 보이지 않는다. 균여의 경우 여기서 더 나아가, 2중10, 2중9 … 3중5 … 4중2 … 8중6 등과 같은 조합을 제시하는데, 『화엄경』에는 이런 식의 어중간한 조합에 해당하는 표현 역시 전혀 등장하지 않는다. 이런 조합들은 형식적 완성미는 있겠지만 사족(蛇足)과 같다. 『화엄경』에는 '일중일체, 일체중일, 일즉일체, 일체즉일'의 통찰이나 능력만 제시되어 있을 뿐이기에 이를 이해하는 데에는 수십전법 가운데 '1중10, 10중1, 1즉10, 10즉1'의 네 가지 통찰만 유용하다. 그것이 무엇이든 그것 하나 속에 전체가 들어 있고, 전체 속에 그것이 있으며, 그것 하나가 전체이고, 전체가 그것이다. '일중일체다중일, 일즉일체다즉일'의 통찰과 능력이다. 이를 노래하는 『화엄경』의 경문을 열거하면 다음과 같다.

"하나 속에서 무한을 해석하고, 무한 속에서 하나를 해석한다."[114)

"일체에서 하나를 알고, 하나에서 일체를 안다."[115)

"하나에서 무한을 알고 무한에서 하나를 안다."[116)

"불자여, 이 보살이 모든 법들이 다 환상과 같다는 점에 깊이 들어가서 연기법을 관찰하니, 하나의 법에서 갖가지 법들을 해석하고, 갖가지 법들에서 하나의 법을 해석해 낸다."[117)

"모든 모습들은 하나의 모습이다."[118)

"불자들이여 저 보살은 10가지 법을 공부해야 한다. 무엇이 열 가지인가? 이른바, 하나가 여럿이고 여럿이 하나임을 아는 것이다."[119)

"하나가 여럿이고 여럿이 하나라면, 그 뜻이 적멸하고 모두 다 평등하여, 같거나 다르다는 전도 모습 벗어나니, 이를 일러 보살의 불퇴주라 한다네."[120)

이 세상 그 무엇을 들더라도[擧] 그 속에 무한이 들어오고, 그것이 그대로 무한이다. 일중일체(一中一切)이고 일즉일체(一卽一切)다. 이와 반대로 무한은 낱낱에 들어있고, 무한 그대로 낱낱이다. 일체중일(一切中一)이고 일체즉일(一切卽一)이다. 일상생활 속에서 우리가 흔히 접하지 못하는 통찰이다. 언어와 사유가 조작하는 고정관념을 갖고 살아가는 사람에게는 드러나지 않는 조망이다.

<u>일중일체, 일즉일체의 구체적인 예시</u>

---

114) "一中解無量 無量中解一.", 「如來光明覺品」, T9, p.423a.
115) "一切中知一　一中知一切.", 「初發心菩薩功德品」, T9, p.453b.
116) "一中知無量 無量中知一.", 「普賢菩薩行品」, T9, p.609a.
117) "佛子 何等為菩薩摩訶薩如幻忍 佛子 此菩薩深入諸法皆悉如幻 觀緣起法 於一法中解眾多法 眾多法中解了一法.", 「十忍品」, T9, p.580c.
118) "一切諸相即一相.", 「入法界品」, T9, p.761c.
119) "諸佛子 彼菩薩應學十法 何等為十 所謂 知一卽是多 多卽是一.", 「菩薩十住品」, T9, p.445a.
120) "若一卽多多卽一 義味寂滅悉平等 遠離一異顛倒相 是名菩薩不退住.", 「菩薩十住品」, T9, p.448b.

반야중관학의 연기설에서는 한 쌍의 대립 쌍을 소재로 삼아서 연기에 대해 갈파하였다. '눈'과 '시각대상'은 연기한 것이다. '행위'와 '행위자'는 연기한 것이다. 큰방과 작은방, 긴 것과 짧은 것, 아름다움과 추함, 부유함과 가난함, 잘남과 못남 등등은 모두 연기하는 한 쌍의 대립 개념들이다. 이 세상에는 원래 큰방도 없고 작은방도 없으며, 원래 긴 것도 없고 짧은 것도 없으며, 원래 아름다움도 없고 추함도 없으며, 절대적인 부유함도 없고 가난함도 없고, 절대적인 잘남과 못남도 없다. 이런 대립 쌍들은 서로 의존하여 연기한 개념들로 원래 실재하는 게 아니다. 우리의 생각 속에만 존재한다.

이렇게 반야중관학에서 가르치는 연기관계에서는 어떤 하나에 대해서 다른 하나가 의존하였는데 화엄의 법계연기에서는 상황과 조건에 따라서 어떤 하나에 대해서 무한한 사물이 의존한다. 앞에서 '무명무상절일체'나 '불수자성수연성'이라는 문구를 설명하면서 들었던 예들을 다시 제시하면 다음과 같다. 내 눈 앞의 컵은 어항이 되기도 하고, 화분이 되기도 하고, 만두피 찍는 기구가 되기도 하고, 악기가 되기도 한다. 물론 이 이외에도 무궁무진한 그 무엇으로 사용 될 수도 있고 무궁무진한 그 무엇이기도 하다. 따라서 내 눈 앞의 컵에는 어항, 화분, 만두피 제조기, 악기 등의 일체가 들어가 있다. 컵 하나 속에 일체의 사물이 들어있고, 컵 그 자체가 일체의 사물이기도 하다. 일중일체이고 일즉일체다.

나는 교수이기도 하고, 남편이기도 하고, 아버지이기도 하고, 아들이기도 하고, 조카이기도 하고, 삼촌이기도 하고, 아저씨이기도 하고, 괴물이기도 하고, 먹이이기도 하다. 나에게 교수, 남편, 아버지, 아들, 조카, 삼촌, 아저씨, 괴물, 먹이 … 등의 모든 역할들이 잠재하며, 상황이 닥치면 내가 그 노릇을 한다. 일중일체이고 일즉일체다.

헛간에 장작이 잔뜩 쌓여 있어도 아궁이에 넣고서 불을 붙여야 비로소 장작이 된다. 서까래로 사용하면 건축자재가 되고, 머리에 베면 베개가 되며, 홍두깨가 되고, 조각품이 되며, 무기가 된다. 또 그 기원을 떠올리면 그저 나무토막일 뿐이다. 상황에 따라 헛간에 쌓여 있는 나무토막의 이름이 달라진다. "상황에 따라 달라진다."는 말은 "조건에 따라 그 이름이 발생한다."는 의미이다. 의존적[緣] 발생[起]이다. 연기(緣起)다.

어떤 방에 처음 들어갔을 때, 그 방에 대해 "크다."는 생각을 떠올릴 수 있다. '작은방'을 염두에 두고 있었기 때문이다. 머리에 떠올렸던 '작은방'과 비교하여 크기에 그 방에 대해 '큰방'이라는 생각이 떠오른 것이다. 그러나 똑같은 그 방에 대해 어떤 사람은 "작다."는 생각을 떠올릴 수 있다. '큰방'을 염두에 두고서 그 방에 들어갔기 때문이다. 그러나 그 방은 원래 '큰방'도 아니고 '작은방'도 아니다. 무엇을 비교했는가에 따라서 '큰방'이 되기도 하고, '작은방'이 되기도 한다. 원래 큰방도 없고, 작은방도 없다. 무대무소(無大無小)다. 큰방이나 작은방은 모두 연기하는 것이다.

이와 마찬가지로 학생에 대해서 나는 교수가 된다. 그러나 부인에 대해서는 남편이고, 아들에 대해서는 아버지, 아버지에 대해서는 아들이고 … 바퀴벌레에게는 괴물이고, 배고픈 호랑이에게는 먹이가 된다. 동일한 하나의 '나'인데 무엇과 상대하는가에 따라서 정체가 달라진다. 교수, 남편, 아버지 … 먹이 등 상황에 따라, 상대에 따라, 조건에 따라 달라지는 나의 정체 낱낱은 모두 연기(緣起)한다. 이를 도시하면 다음과 같다.

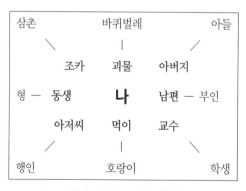

표 9 - '나'에 대한 호칭의 연기적 다면성

여기서 보듯이 '**나**' 하나[一]가 '**조카, 괴물, 아버지, 동생, 남편, 아저씨, 먹이, 교수**' 등의 모든[一切] 자격을 가질 수 있는데, 그 각각의 자격은 '삼촌, 바퀴벌레, 아들, 형, 부인, 행인, 호랑이, 학생'과 같은 상대방에 의존하여 발생한다. 즉 연기한다.

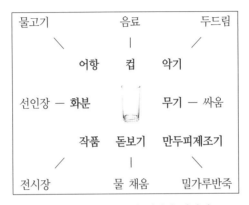

표 10 - 컵의 용도의 연기적 다양성

또, '**컵**'은 '음료'를 부어 사용할 때의 용도일 뿐이고, '물고기, 선인장, 전시장, 물 채움, 밀가루반죽, 싸움, 두드림' 등의 대상과 상황에 의존하여 '**어항, 화분, 작품, 돋보기, 만두피제조기, 무기, 악기**'와 같은 새로운 용도가 생긴다. 이 역시 의존적 발생, 즉 연기다. 그런데 이는 어떤 '하나[一]'가 관계 맺는 낱낱의 연기 쌍들 '모두[一切]'를 드러내는 종합적 통찰이다. 이런 연기를 법계연기라고 부른다. 화엄적인 연기다.

<u>의상이 예로 드는 일중일체, 일즉일체</u>

의상은 『화엄경문답』121)에서 사(事)와 리(理)에 대한 통찰이 삼승(三乘)

---

121) 원래는 법장의 저술로 포장되어 있었으나, 김상현에 의해 의상의 저술임이 밝혀졌다.

과 보법(普法)에서 어떻게 다른지에 대해 다음과 같이 설명한다.

> 질문: [성문승, 연각승, 보살승인] 삼승(三乘)의 사(事)와 리(理)는 [일승(一乘)인] 보법의 사와 리와 어떻게 다른가?
> 답변: 삼승에서 '사'는 마음이 대상으로 삼는 물질의 막힘 등이고, '리'는 평등한 진여다. 비록 리와 사가 같지 않지만 상즉하고 상용(相融)하여 서로 방해하거나 막지 않으며, 서로 방해하지 않지만 사의 의미는 리의 의미가 아니다. 보법 중의 사와 리는 다음과 같다. 리가 그대로 사이고, 사가 그대로 리이며, 리 가운데 사가 있고 사 가운데 리가 있다. [상즉의] 즉문(即門)이든 [상입의] 중문(中門) [모두]에서 [자유]자재하다. 비록 사와 리가 섞이지 않지만 그윽하여 다르지 않으며 말에 따라서 온전히 해당하고, 온전히 해당하지만 온전히 해당하지 않는다. 리와 사와 마찬가지로 사와 리도 역시 그러하다. **'마음[心]'으로 말하면 일체법에 '마음' 아닌 것이 없으며, '물질[色]'로 말하면 일체법에 물질 아닌 것이 없다. 다른 모든 인(人)과 법(法)의 교의 등을 구별하는 법문의 경우 다 그렇다.** 그 까닭이 무엇인가? 연기 다라니의 장애 없는 법에서는 **하나의 법을 듦에 따라서 일체가 남김없이 포함되어 걸림 없이 자재하기** 때문이고, 하나가 없으면 일체가 없기 때문이다.
> 삼승의 경우는 이렇지 않다. 리는 폐하고 단지 사만을 거론하면, 결코 섞이지 않는 사이다. 사의 경우 자재하지 않기 때문이다. 한 가지 모습만 주장하는 교문에서는 감정에 따라서 안립하며 리를 다하지 못하기 때문이다.[122]

앞에서도 소개한 바 있지만, 화엄의 가르침을 보법이라고 부른다. 언제든지, 어디든지, 누구든지, 무엇이든지 해당하는 보편(普遍)의 가르침이라는 의미이다. 그런데 위에서 의상은 다양한 보편 가운데 '법'의 보편에 대해 설명하면서 '마음'과 '물질'이라는 두 가지 법을 그 예로 제시한다. '마음'의 정체

---

122) "問 三乘事理 普法事理云何別 答 三乘中事者心緣色礙等 理者平等真如 雖理事不同而相即相融不相妨礙 亦不相妨而事義非理義也 普法中事理者 理即事事即理 理中事事中理 即中中恣 雖事理不參而冥 無二隨舉全盡 全盡而全不盡 如理事事理亦爾 以心言一切法而無非心 以色言一切法而無非色 餘一切人法教義等差別法門皆爾 所以者何 緣起陀羅尼無障礙法 隨舉一法盡攝一切 無礙自在故 一無一切無故 三乘即不爾 廢理但事言一向不雜事 事中不自在故 一相教門隨情安立不盡理故.", T45, pp.598b-c.

를 궁극적으로 추구하면 일체의 법 가운데 마음 아닌 것이 없으며, '물질'의
정체를 궁극적으로 추구하면 일체의 법 가운데 물질 아닌 것이 없다는 것이
다.

사실 그렇다. "마음[心]이 무엇인가?"라고 집요하게 추구해 들어가면, 우
리는 결국 "모든 것이 마음이다."라는 결론에 이르게 된다. 내 생각이나 감정
도 마음에 속하지만, 내 눈 앞에 펼쳐진 풍경, 내 귀에 들리는 온갖 소리 모두
내 마음에 투영된 것이다. 나와 남이 공유하는 객관적 세계가 있는 줄 알지
만, 색맹의 예에서 보듯이 그것은 착각이다. 적록(赤綠)색맹의 경우, 붉은 색
과 초록색을 구분하지 못한다. 나와 함께 붉은 장미를 보았지만, 그에게는
장미의 꽃과 잎 색깔에 차이가 없다. 여기서 그에게 비친 세상과 나에게 비친
세상이 다르다는 세상의 틈새가 드러난다. 비트겐슈타인(Ludwig Wittgenste
in, 1889-1951)이 말하는 '상자 속의 딱정벌레'의 우화123)는 비단 '고통[Pai
n]'과 같은 감각질[Qualia]에만 해당하는 얘기가 아니다. 우리가 실재한다고
생각했던 '객관세계' 모두가 나에게만 보이는 '상자 속의 딱정벌레'일 뿐이다.
**순수주관은 있어도 순수객관은 없다. 객관은 모두 특수한 주관에 의해 해석
된 객관일 뿐이다.** 오직 주관만 존재한다. 세상만사는 모두 유일무이한 나의
주관이 해석한 것일 뿐이다. 불교 유식학(唯識學)에서 가르치는 '일체유심조
(一切唯心造)'의 통찰, "모든 것은 내 마음이 만들었다."는 통찰, 또는 "세상

---

123) "Now someone tells me that he knows what pain is only from his own case!
– Suppose everyone had a box with something in it: we call it a "beetle". No
one can look into anyone else's box, and everyone says he knows what a beetle
is only by looking at his beetle. – Here it would be quite possible for everyone
to have something different in his box. One might even imagine such a thing
constantly changing. – But suppose the word "beetle" had a use in these people's
language? – If so it would not be used as the name of a thing. The thing in
the box has no place in the language-game at all; not even as a something:
for the box might even be empty. – No, one can 'divide through' by the thing
in the box; it cancels out, whatever it is.", Ludwig Wittgenstein, *Philosophical
Investigations*, §293.

만사는 오직 내 마음일 뿐이다[萬法唯識].”는 통찰이다. 이를 유식무경(唯識無境)이라고도 표현한다. 모든 것은 마음이다. “마음으로 말하면 일체법에 마음 아닌 것이 없다.”는 의상의 통찰과 다르지 않다.

이와 반대로 “물질[色]이 무엇인가?”라고 집요하게 추구해 들어가면, 결국 우리는 “모든 것이 물질이다.”라는 결론을 얻게 된다. 내 눈 앞에 보이는 풍경도 물질이고, 귀에 들리는 소리도 물질이다. 그뿐만 아니라 나의 모든 생각과 감정은 뇌 속에 얽혀 있는 뉴런에서 일어나는 전기, 화학적 현상일 뿐이다. 모든 것이 물질이다. 유물론적 통찰이다. 신조어를 만들어 표현하면 ‘유경무식(唯境無識)’의 통찰, “오직 대상만 존재하고 마음은 없다.”는 통찰이다. “물질로 말하면 일체법에 물질 아닌 것이 없다.”는 의상의 통찰과 다르지 않다.

그리고 의상이 말하듯이 “다른 모든 인(人)과 법(法)의 교의 등을 구별하는 법문의 경우 다 그렇다.” 이는 “하나의 법을 듦에 따라서 일체가 남김없이 포함되어 걸림 없이 자재하기 때문이고, 하나가 없으면 일체가 없기 때문이다.” 마음이나 물질뿐만 아니라 다른 모든 법들도 그렇다.

사사무애의 법계연기와 언어도단의 선(禪)

예를 들어 보자. 오온(五蘊) 가운데 마음[心, 識]과 물질[色] 이외에 느낌[受]과 생각[想]과 의지[行]도 모두 그렇다. 내가 체험하는 모든 것이 수(受)이고, 모든 것이 상(想)이고, 모든 것이 행(行)이다. 이 책 서두에서 ‘오온이 난해한 이유’에 대해 설명하면서 이런 통찰을 이미 소개한 바 있다. 모든 것이 색이고, 모든 것이 수이고, 모든 것이 상이고, 모든 것이 행이고, 모든 것이 식이다. 따라서 내 앞에 있는 어떤 사물을 들어도 그것은 색이면서, 수이면서, 상이면서, 행이면서, 식이다. 내 눈앞에 놓인 ‘컵’을 예로 들어서 이런 통찰을 다시 정리하면 다음과 같다.

	색	지, 수, 화, 풍의 사대(四大)로 이루어진 물질
	수	불고불락(不苦不樂)의 느낌
	상	'컵'이라는 생각
	행	사(思), 촉(觸), 작의(作意), 삼마지(三摩地) 등의 심소(心所)
	식	안식(眼識)

내 눈앞의 컵에 대해 색이라고만 말할 수 없고, 수라고만 말할 수 없고 … 식이라고만 말할 수 없다. 색, 수, 상, 행, 식이 모두 중첩되어 있기 때문이다. 따라서 내 눈앞의 컵에는 색, 수, 상, 행, 식의 오온 전체가 들어와 있다. 일중일체다. 내 눈앞의 컵은 색, 수, 상, 행, 식의 오온 전체다. 일즉일체다. 이런 통찰을 간략히 정리하면 다음과 같다.

컵=색

컵=수

컵=상

컵=행

컵=식

수학에서 'A=B'이고 'A=C'이면 'B=C'라는 결론이 도출되듯이, '컵=색'이고 '컵=수'이면 '색=수'라는 결론을 도출할 수 있다. 더 나아가 '컵=상'이고 '컵=행'이고, '컵=식'이면 '상=행=식'이 된다. 즉 우리가 체험하는 모든 사물의 세계에서는 '색=수=상=행=식'이다. 색이 수이고 수가 상이고 상이 행이고 행이 식이란 말이다. 오온의 배열 순서를 섞으면 색이 행이고, 식이 상이고, 수가 색이라고 말할 수도 있다. 선가에서 말하는 "부처님이 마른 똥막대기이고, 마삼근"이라는 화두, 공안의 언어와 다르지 않다. 실재의 세계에서 언어가 무너진다.

"컵이 무엇인가?"라고 물을 때 "컵에는 색, 수, 상, 행, 식의 일체가 들어있다."라고 답할 수 있는데, 비단 컵만 그런 것이 아니라 '하늘'이든 '땅'이든 '생각'이든 '감정'이든 낱낱의 현상들은 언제나 '색, 수, 상, 행, 식'과 함께 한다. '하늘'이 보일 때 그 푸른빛은 색이고, 그것이 주는 느낌은 수이며, 하늘이라는 생각은 상이고, 하늘이 나타날 때 관여하는 갖가지 심소(心所)는 행이며, 눈에 보이는 하늘은 식이다. … 불쾌한 '감정'이 솟을 때 미간을 찌푸리든 가슴이 묵직하든 신체적으로 나타난 촉감은 색이고, 그에 대한 괴로운 느낌은 수이며, 그 감정과 연관된 의미는 상이고, 그 감정에 수반된 심소는 행이며, 그 감정에 대한 자각은 식이다. 따라서 그 어떤 사물을 들어도, 그 어떤 현상이 나타나도 그것에는 색, 수, 상, 행, 식의 오온이 함께 한다. 하나의 사물에 오온이 모두 들어 있다. 일중일체다. 한 가지 현상에 오온 모두가 관여한다. 일중일체다.

이렇게 실재의 세계에서는 '색, 수, 상, 행, 식'의 모든 현상[事]이 중첩되어 있다. 이를 사사무애(事事無碍)라고 부른다. "현상과 현상 간에 걸림이 없다."는 의미다. 내 눈앞의 컵[一]에는 색, 수, 상, 행, 식의 오온이 모두[一切] 들어와 있음에도 서로 충돌하지 않는다. 일중일체(一中一切)의 사사무애다. 나[一]는 교수이기도 하고, 아버지이기도 하고, 삼촌이기도 하고 … 괴물이기도 하고, 먹이이기도 하지만, 이런 모든 정체[一切]가 서로 충돌하지 않는다. 일즉일체(一卽一切)의 사사무애다. 사실 우리는 이러한 사사무애의 통찰을 일상 속에서 밥 먹듯이 접한다. "우리 아버지는 교수다." 아버지와 교수가 한 사람 속에 들어와 있지만 충돌하지 않는다. 사사무애다. "호랑이 앞에 서니까 내가 먹이가 되었다." 나와 먹이가 충돌하지 않는다. 사사무애다. 사사무애이기에 선 사람이 앉고, 누웠다가 일어나며, 밥을 먹고 춤춘다.

다시 설명해 보자. 『반야심경』에는 "색불이공 공불이색, 색즉시공 공즉시색, 수상행식 역부여시"라는 경문이 있다. "색이 공과 다르지 않고, 공이 색과 다르지 않으며, 색이 곧 공이요, 공이 곧 색이며, 수상행식도 그러하니라."라는 의미다. 여기서 "수상행식도 그러하니라."를 다시 풀면 "수불이공 공불이수, 상불이공 공불이상, 행불이공 공불이행, 식불이공 공불이식"이 되는데 앞에서와 같이 이런 통찰에 수학의 등식을 적용하면 다음과 같이 정리된다.

$$색 = 공$$
$$수 = 공$$
$$상 = 공$$
$$행 = 공$$
$$식 = 공$$

수학에서 'A=B'이고 'A=C'이면 'B=C'라는 결론이 도출되듯이, '색=공'이고 '수=공'이면 '색=수'라는 결론에 이르며, 결국 색이 수이고 수가 상이고 상이 행이고 … 라는 '선승(禪僧)들의 통찰'에 이른다.

불전에서는 이 세상을 법계(法界)라고 부른다. 법으로 이루어진 세계라는 의미다. 이 책 서두에서 말했듯이 법은 '진리[truth]'를 의미하기도 하고, 이 세상을 이루는 구성 '요소[elements]'를 의미하기도 한다. 따라서 법계를 '참된 궁극 요소로 이루어진 세계'라고 풀이할 수 있으리라. 화엄학에서는 진리에 대한 통찰의 깊이에 따라서 법계를 '①사(事)법계, ②이(理)법계, ③이사무애(理事無碍)법계, ④사사(事事)무애법계'의 네 가지로 구분한다. 이를 사종(四種)법계라고 부른다. ①사법계는 오온이나 십이처, 십팔계 등의 다양한 법들로 이루어진 현상세계를 의미하며, ②이법계는 진리인 공성의 세계를 의미한다. ③이사무애법계는 『반야심경』에서 색즉시공 공즉시색이라고 노래하듯이 진리[理]인 공성과 현상[事]이 걸림이 없는[無碍] 세계를 의미한다. 그리고 ④사사무애법계는 현상과 현상이 걸림이 없는 "일중일체다중일, 일즉일체다즉일"의 세계를 의미한다. 이를 정리하면 다음과 같다.

①사법계: 색, 수, 상, 행, 식
②이법계: 공성(空性)
③이사무애법계: 색=공, 수=공, 상=공, 행=공, 식=공

④사사무애법계: 일물(一物) = 색, 수, 상, 행, 식 [一切]

그리고 ④사사무애법계에서 한 걸음 더 나아가면 '색=수=상=행=식'의 통찰에 이른다. 물질[色]이 느낌[受]이고, 느낌이 생각[想]인데, 생각이 의지[行]이고, 의지가 마음[識]이다. "부처님은 삼베 세 근[麻三斤]"이고, "달마 스님이 서쪽에서 온 이유는 뜰 앞의 잣나무[庭前栢(측백)樹子]."라는 선문답의 파격과 다를 게 없다. 언어가 무너지고, 생각이 무너지는 선승들의 통찰이다. 화두, 공안의 세계다. 질서정연한 것은 생각의 세계에서나 일어나는 일이다. 실재의 세계, 외부 세계에서 언어의 허울이 벗겨지면서 상즉상입(相卽相入)의 진상이 드러난다. 실재의 세계는 일상적인 말의 길이 끊어지기에 언어도단(言語道斷)이고, 분별적인 생각을 붙일 수가 없기에 불가사의(不可思議)하다. 법정(法頂, 1932-2010) 스님과 시인 고은(高銀, 1933-) 선생의 은사 효봉(曉峰, 1888-1966) 스님은 출가 후 근 1년 반 동안의 무문관(無門關) 수행을 마치면서 이런 감흥을 다음과 같이 노래하였다.

바다 밑 제비 집에 사슴이 알을 품고
타는 불 속 거미집에 물고기가 차를 달이네.
이 집안 소식을 뉘라서 알랴
흰 구름은 서쪽으로 달은 동쪽으로 …124)

하늘을 나는 제비가 바다 속에 집을 지었는데, 풀밭을 뛰놀던 사슴이 그 속에 틀어 앉아 알을 품고 있으며, 훨훨 타는 불길 속에 거미가 집을 지었는데, 그런 불속 거미줄에서는 물고기가 녹차를 달이고 있다. 우리가 한 번도 체험한 적도 없으며, 우리의 분별이 용납할 수 없는 장면이다. 효봉 스님은 '그 집안 소식'을 드디어 알았던 것이다. 언어가 무너지고, 역할이 무너지고, 상식이 무너지고, 세상이 무너지고, 생각이 무너지는 소식이다. 세상을 거꾸

124) "海底燕巢鹿胞卵 火中蛛室魚煎茶 此家消息誰能識 白雲西飛月東走."

로 살았다. 해나 달이 동에서 떠서 서쪽으로 가는 줄 알고 지금껏 살아왔는데 진상은 그 반대였다. 산, 강, 돌, 나무, 제비, 사슴, 거미 고기, 바다, 알, 차, 불길이 제각각 역할과 특성을 드러내며 존재하는 줄 알았는데, 모두가 섞인다. 카오스다. 언어와 분별의 세계에서는 색, 수, 상, 행, 식의 오온을 구분하지만 실상을 알고 보니 색 속에 수가 있고, 수가 곧 행인데, 식 속에 상이 있다. 바다 밑에 제비가 집을 지었고, 그 집에는 사슴이 틀어 앉아서 알을 품는 것이나 매한가지다. 모든 존재의 실상을 깨달은 효봉의 감흥이었다. 사사무애의 법계연기는 오도송의 꽃을 피우기도 한다.

  <u>모든 개념엔 테두리가 없다.</u>

  일즉일체다즉일. 이것이 모든 것이고, 모든 것이 이것이다. 일(一)과 일체(一切)가 상즉하는 즉문(卽門)이다. 일중일체다중일. 이것 속에 모든 것이 있고, 모든 것 속에 이것이 있다. 일(一)과 일체(一切)가 상입하는 중문(中門)이다. 『화엄경문답』에서 의상(義湘)이 즉문과 중문을 설명하면서 예로 들었듯이, 물질[色]을 거론하면 물질이 모든 것이고, 모든 것이 물질이다. 물질 속에 모든 것이 포함되고, 모든 것 속에 물질이 들어간다. 마음[心]을 거론하면 마음이 모든 것이고, 모든 것이 마음이다. 마음속에 모든 것이 들어있고, 모든 것 속에 마음이 들어간다. 비단 물질[色]이나 마음[心=識]만 그런 게 아니다. 모든 것이 느낌[受]이다. 모든 것이 생각[想]이다. 모든 것이 의지[行]다. 이들 개념들 낱낱의 테두리가 열려있다. 비단 물질, 느낌, 생각, 의지, 마음의 오온만 그런 게 아니다. 어떤 개념을 떠올려도 그 개념의 범위에 테두리를 그을 수가 없다.

  학술적으로 설명해보자. 모든 개념[concept]은 내포(內包, intension)와 외연(外延, extension)을 갖는다. 내포는 의미, 외연은 범위에 해당한다. 내포와 외연은 역(逆)비례한다. 내포가 커지면 외연은 작아지고, 내포가 작아지면 외연은 커진다. '개'라는 개념이 '짖는 동물'을 의미한다고 정의하면 일반적인 개는 물론이고 늑대, 여우, 승냥이, 자칼 등 개과의 동물이 모두 개의 범위에 들어온다. 개의 범위가 너무 넓어지는 것이다. 그렇다고 해서 '인간이 키우는 짖는 동물'이라고 의미를 확장하여 정의할 경우 야생의 늑대나 승냥이의 대부분은 개의 범위에서 제외되겠지만 들개 역시 제외되면서 '개'의 범위가 좁아진다. 개념의 내포와 외연, 즉 의미와 범위의 역비례 관계에 대한 일반적인 지식이다.

그런데 어떤 개념이든 실재 세계에서 그 범위를 확정하기 위해 집요하게 추구하다 보면 우리는 난국에 빠지고 만다. 예를 들어서 '이마'의 범위가 분명한 듯하지만, 뺨과 이마의 경계부가 어디인지, 선을 그을 수 없다. '코'도 마찬가지고 '턱'도 마찬가지다. 얼핏 떠올리면 그 범위가 분명한 듯이 보이지만 경계부에 가면 애매하지 않을 수 없다. '아침'이라는 개념도 마찬가지다. 내가 누군가와 우리 대학교 정문에서 "내일 아침에 만나자."고 약속을 할 경우 서로 어긋나기가 십상이다. 그가 생각하는 아침과 내가 생각하는 아침의 시간대가 같지 않기 때문이다. 아침의 시간적 범위에 대해서 임의의 정의를 내리지 않는 이상, 다시 말해 몇 시부터 몇 시까지가 아침인지 서로 약속을 하지 않는다면 내가 '내일 아침'에 그를 만나기는 쉽지 않을 것이다. 이렇게 우리가 사용하는 모든 개념은 '테두리[margin]'가 없다. 의상 스님이 『화엄경문답』에서 언급했듯이 물질로 보려면 모든 것이 '물질'이 되고, 마음으로 보려면 모든 것이 '마음'이 된다. 즉 어떤 개념이든 그 범위가 무한을 향해 열려 있는 듯하다. 실제로 그럴까? 그러면 우주, 시계, 욕심, 시작 … 등 다른 여러 가지 개념들을 예로 들어서 각 개념들의 외연에 대해 추구해 보자.

a. 우주

'우주'란 무엇인가? 어느 곳이 우주인가? 우주의 범위는 어디까지인가? 북두칠성이 돌아가는 북쪽 하늘 저 편은 우주다. 목성이 빛나는 남쪽 하늘도 우주다. 대낮에 보이지 않는 궤도를 도는 태양 역시 우주에 떠 있다. 기구를 타고 오르면 만난다는 성층권 역시 우주다. 성층권만이 아니다. 구름이 오가는 파란 하늘도 우주다. 사실은 우리가 살아가는 둥그런 지구 역시 우주에 떠 있는 흙덩어리일 뿐이다. 지구 속도 우주다. 내 입속도 우주다. 내 뱃속도 우주다. 엄밀히 따져보면 우주 아닌 곳이 없다. 허공이 모두 우주다. 모든 곳[一切]이 우주[一]다. 일체즉일(一切卽一)이다. 모든 곳에 우주가 있다. 일체중일(一切中一)이다. 우주는 모든 곳이다. 일즉일체(一卽一切)다. 우주에 모든 곳이 들어있다. 일중일체(一中一切)다. 우주라는 개념의 외연은 무한으로 발산한다.

b. 시계

'시계'란 무엇인가? 시침과 분침과 초침을 갖는 것? 꼭 그런 것만이 아니다. 디지털시계의 경우 숫자로만 이루어져 있다. 숫자가 없는 시계도 있다. 모래시계도 시계도 시계이고 물시계인 자격루도 시계다. 해시계도 있다. 시계란 그저 시간을 가리키는 물건일 뿐이다. 1분 1초도 틀리지 않게 시간을 가리켜야만 시계인가? 꼭 그런 것만이 아니다. 약간 틀려도 시계다. 그러면 그 '약간'은 어느 정도인가? 5분 이상 틀리면 시계가 아닌가? 10분 이상 틀리면 시계가 아닌가? 그런 규정은 없다. 시계의 크기는 어느 정도인가? 손목시계와 같이 3cm 정도? 벽시계와 같이 60cm 정도? 아니다. 시계의 크기에 대한 규정도 없다. 시간을 나타내면 다 시계다. 나무도 시계다. 나이테의 수를 세면 그 수령을 알 수 있다. 붕어도 시계다. 비늘 하나를 떼어서 줄무늬를 세어보면 몇 년을 살았는지 알 수 있다. 나도 시계다. 누구든 나를 보면 몇 살인지 어림짐작할 수 있다. 내가 사는 이 건물도 시계다. 건축 후 몇 년 정도 지났는지 짐작할 수 있다. 해도 시계다. 중천에 떠 있으면 정오이고, 서산에 걸쳐 있으면 저녁이다. 별도 시계다. 북극성을 중심으로 회정하기에 계절에 따른 별의 위치를 보고 밤 시간을 짐작한다. 내 눈 앞에 놓여 있는 연필, 지우개, 모니터, 안경 … 등 낱낱의 물건 하나하나가 시계다. 낡은 것이든 새 것이든 모두 그 수명을 짐작할 수 있다. 벽지도 시계이고, 마루도 시계다. 세상에 시간을 나타내지 않는 것이 없다. 엄밀하게 추구해 보니 시계 아닌 것이 없다. 모든 것이 시계다. 일체즉일이다. 시계는 모든 것이다. 일즉일체다. 모든 것 속에 시계가 내재한다. 일체중일이다. 시계 속에 삼라만상이 포함된다. 일중일체다. 시계라는 개념의 외연 역시 무한으로 열려 있다.

c. 욕심과 이드(id)

그러면 감성의 경우도 그 외연이 열려있을까? '욕심'을 예로 들어 보자. 무엇이 욕심인가? '무언가 하고 싶은 마음'이 욕심이다. 돈을 갖고 싶은 재물욕도 욕심이고, 명예를 얻고 싶은 명예욕도 욕심이며, 맛난 것을 먹고 싶은 식욕도 욕심이고, 이성과 사귀고 싶은 음욕도 욕심이다. 학교를 다니면서 좋은 성적 받으려는 것도 욕심이다. 좋은 대학에 들어가려는 것도 욕심이다. 나중에 어떤 직업을 갖고 싶은 것도 욕심이다. 재산을 모으든, 회사에서 승진하든 남보다 앞서려는 것도 욕심이다. 욕심 중에는 나쁜 것도 있지만 좋은 것도 있다. 열심히 공부하는 것도 욕심이다. 남을 돕고자 하는 것도 욕심이다. 봉사하는 것도 욕심이다. 슈바이처 박사가 아프리카에 들어가 의료봉사 활동을 한 것도 욕심이다. 테레사 수녀가 인도에서 빈민구제 활동을 한 것은, 그렇게 하고 싶었기 때문이다. 이 역시 욕심이다. 마호메트나 예수가 자신의 가르침을 널리 알리며 다닌 것도, 이유야 무엇이든 그렇게 하고 싶었기 때문이다. 욕심이다. 공자의 삶도 그 분의 욕심에 따라 이루어졌고, 소크라테스의 교화와 행위도 하나하나가 그의 욕심이었다. 그런데 이렇게 추구하면서 한 가지 주의해야 할 점이 있다. 여기서 가치판단을 개입시키면 안 된다. 욕심에 대해 선이나 악을 덧씌우면 안 된다. 단지 '욕심'이라는 개념의 범위가 어디까지인지 추구할 뿐이다. 악한 사람의 행동 하나하나도 그의 욕심이었지만, 착한 사람의 행동 역시 모두 그의 욕심에 의한 것이다. 마하트마 간디의 인도 독립운동도 그가 하고자 했기 때문이다. 그의 욕심이었다. 뿐만 아니라 부처님께서 보리수 아래 앉아 깨달음을 추구하신 것도 당신의 욕심이었다. 지금 내가 컴퓨터 앞에서 자판을 두드리면서, 적절한 단어를 선택하고 문장으로 완성하는 과정 하나하나에 나의 욕심이 개입한다. 자판을 두드리다가 허리를 펴는 것, 고개를 돌리는 것, 등을 긁는 것, 한 숨을 쉬는 것 모두 그렇게 하고 싶기 때문이다. 모두 욕심이다. 나의 일거수일투족에 욕심이 작용한다. 나뿐만 아니라 모든 생명체의 일거수일투족에 그의 욕심이 작용한다. 그가 범죄자이든, 일반인이든, 성인군자든 마찬가지다. 모든 행위는 욕심이다. 이 세상에 욕심 아닌 행위는 없다. "나는 결코 욕심을 내지 않겠다."는 결심도 욕심이다. 욕심을 내도 욕심이고, 욕심을 내지 않으려 해도 욕심이다. 앞으로 걸어가도 욕심이고, 가다가 멈춰도 욕심이며, 뒤로 돌아가도 욕심이다. 아침에 이불에서 눈을 떠도 욕심이고, 다시 눈을 감아도 욕심이다. 강의를 듣는 것도 욕심이고 책을 읽는 것도 욕심이고 읽다가 조는 것도 욕심이고 졸다가 깨는 것도 욕심이다. 세상에 욕심 아닌 것이 없다. 욕심이 개입되지 않은 것이 없다. 모든 것이 욕심이다. 일체즉일이다. 욕심이 모든 것에 개입된다. 일체중일이다. 욕심 속에서 모든 것이 작용한다. 일중일체다. 욕심은 모든 것이다. 일즉일체다.

　사실 "모든 행위의 저변에 욕심이 깔려 있다."고 통찰한 사상가가 있었다. 정신분석을 창시한 지그문트 프로이트(Sigmund Freud, 1856–1939)였다. 프로이트는 '욕심' 대신에 '리비도(libido)' 또는 '이드(id)'라는 단어를 사용하였다. '이드'는 인간의 모든 행위에 에너지를 공급하는 원천으로 성욕과 식욕 등의 욕망을 의미한다. 프로이트는 리비도 또는 이드를 임상경험을 통해 발견했다고 주장했지만, 사실은 우리 인간의 사유의 독특한 속성의 귀결일 뿐이다. 어떤 한 가지 개념에 대해 집요하게 추구하면 그 개념의 외연이 무한히 열린다. 욕심으로 보려면 모든 것이 욕심이 된다는 말이다. 다시 말해 이드의 정체와 범위를 추구해 들어가면 모든 것이 이드의 작용이라는 결론에 이른다.

　인간의 논리적 사유는 '개념, 판단, 추론'의 3단계로 전개된다. 임마누엘

칸트(Immanuel Kant, 1724-1804)가 발견한 '이성(理性, reason)의 이율배반적 속성'은 우리 인간의 '따지는 능력'인 이성에 내재하는 법칙으로 '판단'이나 '추론'과 관계된다. 그런데 어떤 '개념'이든 우리의 논리적 사유를 통해서 그 정체에 대해 집요하게 추구해 들어가면 그 개념의 외연이 무한히 열리는 것이다. 물질로 보려면 모든 것이 물질이 되고, 마음으로 보려면 모든 것이 마음이 되며, 우주로 보려면 모든 곳이 우주가 되고, 시계로 보려면 모든 것이 시계가 되며, 욕심으로 보려면 모든 것이 욕심이 되고, 이드(id)로 보려면 모든 것이 이드의 발현으로 나타난다. 프로이드의 '이드'는 프로이드의 생각과 달리 경험적으로 귀납한 것이 아니라 선험적 연역에 의한 도출이었다. 이성의 '이율배반적 속성'에 대응하여 우리는 이를 '보법적(普法的) 속성'이라고 명명할 수도 있을 것이다. '개념'에 대한 화엄적 통찰이다. 이에 대해서는 뒤에서 다시 설명해 보겠다. 모든 행위는 욕심의 작용이다. 모든 행위는 이드의 추동이다. 일체는 일(一)의 작용이다. 일체에는 일의 작용이 들어있다. 일체중일이다.

d. 시작과 끝

'시작'은 어떤 사건이 새롭게 일어남을 의미한다. 대학의 강의는 오전 9시에 시작한다. 점심시간은 12시에 시작한다. 한 해의 시작은 1월 1일이다. 전에 없던 무엇이 새로 일어날 때, 이를 시작이라고 부른다. TV 드라마가 시작하고, 밥을 먹기 시작하고, 비가 오기 시작한다. 없던 일이 생기는 게 시작이다. 컴퓨터 앞에서 자판을 두드리기 시작하고, 자판을 두드리다가 힘들면 쉬기 시작한다. 쉬다가 다시 일을 시작한다. 지금 바람이 불기 시작하고, 새가 우짖기 시작하고, 등이 가렵기 시작한다. 엄밀히 보면 지금 이 순간에 모든 것이 시작하고 있다. 내 눈 앞의 모니터도 겉보기에는 그대로인 것 같지만 매 순간 낡아가고 있다. 모습이 변하고 있다. 예를 들어서 벽시계의 초침은 그 움직임이 눈에 보이고, 분침도 가만히 들여다보면 그 움직임이 포착되지만 시침은 그대로 정지한 것 같다. 그러나 외출했다가 귀가하여 다시 벽시계를 보면 시침이 저만치 이동해 있다. 내 눈에는 감지되지 않지만, 매 순간 시침 역시 이동하고 있었다는 점을 알게 된다. 이와 마찬가지로 내가 사는 이 집도 그 모습이 항상 그대로인 듯하지만 10년, 20년 지나면 낡은 모습이 확연히 눈에 들어오기에, 지금 이 순간에도 계속 낡고 있다는 사실을 알게 된다. 창밖의 나무도 마찬가지고, 하늘의 구름도 마찬가지고, 저 멀리 산의 모습도 그렇고, 태양도 그렇고 달도 그렇다. 매 순간 변하고 있다. 매 순간 새로운 모습이 나타나고 있다. 다시 말해 매 순간 시작하고 있다. 모니터도 시작하고, 내 몸도 새롭게 시작하며, 내가 사는 집, 내 집 밖의 모든 풍경, 산하대지와 온 우주가 지금 이 순간 새로 시작하고 있다. "시작이 무엇인가"라고 물을 때, 시작의 사례를 하나하나 들기 시작하면 결국 모든 것이 시작하고 있음을 알게 된다. 모든 것[一切]이 시작[一]하고 있다. 일체즉일(一切卽一)이다. 시작하는 것은 모든 것이다. 일즉일체다. 모든 것에 시작이 있고 지금 이 순간에 시작하는 사건에 모든 사건과 사태가 포함된다. 일체중일이고 일중일체(一中一切)다.

　시점을 뒤집어 보자. 지금 이 순간에 모든 것이 끝나고 있다. 지금 나에게 보이는 모니터와 벽과 천장, 창밖의 풍경 모두 과거로 사라지고 있다. 지금 내 귀에 들리는 모든 소리들은 다시는 오지 못할 과거로 사라지고 있다. 온 우주가 과거로 사라지고 있다. 지금 이 순간에 모두 끝나고 있다. 지금 이 순간이 바로 모든 것이 끝나는 순간이기도 하다.

　앞에서는 지금 이 순간이 모든 것의 시작이었는데, 시점을 돌리니 지금 이 순간에 모든 것이 끝나고 있음을 알게 된다. 시작하는 순간이 끝나는 순간이다. 시작이 끝이다. 언어가 무너진다. 시작이나 끝은 생각의 세계 속에만 있던 개념들이다. 이를 실재 세계에 적용해 보니, 그 범위가 무한으로 확산한다. 지금 이 순간에 모든 것이 시작하고 있고, 모든 것이 끝나고 있다. 실재세계에서는 시작함이 끝남이다.

　이슬람교나 개신교, 천주교, 유대교와 같은 셈족의 종교(Semitic Religion)

에서는 이 세상의 창조와 종말을 주장한다. 그런데 엄밀히 보니 지금 이 순간이 천지창조의 순간이다. 전에는 없었던 새로운 것들이 우르르 나타나는 순간이다. 이 지구만 그런 게 아니라 온 우주가 그렇다. 온 우주가 지금 이 순간에 새롭게 시작한다. 이 순간이 천지창조의 순간이다. 시점을 뒤집으면, 지금 이 순간에 모든 것이 끝나고 있다. 온 우주가 우르르 무너지고 있다. 존재하던 모든 것이 완전히 사라지고 있다. 지금 이 순간이 천지종말의 순간이다. 천지의 창조와 종말은 과거나 미래의 어느 시점에 일어나는 일이 아니다. 지금 여기서 매 순간 일어나는 일이다. 천지의 창조가 천지의 종말이다. 창조가 종말이다. 언어가 무너진다. 창조와 종말이 실재한다는 말이 아니라, 창조나 종말이라는 말이 무의미하다는 얘기다. 실재 세계에는 어떤 언어도 달라붙지 못한다. 그래서 언어도단(言語道斷)이다. 창조나 종말, 시작이나 끝이라는 생각을 붙이지 못한다. 그래서 불가사의(不可思議)하다. 실재 세계는 …

e. 살, 신경, 뇌

지금까지 우주, 시계, 욕심, 시작, 끝 등의 개념을 소재로 각 개념들의 범위, 즉 외연(外延)을 추구해 보았는데 모두 무한으로 확장함을 알 수 있었다. 의상 스님이 거론했던 물질과 마음이라는 개념 역시 그 범위가 무한이었다. 하나의 개념을 들면 그 범위는 무한이다. 하나가 모든 것이다. 그리고 이런 통찰은 몇 가지 특수한 개념에만 적용되는 것이 아니다. 우리 사유의 기초가 되는 어떤 개념이든 그 정체를 집요하게 추구해 보면 그 범위가 무한임을 알게 된다. 어떤 개념이든 그 범위는 모든 것이다. 그렇다면 '살[肉]'도 그럴까? "모든 것이 살이다."라는 통찰이 가능할까? 이 세상 전체가 '살'일까? 온 우주가 '살'일까? 모든 현상이 '살'일까? 사실 그렇다. 내 눈에 보이는 모든 풍경은 내 망막의 살에 비친 영상이다. 눈동자 중앙에 검은자위 가운데 동공이 열려 있다. 조리개가 감싸고 있기에 밝으면 동공이 작아지고, 어두울 때는 커진다. 검은자위 조리개가 작동하여 망막으로 들어오는 빛의 양을 조절하는 것이다. 바늘구멍 사진기에서 보듯이 바깥의 풍경은 동공을 통해 안구로 들어와 도립한 영상으로 망막에 맺힌다. 따라서 나에게 보이는 풍경은 사실은 저 멀리 있는 대상이 아니라, 내 망막의 살이다. 나는 나의 망막을 보고 있다.

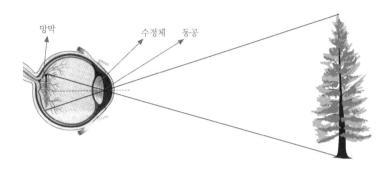

그림 9 - 나에게 보이는 것은 외부의 사물이 아니라 내 망막의 살이다.

내 귀에 들리는 소리는 귓구멍 속 고막의 떨림이다. 고막 살의 변화다. 모든 냄새는 비강 깊숙이 자리한 후구에서 일어난 정보다. 후구 살의 느낌이다. 맛은 혀라는 살덩어리의 느낌이고, 모든 촉감은 피부와 근육과 내장 등 나의 몸에서 일어난 살의 느낌이며, 모든 생각은 뇌라는 살에서 일어난 일들이다. 안이비설신의(眼耳鼻舌身意)의 육근(六根)이 지각한 모든 일들이 사실은 바깥이 아니라 내 몸의 살에서 일어난 일들이다. 내가 체험하는 모든 현상[一切]이 살[一]이다. 모든 것이 살이다. 일체즉일(一切卽一)이다. 살은 모든 것이다. 일즉일체다. 살 속으로 모든 것이 들어온다. 일중일체다. 일체의 지각(知覺)에 살이 있다. 일체중일이다.

여기서 더 나아가 다르게 볼 수도 있다. 망막에 맺힌 풍경의 무늬는 망막 뒤에 이어지는 시신경을 타고 대뇌 후두엽의 시각피질로 전달된다. 귀에 들린 소리는 청신경을 타고 흘러서 대뇌의 측두엽으로 전달된다. … 내 몸에서 느껴지는 모든 촉감의 정보는 피부나 근육이나 장기에 산재한 체성감각신경을 타고서 대뇌의 체성감각피질로 투사된다. 복잡다단한 나의 모든 생각은 뇌 속 가득한 뉴런의 신경망에서 일어나는 일들이다. 따라서 안이비설신의를 통해서 일어나는 모든 일들이 사실은 뉴런이라는 신경의 활동이다. 내가 체험하는 모든 것이 신경활동이다. 모든 것이 신경이다. 신경이 모든 것이다. 신경 속에 모든 것이 있다. 모든 것에서 신경이 작용한다.

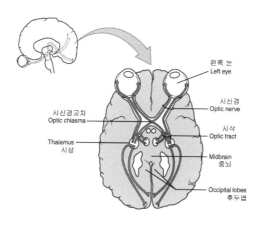

그림 10 – 나는 항상 나의 뇌를 보고 있다.

또 모든 신경활동의 종착점은 대뇌다. 따라서 내가 체험하는 모든 것들이 뇌다. 나에게 보이고 느껴지는 모든 현상이 대뇌의 활동이다. 모든 것이 뇌다. 뇌가 모든 것이다. 뇌 속에 모든 것이 있다. 모든 것에서 뇌가 작동한다. '살'을 들면[擧] 모든 것을 살로 해석할 수 있고, '신경'을 들면 모든 것을 신경으로 해석할 수도 있으며, '뇌'를 들면 모든 것을 뇌로 해석할 수 있다.

f. '뇌'는 모든 현상을 있게 하는 조건들 가운데 하나일 뿐이다.

여기서 잠시 논지에서 벗어나 뇌의 역할에 대한 얘기를 해 보겠다. 일반적으로 대뇌를 모든 감각의 종착점이라고 생각한다. 대뇌를 내 삶의 구심점이라고 생각한다. 그러나 이 세상은 연기적이기에 그 어디에도 구심점은 없다. 대뇌 역시 어떤 현상을 있게 하는 여러 가지 조건들 가운데 하나일 뿐이다. 시각현상이든, 청각현상이든 … 촉각현상이든 대뇌가 작용하지만 그런 모든 현상이 나타나게 하는 하나의 조건일 뿐인 것이 대뇌다.

예를 들어 지금 나에게 컵이 보인다고 할 때, 여러 가지 조건들이 모여서 그 컵의 모습이 있게 한다. 먼저 물질적인 컵이 필요하고, 빛이 비추어야 하며, 내 눈이 온전해야 하고, 시각 신경에 이상이 없어야 하며, 후두엽의 시각중추가 제대로 작동해야 한다. 그리고 그것이 컵이라고 알아채기 위해서는 후두엽의 시각중추 인근의 다양한 연합피질에 장애가 없어야 한다. 대충 열거해도 '물질적인 컵, 빛, 눈, 시신경, 시각중추, 연합피질'이 컵의 모습이 나타나게 만드는 조건이 된다. 이 가운데 어느 것 하나만 결여되어도 컵의 모습은 나타나지 않는다. 물질적인 컵이 없어도 컵은 지각되지 않고, 안구에 손상이 있어도 컵의 모습은 나타나지 않으며, 시신경이 끊어져도 컵은 보이지 않고, 시각피질이 기능을 못해도 컵의 모습은 존재하지 않는다. 이렇게 대뇌의 '시각피질'이라고 하더라도 그것이 중심이 아니다. 다양한 조건들 가운데 그저 하나일 뿐이다.

또 막대기로 북을 두드려서 소리가 나는 것 역시 여러 가지 조건들이 모여서 이루어지는 현상이다. 막대기, 북, 손으로 두드림, 소리를 전달하는 공기, 귀 속의 고막, 청신경, 대뇌 측두엽의 청각피질이 힘을 합하여 북소리를 있게 한다. 이 가운데 어느 것 하나만 결여되어도 북소리는 존재하지 않는다. 허공이 공기로 채워져 있지 않으면 아무에게도 소리는 들리지 않는다. 청신경이 손상되어도 소리는 들리지 않는다. 고막에 손상이 있어도 소리는 들리지 않는다. 측두엽의 청각피질에 결함이 있어도 소리는 들리지 않는다. 여기서 대뇌 측두엽의 청각피질이나 허공을 채운 공기는 소리를 있게 하는 조건들 가운데 하나라는 점에서 그 자격이 동등하다. 청각피질이 청각중추가 아니다. 청각을 있게 하는 조건들 가운데 하나다.

다른 모든 지각도 마찬가지다. 대뇌의 해당 피질이 구심점이 아니다. 대뇌 역시 모든 지각 현상이 나타나게 하는 조건들 가운데 하나일 뿐이다. 매 순간 새로운 현상이 나타난다. 그 현상의 성격에 따라서 "빛깔이다, 형상이다, 소리다, 냄새다, 맛이다, 촉감이다, 의식이다."라는 구분이 일어나는 것일 뿐이다. 모든 현상은 단 한 찰나도 머물지 않고 부단히 흘러간다. 제행무상이다. 여러 가지 인연이 모여서 눈에 보인 형상으로 나타나기도 하고, 귀에 들린 소리로 나타나기도 하고 … 의식에 떠오른 생각으로 나타나기도 한다. 신심탈락(身心脫落)이다. 전에는 내 몸과 내 마음이 이쪽에 있는 줄 알았다. 모든 것을 견문각지(見聞覺知)하는 내 마음이 나의 뇌에서 작동하는 줄 알았다. 뇌가 삶의 구심점인 줄 알았다. 그러나 뇌 역시 모든 현상을 있게 하는 다양한 조건들 가운데 하나일 뿐이기에 구심점이 사라진다. 신심탈락이다. 몸도 내 것이랄 게 없고, 마음도 내 것이랄 게 없다. 몸[身]과 마음[心]이 모두 떨어져 나간다[脫落]. 그저 콸콸 흘러가는 현상의 흐름만 있을 뿐이다. 제행무상이다.

g. 안과 바깥

앞에서 "모든 것은 내 살이다."라는 통찰을 소개한 바 있는데, 이를 약간 변형시킨 것이 "모든 것은 내 안에 있다."는 통찰이다. 나의 감정도 내 안에서 일어난 것이고, 내 생각도 내 안에서 발생한 것이다. 바깥에 보이는 풍경도 사실은 나의 망막, 신경, 시각피질 등 내 안에 존재한다. 소리든, 냄새든, 맛이든, 촉감이든, 생각이든 모두 내 안에서 일어난다. 모든 것이 내 안[內]에 있다. 세상만사가 내 안에 있다. 일체가 내 마음 안에 있다. 모든 것이 주관이다. "순수주관은 있어도 순수객관은 없다. 모든 객관은 특수한 주관이 해석한 객관일 뿐이다." 따라서 모든 것은 내 안에 있다. '안'이 무엇인가? '안'에 있는 것이 무엇인가? 라고 물을 때, 이제 우리는 "모든 것이 안이다." 또는 "내 안에 모든 것이 있다.'고 답할 수 있을 것이다.

그러나 시점을 뒤집으면 "모든 것이 내 밖에 있다."고 말할 수도 있다. 모든 것이 밖에서 일어나는 현상이다. 창밖의 풍경도 내 밖에 있고, 눈앞의 모니터도 내 밖에 있다. 소리도 밖에서 들리고, 머리가 가려운 느낌도 밖에서 들어온다. 불현듯 어떤 생각이 떠오르는 것 역시 내 밖에서 일어나는 일이다. 창밖으로 갑자기 참새 한 마리가 날아가듯이, 생각 속에서 갑자기 어제 먹었던 도넛이 떠오른다. 내가 의도하지 않았는데, 일어난 생각이라는 점에서 창밖에서 날아가는 참새와 다를 게 없다. 모두 내 밖에서 일어나는 일들이다. 모든 것[一切]이 바깥[一]이다. 일체즉일(一切卽一)이다. 바깥에 모든 것이 있다. 일중일체(一中一切)다. 바깥은 모든 것이다. 일즉일체다. 모든 것이 바깥에서 일어난다. 일체중일이다.

h. 과거, 미래, 현재

검푸른 밤하늘에 무수한 별들이 반짝인다. 모두들 지금 깜박이는 별들 같아 보이지만, 그게 아니란다. 북극성의 경우 지금부터 323광년 전의 모습을 보고 있는 것이라고 한다. 안드로메다 성운의 경우 253만 년 전의 모습이고 지구에서 가장 가까운 별인 태양은 8분 20초 전의 모습이란다. 따라서 지금 내 눈에 보이는 모든 별의 모습은 다 과거의 모습이다. 별들만 그런 것이 아니다. 빛에 속도가 있기에 내 눈에 보이는 모든 풍경은 다 과거의 모습이다. 소리에 속도가 있기에 내 귀에 들리는 모든 소리는 다 과거의 소리다. 신경 역시 전달 속도가 있기에 내 몸에서 느껴지는 모든 촉감은 다 과거의 일들이다. 내가 체험하는 모든 것이 과거의 일들이다. 모든 것이 과거다.

기준을 달리하여, 저 멀리 북극성의 빛은 아직 지구에 도달하지 않았다. 지금 이 순간에도 이글이글 타고 있는 태양의 빛도 아직 지구에 도달하지 않았다. 바로 지금 이 순간의 컴퓨터 모니터의 모습도 아직 내 눈에 도달하지 않았다. 빛에 속도가 있기 때문이다. 지금 이 순간의 세상만사, 지금 이 순간의 산하대지, 지금 이 순간의 온 우주의 모습 모두 아직 나에게 도달하지 않은 미래의 것들이다. 모든 것이 아직 오지[來] 않았다[未]. 모든 것이 다 미래(未來)의 것들이다.

　그러나 나의 체험에서 보면 모든 것이 현재의 일들이다. 눈에 보이는 북극성이든, 멀리서 우는 까치 소리든, 코끝을 스치는 구수한 된장국 냄새든 모두 현재의 일들이다. 모든 것이 현재다. 모든 것이 이미 지나간 과거의 일들이고, 모든 것이 아직 오지 않은 미래의 일들이며, 모든 것이 지금 체험하는 현재의 일들이다. 과거가 미래이고 미래가 현재고 현재가 과거다. 또다시 언어가 무너진다.

i. 웃음과 울음과 홍조

　웃음이란 무엇인가? 우리는 기쁠 때 웃는다. 반가운 사람을 만나도 웃는다. 재미있어도 웃는다. 그러나 너무 슬퍼도 웃고 기가 막혀도 웃는다. 너털웃음이다. 화가 나도 웃는다. 멸시와 조롱의 웃음이다. 비웃음도 있다. 간지러워도 웃는다. 실성해도 웃는다. 일반적으로 기쁘고 재미있을 때 웃지만, 사실 웃음은 모든 감정을 다 표현한다. 웃음에는 일체의 감정이 담길 수 있다.

　그러면 이와 반대로 울음이란 무엇일까? 슬플 때 운다. 기가 막혀도 운다. 입학시험에 합격하든지, 로또에 당첨되든지 너무 기뻐도 운다. 무서워도 운다. 화가 나도 운다. 어린아이의 울음은 대개 짜증과 화를 나타낸다. 아파도 울고, 너무 우스워도 눈물이 나온다. 울음 역시 모든 감정을 다 표현한다.

　얼굴이 붉어지는 홍조 역시 마찬가지다. 수줍고 부끄러울 때 얼굴이 붉어지지만, 화가 날 때도 얼굴이 붉으락푸르락한다. 홍조는 모든 감정을 다 표현한다. 이렇게 웃음이나 울음이나 홍조와 같은 표정 역시 정해진 의미가 없다. 모든 의미가 다 담기며 모든 의미를 다 표출한다. 하나의 표정[一] 속에 모든 감정[一切]이 다 들어 있고, 하나의 표정으로 모든 감정을 다 나타낸다. 일중일체이고 일즉일체다.

j. 부처

부처님은 어떤 분이신가? '32상 80종호를 갖춘 분'이라고 대답하면『금강경』의 편저자에게 야단맞는다. 『금강경』에서는 "만일 형상으로 나를 보거나 음성으로 나를 구한다면 이 사람은 삿된 길을 가는 것으로 여래를 볼 수 없다(若以色見我 以音聲求我 是人行邪道 不能見如來)."고 가르치기 때문이다. 부처의 정체를 집요하게 추구하다 보면 종국에는 "두두물물(頭頭物物) 부처 아닌 게 없다."는 통찰과 만난다. 이때의 부처는 그 몸 그대로 이 우주로 변한 화엄신화의 비로자나 법신불(法身佛)이다. 눈에 보이는 모든 형상은 그 분의 모습이고, 귀에 들리는 모든 소리는 그 분의 음성이다. 온 우주 그대로 비로자나 부처님의 몸이다. 우리는 그 분의 몸속에 산다. 그러나 사실은 우리들 모두가 바로 그 분, 부처였다. 세상의 중심이었다. 주관은 오직 하나뿐이기 때문이다. 무엇이 부처인가? 모든 것이 부처다. 일체즉일이다. 부처님[一]은 어디에나[一切] 계시다. 일체중일이다.

k. 밥

밥이란 무엇인가? 먹는 것이 밥이다. 우리는 입으로 밥을 먹지만 목구멍을 넘어간 밥의 대부분은 하루만 지나면 식도와 위장과 창자를 거쳐서 대변으로 배설된다. 먹어서 몸에 쌓이는 게 밥이 아니다. 위장과 창자와 같은 통로를 거치면서 우리 몸에 에너지를 주는 것이 밥이다. 밥의 핵심은 '생명체가 섭취하는 에너지'일 뿐이다. 따라서 우리 몸에 들어오는 에너지는 모두 밥이다. 눈으로 사물을 볼 때는 빛 에너지가 들어오고, 귀로 소리를 들을 때는 소리에너지가 들어오며, 몸으로 촉감을 느낄 때는 그 압력이 전기에너지로 변환되어 신경을 타고 흘러서 대뇌에 전달된다. 에너지를 주는 것이 밥이다. 불전에서는 중생이 섭취하는 밥의 종류를 단식(段食), 촉식(觸食), 사식(思食), 식식(識食)의 네 가지로 구분한다. 단식이란 섭취하면 소화되는 밥으로 우리와 인간이나 짐승이 먹는 밥을 의미한다. 촉식은 기쁨과 즐거움을 발생시키는 지각대상으로서의 밥이다. 사식은 살아가고자 하는 의욕으로서의 밥이다. 식식은 안이비설신의(眼耳鼻舌身意)의 육식(六識)을 의미한다. 밥이란 생명체로 하여금 살아가게 하고, 오온이 결합하게 하고 이익을 주는 것을 의미하는데 이런 네 가지 밥이 그런 역할을 하기 때문이다. 입으로 먹는 것만이 밥이 아니고, 감각되는 모든 것이 밥이다. 앞에서 말했듯이 눈에 보이는 형상, 귀에 들리는 소리, 코로 맡는 냄새 등 우리의 모든 지각이 밥이다. 우리의 의지도 밥이고, 우리의 마음도 밥이다. 일체가 밥이다.

l. 똥

똥이란 무엇인가? 입으로 들어간 것이 변하면 똥이 된다. 똥은 더러운 것인가? 꼭 그렇지도 않다. ×강아지는 똥을 밥으로 알고, 옛날 제주도에서는 ×돼지가 똥을 먹고 무럭무럭 자랐다. 음식이 들어가 변하면 똥이다. 뭉친 것도 똥이지만, 흩어져도 똥이다. 설사다. 재료가 들어가 변하면 똥이다. 내가 사는 이 집도 똥이다. 빚어지면 똥이다. 부서져도 똥이다. 재료가 변하면 똥이다. 안경도 똥이고, 연필도 똥이고, 책상도 똥이고 나도 똥이고 너도 똥이다. 모든 게 똥이다. 일체즉일이다. 모든 것은 똥과 다를 게 없고, 똥은 모든 것과 다를 게 없다. 『반야심경』에서 '색불이공 공불이색' 하듯이 '일체불이(不異)똥 똥불이일체(一切)'다. '일체즉일, 일즉일체'다.

모든 개념의 '보법적(普法的) 속성'

의상 스님이 예로 들었던 물질[色]과 마음[心]을 포함하여 우주, 시계, 욕심, 시작, 끝, 살, 신경, 뇌, 안, 바깥, 웃음, 울음, 홍조, 부처, 밥, 똥 등의 개념들을 소재로 삼아 그 정체와 범위에 대해 추구해 보았다. 결론적으로, 이런 모든 개념들을 실재 세계의 다양한 사물이나 사태에 적용해 보면 그 범위에 한계가 없음을 알 수 있었다. 실체든, 모습이든, 작용이든 모든 개념들의 범위는 무한이었다. 앞에서 이를 '보법적 속성'이라고 명명하였다.

　여러 해 전에 포교현장에서 이런 보법의 통찰을 제시하니까, 앞에 앉아 있던 청년이 갑자기 손을 들더니 "그러면 모든 것이 강도다."라는 통찰도 가능하냐고 물었다. 그 때 나는 그렇다고 수긍하면서 모든 것이 강도인 이유에 대해 즉흥적으로 설명하였다. 강도란 '내 뜻과 다르게 내가 소유한 것을 빼앗아가는 자'를 의미한다. 모든 것이 강도다. 시간이 흘러가면서 모든 사물을 과거에게 빼앗기기 때문이다. 지금 이 순간의 나의 모습이든, 풍경이든, 소지품이든 내가 잡아 쥐고 있으려 해도 도저히 그럴 수가 없다. 찰나, 찰나 시간이 흘러가면서 지금 이 순간의 모든 것은 나에게서 달아나버리고 만다. 시간이 빼앗아간다. 시간이 흘러가지 않는 순간은 없다. 나는 항상 모든 것을 빼앗기고 산다. 내가 감각하고 견지하는 모든 것을 강탈당한다. 모든 것이 강도다.

　모든 것이 도둑이다. 도둑이란 '내가 모르는 사이에 내 것을 훔쳐가는 자'를 의미한다. 세상 만물은 그 어느 것이든 내가 모르는 사이에 과거가 가져가 버린다. "10년이면 강산이 변한다."는 속담이 있다. 과거가 모든 것을 살금살금 훔쳐가기에 10년이 지나면 거대한 산이나 강도 그 모습이 변하는 것이다.

　모든 것이 '선물'이다. 선물은 뜻밖에 받기도 하고, 기대한 상태에서 받기도 한다. 제행무상이기에 삼라만상이 매 찰나 새롭다. 매 찰나 나에게 주어지는 선물이다.

　모든 것이 돈이다. 이 세상에 돈 안 되는 게 없다. 땅도 돈이고, 돌멩이도 돈이 되고, 나무도 돈이다. 심지어 공기도 돈이고 물도 돈이다. 특허 낸 아이디어도 돈이고 생각도 돈이다. 사람도 돈이다. 모든 게 돈이다.

　여러 해 전에 『기호학이란 무엇인가?』라는 책을 읽은 적이 있다. 평생 기호에 대해 연구한 필자는 첫머리에서 "모든 것이 기호다."라고 선언하였다. 더 이상의 설명이 필요 없을 것이다. 기호와 관련한 일즉일체의 통찰이었다.

　모든 것이 무기(武器)다. 총, 칼, 대포만 무기인 것이 아니다. 돌멩이든,

나무막대든 무기로 사용할 수 있다. 흙이나 모래를 던져서 상대의 눈을 못 뜨게 만들기도 한다. 흙도 무기이고, 모래도 무기다. 주먹이나 발뿐만 아니라 온 몸이 무기다. 머리로 받고 이빨로 깨물고, 침을 뱉는다. 생각이 무기이기에 사상전을 펼친다. 공기나 세균이나 방사능을 무기로 사용한 전쟁을 화생방전이라고 부른다. 모든 것이 무기다. 일체즉일이다. 『법성게』의 용어로 다즉일(多卽一)이다.

내 눈 앞에 놓인 컵[一]에는 모든 움직임[一切]이 들어 있다. 일중일체다. 나에 대해서는 정지해 있지만, 지구가 자전을 하기에 둥글게 돌고 있으며, 자전을 하면서 공전을 하기에 '늘어진 스프링'과 같은 운동을 한다고 볼 수도 있다. 내가 컵에서 멀어지면 컵 역시 저 멀리 달아나고, 내가 가까이 가면 컵 역시 나에게 다가온다. 내가 앉으면 컵은 위로 올라가고, 내가 일어나면 컵은 아래로 내려간다. 모든 움직임은 상대적이다. 정지한 버스에 앉아 있을 때, 갑자기 내 차가 뒤로 후진하는 느낌이 드는 경우가 있다. 그러나 실상은 옆에 서 있던 버스가 앞으로 떠난 것이다. 움직임은 상대적이다. 어떤 사물이든 관찰자의 상태에 따라서 달아난다거나, 다가온다, 내려간다, 올라온다, 돌아간다, 정지해 있다는 등등의 모든 움직임이 가능하다. 상대운동이다.

예를 들려면 끝이 없다. 모든 것이 컵이다. 모든 것이 흐름이다. 모든 것이 지나간다. 모든 것이 다가온다. 모든 것이 덧없다. 모든 것이 공하다. 모든 것이 신비롭다. …

모든 개념의 테두리가 무한히 열리는 이유

그러면 어째서 이런 일이 일어나는 것일까? 어째서 모든 개념의 범위는 무한인 것일까? 어째서 한 가지 개념에 대해 그 정체와 범위에 대해 집요하게 추구하면 그 테두리가 무너지는 것일까? 이런 집요한 추구 그대로 정혜쌍수(定慧雙修)의 수행과 다를 게 없기 때문이다. 삼매와 지혜가 함께 하는 게 정혜쌍수의 수행이다. 집중하면 지혜가 생긴다. 이때의 지혜는 해체의 지혜다. 어느 하나에 대해 집중하여 그 의미와 범위를 추구하면 그 의미는 하나[一]로 축소되고, 그 범위는 무한[一切]으로 확장한다. 하나의 내포(內包), 무한한 외연(外延)이다. '일중일체다중일, 일즉일체다즉일'이다. 한 가지 개념을 붙들고 늘어져서 그 의미와 범위에 대해 집요하게 추구하면 그 개념의 테두리가 무한히 열리면서, 그 개념의 의미가 무의미해진다.

모든 현상은 연기한다. 연기란 '의존적[緣] 발생[起]'이다. 비교를 통한 발생이다. 어떤 방에 들어가면서 큰방을 염두에 두고 있었다면 그 방은 작은방이 되고 만다. 동굴에 들어갈 때 밖의 더위와 비교하면 안의 시원함이 발생한다. 의존적 발생이고 비교를 통한 발생이다. 그런데 그 방에 들어가 오래 앉아 있으면 그 방이 작은방일 것도 없다. 큰방에 대한 기억이 사라졌기 때문이다. 그 동굴에 들어가 오래 머물러 있으면 그 동굴이 시원할 것도 없다. 비교 대상이었던 동굴 밖의 더위에 대한 기억이 희미해졌기 때문에 의미도 점차 사라지는 것이다.

공중화장실이 우리나라처럼 깨끗한 나라도 없을 것이다. 어떤 곳은 냄새는 커녕 은은한 향기도 풍긴다. 도시에 살다가 가끔 농촌의 재래식 화장실을 사용할 때가 있다. 냄새가 대단하다. 그런데 한참을 앉아 있으면 참을만하다. 시골 들판을 걸으면서 꽃냄새, 풀냄새 맡다가 재래식 화장실에 들어가면 냄새가 지독하게 느껴진다. 들판의 냄새와 비교되기 때문이다. 그러나 변 냄새가 지속되면 냄새의 강도가 점차 순화된다. 한 가지 감각만 지속되면 그 감각이 사라진다. 한 가지 대상에 집중하면 그 대상의 의미가 사라지는 정혜쌍수의 원리다.

안경을 끼고서 안경을 찾을 때가 있다. 아침에 자리에서 일어나 처음 안경을 끼면 눈 주변의 피부에 안경테의 압박이 느껴지면서 안경을 낀 느낌이 일어난다. 그런데 한참동안 안경을 끼고 있으면, 그 느낌이 점차 사라진다. 그래서 간혹 안경을 끼고서 안경을 찾기도 한다. 한 가지 감각이 지속되면 그 감각이 사라진다. 집중하면 사라지는 정혜쌍수의 원리다.

위빠싸나(vipassanā) 수행에서는 숨을 쉴 때 느껴지는 촉감에 주의를 기울이게 되는데, 간혹 등이나 머리에서 가려움이 느껴질 때가 있다. 이 때 의식을 그곳에 집중하고서 '가려움, 가려움, 가려움'이라고 머릿속에서 되풀이 한다. 가려움을 없애는 팁(tip)이다. 가려움이 사라진다. 평소에 나의 주의(attention)는 매 찰나 요동하면서 몸의 이곳저곳을 훑으면서 이 생각 저 생각을 만들어낸다. 그래서 가려움도 느껴지고, 압박감도 느껴지는데, 잠시 생각을 멈추고 어느 한 곳의 신체감각에 주의를 모으면 그곳의 감각이 사라진다. 비교대상을 제거했기 때문이다. 집중을 통해서 해체의 지혜인 반야의 지혜, 공(空)의 지혜가 열리는 정혜쌍수와 원리가 같다.

어릴 때 혼자 하던 장난이 있다. 하나의 단어를 자꾸 되풀이하여 중얼거린다. 그러면 그 의미가 이상해진다. 예를 들어서 '너구리'라는 말을 한두 번 말하면 의미가 분명히 들어온다. 그런데 "너구리, 너구리, 너구리 … 너구리" 하면서 계속 되풀이하여 중얼거리면 의미가 이상해진다. 강아지, 메뚜기, 진달래, 하늘, 바람 등의 단어를 떠올리다가, 너구리라고 말하면 너구리의 의미가 분명하게 파악된다. 다른 단어들과의 비교를 통해 '너구리'라는 단어의 의미가 드러나기 때문일 것이다. 마치 큰방과 비교할 때, 작은방이 분명해지고, 못생긴 사람과 비교할 때 잘생긴 사람이 분명해지는 것과 같다. 평상시 나의 생각이 요동을 치면서 '너구리'라는 단어의 의미를 다른 단어의 의미와 비교할 때에는 '너구리'의 독특함이 분명하게 파악된다. 다른 의미에 의존하여 [緣] 너구리라는 의미가 발생하기[起] 때문일 것이다. 즉 연기(緣起)하기 때문일 것이다. 연기공식에서 저것이 있기에 이것이 있듯이. 그런데 '너구리'라는 단어에만 집중하여 계속 중얼거리면 점차 그 의미가 사라진다. 다른 단어들을 떠올리지 않으니까, 너구리라는 단어의 의미 역시 소실된다. 연멸(緣滅)하는 것이다. 연기공식에서 저것이 멸하면 이것이 멸하듯이.

관세음보살 주력(呪力)의 경우도 마찬가지다. 『법화경』의 「관세음보살보문품」에서는 지극정성으로 관세음보살의 명호를 부르면 온갖 재난에서 벗어난다고 가르친다. 108염주를 손에 들고 한 알, 한 알 굴리면서 일념으로 관세음보살을 부른다. 20여 년 전 몸이 오래 동안 아픈 적이 있었다. 며칠 동안 지극정성으로 관세음보살의 명호를 염했다. 그러던 중 신기한 경험을 했다. 군이 입으로 관세음보살을 염하지 않아도 염불이 되었다. 손을 들어도 관세음보살이고, 발걸음을 옮겨도 관세음보살이고, 몸을 움직여도 관세음보살 염불이었다. 일거수일투족이 관세음보살 염불이었다. 일체가 관세음보살 염불이었다. 나의 모든 행동[一切] 속에 관세음보살 염불[一]이 배어있는 체험이었다. 일체중일(一切中一)의 체험이었다.

1980년대에 조계종 종정을 역임하신 성철 스님께서는 간화선 수행의 깊이를 점검하는 기준으로 동정일여, 몽중일여, 숙면일여의 세 가지 기준을 제시하셨다. 동정일여란 수행자가 움직이든 조용히 있든 화두가 성성한 것을 말하며, 몽중일여는 꿈속에서도 화두가 성성한 것, 숙면일여는 꿈도 없는 깊은 잠에서도 화두가 성성한 것을 말한다. 관세음보살을 계속 염하면 일거수일투족이 모두 관세음보살 염불이 되듯이, 한 시도 놓치지 않고 투철하게 화두를 들기에 행주좌와(行住坐臥) 어묵동정(語默動靜) 모두[一切]에서 화두[一]가 성성해지는 체험이리라. 일체중일의 체험이다.

어느 한 가지에 집중하면 그 의미가 해체된다. 집중의 깊이와 시간과 강도에 따라서 비교대상이 점차 사라지기 때문이다. 이런 의미의 해체는 절대부정의 방식으로 일어나기도 하고, 절대긍정의 방식으로 일어나기도 한다. 집중을 통해 반야공성을 만나는 것은 절대부정의 해체이고, 집중을 통해 무한 외연이 열리는 것은 절대긍정의 해체다. 화엄적 해체다. 우리는 집중을 통해 무차별의 세계를 만난다. 그 무차별은 절대부정의 무차별일 수도 있고, 절대긍정의 무차별일 수도 있다. 화엄의 보법(普法)은 절대긍정의 무차별이다. 『법성게』에서 노래하는 '일중일체다중일 일즉일체다즉일'의 보법이다.

지식과 지혜의 차이점

일반적으로 지식과 지혜는 다르다고 한다. 지식이 많은 것보다 지혜로운 것이 바람직하다. 그러면 지식과 지혜는 어떻게 다를까? 노자의 『도덕경』에서 우리는 이런 물음에 대한 힌트를 얻을 수 있다. "학문을 하면 나날이 늘어나고 도를 닦으면 나날이 줄어든다(爲學日益 爲道日損)." 『도덕경』 48장에 실린 경구다. 학문은 지식의 길이고, 도는 지혜의 길이다. 지식은 쌓아서 이룩되고, 지혜는 덜어내서 체득된다. 지식은 채움이고, 지혜는 비움이다. 지식이 많은 사람은 아는 것이 많고, 지혜로운 사람은 고정관념이 없다.

로댕(Rodin, 1840-1917)의 조각 '생각하는 사람(The Thinker)'과 우리나라의 국보 '반가사유상(半跏思惟像)'을 비교해보자. 두 작품 모두 '생각하는 사람'을 묘사하였다. 생각하는 사람의 주인공은 좌대에 걸터앉아 상반신을 굽히고, 오른팔을 디근자로 꺾어 턱을 괴고서 심각하게 고민하는 모습인데, 반가사유상의 미륵보살은 반가부좌의 자세로 좌대에 앉아 검지를 살포시 볼에 대고서 은은히 미소 짓고 계신다. 전자는 생각을 쥐어짜는 모습이고, 후자는 마음을 비우는 모습이다. 로댕의 작품은 유위의 생각을, 반가사유상은 무위의 생각을 표출한다.

그림 11 - 반가사유상   그림 12 - The Thinker

불교 수행의 목표는 지식이 아니라 지혜다. 한자로 지식은 '지(知)', 지혜는 '지(智)'라고 쓴다. 알 '지(知)'자 밑에 날 '일(日)'자의 발을 달았다. 앎은 앎인데 태양[日]과 같은 앎이라고 해석할 수도 있으리라. 지식은 특수한 앎이지만, 태양이 어디든 비추듯이 지혜는 보편적인 앎이다. 지혜로운 사람은 고정관념이 없기에 생각이 열려 있다.

<u>보법의 실천적 응용</u>

'일중일체다중일, 일즉일체다즉일'의 통찰은 창의적 지혜의 원천이다. 고정관념 없이 사물과 사태를 보게 해 주기 때문이다. 사물이나 사태를 다양한 각도에서 바라볼 수 있게 해 주기 때문이다. 예를 몇 가지 들어보겠다.

a. 영화배우와 탤런트의 명품연기

배우나 탤런트와 같은 연기자가 고정관념에서 벗어날 때 명연기를 시현할 수 있다. 초등학교의 학예회 연극에 출현한 아마추어 연기자들은 엉엉 우는 시늉으로 슬픔을 연기(演技)하고, 하하 웃는 표정으로 기쁨을 연기한다. 신파조 연극과 같아 어색하기 짝이 없다. 그런데 원숙한 배우는 하나의 표정으로 상반된 감정을 연기하는 것이 가능하다. 울음으로 기쁨을 나타내기도 하고, 웃음으로 슬픔을 나타내기도 하는데, 상투적 연기보다 더욱 감동적이다. 오랜 기간 배우 생활을 하면서 울음이 모든 감정을 나타내고, 웃음이 모든 감정을 나타낸다는 점을 자연스럽게 체득했기 때문이리라. 울음, 웃음, 홍조, 머뭇거림, 겸연쩍음 등의 표정 연기(演技) 낱낱이 다양한 모든 감정을 나타낼 수 있다는 점을 자각한 연기자, 즉 하나의 표정[一]이 무한 감정[一切]을 표출할 수 있다는 화엄적 보법(普法)의 이치를 자각한 연기자는 명연기로 관객의 심금을 울린다.

b. 환경문제를 해결하는 발우공양

절밥은 참 맛있다. 등산객이 많이 찾는 모 사찰에서는 여러 해 전부터, 점심시간이 되면 사찰을 방문하는 모든 사람들에게 공양을 무료로 제공하였다. 무채무침, 콩나물무침에, 김치 몇 조각과 고추장 그리고 멀건 된장국 정도만 제공하는 비빔밥이지만 산 정상에 올라서 시장기 돌 때 먹는 절밥은 그렇게 맛있을 수가 없다. 이런 점심공양 무료제공 행사가 한참 성황을 이룰 때 환경운동단체에서 문제를 제기했다. 사찰에서 대규모로 식사 제공을 함으로써 개울물이 오염된다는 것이었다. 사실 그랬다. 쌀과 반찬거리를 씻을 때도 많은 물이 필요하지만, 설거지 거리의 양이 보통이 아니기에 폐수를 개울로 그대로 버렸다간, 계곡물 전체가 오염되는 것이 분명했다. 어떻게 하면 이 문제를 해결할 수 있을까? 그 해답은 발우공양에 있다. 공양간 앞에 "발우공양 하는 분에 한하여 점심식사를 제공합니다."라는 현수막을 걸고, 발우공양의 의미와 방법을 설명한 배너를 설치한다. 이럴 경우 여러 가지 문제가 한 몫에 해결된다. 식사 후에 각자 발우를 씻은 청수물까지 모두 마시기에 설거지 하는 물이 필요 없어서 계곡물이 오염되지 않는다. 등산객이 몰리면 제한된 인력으로 공양을 준비하는 것이 보통 어려운 일이 아니었는데, 발우공양이라는 '부담스러운 방식'으로 식사를 해야 하기에, 식사 인원이 적절하게 조절되기에 음식을 만들기 위한 식재료 준비나 인력 충원의 부담이 줄어든다. 등산객들이 발우공양을 하려면 그 방법도 익히고 그 의미에 대해 배워야 하기에 발우공양 과정에서 자연스럽게 불교의 위대성을 알게 된다. 사찰에서 제공하는 무료공양은 그 취지와 달리, 여러 가지 난제를 안고 있었는데, "발우공양 하는 분에 한하여 식사를 제공한다."는 하나[一]의 방침을 통해 환경오염의 문제, 식재료비용의 문제, 주방 인력의 문제, 포교의 문제 등 모든 문제들[一切]이 일거에 해결될 수 있는 것이다. 화엄적 보법의 이치를 통한 문제 해결이다.

c. 정주영 회장의 소떼 방북 이벤트와 다면적 정책론

1998년의 사건이었다. 누런 한국소를 가득 실은 100여 대의 트럭이 판문점을 넘어서 평양으로 향했다. 현대그룹을 창설한 정주영(1915-2001) 회장이 서산간척지에서 키운 소들이었다. 프랑스의 문명비평가 기 소르망(Guy Sorman, 1944-)은 이에 대해 '20세기 최후의 전위예술'이라고 극찬하였다. 정주영 회장은 소떼를 북한에 기증하겠다는 의사를 밝히면서 "18살에 가출하면서 아버지가 소 판 돈을 훔쳐갖고 나왔는데, 그 때의 빚을 이제 갚는다."고 그 소회를 토로하였다.

1945년 해방 이후 한반도는 남과 북으로 분단되었고, 6.25전쟁을 거치면서 남북의 대립은 더욱 격화되었다. 북에서는 남으로 무장공비를 보냈고 남에서는 북으로 북파공작원을 보냈다. 남과 북의 이런 대립을 보고서 누군가가 "같은 민족끼리 싸우면 안 된다."는 조언을 할 수 있다. 그러나 이렇게 싸우는 사람들에게 싸우지 말라고 하는 식의 조언은 심지어 유치원 아이들도 할 수 있는 너무나 상투적인 조언이다. 이런 식의 조언을 통해 남북의 대립이 결코 해소되지 않는다. 그런데 정주영 회장은 1,001마리의 소떼를 북한으로 보냄으로써, 남북의 대립을 해소하였고 다섯 달 후 역사적인 금강산관광사업이 시작되었다. '소떼 기증'이라는 하나의 행위가 남과 북의 교류를 가로막았던 여러 가지 장애들을 일거에 해결하였던 것이다.

『한국, 한국인』의 저자 마이클 브린(Michael Breen, 1952-)은 한국 사람들은 기가 센 민족으로 강한 나라의 사람에게는 '미국놈, 왜놈, 떼놈, 러시아놈'과 같이 '놈'자를 붙여 부르는 반면, 약소국에 대해서는 관대하여 '아프리카 사람, 인도네시아 사람, 베트남 사람'과 같이 부르며 '놈'자를 붙이지 않는다고 지적한다. 우리도 자각하지 못했던 우리 민족의 '지독한 자존심'이다. 북한 역시 마찬가지다. 자존심이 대단하기에, 정주영 회장이 만일 '동정'이나 '도움'을 표방하면서 소떼 기증 의사를 밝혔다면, 거절했을 수도 있었으리라. 그러나 정주영 회장은 '북쪽 고향에 살 때 가출하면서 소 판돈을 훔쳤던 죄에 대한 빚을 갚는 것'이라고 '소떼 기증 이벤트'의 동기를 포장했다. 북한의 자존심을 지켜주는 배려 깊은 '의미부여'였다.

6.25전쟁 휴전회담의 당사자가 북한과 유엔이었기에, 간혹 남북의 물자교류가 있어도 육로가 아닌 해로가 사용되었다. 1984년에 서울과 경기도 인근에 큰 홍수가 났는데 북한에서 갑자기 쌀과 옷감과 시멘트 등의 구호물자를 보내겠다고 제안하였다. 정치적 목적이 깔려있었지만 우리 정부에서는 이를 수용했는데, 그 때 소위 '구호 물자'가 남쪽으로 오는 데 여러 날이 걸렸다. 구호물자를 실은 배가 일단 공해상으로 나갔다가, 남하한 후 다시 니은(ㄴ)자로 선수를 꺾어서 인천항으로 들어오는 방식의 '디귿(ㄷ)자 항로'로 운항해야 했기 때문이다. 정주영 회장이 소떼를 보내겠다고 북에 제안했을 때, 북측에서는 배에 실어서 보내라고 답신을 하였다. 그러자 정 회장은 소를 배로 수송할 경우, 소가 멀미도 하고 여러 날이 걸리기에 많이 죽거나 병들 것이라고 말하면서 육로 수송을 주장하였다. 누가 봐도 그 논리가 타당하였기에 드디어 판문점을 통한 육로 수송의 길이 터졌던 것이다.

또 북한에 보내는 물자가 '소'였기에 북한 내 정책결정권자들의 마음을 흔들었을 것이다. 농경민족인 우리 한국인들에게 예부터 '소'는 소중한 재산이었다. 1960, 70년대에 서울 간 순이가 공장 노동으로 번 돈을 모아서 송아지 한 마리를 사서 집에 보내면, 이웃들은 큰 효자라고 칭송하였다. 소는 논이나 밭을 갈 때 아버지의 노동력을 대신하였다. 산지가 많기에 트랙터를 이용한 기계농이 쉽지 않은 북한의 경우는 소에 대한 애착이 더욱 강할 것이다. 트럭에 실려서 북으로 올라가는 '소'는 남북한만이 아니라 세계인의 심금을 울렸다. 소를 싣고 북으로 간 트럭 100대 역시 북한에 기증하였다.

정주영 회장이 기획, 연출에 출자와 출연까지 한 '소떼 북송 이벤트'로 드디어 휴전선이 터졌다. 참으로 기발한 아이디어의 행사였는데, 바로 여기에 화엄의 일중일체 원리가 작용한다. '소떼 북송'이라는 하나의 행사가 다양한 여러 문제를 일거에 해결하였다. "소 판 돈 훔쳤던 마음의 빚을 갚는다."는 의미부여로인해 북한정권의 자존심을 지켜주고, 농경 전통의 한반도에서 '소'라는 가축의 특성으로 북한의 정책 결정자의 감성을 움직였고, 정 회장 자신이 개척한 서산간척지에서 키운 소들이라는 점에서 선물에 '정성'이 담겨 있고, 생명체인 '소'이기에 육로를 통한 수송을 결정하지 않을 수 없다. 일중일체(一中一切)의 정책이 아닐 수 없으며, 이는 다음과 같이 정리된다.

농경민족의 큰 재산
↑
마음의 빚 갚기   ← **소** →   육로수송의 당위성
↓
스스로 키운 정성

'소'라는 하나의 분별[一] 속에 '빚 갚기, 정성, 재산, 육로수송' 등 다양한 사안들[一切]의 해결책이 들어있다. 일중일체다. 이런 식의 정책을 '다면적 (多面的) 정책'이라고 부를 수 있을 것이다. 이질적이고 모순되어 보이는 사 안들을 창의적이고 기발한 하나의 정책을 통해 일거에 해결한다. "소떼가 민 족의 분단을 해결하다." 외견상 마치 선가의 화두나 선문답과 같아 보이지만, 정주영 회장의 '묘관찰지(妙觀察智)'의 '시비지심(是非之心)'이었다.

그림 13 - 한국소

그림 14 - 대동여지도

정주영씨의 '소떼 이벤트'뿐만 아니라 앞에서 소개했던 '발우공양하는 분 에게 무료 식사 제공'하는 산중 사찰의 방침 역시 '다면적 정책'의 일례가

될 것이다. 또 가정에서든, 직장에서든, 사회에서든, 국가에서든 이해관계의 충돌로 인해 갈등이 일어날 때, "하나 속에 모든 것이 담긴다."라는 화엄적 보법 원리에 대한 확신이 있는 사람은, 집단 간 이해의 충돌을 해결하는 '하나의 정책'을 찾아내거나 고안하여, 그를 통해 모든 갈등을 해결할 수 있을 것이다. 물론 이를 위해서 먼저 해야 할 일은 다양한 갈등의 현황에 대해서 있는 그대로 정확히 파악하는 일이다. 즉 갈등 사안에 대한 전문적인 지식을 갖추는 것이다. 현안에 대해 여실지(如實知)하는 것이다. 그 후, 깊이 숙고할 경우 모든 갈등을 해결하는 하나의 정책을 반드시 찾아낼 수 있을 것이다. 정주영 회장이 '소떼'를 찾아냈듯이, 사찰의 무료급식에서 일어나는 여러 문제를 '발우공양'이 해결하듯이.

정주영 회장이 『화엄경』을 읽거나 『법성게』를 접했을 것 같지는 않다. 그러나 화엄학에서 가르치는 일중일체, 보법(普法)의 이치는 삶을 깊이 통찰하는 사람이라면 누구나 발견하고 체득할 수 있는 진리인 것이다.

(3) 구체적 현상을 소재로 삼아서 법의 종류별 내용을 밝힘 (即事法 明攝法分齊)

⑨일미진중함시방 一微塵中含十方
　한 점 크기 티끌 속에 온 우주가 담겨있고
⑩일체진중역여시 一切塵中亦如是
　낱낱 모든 티끌에도 역시 이와 마찬가지.

　일미진중함시방. 문자 그대로 번역하면 "한 톨 먼지 속에 시방이 담겼다." 가 될 것이다. 『화엄경』「현수보살품(賢首菩薩品)」에서는 문수보살이 보살들의 깊고 미묘한 행과 공덕의 넓고 큰 뜻에 대해 묻자 현수보살(賢首菩薩) 이 이를 게송으로 답하는데 그 가운데 다음과 같은 경구가 등장한다.

> 보시행과 지계행과 인욕행과 정진행과 선정행과 방편행과 지혜행 등 여러 공덕
> 모두에서 자재함은 불가사의 한 일인데, 그 이유는 화엄삼매 위세와 힘 때문이네.
> 미세한 먼지 같은 제 삼매에 들어가며, 낱낱의 삼매에서 먼지 같은 선정 생겨
> 한 톨의 먼지 속에 무량 찰토 나타내나, 그러한 먼지 역시 늘어남이 전혀 없네.
> 한 톨의 먼지 속에 찰토, 부처 다 있으며, 혹은 찰토 있지만은 부처님은 안계시고,
> 혹은 찰토 있지만은 청정 또는 부정하며, 혹은 대찰 중찰 하찰 단계 나눠 나타내고
> 혹은 찰토 엎어졌고 혹은 찰토 바로 섰고, 혹은 흡사 아지랑이, 혹은 네모반듯하며
> 혹은 천상 그물 같은 국토가 존재하여 온 세계의 성립, 파괴 모두 다 나타나네.
> 한 톨의 먼지 속에 나타난 게 그렇듯이, 일체의 먼지 역시 이와 아주 똑같다네.
> 이것을 이름하여 삼매의 자재한 힘, 또는 무량 명칭 갖는 해탈의 힘이라네.[125]

　위의 밑줄 친 부분에서 보듯이, '한 톨 먼지' 속에 무량한 찰토와 그 성주괴

---

125) "… 施戒忍辱精進禪 方便智慧諸功德 一切自在難思議 華嚴三昧勢力故 入微塵數諸三昧 一三昧生產等定 一塵中現無量刹 而彼微塵亦不增 一塵內刹現有佛 或現有刹而無佛 或現有刹淨不淨 或現大刹及中下 或刹伏住或隨順 或如野馬或四方 或有國土如天網 世界成敗無不現 如一微塵所示現 一切微塵亦如是 是名三昧自在力 亦無量稱解脫力 ….", T9, p.434c.

공(成住壞空)이 모두 나타나고, 다른 모든 먼지에서도 이와 같은 일이 벌어 진다는 통찰을 노래한다. '찰(刹)'이란 산스끄리뜨어 끄쉐뜨라(kṣetra)의 음 사어로 영역(field), 토지(landed property), 장소(place) 등을 의미하며 불전 에서는 전(田), 토(土), 국토(國土) 등으로 의역한다. 그러면 점과 같은 크기 의 한 톨 먼지 속에서 무량한 국토가 나타나고, 그런 국토가 성립하고 파괴되 는 모습이 모두 나타난다는 것은 도대체 무슨 의미일까? 어째서 이런 통찰이 가능한 것일까? 이런 의문을 간직하고서 『화엄경』의 경문을 좀 더 찾아보자. 「불부사의법품(佛不思議法品)」에서는 다음과 같이 설명한다.

> 불자여! 모든 부처님들에게는 열 가지 무애해탈이 있다. 무엇이 열 가지인가? 모든 부처님들께서는 한 톨 먼지 속에 모두 능히 그 수가 불가설불가설인 부 처님들의 출세를 두루 나타내실 수 있다. 모든 부처님들께서는 한 톨 먼지 속 에 모두 능히 그 수가 불가설불가설인 부처님들께서 청정한 법륜을 굴리시는 일을 두루 나타내실 수 있다. 모든 부처님들께서는 한 톨 먼지 속에 모두 능 히 그 수가 불가설불가설인 중생을 교화하고 조복하실 수 있다. … 그 수가 불가설불가설인 불찰을 두루 나타내실 수 있다. … 그 수가 불가설불가설인 보살에게 수기를 줄 수가 있다. … 삼세제불의 출세를 두루 나타내실 수 있다. … 일체의 불찰을 … 삼세제불의 자재하신 신통력을 … 삼세의 일체 중생을 … 삼세의 일체 제불의 불사를 두루 나타내실 수가 있다. 불자여! 이것이 모 든 부처님들의 열 가지 무애해탈이니라.[126]

부처님이 되면, 열 가지 '걸림 없는[無碍] 해탈'을 얻게 되는데, 이는 한 톨 먼지 속에서 여러 가지를 나타내고, 여러 가지 일을 하는 것이다. 즉 그

---

126) "佛子 一切諸佛 有十種無礙解脫 何等為十 一切諸佛 於一微塵中 悉能普現不 可說不可說諸佛出世 一切諸佛 於一微塵中 悉能普現不可說不可說諸佛轉淨法輪 一切諸佛 於一微塵中 教化調伏不可說不可說眾生 一切諸佛 於一微塵中 普現不 可說不可說佛刹 一切諸佛 於一微塵中 授不可說不可說菩薩記 一切諸佛 於一微 塵中 普現三世諸佛出世 一切諸佛 於一微塵中 普現三世一切佛刹 一切諸佛 於一 微塵中 普現三世諸佛自在神力 一切諸佛 於一微塵中 普現三世一切眾生 一切諸 佛 於一微塵中 普現三世一切諸佛佛事 佛子 是為一切諸佛十種無礙解脫.", T9, p p.600c-601a.

수가 불가설불가설인 부처님들이 세상에 나타나시는 장면과 청정한 법륜을 굴리시는 모습과 자재하신 신통력과 불찰과 불사를 두루 나타낼 수 있고, 그 수가 불가설불가설인 중생들을 교화하고 조복하며, 그 수가 불가설불가설인 보살들에게 수기를 줄 수 있다는 것이다. 부처님이 되면 이런 모든 일들을 한 톨 먼지 속에서 나타내고 한 톨 먼지 속에서 이룬다는 것이다. 의상 스님은 『법성게』에서 이런 모든 일들을 '일미진중함시방'이라고 축약하여 표현했는데, 어째서 이런 일이 가능하고, 이는 도대체 무슨 의미일까? 다시 『화엄경』을 보자. 『화엄경』에는 보법(普法)에 대한 공간적 조망을 나타낼 때 '한 톨 먼지' 대신에 '하나의 털구멍[一毛孔]'이라고 표현하기도 한다. 몇 가지 경문을 인용해 보자.

> 삼세에 걸쳐있는 무량겁의 일 중에서
> 세계가 이룩되고 부서지는 온갖 모습
> 하나의 털구멍에 모두 능히 나타내니
> 이를 일러 청정하고 위가 없는 지혜라네.127)

이는 『화엄경』 「세간정안품(世間淨眼品)」에서 선화천왕(善化天王)이 법신불의 모습에 대해 찬탄하는 게송의 일부다. 법신불의 털구멍 하나 속에 과거, 현재, 미래의 삼세에 걸쳐서 온 세계가 일어났다가 사라지는 모습 전체가 다 나타나는데, 이를 '청정하고 위가 없는 지혜'라고 부른다는 것이다. 선화천왕(善化天王)은 이어서 다음과 같이 노래하기도 한다.

> 비로자나 한 가닥의 털구멍을 관찰하면
> 일체의 모든 중생 다 그 속에 들지만은
> 중생 또한 간다거나 온다 하는 생각 없어
> 이를 일러 온갖 곳을 비추시는 법문이네.128)

---

127) "三世無量劫中事 世界成敗種種相 於一毛孔悉能現 是名清淨無上智.", T9, p.400a.

비로자나 여래의 털구멍 하나에는 모든 중생이 다 들어가지만, 중생들은 그곳으로 들어간다거나, 온다는 생각을 내지 않는데 이를 '온갖 곳을 비추시는 법문'이라고 부른다는 것이다. 요컨대 법신불인 비로자나부처님의 털구멍 하나에 온 세계의 성주괴공(成住壞空)하는 모습 전체가 들어가고, 모든 중생 역시 그 속에 들어있다는 통찰을 노래하는 것이다. 『화엄경』에서 가르치는 '일미진중함시방'의 진정한 의미를 파악하기 위해서 다른 경문을 좀 더 조사해보자. 「초발심보살공덕품(初發心菩薩功德品)」에서 법혜보살은 초발심보살의 공덕에 대해 노래하면서 부처님에 대해 다음과 같이 묘사한다.

낱낱의 털구멍 속 한량없는 제불국토
보살이신 마하살은 그 모두를 다 본다네.

더럽거나 깨끗한 온갖 묘한 장엄들을
저들의 행업 따라 분별하여 다 안다네.

낱낱의 미진 속의 일체의 불국토와
온갖 부처 보살님을 불자들은 다 본다네.

일체의 불국토가 쌓임, 혼란, 좁음 없이
한 불토에 다 들지만, 드는 바가 또한 없네.

시방의 불국토와 허공 가득 법계 등이
하나의 털구멍에 갖춰졌음 분간하네.

시방에 가득하신 일체의 최승자와
미묘 청정 장엄 불찰 두루 모두 다 본다네.

지혜로운 분께서는 제 여래의 엄정 국토

---

128) "觀見如來一毛孔 一切衆生悉入中 衆生亦無往來想 是名諸方照法門.", T9, p.400a.

털구멍 하나에서 남김없이 모두 보네.[129]

요컨대 점 같이 작은 부처님의 털구멍 하나에 온갖 불국토와 온갖 부처님과 온갖 보살님이 들어있다는 통찰이다. 그 한 점이 차 있으면 미진, 비어있으면 털구멍이다. 『화엄경』에서는 일체가 담기는 한 점으로 미진이나 털구멍 이외에 털끝[毛端]이라는 표현을 사용하기도 한다.[130] 먼지 한 톨을 한 가닥의 털 구멍[一毛孔], 한 가닥 털 끝[一毛端]이라는 말로 대체하면 일모공중함시방(一毛孔中含十方), 일모단중함시방(一毛端中含十方)이기도 하다.

그런데 이렇게 먼지 한 톨, 또는 털구멍 하나, 또는 털끝에 온갖 불국토가 들어 있고 모든 불보살이 계시다는 것은 상식적으로는 도저히 이해가 되지 않는 말이다. 우리가 알지 못하는 곳에 그런 세계가 있다는 것일까? 결코 그렇지는 않을 것이다. 옛날이든 지금이든 온 우주 어디에도 그런 곳이 있을 것 같지는 않다. 그러면 그런 곳은 어디일까? 『화엄경』은 부처님께서 마가다국의 보리도량에 가부좌 틀고 앉아 초성정각(初成正覺)하시는 장면에서 시작하기에 이들 가르침은 우리가 사는 바로 이곳에 대한 묘사여야 한다. 그러면 이곳에 대해서 어째서 이렇게 "한 점 속에 모든 것이 들어간다."고 통찰할 수 있는 것일까?

일미진중함시방의 실례

우리가 사는 이 세상에서 한 점 속에 모든 것이 들어가는 실례로 무엇을

---

129) "一一毛孔中 無量諸佛刹 菩薩摩訶薩 一切皆悉見 穢濁或清淨 種種妙莊嚴 隨彼諸行業 皆悉分別知 一一微塵中 一切諸佛刹 諸佛及菩薩 佛子皆悉見 諸刹不積聚 不亂不迫迮 一切入一刹 而亦無所入 十方諸國土 虛空法界等 能於一毛孔 具足分別知 普見十方界 一切諸最勝 微妙淨莊嚴 一切諸佛刹 一切諸如來 及彼嚴淨國 於一毛孔中 慧者皆悉見.", T9, p.456b.

130) "菩薩於一毛端處 安置佛刹不可說 … 一毛端處無量刹 而於其中不迫迮 … 一毛端處悉容受 如虛空等無量刹 ….", 「心王菩薩問阿僧祇品」, T9, p.587c.

들 수 있을까? 생체정보가 담긴 유전자? 컴퓨터의 메모리 칩? 이것들이 물론 우리 눈에 한 점으로 보이긴 하지만, 확대하면 점이 아니다. 크다거나 작다는 것은 상대적이기에, 일반적인 사물과 비교할 때, 작은 한 점과 같이 보이지만, 원자나 소립자와 같이 더 작은 것과 비교하면 거대하고 큰 것이 되고 만다. 따라서 유전자나 메모리 칩과 같이 상대적인 크기를 갖는 사물이 『화엄경』이나 『법성계』에서 말하는 미진이나 털구멍과 같은 '한 점'의 실질적인 예가 될 수는 없을 것이다. 한 점으로 보이는 유전자나 메모리 칩에 아무리 많은 정보가 담겨도 이들은 진정한 한 점은 아니다. 상대적으로 커지기도 하고, 작아지기도 하기 때문이다.

그런데 『화엄경』에서 말하는 온갖 불국토가 들어가는 먼지 한 톨, 털구멍 하나, 털끝 한 점은, 그냥 그대로 단순하게 우리가 사는 바로 이 공간의 어느 한 점[一微塵]이고, 바로 그 한 점 속에[一微塵中] 시방의 모든 곳에서 발생하는 형상이나 소리가 담겨있다[含十方]고 볼 경우 『화엄경』의 가르침을 합리적으로 해석할 수 있다.

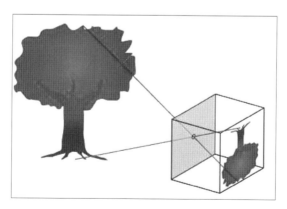

그림 15 - 바깥 풍경 전체가 바늘구멍으로 빨려든다.

초등학교 자연 시간에 바늘구멍사진기를 만들어 본 기억이 있을 것이다. 아래 그림에서 보듯이 상자 한쪽 면에 작은 구멍을 뚫고서 깊이를 조절하면,

반대 면에 그 작은 구멍으로 들어온 외부의 영상이 뚜렷하게 맺힌다. '일미진중함시방'이라는 『법성게』의 경구를 이해하기 위해서, 바늘구멍사진기에서 우리가 주목해야 할 점은 외부 사물의 모습 전체가 한 점 크기의 바늘구멍으로 들어온다는 점이다. 다시 말해 바늘구멍 바깥에 있는 온 우주의 시각정보가, 먼지 한 톨[一微塵] 크기의 한 점 바늘구멍으로 압축된다는 점이다. "털구멍 하나 속에 시방의 불국토가 모두 들어온다."는 『화엄경』의 경문은 이런 통찰을 의미한다. '일모공(一毛孔)중함시방'이다. "털끝 같이 작은 점 [같은 공간] 속에 온 세계가 들어온다." '일모단(一毛端)중함시방'이다.

보장엄동자(대위광태자)의 보살행으로 이룩한 화장장엄세계

『화엄경』에서 한 톨 먼지 대신에 털구멍이든지 털끝이라는 표현을 사용하는데, 그 때 털구멍이나 털끝의 주체는 비로자나부처님이다. 비로자나부처님의 털구멍이나 털끝에 시방의 온갖 불국토가 들어간다는 것이다. 왜냐하면 우리가 사는 이 우주는 비로자나부처님의 몸이기 때문이다. 『화엄경』의 세계 성립 신화[Myth]에서는 비로자나부처님의 몸이 그대로 이 우주가 되었다고 가르치며 이를 화장장엄세계(華藏莊嚴世界)라고 부른다.

불타발타라가 번역한 60권본 『화엄경』은 총 34품으로 구성되어 있는데 그 가운데 제2 노사나불품에 우리가 사는 이곳, 화장장엄세계의 성립신화가 실려 있다. 60권본 『화엄경』의 제2 「노사나불품」을 실차난타가 번역한 80권본 『화엄경』에서는 '제2 「여래현상품」, 제3 「보현삼매품」, 제4 「세계성취품」, 제5 「화장세계품」, 제6 「비로자나품」'의 다섯 장(章)으로 나누어 놓았다. 이 두 번역본은 번역어와 게송의 수에서 약간 차이가 있지만 맥락과 내용은 거의 같다. 두 번역본의 화장장엄세계의 성립 신화에서 사용하는 장소와 인격 등의 명칭을 대조하면 다음과 같다.

번역본 명명 대상	장소와 인격 등의 명칭	
	60권 화엄경	80권 화엄경
미진겁 이전의 세계해	①정광보안 淨光普眼	보문정광명 普門淨光明
세계해 중앙의 세계	②승묘음 勝妙音	승음 勝音
세계 중앙의 향수해	③청정광 淸淨光	청정광명 淸淨光明
향수해 중앙의 수미산	④대염화장엄당 大焰華莊嚴幢	화염보장엄당 華焰普莊嚴幢
수미산에 있는 숲	⑤보화지 寶華枝	마니화지륜 摩尼華枝輪
숲 동쪽의 큰 성(城)	⑥염광 焰光	염광명 焰光明
승[묘]음세계의 첫 부처님	⑦일체공덕본승수미산운 一切功德本勝須彌山雲	일체공덕산수미승운 一切功德山須彌勝雲
첫 부처님의 미간 광명	⑧일체공덕각 一切功德覺	발기일체선근음 發起一切善根音
큰 성 안의 왕	⑨애견선혜 愛見善慧	선견선혜 善見善慧
왕의 아들인 보살태자	⑩보장엄동자 大威光太子	대위광태자 普莊嚴童子
보살태자의 성불 후 명칭	⑪노사나 盧舍那	비로자나 毘盧遮那

표 11 - 화장장엄세계 성립신화 - 그 위치와 부처, 왕, 보살의 이름

『화엄경』 60권본에 근거하여, 화장장엄세계의 성립 신화를 설명해 보자. 설명의 편의를 위해 위의 표에서 보듯이 각각의 명칭들 앞에 원문자 번호를 달았으며 이를 아래와 같이 그림으로 나타내었다.

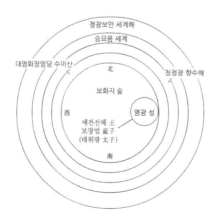

그림 16 - 보장엄동자의 거주처, 염광성의 위치

먼지와 같은 무수한 겁의 세월 이전에 '①정광보안'이라는 세계해가 있었다. 세계해란 '바다와 같이 넓은 세계'를 의미하는 듯하다. 그 세계해 중앙에는 '②승묘음'이라는 세계가 있었는데, 승묘음 세계에서 최초의 겁에 가장 먼저 세상에 나타나신 부처님이 '⑦일체공덕본승수미산운'이라는 이름의 부처님이셨다. '②승묘음' 세계의 중앙에는 '③청정광'이라는 이름의 향수 바다가 있고, 또 그 향수 바다 중앙에는 '④대염화장엄당'이라는 이름의 수미산이 있으며, 그 수미산에 '⑤보화지'라는 이름의 숲이 있었는데, 그 숲 동쪽에 '⑥염광'이라는 큰 성이 있었다. 그리고 '⑥염광'이라는 이름의 성(城)을 '⑨애견선혜'라는 왕이 통치하고 있었는데, 2만5천명의 아들 가운데 둘째 아들이 '⑩보장엄동자'였다. 앞의 표에서 보듯이 80권본 『화엄경』에서는 ⑥염광을 염광명, ⑨애견선혜를 선견선혜라고 다르게 번역한다. 또 ⑩보장엄동자를 대위광태자라고 번역하면서, 500명의 왕자 가운데 으뜸[上首]이었다고 쓰고 있다. 그런데 보광엄동자(또는 대위광태자)는 『화엄경』의 부처님인 법신불 노사나불(또는 비로자나불)의 전신(前身) 보살이었다. 60권본 『화엄경』 「노사나불품」에서는 먼저 노사나불의 전생 보살행에 대해 다음과 같이 설명한다.

> 불자들이여! 이 연화장세계의 바다는, 노사나불이 본래 보살행을 닦으셨을 때에, 아승기 세계의 먼지 수만큼의 겁(劫) 동안 꾸미고 깨끗하게 만든 곳이다. 낱낱의 겁 동안 세계의 먼지 수와 같은 여래를 공경하고 공양하면서, 그 한 분 한 분의 부처님이 계신 곳에서 세계 바다의 먼지 수와 같은 원력의 행을 깨끗하게 닦았다.[131]

즉, 우리가 사는 연화장세계, 화장장엄세계는 노사나불이 전생에 보살행을 통해 부처님을 공경하고, 원력을 쌓아 깨끗하게 만든 곳이라는 설명이다. 『화엄경』에서 보장엄동자가 보살행을 통해 노사나불이 되었다고 드러내어 설

---

131) "諸佛子 當知此蓮華藏世界海是盧舍那佛本修菩薩行時 於阿僧祇世界微塵數劫之所嚴淨 於一一劫恭敬供養世界微塵等如來一一佛所 淨修世界海微塵數願行.", T9, p.412a.

명하는 경문은 보이지 않지만, 60권본에서는 '과위(果位)인 노사나불에 대한 찬탄'과 '인위(因位)인 보장엄동자의 보살행'이 「노사나불품」이라는 품제(品題) 아래 함께 실려 있으며, 80권본에서도 대위광태자의 보살행을 소개하는 제6품에 대해 「비로자나품」이라고 명명한다. 따라서 우리는 보장엄동자(또는 대위광태자)가 노사나불(또는 비로자나불)의 전신이었다고 아는 것이다. 60권본에 의거하여 보장엄동자의 발보리심에서 성불의 수기(授記)를 받기까지의 과정을 요약하면 아래와 같다.

> 염광성(焰光城)을 통치하는 애견선혜(愛見善慧)왕의 아들로 태어난 보장엄동자는, 승묘음(勝妙音) 세계의 첫 부처님인 일체공덕본승수미산운(一切功德本勝須彌山雲) 부처님께서 미간에서 방사하신 광명을 보고서 제불구족공덕삼매(諸佛具足功德三昧) 등 10가지 삼매에 들어갔고 게송을 지어서 부처님을 찬탄하였다. 이 게송 소리가 널리 퍼지자 이를 들은 아버지 애견선혜왕은 부처님을 뵈러 가자는 권유를 담은 게송을 노래한 후 그 수가 77억 나유타인 권속들과 함께 부처님을 찾아가 그 발에 예배하고 한쪽에 앉았는데 무수한 천신, 용, 야차, 건달바, 아수라, 가루라, 긴나라, 마후라가 등도 함께 하였다. 그 자리에서 일체공덕본승수미산운 부처님께서는 『현삼세일체제불집회(現三世一切諸佛集會)』라는 제목의 경전을 설하셨고, 이를 들은 보장엄동자는 일체법구족삼매(一切法具足三昧) 등을 얻은 후 게송을 지어 부처님을 찬탄한 후 보살행을 닦을 것을 다짐하였다. 그러자 부처님께서는 게송을 지어서 보장엄동자를 칭송하면서 무량겁 수행으로 성불하리라고 수기(授記)하셨다. 일체공덕본승수미산운 부처님께서 50억 세의 수명을 마치시고 열반하신 후 일체도이치청정안왕(一切度離痴淸淨眼王)이라는 이름의 부처님께서 출현하셨는데 보광엄동자는 이 부처님을 뵙고서 염불삼매 등의 삼매를 얻었고, 이 부처님께서 설하신 『일체법계자성이구장엄(一切法界自性離垢莊嚴)』이라는 제목의 경전 등을 듣고서, 일체법보문환희삼매(一切法普門歡喜藏三昧)를 얻고 일체법방편해삼매(一切法方便海三昧)에 들어갔다.[132]

60화엄의 「노사나불품」은 여기서 끝나고 다음 장인 「여래명호품」이 시작

---

132) T9, pp.417a-418a.

되는데, 80화엄의 「비로자나품」에는 이에 뒤이어 대위광태자(보장엄동자)가 세 분의 부처님을 만난 얘기가 추가되어 있다. 요약하면 다음과 같다.

> 대위광태자(보장엄동자)는 이런 삼매에 이어서 독특한 이름의 '다라니, 대자(大慈), 대희(大喜), 대사(大捨), 반야바라밀, 신통, 변재(辯才), 지광(智光)' 등 수많은 법문을 모두 통달하였고 부처님의 위력을 계승하여 모든 권속들을 위해 게송을 지어 부처님을 찬탄하고 보살행을 권유하였다. 그 후 부모, 권속들과 함께 바라밀선안장엄왕(波羅蜜善眼莊嚴王)이라는 이름의 부처님께 나아가 『법계체성청정장엄(法界體性淸淨莊嚴)』 등의 경전을 들었고, 이를 들은 대중들은 독특한 이름의 '청정지, 지(地), 바라밀륜, 증광행륜 … 출생원력청정지' 등을 얻었다. 그러자 그 부처님께서는 대위광태자를 칭찬하시면서 게송으로 성불의 수기(授記)를 주었다. 그 후 세월이 지나서 그 부처님께서도 열반하시고 아버지인 선견선혜왕(애견선혜왕)이 돌아가신 후, 대위광태자가 전륜성왕위에 올랐는데, 마니화지륜대림(摩尼華枝輪大林, 보화지 숲)에서 최승공덕해(最勝功德海)라는 이름의 세 번째 부처님이 출현하셨다. 그 부처님께서는 숲에서 『보살보안광명행수다라(菩薩普眼光明行)』 등의 경전을 설하셨는데 이를 들은 대위광보살은 대복덕보광명(大福德普光明)이라는 삼매를 얻었다. 그러자 그 부처님께서는 게송으로 대위광보살의 보리심을 칭송하면서 성불의 수기를 주었다. 그 후 마니화지륜대림에서 다시 또 부처님이 출현하셨고 이름이 명칭보문연화안당(名稱普聞蓮華眼幢)이었는데, 이때 대위광보살은 목숨을 마치고 수미산 위의 적정보궁천성(寂靜寶宮天城)에 태어나 이구복덕당(離垢福德幢)이라는 이름의 대천왕이 되었다. 대위광보살은 권속들과 그 부처님께 공양을 올렸고, 그 부처님께서는 『광대방편보문변조(廣大方便普門徧照)』 등의 경전을 설하셨다. 이를 들은 천왕의 무리들은 보문환희장(普門歡喜藏)이라는 삼매를 얻어서 그 힘으로 일체법실상해(一切法實相海)에 들어가 이익을 얻은 후 도량에서 나와 원래 있던 곳으로 돌아갔다.[133]

여기서 보듯이 80권본 『화엄경』에서는 대위광태자(보장엄동자)가 바라밀선안장엄왕, 최승공덕해, 명칭보문연화안당이라는 명호를 갖는 세 분의 부처님을 차례대로 더 만났다는 얘기를 추가한다.

---

133) T10, pp.56b~57c.

'일미진중함시방 일체진중역여시'라는 『법성게』의 경문 해설을 시작하면
서, 이렇게 "한 점 크기 티끌 속에 온 우주가 담겨있고, 낱낱 모든 티끌에도
역시 이와 마찬가지"인 불국토(佛國土) 또는 불신(佛身)에 대해 묘사하는 60
화엄의 「현수보살품(賢首菩薩品)」, 「불부사의법품(佛不思議法品)」, 「세간
정안품(世間淨眼品)」, 「초발심보살공덕품(初發心菩薩功德品)」 등의 경문을
인용한 바 있다. 또 "이 연화장세계의 바다는, 노사나불이 본래 보살행을 닦
으셨을 때에, 아승기 세계의 먼지 수만큼의 겁(劫) 동안 꾸미고 깨끗하게 만
든 곳"이라는 「노사나불품」의 경문에서 설명하듯이 우리가 사는 이곳, 연화
장세계(또는 화장장장엄세계)는 보장엄동자(또는 대위광태자)의 보살행으로
이룩된 곳이다. 「노사나불품」에서 일체제법승음보살(一切諸法勝音菩薩)은
이런 연화장세계의 모습을 다음과 같이 묘사하기도 한다.

> 부처님 몸 온갖 법계 가득하게 채우시어
> 일체 모든 중생 앞에 두루두루 나타나고
> 교화하실 상대 따라 모두 가득 채우시나
> 부처라서 바로 이곳 보리수에 처하시네.
>
> 온 세상을 가득 채운 먼지 같은 불국정토
> 낱낱마다 앉아계신 부처님의 털구멍 속
> 그 모두에 한량없는 보살 대중 계시는데
> 각각 위해 보현행을 자세하게 설하시네.
>
> 한량없는 불국토가 한 털구멍 속에 들어
> 그 모두에 보리수의 연화좌를 펼쳤는데
> 온 세상을 가득 채운 일체의 법계들이
> 일체의 모공마다 자유자재 나타나네.[134]

---

[134] "佛身充滿諸法界 普現一切衆生前 應受化器悉充滿 佛故處此菩提樹 一切佛刹
微塵等 爾所佛坐一毛孔 皆有無量菩薩衆 各為具說普賢行 無量刹海處一毛 悉坐
菩提蓮華座 遍滿一切諸法界 一切毛孔自在現.", T9, p.408a.

노사나불(또는 비로자나불)의 원력으로 건립된 이곳 연화장세계(또는 화장장엄세계)에서는, 부처님의 몸은 온 우주에 가득하면서 그와 동시에 보리수 아래 앉아계신다. 온 우주에 먼지처럼 가득한 갖가지 불국정토 모두에 부처님께서 앉아계시는데, 부처님께서는 당신의 털구멍 속에 계시는 무량한 보살들을 위해 보현행에 대해 자세하게 설하신다. 무량한 불국토가 부처님의 털구멍 하나 속에 모두 들어가며, 그 낱낱의 불국토마다 보리수 아래 연화좌가 펼쳐져 있는데, 온 우주에 가득한 법계들이 낱낱의 모공에서 자유자재하게 나타난다. "한 점 속에 온 우주가 들어간다."는 '일미진중함시방'의 통찰이다. 우리가 사는 바로 이곳은 보장엄동자(또는 대위광태자)가 보살행을 통해 이룩한 연화장세계로 노사나불(또는 비로자나불)의 몸이다. 보장엄동자가 성불하면서 그 몸이 그대로 세계가 되었다. 연화장세계(또는 화장장엄세계)가 되었던 것이다. 그러면 어째서 이런 통찰이 가능한 것일까? 『화엄경』의 이런 신화는 무엇에 근거한 것일까? 인명학의 현량 이론과 『아비달마구사론』의 수행론과 『니야야빈두(Nyāyabindu, 正理一滴論)』의 인식론 등을 참조할 때, 우리는 이런 통찰의 계기를 짐작할 수 있을 것 같다. 좀 길지만, 아래에서 이에 대해 차근차근 추적해 보겠다.

실재의 최소 단위, 자상(自相)과 '점-찰나'

동아시아 불교전통에서 인명학(因明學)이라고 부르는 불교인식논리학에서는 우리가 지식을 획득하는 방법에 현량(現量, pratyakṣa)과 비량(比量, anumāna)의 두 가지가 있다고 가르친다. 현량은 직접지각[perception], 비량은 추리지[inference]에 해당한다. 이렇게 인식수단을 현량과 비량의 두 가지로 구분하는 것은 불교의 진속 이제설(二諦說)에 근거한다. 부처님의 가르침은 진제(眞諦)와 속제(俗諦)의 두 가지로 구분된다. 진제는 참된 진리로 승의제(勝義諦, paramārtaha-satya) 또는 제일의제(第一義諦)라고 부르고, 속제는 관습적 진리로 세속제(世俗諦, saṃvṛti-satya) 또는 언설제(言說諦)라고 부르기도 한다. 현량은 진제에 대한 인식이고, 비량은 속제에 대한 인식이다.

그리고 현량의 대상을 자상(自相, sva-lakṣaṇa), 비량의 대상을 공상(共相, sāmānya-lakṣaṇa)이라고 부른다. 보편과 특수를 구분할 때 공상은 보편(universality)에 대한 앎이고 자상은 특수(particularity)에 대한 앎이다. 보편은 일반자(universality)라고 부르기도 하고, 플라톤 철학에서 말하는 이데아(Idea)이기도 하다. 보편에 대한 앎인 공상은 '생각의 기초단위'인 개념(conception)에 다름 아니다. 또 공상은 문자 그대로 '공통점(commonness)에 대한 앎'이라고 풀 수 있다. 예를 들어 얼룩소, 황소, 물소, 흑소 등 여러 가지 종류의 소들이 있는데 이들 모두 '소'라는 점에서 공통된다. 이 때 얼룩소, 황소, 물소, 흑소 등은 '특수'에 해당하고 '소'가 보편이 된다. 또 얼룩소의 경우도 한국 얼룩소가 있고, 중국의 얼룩소가 있고, 미국에 사는 얼룩소가 있을 때 이들은 모두 특수가 되고, '얼룩소'가 보편이 된다. 위계를 올려서 소, 말, 닭, 돼지 등을 특수로 간주할 경우 이들을 일관하는 '가축'이 보편이 된다. 보편과 특수의 이런 관계를 표로 정리하면 다음과 같다.

						...		
식물	동물					...		보편
	야생동물	가축				...		↑
	...	말	닭	돼지	소		...	↓
		...		황소	얼룩소	흑소	...	특수
							...	

표 12 - 보편과 특수의 일반적인 위계(hierarchy)

다시 설명하자면, '소'라는 개념은 상위 개념인 가축에 대해서는 특수이지만, 하위 개념인 황소, 젖소, 물소 등에 대해서는 보편이 된다. 이렇게 일반적인 개념들의 위계(hierarchy)에서는 어떤 하나의 개념이 특수가 되기도 하고 보편이 되기도 한다. 이것이 보편과 특수 간의 일반적인 관계다.

그러나 불교인식논리학에서는 이런 모든 개념들을 다 보편으로 간주한다. 동물이든, 가축이든, 소든, 얼룩소든 모두 공상일 뿐이다. 이런 모든 개념들은 다 공상에 속한다. 이와 달리 특수, 즉 자상(自相)은 '특수 중의 특수'로 시간적으로는 한 찰나만 존재하고, 공간적으로는 극소인 미진 크기의 하나의 점이다. 이에 대해 설명해 보자. 법칭(法稱, Dharmakīrti)의 『니야야빈두』에서는 직접지각인 현량과 그 대상인 자상에 대해 다음과 같이 정의한다.

> [현량:] 그 가운데 현량은 개념을 떠난 것으로 환각이 아니다. 말에 결합될 수 있는 표상적 인식이 개념인데, 그것을 떠나고, 눈병, 빠른 움직임, 배 타고 가기, 흥분 등으로 인한 착각이 초래하지 않은 인식이 현량이다.135)

> [자상:] 그 대상은 자상(自相)인데, 가깝거나 멂에 따라서 인식된 모습에 차이가 있는 대상, 그것이 바로 자상이다. 그것[自相]만이 승의적(勝義的) 존재이다. 실유(實有)는 실질적 작용 능력을 특징으로 삼기 때문이다.136)

법칭은 먼저 직접지각인 현량에 대해 부정적인 방법으로 정의한다. 즉 '개념이나 말과는 무관한 인식'이며 '눈병에 걸려서 헛것을 보는 것, 배를 타고 갈 때 강변의 산이 움직이는 듯이 보이는 착각, 흥분 중에 일어나는 착각' 등과 같은 인식은 현량의 범위에 들어가지 않는다는 것이다. 개념이나 말에 대한 인식은 모두 비량에 속하기에, 요컨대 '비량으로 아는 것이나 환각이나 착각으로 아는 것'이 아닌 것이 현량이라는, 부정적인 방식의 정의다. 이와 달리 현량의 대상인 자상에 대해서는 위의 아래 인용문에서 보듯이 긍정적인 방법으로 정의한다. 자상이란 '가깝거나 멂에 따라서 달라지는 것'이며 참된

---

135) "tatra pratyakṣaṃ kalpanā apoḍham abhrāntam. abhilāpa-saṃsarga-yogya -pratibhāsā pratītiḥ kalpanā. tayā rahitam timira-āśubhramaṇa-nauyāna-saṃ kṣobha-ādy-anāhita-vibhramaṃ jñānaṃ pratyakṣam.", *Nyāyabindu*.

136) "tasya viṣayaḥ svalakṣaṇam. yasya arthasya saṃnidhāna-asaṃnidhānābhyā ṃ jñāna-pratibhāsa-bhedas tat svalakṣaṇam. tad eva paramārthasat. arthakriyā sāmarthya-lakṣaṇatvād vastunaḥ.", *Nyāyabindu*.

존재인 '승의적 존재'이며 '실질적 작용능력을 갖는 실유'다. 예를 들어서 '생각 속의 불'은 공상이고, 멀든 가깝든 '실제로 타는 불'은 자상들의 흐름이다.

러시아의 불교학자 체르밧스키(Stcherbatsky, 1866-1942)는 이상에서 설명한 현량과 비량, 승의제와 세속제, 자상(自相)과 공상(共相)의 관계에 대해 다음과 같이 설명한다.

> 두 가지 종류의 생각(imagination)이 존재한다. 하나는 '순수한 것'이고, 다른 하나는 '실재와 혼합된 것'이다. 이에 대응하는 실재도 두 가지다. 하나는 '순수한 것'이고, 다른 하나는 '생각이 섞인 것'이다. 전자는 오로지 '점-찰나(point-instant)'들로 이루어져 있긴 하지만, 시간적으로든 공간적으로든 그 위치를 확정할 수도 없고 우리에게 감각되는 그 어떤 성질도 없다. 그것은 궁극적 실재, 순수한 실재(paramārtha-sat, 勝義有)다. 후자는 대상화된 이미지들로 이루어진 실재다. 이런 실재는 시간과 공간 속에 그 위치를 확정할 수 있으며 다양한 감각적 성질, 추상적 성질로서 우리에게 나타난다. 그것은 현상적 실재, 경험적 실재(samvṛti-sat, 世俗有)다.137)

여기서 체르밧스키가 말하는 두 종류의 생각 가운데, '순수한 생각'은 직접 지각인 현량, '실재와 혼합된 생각'은 추리지인 비량에 대응된다. 체르밧스키는 이 가운데 '순수한 생각'의 대상인 '순수한 실재'를 '점-찰나(point-instant)'라고 명명하는데 이것이 바로 현량의 대상인 자상(自相, sva-lakṣaṇa)이다.138) '점-찰나'의 의미를 명확히 하기 위해서 이에 대한 체르밧스키의 설명 몇 가지를 더 인용해 보자.

> 제행무상(諸行無常)의 이론은, "시간적인 지속(持續) 낱낱은 잇따라 일어나는 '점-찰나'들로 이루어져 있고, 공간적인 연장(延長) 낱낱은 연속적이면서 동시적으로 일어나는 '점-찰나'들로 이루어져 있으며, 움직임 낱낱은 연속적으로 간극 없이 일어나는 이런 '점-찰나'들로 이루어져 있다."라는 점을 함의

---

137) Stcherbatsky, *Buddhist Logic*, p.70.
138) Stcherbatsky, *Buddhist Logic*, p.70, 각주2.

한다. 따라서 이런 점-찰나들에 덧붙여서 우리의 생각이 축조해 내는 이런 가
상의 실체들, 즉 '시간', '공간', '움직임' 등은 모두 존재하지 않는다.[139]

혹자는 낱낱의 '점-찰나'를 시간의 일부거나, 공간의 일부 또는 우리에게 감
각되는 어떤 성질로 간주할지도 모른다. 그러나 이렇게 세 가지로 다르게 보
는 것은 그런 '점-찰나'를 대하는 태도의 차이에서 비롯한 것이다. 그 어떤 생
각도 범접하지 못하는 궁극적 실재인 '점-찰나' 그 자체는 성질도 없고, 시간
성도 없으며, 나누어지지도 않는다.[140]

이 세상에 실재하는 것은 특수 중의 특수, 자상인 점-찰나일 뿐이다. 시간
의 흐름은 점-찰나의 연속이고, 공간적 넓이 역시 점-찰나들이 모여 구성된
것이며, 이 세상에는 점-찰나들의 생멸만 있을 뿐이지 무엇이 움직이는 것이
아니다. 체르밧스키는 다시 다음과 같이 설명한다.

불교도에게 궁극적 실재는 무(無)시간, 무공간, 무운동의 것이다. 그렇다고 해
서 영원한 존재이기에 무시간인 것이 아니고, 편재하는 존재이기에 무공간인
것이 아니며, 포괄자로서 움직임 없는 전체이기에 무운동인 것이 아니다. 이
와 달리 지속도 없고, 연장도 없고, 움직임도 없기에 무시간, 무공간, 무운동
이다. 그것은 수학적인 '점-찰나'이며, 작용이 효력을 발휘하는 순간이다.[141]

점-찰나는 시간이나 공간이나 운동 이전의 것으로 수학적인 최소점이기
도 하다. 직접지각이 일어날 때, 우리의 주의력을 따라서 매 찰나 생멸하는
점들의 흐름이 바로 자상(自相)인 것이다. 아비달마교학에서는 공간적으로
가장 작은 입자를 극미(極微)라고 부르고, 시간적으로 가장 짧은 지속을 찰
나(刹那)라고 부른다. 물질적 측면에서 이 세상은 한 찰나만 존재하는 극미
들의 거대한 흐름이다.

---

139) Stcherbatsky, *Buddhist Logic*, p.84.
140) Stcherbatsky, *Buddhist Logic*, p.85.
141) Stcherbatsky, *Buddhist Logic*, p.87.

"연기(緣起)한 것 가운데 그 어떤 것도 영원한 것이 없다."라는 제행무상의 가르침을 설명할 때 우리는 여러 가지 예를 든다. 인간의 경우 생로병사(生老病死)하고, 우주는 성주괴공(成住壞空)하며, 사물은 생주이멸(生住異滅)한다. 춘하추동으로 순환하는 계절의 변화, 밤과 낮의 순환, 들숨과 날숨의 교체 등이 모두 제행무상을 실증하는 예들이다. 그런데 제행무상에 대해 완벽하게 통찰하기 위해서는 찰나무상까지 들어가야 한다. 매 찰나 생멸하는 극미의 흐름, 즉 자상의 흐름까지 꿰뚫어 보아야 하는 것이다.

아비달마교학의 찰나는 시간의 최소단위이고, 극미는 공간적 연장을 갖는 물질의 최소단위다. 그리고 불교인식논리학에서 현량의 대상으로 제시하는 자상에는 찰나의 시간성과 극미의 공간성이 통합되어 있다. 『화엄경』이나 『법성게』에서는 극미 대신에 미진(微塵), 찰나 대신에 일념(一念)이라는 용어를 사용하는데, 한 점 크기 티끌 속에 온 우주가 담겨있고[一微塵中含十方(일미진중함시방)] 한순간의 잠깐 생각 무량겁의 세월이라[一念卽是無量劫(일념즉시무량겁)]는 통찰을 노래한다. 바깥으로 무한히 열린 미진과 일념이다. 화엄적인 보법(普法)으로서의 미진이고, 보법으로서의 일념이다.

라이프니츠의 모나드와 화엄의 일미진

체르밧스키가 '점-찰나'라고 표현한, '참된 실재, 승의적 존재인 자상(自相)'에 대한 이런 설명에서 우리는 라이프니츠(Leibniz, 1646-1716)의 모나드(Monad, 單子)를 연상하게 된다. 90문단으로 이루어진 라이프니츠의 『단자론(單子論, Monadology)』 경구(警句) 몇 가지를 인용해 보자.142)

1. 우리가 여기서 얘기하려고 하는 **모나드**는, 복합체를 구성하는 '단일한 실체' 이상의 그 어떤 것이 아니다. 여기서 단일하다는 것은 부분이 없다는 뜻이

---

142) Frederic Henry Hedge의 英譯本(1867)과 Robert Latta의 영역본(1898)을 대조하여 의미가 통하도록 번역하였다.

다.

3. 그런데 부분이 없는 것은 연장(延長)도 없고 형태도 없고 더 쪼갤 수도 없다. 이런 **모나드**들이 '자연의 진정한 원자'인 것이다. 그리고 한마디로 말하면 '모든 사물의 기본요소'다.

7. 게다가, **모나드**의 경우 다른 피조물[143]에 의해서 어떻게 그 성질이 바뀌거나 내적으로 변화할 수 있는지 설명할 방법이 없다. 왜냐하면, 그 안에서는 어떤 것도 위치에 변화를 줄 수 없기 때문이다. 또 구성요소 간에 변화가 일어날 수 있는 복합체들의 경우에는 그 안에서 일어나는 발생, 지향, 증가, 감소 등의 내적 운동을 우리가 인지할 수 있는데, **모나드**에서는 그런 것들이 우리에게 인지되지 않기 때문이다. **모나드에는 무엇이 들어오거나 나갈 수 있는 창문이 없다.** 과거에 스콜라 철학자들이 말하는 감각자료들이 그랬듯이 그 어떤 사건도 그것들을 실체에서 분리시켜서 실체 밖으로 나가게 할 수 없다. 이와 마찬가지로 실체든 사건이든 **모나드** 밖에서 안으로 들어올 수 없다.

라이프니츠가 말하는 모나드는 부분을 갖지 않기에 더 나누어지지 않는 단일한 실체로 원자와 같이 자연을 구성하는 최소 단위의 기본요소다. 그런데 모나드에는 창이 없기에 그 안으로 어떤 것도 들어오거나 나갈 수 없다. 이는 체르밧스키가 고안한 '점-찰나'와 다를 게 없는 시공간적 최소 극한이며, 불교인식논리학의 자상이다. 아비달마교학의 미진이나 찰나 역시 시공간적 최소점이면서 외부로 닫혀 있기에 모나드류(類)의 것들이다. 그러나 개별자나 모나드에 대한 다음과 같은 라이프니츠의 설명에서 우리는 화엄적 기미를 엿볼 수 있다.

56. 자, **모든 것들이 이렇게 낱낱의 개별자(particular one)와 서로 연관**되고, 관계를 맺는다는 점 또는 이런 방식으로 순응하는 것, 그리고 그 역(逆)도 마

---

143) 모나드의 내적 질서는 신에 의해 주어진 것이라는 점을 말하기 위해서 라이프니츠는 '피조물(creature)'이라는 표현을 사용한다.

찬가지라는 점으로 인해, 낱낱의 **단일체(simple substance)**는 다른 모든 것들을 나타내는 여러 가지 관계들을 갖는다는 점이 도출되고, 결국 **낱낱의 단일체는 온 세계를 반영하는 영원하며 살아있는 거울**이라는 점이 도출된다.

낱낱의 단일체는 다른 모든 단일체와 연관되고 마치 거울처럼 온 세계를 반영한다는 것이다. 『법성게』에서 노래하는 "한 점 크기 티끌 속에 온 우주가 담겨 있다."는 일미진중함시방(一微塵中含十方)의 통찰과 다르지 않다. 화엄학의 정수(精髓)를 열 가지 통찰로 정리한 화엄 십현문(十玄門)에서는 이를 인다라망경계문(因陀羅網境界門)이라고 부른다. 화엄종의 초조 두순이 강설하고, 지엄이 찬술한 『화엄일승십현문(華嚴一乘十玄門)』에서는 이에 대해 다음과 같이 설명한다.

둘째, 인다라망경계문이란 것은 다음과 같다. 이것은 비유에 의해서 [그 이치를] 밝힌 것이다. 그리고 이 또한 교의(敎義) 등 열 가지 방식[144]으로 설명 가능하며, 『범망경』에서 범천의 궁전에 있는 그물을 비유로 삼은 것과 같다. 여기서 말하는 인다라망이란 제석천의 궁전에 있는 그물을 비유로 삼은 것이다. 제석천의 궁전에 있는 그물을 비유로 삼았다는 것은 다음과 같다. 먼저 여기서 말하는 제석천의 그물의 모습에 대해 알 필요가 있다. 그 모습이 어떠한가 하면, 여러 장의 거울들이 서로 비출 때 거울들의 영상이 거울 하나에 나타나는 것과 같다. 이와 마찬가지로 그 영상 속에 다시 거울들의 영상이 나타나며, 낱낱의 영상 속에 다시 [거울의] 영상들이 나타난다. 그래서 거듭거듭 영상들이 나타나는데 끝없이 계속 이런 일이 이루어진다. 따라서 이는 [십지품(十地品)의] 제7지에 대한 찬탄에서 [해탈월보살이 금강장보살에게] 경을 청하니 다음과 같이 말하는 것과 같다. "한 톨의 먼지 속에 / 나타나신 나유타 수 / 무량무변 부처님들 / 그 속에서 설하시네" 이는 곧 지정각세간이다. 또 다음과 같이 말한다. "한 톨의 먼지 속에 / 무량 불국 수미산과 / 금강위산 나타내나 / 세간은 좁지 않네."[145] 이는 기세간에 근거한 것이다. 또 다음과 같이 말한다. "한 톨의 먼지 속에 / 삼악도와 천신과 / 인간과 아수라가 / 제각각 업보 받네." 이는 곧 중생세간에 근거한

---

144) "一者敎義 二理事 三解行 四因果 五人法 六分齊境位 七法智師弟 八主伴依正 九逆順體用 十隨生根欲性.", T45, p.515c.
145) 60화엄, T9, p.564a.

것이다. 또 [현수보살품(賢首菩薩品)에서] 다음과 같이 말한다. "한 톨 먼지 나 타나듯 / 일체 먼지 이와 같네."[146] 따라서 먼지에서 국토가 나타나고, 그 국토 의 미진에서 다시 [국토가] 나타나며 그로 인해서 끝없이 계속 이런 일이 이루어 진다. 이것이 바로 법계연기(法界緣起)인 것이다.[147]

인다라망이란 제석천(帝釋天)의 천궁에 있는 그물 이름이다. 문자 그대로 '인드라(Indra) 신의 그물'이다. 인드라 신에게는 '신들의 주인'이라는 수식어 가 붙는다. 산스끄리뜨어로 '샤끄라 데와남 인드라(śakra-devānām-indra)' 라고 쓴다. '신(Deva)들의 주인(Śakra)이신 인드라(Indra)'라는 뜻이다. 동아 시아에서는 이를 석제환인(釋提桓因, ŚAKra-DEVĀNām-INdra)이라고 음사하였는데, 줄여서 제석(帝釋), 또는 환인(桓因)이라고 부르기도 한다. 제 석천은 단군신화에서는 환웅의 아버지이며 단군의 조부인 환인으로 등장하 였다가 애국가로 들어와 '우리나라를 보우하시는 하느님'이 된다. 인드라신 의 궁전에는 인다라망이라는 이름의 입체 그물이 있는데, 그물코마다 반짝이 는 구슬이 달려 있다. 여기서 말하는 거울은 평면거울이 아니라 동그란 구슬 거울이다. 즉 표면이 거울처럼 반짝이는 동그란 보배구슬이 그물코마다 매달 린 정글짐(Jungle gym)과 같은 입체 그물이 인다라망이다. 거울처럼 맑은 보 배구슬에는 동, 서, 남, 북의 사방(四方)과 북동, 북서, 남동, 남서의 사유(四 維) 그리고 상하까지 포함하여 총 시방(十方)의 모든 모습이 비친다. 따라서 인다라망의 구슬 가운데 어느 하나를 잡아도, 그 표면에 다른 모든 구슬들의 모습이 나타난다.[148] 또 이들 구슬 가운데 어느 한구석에 있는 구슬에 검은

---

146) 60화엄, T9, p.434c.

147) "第二 因陀羅網境界門者 此約譬以明 亦復具有教義等十門 如梵網經 即取梵 宮羅網為喻 今言因陀羅網者 即以帝釋殿網為喻 帝釋殿網為喻者 須先識此帝網之 相 以何為相 猶如眾鏡相照 眾鏡之影見一鏡中 如是影中復現眾影 ——影中復現 眾影 即重重現影成其無盡復無盡也 是故如第七地讚請 經云 於一微塵中 各示那 由他 無量無邊佛 於中而說法 此即智正覺世間 又云 於一微塵中現無量佛國須彌 金剛圍 世間不迫迮 此即據器世間 又云 於一微塵中現有三惡道天人阿修羅 各各 受業報 此即據眾生世間 又云 如一微塵所示現 一切微塵亦如是 故於微塵現國土 國土微塵復示現 所以成其無盡復無盡 此即是其法界緣起.", T45, p.516b.

점을 찍으면 다른 모든 구슬에도 동시에 검은 점이 나타난다.149) 그리고 이 구슬의 크기가 작아져도 마찬가지다. 시방의 모든 모습이 반짝이는 그 표면에 담긴다. 점이 되어도 마찬가지다. 그 점 속에 시방의 모든 모습이 들어온다. 먼지 한 털 크기의 공간, 털끝 같은 공간, 털구멍 같은 한 점 크기의 공간 속에 온 우주가 들어오는 것이다. '일미진중함시방'이다. 즉 한 점 크기 티끌 속에 온 우주가 담겨있다.

그림 17 - 시방이 비치는 거울구슬   그림 18 - Indra망과 유사한 거미줄 물방울

앞의 인용문에서는, 인다라망의 모습에 대해 "여러 장의 거울들이 서로 비출 때 거울들의 영상이 거울 하나에 나타나는 것과 같다."라고 묘사하였는데, 여러 장의 거울들이 서로를 반영한다는 점에서는 모나드에 대한 라이프니츠의 설명 56과 동일하지만, 여기서 한 걸음 더 나아가 그 거울 속에 비친 영상 속에서 그런 일이 중중무진하게 일어난다고 설명하는 점에서 인다라망경계문의 통찰이 한층 더 깊다. 논리적으로 추구할 때 사실 그렇다. 한 점 티끌 크기의 공간 속에 온 우주가 들어갈 경우, 그렇게 들어갈 우주 속에도 다시 한 점 티끌 크기의 공간이 있을 테고, 그 공간 속에 다시 온 우주가 들어갈 것이다. 그리고 다시 그 온 우주 속에 있는 한 점 티끌 크기의 공간 속에서도 이런 일들이 끝없이 반복될 것이다.

148) "今且向西南邊 取一顆珠驗之 卽此一珠能頓現一切珠影.", T45, p.513b.
149) "點西南邊一珠者 一珠著時卽十方中皆有墨點 旣十方一切珠上皆有墨點."『華嚴五教止觀』, T45, p.513b.

『화엄일승십현문』에 인용된 『화엄경』「십지품(十地品)의」게송에서 "한 톨의 먼지 속에 / 나타나신 나유타 수 / 무량무변 부처님들 / 그 속에서 설하시네."라고 깨달은 불보살의 세계인 지정각세간을 노래하고, "한 톨의 먼지 속에 / 무량 불국 수미산과 / 금강위산 나타내나 / 세간은 좁지 않네."라면서 물리적 세계인 기세간을 노래하고, "한 톨의 먼지 속에 / 삼악도와 천신과 / 인간과 아수라가 / 제각각 업보 받네."라고 생명의 세계인 중생세간을 노래하듯이, 어떤 한 점 크기 공간을 잡아도 그 속에 지정각세간, 기세간, 중생세간의 온 세계가 들어있다. 그리고 위에 인용한 「현수보살품(賢首菩薩品)」의 게송에서 "한 톨 먼지 나타나듯 / 일체 먼지 이와 같네."라고 노래하듯이 그 점만 그런 게 아니라, 다른 모든 미진 크기의 공간에도 온 세계가 들어있다. 라이프니츠의 『단자론(Monadology)』에 실린 다음과 같은 경구는 이런 통찰과 흡사하다.

> 57. 하나의 도시를 다른 쪽에서 바라보면 완전히 다르게 나타나 보이듯이, 그리고 **각각의 모습이 다양하듯이, 무한한 개수의 단일체들이 있기에 그에 대응하여 무한한 개수의 세계가 있게 된다.** 그렇지만 그것들은 낱낱의 **모나드**가 처한 특수한 관점에서 바라본 단일한 세계의 여러 모습일 뿐이다.

단일체인 모나드마다 그에 반영된 세계가 다르며, 그런 단일체, 모나드의 수가 무한하기에 그에 대응하여 무한한 개수의 세계가 있다는 것이다. 『법성게』에서 노래하는 "낱낱 모든 티끌에도 역시 이와 마찬가지."라는 일체진중역여시(一切塵中亦如是)의 통찰과 다르지 않다. 그러나 앞에 인용했던 7번 경구에서 보듯이 모나드에는 창이 없다. 모나드는 닫혀 있다. 라이프니츠의 모나드는 그 겉만 외부세계와 교통할 뿐이다. 이와 달리 화엄의 일미진에는 시방세계가 모두 빠져든다. 즉, 인다라망의 구슬 하나에는 다른 모든 구슬이 반영된다. 미지(未知)의 구석이 없다. 한 점 먼지 크기의 공간은 시방을 향해 무한히 열려 있다. 중중무진(重重無盡)하게 열려있다. 내부가 닫혀 있고 그 외부만 세계와 교통하는 모나드와의 다른 점이다.

견도(見道) – '점-찰나'에 대한 직관

지금까지 자상, 찰나와 미진, 점-찰나 그리고 라이프니츠의 모나드까지 동원하여 시공(時空)으로 이루어진 세상을 무한소(無限小)까지 분석해 보았다. 제행무상과 제법무아를 철견(徹見)하기 위해서는 이렇게 시공의 극단까지 우리의 통찰을 몰고 가야 한다. 제행무상과 제법무아를 꿰뚫어 본다는 것은 고, 집, 멸, 도의 사성제에 대해 직관한다는 것을 의미하며, 불교수행론에서 이를 견도(見道)라고 부른다.『아비달마구사론』의 수행론에 의하면 견도는 15찰나에 걸쳐 일어나며 제16 찰나에서 수도(修道)에 진입한다. 앞의 15찰나를 수다원향(須陀洹向) 또는 예류향(預流向)이라고 부르고, 제16 찰나를 수다원과(果) 또는 예류과라고 부른다. 수다원이란 산스끄리뜨어 스로따 아빤나(srota āpanna)의 음사어로 '흐름에(srote) 들어온 자(āpanna)'라는 뜻이다. 수다원이란 불법승 삼보 가운데 승보인 성자(聖者)의 흐름에 들어온 분으로,『청정도론』에서는 "갠지스강에 들어가면 반드시 바다에 이르듯이, 수다원의 지위에 오르면 후퇴하지 않고 반드시 아라한의 지위를 성취하기에 수다원이라고 부른다."라고 그 의미를 풀이한다. 그래서 예류 또는 입류(入流)라고 의역하기도 한다. '[성자의] 흐름에 들어감'이라는 뜻이다. 이런 수다원과에 이르면 10가지 근본번뇌 가운데 유신견(有身見), 의(疑), 계금취견(戒禁取見)의 3가지가 없어진다고 한다. 계금취견이란 잘못된 종교적 규범이나 수행에 대한 집착을 의미하는데 소를 흉내 내는 우계(牛戒), 개처럼 생활하는 구계(狗戒) 등을 하늘나라에 태어나게 하는 원인으로 착각하거나 오계(五戒), 십선계(十善戒)만으로 해탈이 가능하다고 생각하는 것 등이 그 예이다. 의는 불, 법, 승의 삼보나 고, 집, 멸, 도의 사성제에 대한 의심이다. 그리고 유신견은 색, 수, 상, 행, 식의 오온에 대해서 나[我]라든지 나에게 속한 것[我所]이라고 착각하는 것이다.

사성제에 대한 분석적 이해가 깊어지면, 총 16찰나150)에 걸쳐서 고, 집,

---

150) 욕계인 하계(下界)의 사성제[4], 색계와 무색계를 함께 묶은 상계(上界)의 사성

멸, 도의 사성제에 대한 직관이 일어나는데 앞의 15찰나를 견도라고 부르는 이유는 이전에는 보지 못했던 것을 보기 때문[見未曾見故]151)이라고 한다. 견도는 인지정화(認知淨化), 수도는 감성정화라고 풀 수 있는데, 선가에서 말하는 견성이 견도에 해당하고, "견성 후에 보임(保任, 보림)한다."라고 할 때의 보임이 수도에 해당한다고 볼 수 있다. 또 돈오점수(頓悟漸修)의 돈오가 견도, 점수는 수도에 대비된다.

그런데 학문전통은 다르지만, 우리는 불교인식논리학에서 아비달마교학의 견도와 관계된 이론을 찾을 수 있다. 앞에서 설명했듯이 불교인식논리학에서는 인식방법을 현량과 비량의 두 가지로 구분하는데, 법칭의 『니야야빈두』에서는 현량을 다시 ①감각지, ②의근식, ③자증지, ④수행자의 현량의 네 가지로 구분하면서 다음과 같이 설명한다.

> 그것(= 현량)은 네 가지인데 ①감각지(indriya-jñāna)와, ②자기의 대상과 인접한 대상의 공조(共助)에 의해 즉, 감각지에 의하고 등무간연에 의해 발생하는 의근식(意根識, mano-vijñāna)과 ③모든 심법(心法)과 심소법(心所法)들인 자증지(自證知, ātma-saṃvedanam)와, ④진실한 대상에 대한 수습(修習, bhāvanā)의 절정의 극단에서 생기는 <u>수행자의 앎(yogi-jñāna)</u>이다.152)

이런 네 가지 현량 가운데 ①감각지, ②의근식, ③자증지의 세 가지는 누구에게나 일어나는 것이다. 그러나 '④수행자의 앎'은 수행자만 얻을 수 있는 직관으로 '수습의 절정의 극단'에서 생긴다고 정의한다. 『니야야빈두』에 대한 법상(法上, Dharmottra)의 주석인 『니야야빈두티까(Nyāyabinduṭīkā, 正

제[4]를 직관하는데 고제, 집제, 멸제, 도제 각각에 대한 직관이, 무간도(無間道)의 노력[智忍]과 해탈도(解脫道)의 성취[智]의 두 단계[2]에 걸쳐 일어나기에 사성제에 대해 완벽하게 직관하는 데 총 16찰나가 걸리는 것이다. (4+4)×2=16.

151) "前十五見道 見未曾見故", 『阿毘達磨俱舍論』, T29, p.122a.

152) "tat caturvidham. indriya-jñānam. sva-viṣaya-anantara-viṣaya-sahakāriṇā indriya-jñānena samanantarapratyayena janitaṃ tan manovijñānam. sarva-citta-caittānām ātma-saṃvedanam. bhūta-artha-bhāvanā-prakarṣa-paryantajaṃ yogijñānaṃ ca iti.", *Nyāyabindu*.

理一滴論疏)』에서는 이런 정의에 대해 다시 상세하게 해설하는데 이에 대한 체르밧스키의 영역을 우리말로 번역하면 다음과 같다.

『니야야빈두』의 정의: ④성자(요기)의 (신비한) 직관(yogi-jñāna)은 초월적 실재(bhūtārtha)에 대한 깊은 수습(修習, bhāvanā)의 정점에서 발생한다.153)

『니야야빈두티까』의 주석: 실재란 실제로 존재하는 것이다. (즉, 초월적 실재다.) 그런 실재는 논리적인 비판(量, pramāṇa) 이후에 (철학자에 의해서) 도출되는데(dṛṣṭa), 즉 **불교 성자의 네 가지 진리[사성제]**다. 초월적인 실재에 대한 수습(修習, bhāvanā)은 그것을 반복적으로 의식에 각인하는 것이다. 그런 수습의 절정에서 우리의 마음은 수습한 대상의 이미지를 견지하면서 명료한 상태에 도달하기 시작하는 것이다. (그 사실이 수행자의 코앞에 나타난 것처럼.) 인접(한 단계)는 명료성이 아직 완성되지 않은 (단계)다. 사실상 이미지의 명료성이 아직 완전히 완성되지 않은 이상, [수행의] 진전은 계속되며, 그것이 완성되었을 때 진전은 그친다. 따라서 '거의 최고의 상태'라는 명명(命名)은 '완벽한 명징(明澄)'에 선행하는 명료함의 정도를 나타낸다. 이러한 명징점(明澄點)에서 일어나는 (마음의 상태), 마치 수행자 앞에 실제로 나타난 듯이, 절대적으로 생생하게, 수습한 이미지를 파악하는 앎, 바로 이것이 **성자의 직접지각(yogi-jñāna)**이다.154)

---

153) "The (mystic) intuition of the Saint (the Yogi) is produced from the subculminational state of deep meditation on transcendental reality.", Stcherbatsky 英譯, *Buddhist Logic* Ⅱ, p.30 ; 산스끄리뜨문은 다음과 같다. "bhūta-artha-bhāvanā-prakarṣa-paryantajaṃ yogijñānaṃ ca iti."

154) "Reality is something really existing, (i.e., transcendental reality). Such reality is elicited (by the philosopher) after logical criticism, e.g., the Four Truths of the Buddhist Saint. The contemplation of transcendental reality means its repeated forcing into consciousness. The culminating point of such contemplation means the point when our mind, containing the image of the contemplated object, begins to reach a condition of clarity (as though the fact were present before the meditator). The adjoining (stage is that stage) when the clarity is as yet not quite complete. Indeed, as long as the clarity of the image is not quite complete, progress is going on, when it is complete progress ceases. Thus, what is called a condition nearly culminational is that degree of clarity which precedes complet

좀 과도하다 싶은 의역이긴 하지만, 전체 맥락 파악에 큰 도움이 된다. 체르밧스키는 '수행자의 앎'을 '성자(聖者)의 직관' 또는 '성자의 직접지각'이라고 번역하였다. 이는 "초월적 실재(bhūtārtha)에 대한 깊은 수습(修習, bhāvanā)의 정점에서 발생한다." 그런데 여기서 '실재'란 바로 '고집멸도의 사성제'다. '수습'이란 초월적 실재인 '고, 집, 멸, 도의 사성제'를 의식에 반복적으로 각인하는 것이다. 그러다가 수행이 절정에 이르게 되면 '고, 집, 멸, 도의 사성제'가 수행자의 코앞에 나타난 것처럼 명료해지는데, 바로 그것이 '성자의 직접지각'이라는 설명이다.

『니야야빈두띠까』의 이런 설명은, 불교 수행에서 견도(見道, darśana mārga)를 거쳐 수도(修道, bhāvanā)의 초입에 들어가는 수행과정에 그대로 대응하는 듯하다. 앞에서 설명했듯이 『아비달마구사론』의 수행론에서는 15찰나에 걸쳐서 견도가 일어나고 제16찰나에 수도의 초입에 들어가면서 수도가 시작된다고 설명한다. 그런데 이렇게 총 16찰나에 걸쳐서 일어나는 일은 '고, 집, 멸, 도의 사성제'에 대한 직관이다. 그 이전에는 보지 못했던 것[adṛṣṭaḥ]이 처음 보이기 시작하기에[dṛṣṭeḥ] '볼 견(見)'자를 써서 견도[darśana-mārga]라고 부르는 것이다. 위의 『니야야빈두띠까』의 주석 초입에서 체르밧스키는 "pramāṇena dṛṣṭaśca sadbhūtaḥ"라는 산스끄리뜨문을 "그런 실재는 논리적인 비판(量, pramāṇa) 이후에 (철학자에 의해서) 도출되는데(dṛṣṭa)"

---

e vividness. (A state of mind) which is brought about by this underculminational point, a knowledge apprehending with absolute vividness the contemplated (image), as though it were actually present before the meditator, this is the Saint's direct perception.", Stcherbatsky 英譯, *Buddhist Logic* II, p.31. ; 산스끄리뜨문은 다음과 같다. "bhūtaḥ sadbhūto 'rthaḥ/ pramāṇena dṛṣṭaśca sadbhūtaḥ/ yathā catvāry āryasatyāni/ bhūtārthasya bhāvanā punaḥ punaś cetasi viniveśanam/ bhāvanāyāḥ prakarṣo bhāvyamānārthābhāsasya jñānasya sphuṭābhatvārambhaḥ/ prakarṣasya prayatno yadā sphuṭābhatvam īṣad asampūrṇam bhavati/ yāvad visphuṭābhatvam aparipūrṇām tāvat tasya prakarṣagatiḥ/ sampūrṇam tu yadā tadā nāsti prakarṣagatiḥ/ tataḥ sampūrṇāvasthāyāḥ prāktanyavasthā sphuṭābhatvam prakarṣaparyamta ucyate/ tasmāt paryamtād yaj jātam bhāvyamānasya samnihitasyeva sphuṭatarākāragrāhi jñānam yoginaḥ."

라고 번역했지만, 견도의 의미를 살리면 "그런 실재는 올바른 인식방법에 의해 보이는데(dṛṣṭa)"라고 번역하는 것이 정확할 것이다. 즉 견도의 시작을 알리는 문장이다. 『아비달마구사론』에서는 견도의 15찰나와 수도의 첫 찰나인 제16찰나가 다음과 같은 순서로 일어난다고 설명한다.

	하계(욕계)			상계(색계, 무색계)		
	무간도		해탈도	무간도		해탈도
	인(忍)		지(智)	인(忍)		지(智)
고	1.고법지인 →		2.고법지 →	3.고류지인 →		4.고류지 →
집	5.집법지인 →		6.집법지 →	7.집류지인 →		8.집류지 →
멸	9.멸법지인 →		10.멸법지 →	11.멸류지인 →		12.멸류지 →
도	13.도법지인 →		14.도법지 →	15.도류지인 →		16.도류지
	견도 15찰나					수도의 시작

표 13 - 견도 15찰나와 수도의 시작인 제16찰나

이 표에서 보듯이 욕계의 '고'에 대한 통찰에서 시작하여 상계의 '도'에 대한 통찰로 견도(見道)의 수행이 모두 완료되는데, 하계인 욕계에 대한 통찰은 '법지인(法智忍, dharma-jñāna-kṣānti)→ 법지(法智, dharma-jñāna)', 색계와 무색계를 함께 묶은 상계에 대한 통찰은 '류지인(類智忍, anvaya-jñāna-kṣānti)→ 류지(類智, anvaya-jñāna)'라고 부른다. '상계인 색계, 무색계의 지(智)'인 류지는 법지와 '연관된(anvaya) 지'라는 의미다. 또 '인(忍, kṣānti)'의 통찰은 무간도(無間道, anantarya-mārga), '지(智, jñāna)'의 통찰은 해탈도(解脫道, mukti-mārga)라고 부른다. 번뇌를 도둑에 비유하면 인(忍)인 무간도는 '도둑을 몰아내는 것'과 같고, 지(智)인 해탈도는 그 후에 '문을 닫는 것'과 같다[155] 그런데 이런 견도의 과정이 15찰나에 걸쳐서 일어난다는

---

155) "猶如世間驅賊閉戶.", 『阿毘達磨俱舍論』, T29, p.122a.

것이다. 『구사론』의 설명156)에 근거할 때 1찰나는 1/75초로 계산된다. 따라서 견도 15찰나는 1/5초, 즉 0.2초다. 이렇게 0.2초라는 짧은 시간에 견도가 일어나기에 『구사론』에서는 이를 '돌을 깨는 일[破石]'에 비유하였다. [이와 달리 오랜 기간에 걸쳐서 일어나는 감성 정화인 수도는 '얽힌 실을 푸는 일[藕絲]'에 비유하였다.]

이렇게 0.2초 동안에 고, 집, 멸, 도의 사성제를 본다는 것이 실질적인 수행에서 무슨 의미인지 정확히 알 수 없지만, 『니야야빈두』에서 말하는 현량 가운데, 사성제에 대한 직관인 '수행자의 앎(yogi-jñāna)'이 이에 해당하는 것으로 보인다. 이는 일반인에게는 없는 현량이기 때문이다. 체르밧스키는 '성자(요기)의 (신비한) 직관' 또는 '성자의 직접지각'이라고 번역했고, 『니야야빈두티까』에서는 '수행자의 현량(yogi-pratyakṣa)'라고 쓰기도 한다.

이상에서 보았듯이 견도 이상의 수행자에게는 고, 집, 멸, 도의 사성제에 대한 새로운 직관이 생긴다. 그러면 이들 수행자에게는 이 세상의 시공간적인 모습이 어떻게 보일까? 이들 수행자에게서 제거되는 번뇌가 무엇인지 분석할 때, 우리는 이들에게 이 세상이, 즉 우리가 사는 시공간이 어떻게 보이는지 짐작할 수 있다.

<u>견도 이상의 성자에게 보이는 세상</u>

『구사론』의 수행론에서는 번뇌를 10가지로 구분한다. 이를 근본번뇌라고 부르는데 그 명칭과 각각의 의미는 아래와 같다.

①탐(貪): 탐욕
②진(瞋): 분노
③만(慢): 교만

---

156) "刹那百二十為一怛刹那 六十怛刹那為一臘縛 三十臘縛為一牟呼栗多 三十牟呼栗多為一晝夜.", 『阿毘達磨俱舍論』, T29, p.62b.

④무명(無明): 사성제에 대한 무지

⑤의(疑): 삼보와 사성제에 대한 의심

⑥유신견(有身見): 오온에 대해 나 또는 나의 것이라고 생각하는 것

⑦변집견(邊執見): 죽음 후에 나와 세상이 그대로 이어진다든지, 사라진다고 보는 편견

⑧사견(邪見): 인과응보의 이치를 부정하는 잘못된 생각

⑨견취견(見取見): 유신견, 변집견, 사견을 올바르다고 의식화 하는 것

⑩계금취견(戒禁取見): 잘못된 종교적 규범이나 수행을 옳다고 착각하는 것.

앞에서 잠깐 언급한 바 있지만, 사성제에 대한 통찰이 깊어져서 불교수행자가 수다원과, 즉 예류과에 오르면 ⑤의(疑), ⑥유신견, ⑩계금취견의 3가지 번뇌가 끊어진다고 한다. 이 가운데 ⑥유신견만이 '시간과 공간에 대한 수행자의 지각'과 관계될 것이다. 유신견이란 색, 수, 상, 행, 식의 오온 가운데 어느 것을 '나'라느니, '나에게 속한 것'이라고 착각하는 것이다. 우리의 지각기관을 '안, 이, 비, 설, 신, 의'의 육근(六根)으로 구분할 때, 안근(眼根)인 눈에 보이고, 신근(身根)인 손에 만져지는 나의 몸뚱이를 '나'라고 생각하든지, '나의 것'이라고 생각하는 것이 '색법(色法)'에 대한 유신견이리라. 또 오온 가운데 정신적인 요소에 해당하는 '수, 상, 행, 식' 가운데 어느 하나를 '나'라거나 '나의 것'이라고 생각하는 것은 '심법(心法)'에 대한 유신견이리라. 그런데 불교수행자가 수다원과에 오르면 이런 견해, 생각이 모두 사라지기에, 몸과 마음 가운데 어느 것에 대해서도 '나'라든지 '나의 것'이라는 생각이 떠오르지 않는다. 이런 상태가 도대체 어떠한 것일까?

'신심탈락(身心脫落)'이라는 선가(禪家)의 명구가 있다. 송대(宋代)의 천동산(天童山) 여정선사(如淨禪師)가 일본 조동종(曹洞宗)의 시조 도겐(道元, 1200-1253)을 접화하면서 내린 가르침이었다. 도겐은 이 구절을 듣자 크게 깨달음을 얻었다. 신심탈락이란, 문자 그대로 "몸과 마음이 떨어져 나갔

다."라는 뜻이다. 그런데 이런 통찰은 "유신견이 떨어져 나갔다."라는 통찰과 다르지 않다. 유신견 역시 몸(색)과 마음(수, 상, 행, 식)에 대한 집착을 의미하기 때문이다.

일반적으로 우리는 피부가 감싸고 있는 나의 몸뚱이에 대해 나라고 생각한다. 내 앞의 책상이나 저 멀리 보이는 산은 나의 몸이 아니라고 생각한다. 그러나 하나하나 따져보면 '나의 몸'과 '나의 몸이 아닌 것'을 구분하는 엄밀한 기준이 없음을 알게 된다. 눈에 보이는 모든 풍경은 사실은 내 망막의 살이고, 귀에 들리는 모든 소리는 사실은 내 고막의 떨림이기에, 모든 것이 내 몸의 모습이다. 내 몸에서 일어나는 일들이다. 모든 것이 내 몸에서 일어나는 일이라면, 몸이 존재한다고 말할 것도 없다. 몸 아닌 것이 있어야 몸이 성립하는데, 몸 아닌 것이 없기에 몸 역시 성립하지 않는다. 몸과 몸 아닌 것의 구분이 사라진다. 일체는 내 몸이다. 일체는 내 몸이 아니다. 유신견의 탈락이다. 신심탈락이다. 유신견이 사라지면, 내 눈에 보이는 모든 풍경에서 무엇이 나의 몸이고, 무엇이 나의 몸이 아닌지 구별하지 않는다. 모든 현상에 대해 '나에게서 일어난 것'과 '내 밖에서 일어난 것'이라고 구별하지 않는다. 내 몸의 테두리에 선을 긋지 않는다. 어디까지가 나의 몸이고, 무엇이 나의 마음인지 구분되지 않는다. 일체가 나의 몸이고, 일체가 나의 마음이다. 일체가 나의 몸이 아니고, 일체가 나의 마음이 아니다. 창밖에서 갑자기 참새 한 마리가 날아가듯이, 마음에서 갑자기 어제 먹었던 피자가 생각난다. 날아가는 참새나, 피자 생각 모두 예기치 않게 일어난 사건이다. 마음에서 생각이 일어나든, 외부에서 풍경이 변하든 예기치 않게 일어난다는 점에서 차이가 없다. 일체는 그저 무상하게 흘러가는 '점-찰나(point-instant)'들의 거대한 흐름일 뿐이다. 우리 눈에 보이는 시각 세계는 매 찰나 명멸하는 '픽셀(pixel)들의 입체적인 흐름'일 뿐이다[다음 쪽의 그림 19, 그림 20 참조]. 한순간만 존재하는 점-찰나들의 흐름일 뿐이다. 특수 중의 특수인 자상(自相, svalakṣaṇa)들의 흐름일 뿐이다. 불교인식논리학에서 말하는 현량의 대상인 '자상'들의 거대한 흐름이 『화엄경』의 저자에게 그 모습을 드러내었다.

그림 19 - Morning, Interior(Luce 작)

그림 20 - 확대한 얼굴의 pixel들

『화엄경』의 저자는 견도 이상의 성자

앞에서 조사했듯이 『화엄경』에서는 '일체'라는 용어도 많이 사용하지만 '미진(微塵), 모공(毛孔), 모단(毛端)'과 같이 '한 점'을 의미하는 용어도 많이 사용한다. 『화엄경』과 『대반야바라밀다경』과 『아비달마대비바사론』에서 '미진[또는 극미]'이라는 단어의 출현빈도를 비교하면 다음과 같다.

불전	분량	미진(微塵)/극미(極微)	출현빈도
60권본 『화엄경』	387쪽	534회	1.38회/쪽
80권본 『화엄경』	444쪽	1,110회	2.5회/쪽
『대반야바라밀다경』	3,257쪽	8회	0.0025회/쪽
『아비달마대비바사론』	1,004쪽	9회, [127회]	0.14회/쪽

표 14 - '미진' 또는 '극미'의 출현빈도 비교

그 분량에서 60권본 『화엄경』의 8배가 넘는 『대반야바라밀다경』이지만 양자를 비교할 때, '한 점'을 의미하는 이들 단어의 용례는 『화엄경』에서 월등하다. 무한대를 의미하는 '일체'와 무한소를 의미하는 '미진'이라는 용어의 등장 회수에서 『화엄경』은 다른 모든 불전들을 압도한다. '미진'의 용례가 압도적으로 많은 이유는 『화엄경』의 제작자의 눈에 비친 세상이 '실체 없는 미진들의 찰나 생멸하는 흐름'으로 보였기 때문일 것이다. 또 『화엄경』에 '일체'의 용례가 특히 많은 이유는 그 제작자의 생각이 고정관념에서 벗어나서 무한을 향해 열려 있었기 때문일 것이다. 『아비달마대비바사론』의 경우도 『화엄경』만 못하지만, 『대반야바라밀다경』에 비하면 미진 또는 극미라는 용어의 출현빈도가 50배 이상 높다. 『화엄경』의 제작자는 견도 이상의 성자, 사성제에 대한 직관이 완성된 수다원과 이상의 경지에 오른 성자였을 것으로 짐작된다. 유신견(有身見)의 번뇌가 끊어졌기에, 몸과 마음이 모두 떨어져 나가서, 공간 속에 나와 세상을 구분하는 선을 긋지 않는다.

『화엄경』에서는 시간의 최소 단위를 거론할 때, 찰나 대신에 '일념(一念)'이라는 용어를 사용하는데, 다른 불전과 비교할 때 그 출현빈도 역시 압도적이다. 『대반야바라밀다경』과 『아비달마대비바사론』에 등장하는 '일념'이나 '찰나'의 출현빈도를 60화엄과 비교하면 다음과 같다.

불전	분량	일념	출현빈도	찰나	출현빈도
60권본 『화엄경』	387쪽	351회	0.91회/쪽	6회	0.016회/쪽
80권본 『화엄경』	444쪽	383회	0.86회/쪽	39회	0.088회/쪽
『대반야바라밀다경』	3,257쪽	86회	0.026회/쪽	54회	0.017회/쪽
『아비달마대비바사론』	1,004쪽	32회	0.032회/쪽	868회	0.86회/쪽

표 15 - '일념'과 '찰나'의 출현빈도 비교

『화엄경』에서는 시간의 최소 단위로 '찰나'라는 말보다 '일념'이라는 용어를 주로 사용한다. 이 대조표에서 보듯이 일념이라는 용어가 60화엄에서는 351회, 80화엄에서는 383회 사용되는 반면, 『대반야바라밀다경』에서는 86회만 사용될 뿐이다. 출현빈도로 비교하면 『화엄경』(약 0.9회/쪽)이 『대반야바라밀다경』(0.026회/쪽)의 30배를 넘는다. 찰나라는 용어의 경우 『아비달마대비바사론』에서 특히 많이 사용된다. 868회 사용되는데, 출현빈도에서 60화엄이나 『대반야바라밀다경』의 50배, 80화엄의 10배 정도 된다.

『화엄경』도처에서 '일미진의 한 점'과 '찰나적인 일념'을 자주 언급하는 이유는, 그 저자가 무상(無常)과 무아(無我)의 극한을 체득한 성자, 몸과 마음이 다 떨어져 나간 신심탈락의 성자,『구사론』의 수행론에서 말하는 유신견이 사라진 견도 이상의 성자이기 때문일 것이다.『화엄경』의 저자는 자신의 눈에 비친 '자상(自相)'의 세계를 노래한다.『니야야빈두』에서 말하는 4가지 현량 가운데 '성자의 직관' 또는 '성자의 직접지각' 또는 '수행자의 앎'이 열렸기 때문이리라. 또『아비달마대비바사론』에서 공간적 최소인 '극미'라는 용어와 시간적 최소인 '찰나'라는 용어가 특히 많이 사용되는 이유 역시 그 찬술자가 오백 아라한이라는 전설과 무관하지 않을 것이다. 즉 견도를 거쳐 수다원과에 오를 때 유신견을 끊어서 몸과 마음이 모두 탈락한 성자들은 시공간의 최소 단위인 미진과 찰나까지 자신들의 인식 범위 내에 두고서 통찰했기 때문일 것이다.

사물을 보는 두 관점 – 국소성(局所性)과 편재성(遍在性)

미진, 극미, 일념, 찰나 등과 같은 용어의 출현빈도를 조사하여 알 수 있었듯이『아비달마대비바사론』과『화엄경』모두 시간의 최소 단위와 공간의 최소 단위에 대한 언급이 잦다. 앞에서 추정했듯이, 일체의 현상을 극미와 찰나까지 분석하여 통찰할 수 있는 견도 이상의 성자가 이들 불전을 저술했기 때문이리라. 그런데 앞에서 조사해 보았듯이『화엄경』은『아비달마대비바사론』을 포함한 다른 불전들과 비교할 때 '일체'라는 용어의 출현빈도 역시 월등히 높다. 즉 무한소는 물론이고 무한대에 대해서도 자주 언급하며, 무한소와 무한대가 중첩한다. 그 이유는 무엇일까? 이는 대승불전인『화엄경』의 저자와 소위 소승불전인『아비달마대비바사론』의 저자가 '법'을 대하는 태도에 차이가 있었기 때문일 것으로 짐작된다.『화엄경』의 저자는 법에도 실체가 없고, 자아도 실체가 없다는 아공법공(我空法空)의 이치를 철견한 대승불교도인 반면,『아비달마대비바사론』의 저자는 아공은 추구하지만 법에 대해서는 실재한다고 생각하는 소승불교도였다. 『화엄경』의 저자는 법과 자아 모두 공함을 알았기에 '미진(微塵)'의 법, '모공(毛孔)'의 법에 자신의 시점(視點)을 올릴 수 있었으리라. 그 때 그 미진 속에 시방의 우주 모습이 모두 들어옴을 짐작할 수 있었으리라. 마치 눈동자에 뚫린 동공으로 주변의 모든 풍경이 들어오듯이. 그래서 『화엄경』의 저자 앞에 놓인 미진 크기의 공간은 어떤 곳이든 시방을 모두 담고 있다는 통찰이 추가되었으리라. '일미진'의 분석에 '함시방'의 통찰이 덧붙은 이유이리라.

사물을 보는 두 가지 관점이 있다. 국소적(Localized) 관점과 편재적(Ubiquitous) 관점이다. 일반적으로 우리는 국소적 관점으로 사물을 대한다. 이 방의 책상 위에 컵이 있다. 저 산에서 연기가 피어오른다. 중천에 달이 떴다. 여기서 컵이나 연기나 달 모두 그 위치가 나에게서 어느 정도 떨어져 있다. 컵은 가깝고, 연기는 멀고, 달은 아주 멀다. 그런데 나에게 보이는 컵, 연기, 달의 위치에 대해 다른 관점에서 지목할 수 있다. 나에게 보이는 컵, 연기, 달의 모습이 사실은 외부의 사물이 아니라, 내 눈의 망막에 비친 영상들이다. 책상 위에 컵이 있다고 말할 수도 있지만, 그 컵의 모습이 이 방안에 가득 차 있다고 말할 수도 있다. 이렇게 컵의 모습이 이 방 안에 편재하기에 이 방의 어느 곳에서 보아도 컵의 모습이 나의 동공을 통해 안구로 들어와 망막에 영상을 맺는다. 컵의 모습은 국소적으로도 존재하지만, 그와 동시에 이 방 안에 편재한다. 다른 예를 들어보겠다.

옛날얘기가 있다. 며느리 셋이 있었다. 연로한 시어머니는 곳간 열쇠를 누구에게 맡길지 결정하기 위해서 세 며느리를 불러 모았다. 그리곤 그 가운데 누가 가장 총명한지 알아보기 위해서 숙제를 냈다. 세 며느리에게 엽전 한 푼씩 주면서 무엇이든 사서 이 방을 가득 채워 보라고 했다. 첫째 며느리는 값싼 짚단을 잔뜩 사서 풀어놓았으나 방을 가득 채우지 못했다. 둘째 며느리는 가벼운 솜을 사 와서 펼쳐놓았으나 이 역시 방을 가득 채우지 못했다. 그런데 셋째 며느리는 달랑 작은 초 한 자루만 사 왔고, 남은 돈을 시어머니에게 돌려드렸다. 시어머니는 의아해하면서 그것으로 어떻게 이 방을 채우겠냐고 물었다. 그러자 성냥불을 켜서 작은 초에 붙였다. 방 안이 환해졌다. 밝음이 방을 가득 채웠다. 셋째 며느리가 곳간의 열쇠를 받았다. 여기서 촛불은 셋째 며느리가 손에 들고 있지만, 그와 동시에 그 빛이 방에 가득하기도 하다. 국소적으로도 존재하고, 편재적으로도 존재한다.

그림 21 - 편재하는 촛불의 빛

『월인천강지곡(月印千江之曲)』. 수양대군[세조]이 지은 불전 언해서 『석보상절』을 읽고서 감동하여 아버지 세종이 저술한 찬불의 노래다. '천 개의 강을 비추는 달의 노래'라는 뜻이다. 두 책을 합본으로 만들어 주석한 『월인석보』에서 "부처님께서 백억 세계에 화신하여 교화하심이 달이 천 강에 비춤과 같으니라."라고 설명하듯이 달은 부처님을 상징한다. 공중에 하나의 달이 떠올랐지만, 그와 동시에 지상에 있는 천 개의 강에 그 달의 모습이 반영된다. 달빛이 허공에 가득 퍼지기 때문이다. 달이 공중에 국소적으로 존재하면서, 천 개의 강에 그 모습이 반영되듯이 그와 동시에 온 우주에 편재한다. 이와 유사하게, 80화엄 「현수품(賢首品)」에서는 시방세계 어디에서든 그 모습을 나타내어 교화하는 보살을 해와 달에 비유하여 다음과 같이 노래한다.

비유하면 해와 달이 허공에서 떠다니나
그 그림자 모습들이 온 우주에 두루 하여
샘물, 연못, 저수지와 그릇 속에 담긴 물과,

온갖 보석, 강, 바다에 나타남과 마찬가지.

보살들의 모습들도 역시 이와 마찬가지
시방 두루 나타나나 불가사의한 일이네.
이 모두가 삼매 속의 자유자재 법이라서
오직 여래 부처님만 능히 아실 수 있다네.[157]

허공에 뜬 해와 달의 모습이 샘, 연못, 물그릇, 반짝이는 보석, 잔잔한 강과 바다 어디에서든 나타나듯이, 보살은 불가사의한 삼매의 힘으로 자유자재하게 시방세계 그 어디에든 나타난다는 것이다. 월인천강과 같은 보살의 교화다.

우리 눈에 보이는 모든 사물이 그렇다. 특정 위치에 국소적으로도 존재하고, 모든 위치에 그 모습이 편재하기도 한다. 귀에 들리는 소리도 그렇다. 책상 위의 탁상시계가 내는 째깍째깍 초침 소리는 그 시계에 있기도 하지만, 그와 동시에 온 방 안에 가득 차 있다. 코로 맡는 냄새도 그렇다. 가스레인지 위에서 끓고 있는 된장찌개 냄새는 뚝배기가 발원지이지만, 그와 동시에 온 집안에 가득하다. '안, 이, 비, 설, 신, 의'의 육근(六根)을 통해 발생하는 육식(六識) 가운데 '안식, 이식, 비식'의 세 가지는 그 발원지와 감각기관이 공간적으로 유리되어 있다는 점에서 그 성격이 독특하다. 사물의 모습은 빛을 통해 안근(眼根)인 눈에 들어와 그 형상이 보이고, 사물에서 발생한 소리는 공기를 진동시켜 이근(耳根)인 귀를 자극하여 그 소리가 들리며, 사물의 냄새는 그 화학성분이 공기를 통해 확산하여 비근(鼻根)인 코에 도달하여 그 냄새가 느껴진다. 그러나 사물의 맛은 설근(舌根)인 혀에 그것이 직접 닿아야 느껴지고, 사물의 촉감 역시 신근(身根)인 몸에 직접 닿아야 느껴지며, 사물에 대한 앎은 물질적인 오감이 아니라 심법(心法)인 의근(意根)[158]에 근거하

---

157) "譬如日月遊虛空 影像普徧於十方 泉池陂澤器中水 衆寶河海靡不現 菩薩色像 亦復然 十方普現不思議 此皆三昧自在法 唯有如來能證了.", 80화엄, T10, p.78c.
158) 『아비달마구사론』에서는 의근이란 '앞 찰나의 육식(六識)'이라고 정의한다. 『阿

여 생각으로 떠오른다. 이렇게 육근 가운데 안근, 이근, 비근의 세 가지 감관을 통해 들어오는 지각은 그 정보가 주변의 공간에 편재한다는 점에서, 설근, 신근, 의근을 통한 지각과 그 성격이 다르다.

사물의 편재성과 일미진(一微塵)의 함용성(含容性)

모든 사물의 공간적 위치는 양면을 갖는다. 국소적으로 존재하면서, 동시에 온 공간에 편재한다. 그런데 일미진중함시방은 사물의 편재성에 근거한 통찰이다. 찰나와 미진의 무한소(無限小)까지 추구했다는 점에서는『화엄경』과『아비달마대비바사론』이 일치하지만 공간의 무한소인 미진은 무한대(無限大)인 시방의 공간을 향해 열려 있다는 점에서『화엄경』의 통찰은 독특하다. 무한소와 무한대가 언제 어디서나 함께하는 것이 사물의 진상이다. 미진은 한 점의 국소적 존재이지만, 그와 동시에 그 미진의 모습이 시방에 편재한다. 미진뿐만 아니라 모든 사물은 어느 한 곳에 존재하면서 그와 동시에 그 모습이 시방에 편재한다. 우리는 지금 법신이신 비로자나 부처님의 몸 속에 산다. 그래서『화엄경』「세간정안품(世間淨眼品)」에서는 이를 다음과 같이 노래한다.

> 부처님의 법신은 아주 밝디 밝아서,
> 시방세계 어디든지 편재하여 끝이 없고
> 지혜의 밝은 빛과 방편력도 그러하고,
> 적멸의 선정락도 역시 또한 끝이 없네.159)

毘達磨俱舍論』, T29, pp.4a-b, "應知 識蘊即名意處 亦名七界 謂六識界及與意界 豈不識蘊唯六識身 異此說何復為意界 更無異法."; "nanu ca ṣaḍ vijñānakāyā vijñānaskandha ity uktam. atha ko 'yaṃ punas tebhyo 'nyo manodhātuḥ? na khalu kaś cid anyaḥ."

159) "如來法身甚彌曠 周遍十方無涯際 智慧光明方便力 寂滅禪樂亦無邊.", T9, p.400c.

>   부처님이 설하시는 묘한 음성 장애 없어,
>   시방세계 그 어디든 빈 곳 없이 편재하여
>   일체법을 분별하여 넓고 넓게 설하시며,
>   인연력과 방편력을 모두 갖춰 설하시네.160)

부처님의 법신도 편재하고, 음성도 편재하기에 보이는 모든 형상은 비로자나 부처님의 몸이고, 들리는 모든 소리는 비로자나 부처님의 설법 아닌 게 없다. 「노사나불품」에서도 다음과 같이 노래한다.

>   그분의 몸 두루 퍼져 허공 가득 편재하여,
>   한량없는 온갖 불법 자세하게 설하시고,
>   바다 같은 모든 공덕 갖추시고 탄생하여,
>   구름 크게 일어나듯 밝은 빛을 놓으시네.161)

비로자나 부처님께서는 당신의 몸으로 허공을 가득 채우시고 끝없는 가르침을 자세하게 설하고 계시며, 드넓은 바다와 같이 온갖 공덕을 갖추시고 구름처럼 빛을 방사하고 계신다는 것이다. 이렇게 비로자나 부처님께서는 온 우주에 편재하신다. 우리는 그분 몸속에 산다.

그런데 비로자나 부처님의 몸만 그런 게 아니다. 모든 사물은 '편재'의 측면을 갖는다. 예를 들어 보자. 내 책상 위의 컵은 그와 동시에 이 방안에 가득 차 있다. 컵을 비춘 빛이 반사되어 온 방안을 가득 채우기 때문이다. 그래서 이 방안 어디를 가더라도 컵의 모습이 눈에 들어오는 것이다. 다시 말해 눈 중앙에 뚫린 동공의 한 점으로 빨려드는 것이다. 연필의 모습도 이 방안에 편재하고, 염주의 모습도 이 방안에 편재하고, 컴퓨터의 모습도 이 방안에 편재하고, 의자의 모습도 이 방안에 편재하고, 내 몸의 모습도 이 방안에 편

---

160) "佛演妙音無障礙 周遍十方悉無餘 分別廣演一切法 因緣方便具足說.", T9, p.4
01c.
161) "其身周遍滿虛空 廣說無量諸佛法 一切功德海中生 普放光明如大雲.", T9, p.4
08c.

재한다. 따라서 이 방안의 어느 한 지점을 잡아도 그 속에는 컵의 모습이 들어있고, 연필의 모습이 들어있고, 염주의 모습이 들어있고, 컴퓨터의 모습이 들어있고, 의자의 모습이 들어있고, 내 몸의 모습이 들어있다. 이 방안 어디에서든 컵, 연필, 염주, 컴퓨터, 의자, 내 몸의 모습 등이 보이는 것은 그 낱낱의 모습이 모두 편재하기 때문이다.

이뿐만이 아니다. 이 방안에는 지금 온갖 TV방송국에서 송출하는 전파가 가득하다. 무선 TV라고 해도 채널만 맞추면 어떤 방송이든 수신할 수 있다. 이 방안에는 온갖 라디오 방송의 전파가 가득하다. 이 방안에는 세계 도처에서 송신한 휴대전화 전파가 가득하다. 번호만 맞으면 온 세계에서 걸려오는 어떤 전화든 수신할 수 있다.

그림 22 - 전파송출   그림 23 - 라디오   그림 24 - 스마트폰

관점을 바꿔서 다시 설명해 보자. 이 방안에서 먼지 한 톨[일미진] 크기의 어떤 한 지점을 잡아도 그 속에는 이 방안에 있는 모든 물건의 모습이 들어있고, TV, 라디오 등 모든 방송국의 전파가 들어있고, 온 세계에서 걸려온 휴대전화의 전파가 모두 들어있다. 먼지 한 톨 속에 시방의 모든 정보가 들어있다. 일미진중함시방이다. 이렇게 시방의 허공을 향해 정보가 퍼지기에[遍在], 허공 중의 어느 한 점을 잡아도 그 속에 시방의 모든 정보를 담고 있다[含容]. 그래서 허공 중의 어느 한 점을 잡아도 그 속에 부처님이 계시고, 부처님의 설법이 있고, 불국정토가 가득하다. 일체진중역여시다. 앞에서 『화엄십현

연기』에 인용된 『화엄경』 「십지품」의 경문에서 보았듯이 한 톨 먼지 속에 지정각세간인 불보살과 기세간인 물리세계와 중생세간인 육도중생이 모두 들어있다. 이를 다시 인용해 본다.

> 지정각세간: 한 톨의 먼지 속에 / 나타나신 나유타 수 / 무량무변 부처님들 / 그 속에서 설하시네.
> 기세간: 한 톨의 먼지 속에 / 무량 불국 수미산과 / 금강위산 나타내나 / 세간은 좁지 않네.
> 중생세간: 한 톨의 먼지 속에 / 삼악도와 천신과 / 인간과 아수라가 / 제각각 업보 받네.

정보의 편재성은, 그대로 정보의 함용성이기도 하다. 스마트폰으로 사진을 찍을 때, 카메라 렌즈의 한 점 속으로 바깥의 모든 풍경이 들어간다[함용]. 모든 풍경이 시방에 가득[편재]하기 때문이다. 스마트폰 하단을 보면 점과 같은 작은 구멍이 뚫려있다. 마이크 구멍이다. 내가 말하는 소리가 모두 그 한 점 구멍으로 들어간다[함용]. 내 목소리 역시 발화하는 순간 시방으로 퍼지기[편재] 때문이다. 국소적인 사물의 편재성은 시점을 달리하면 일미진의 함용성이기도 하다. 모든 것의 정보가 사방으로 퍼지기에, 먼지 한 톨 크기 공간 속에도 모든 것의 정보가 들어있다.

정보통신문명의 발달로 인해 드러나는 화장장엄세계

지금의 우리사회를 정보통신사회라고 부른다. 1980년에 엘빈 토플러(Alvin Toffler, 1928-2016)가 예견했던 제3의 물결이 이제는 일상화되었다. 컴퓨터와 인터넷은 물론이고 휴대전화를 통해 전 세계의 온갖 정보가 나에게 들어오고, 내가 전 세계로 온갖 정보를 내보낸다. 토플러가 고안한 프로슈머(Prosumer)라는 신조어가 함의하듯이 각 개인은 정보의 생산자(Producer)이면서 소비자(Consumer)다. 삶의 많은 시간을 정보통신기기에서 제공하는 '의미' 속에서 보낸다. 정보통신문명이 성숙하면서 이 세상에 후미진 구석이 점차 사라지고 있다. 모든 곳에서 일어난 사건이 모든 이들에게 알려지기 때문이다. 정보통신문명의 발달로 세계는 보다 정의롭게 변하고 있다.

2003년 말의 사건이었다. 미국의 이라크 침공 때, 린디 잉글랜드(Lynndie England)라는 이름의 한 여군이 포로들을 발가벗기고 손가락으로 총 쏘는 시늉을 한 사진이 인터넷에 올라왔다. 전 세계 네티즌들의 비판 여론이 들끓었다. 국제 여론에 밀려 미국은 잉글랜드 일병을 법정에 세우지 않을 수 없었다. 2005년 열린 군사재판에서 10년 형을 선고했다. 그 후 2007년 가석방되었다. 521일 만에 출소했지만, 과거의 전쟁에서는 생각하지 못할 일이었다. 제2차 세계대전이 한창이던 때 아우슈비츠에서 대학살(1939-1942)이 자행되었으나, 그 당시에는 이 사건이 외부에 알려지지 않았기에 이를 비판하는 여론도 있을 수 없었다. 그러나 정보통신문명이 발달하면서 모든 곳에서 일어나는 일들이 모든 곳에 알려진다. 사람이 짐승과 다른 점은 남이 보는 앞에서 타자에게 잔혹한 일을 행하지 못한다는 점에 있다. 진화과정에서 인간종(Human Species)의 유전자에 각인된 고도의 사회성 때문이다. 세상에서 일어나는 모든 일이 정보통신기기를 통해 모든 이에게 알려짐으로써 '은폐된 잔혹함'이 점차 사라지고 있다. 정보통신문명으로 인해 세상이 투명해지면서, 인간사회가 도덕적으로 점차 맑아지는 것이다. 지적 장애인에게 19년 동안 무임금으로 일을 시킨 현대판 노예 사건이 정보통신기기를 통해 널리 알려지면서 온 나라의 네티즌들이 들고일어났다. 심지어 고양이나 강아지 같은 '하잘것없던 가축'이 학대를 받아도 그 소식이 알려지면 정의의 네티즌들이 이를 고발하고 해결한다. 그 어디에서 일어난 일이라고 하더라도 순식간에 온 나라에 알려지면서, 숨겨진 곳에서 일어나던 부당한 일이 점차 줄고 있다. 정보통신문명의 대두로 인간사회에서 일어나고 있는 새로운 흐름이다.

근대과학의 발달 이전에 인간을 포함한 모든 생명체는 빛이나 소리 또는 냄새를 통해 원거리(遠距離)에서 정보를 파악하고 전달하였다. 앞에서 분석했듯이 이 세 가지는 공간을 이동하는 정보들이다. 그러나 냄새는 물론이고 가시광선이나 소리는 정보의 전달에서 한계가 크다. 정보의 송신점과 수신점 사이에 장벽이 있거나 양 지점 간의 거리가 너무 멀 경우, 정보 전달이 불가능했다. 그런데 전파가 발견되고(1887년) 무선통신기기가 발명되면서(1895년) 정보의 원거리 전달이 가능해졌고, 라디오(1920년)와 TV(1935년)가 대중에게 널리 보급되면서 정보의 확산이 가속화되었다. 일반 대중의 경우 매스컴에서 제공하는 정보의 소비자일 뿐이었는데, 컴퓨터와 인터넷, 스마트폰의 보급과 함께 정보의 생산자를 겸하게 되었다. 이제 우리 사회의 누구든 정보의 생산자이면서 소비자인 프로슈머(Prosumer)들이다. 인류 역사 전체를 놓고 볼 때 단기간에 일어난 혁명적 사건이었다.

무선통신이 가능한 것은 전파의 편재성 때문이다. 송신장치에서 발생한 전파가 온 우주에 퍼지기 때문이다. 국소적인 사건의 시청각 정보가 전파에 타고 편재하기 때문이다. 따라서 "한 점 크기 티끌 속에 온 우주가 담겨 있다[一微塵中含十方]."고 노래하듯이, 허공중의 어느 한 점을 잡아도 그 속에는 전 세계에서 방사한 전파가 가득 들어있다. 또한 "낱낱 모든 티끌에도 역시 이와 마찬가지[一切塵中亦如是]."라고 노래하듯이 정보통신기기 앞에 앉은 누구에게나 세상의 모든 정보가 들어온다. 누구나 세상의 중심이고 공간상의 어느 지점이든 부족함이 없는 불국정토다. '부처님의 모공 하나에 시방세계가 들어가는 차방(此方)정토의 화장장엄세계'가 과학기술의 발달로 우리 사회에서 구현되기 시작하였다.

정보통신기기 앞에서는 모두가 평등하다. 인터넷 게시판에서는 글쓴이의 남녀, 노소, 미추(美醜), 대소(大小)가 드러나지 않기에 오직 의미를 통해서만 서로 소통한다. 물리적 세계, 아날로그적 세계에서는 강한 것이 약한 것을 제압하고 악한 자가 선한 자를 능멸하지만, 의미의 세계, 디지털 세계에서는 미세한 것이 거친 것을 이기고 선이 악을 이긴다.

정보통신기기는 무한한 의미를 방출한다. 음악, 영화, 문학, 공연과 같은 전통적인 문화예술 콘텐츠는 물론이고, 각종 게임과 놀 거리가 가득하다. 전 세계에서 계속 새로운 콘텐츠가 업 로드되기에, 정보통신기기만 있으면 종일

지루할 틈이 없다. 또 내가 쓴 댓글이나 내가 올린 콘텐츠가 전 세계의 네티즌들에게 전달되기에, 남녀, 노소, 미추, 대소의 차별 없이 성취감을 느끼며 생활할 수 있다. 정보통신기기 앞의 모든 사람이 차고 넘치는 콘텐츠의 바다를 누비면서 그럭저럭 생활한다. 굶주리지 않을 수 있고, 더위와 추위를 피할 공간만 있으면 누구든 단순한 생존 이상의 삶을 살아갈 수 있다.

정보통신문명이 대두하면서 정신문명의 시대가 열리고 있다. 우리의 정신활동은 '의미'를 소재로 삼는다. 인간의 정신활동은 '의미의 창출과 전달과 수용'을 통해 이루어진다. 무한한 의미를 방출하는 정보통신기기가 정신문명의 시대를 가능하게 하는 물질적 토대인 것이다. 정보통신기기로 인해 차방정토인 화장장엄세계가 그 모습을 드러내고 있다.

한국의 신종교에서 희구하던 정신문명 시대의 도래

천도교, 정역, 증산교, 원불교 등 한국의 신종교 대부분이 공유하는 사상이 있다. 바로 '개벽' 사상이다. 최제우(崔濟愚, 1824-1864)는 동학의 창시(1860년)를 기점으로 후천시대가 열렸다고 주장하면서 개벽사상의 필요성을 역설하였다. 김일부(金一夫, 1826-1898)는 자신이 발견한 정역(正易)팔괘도를 해설하면서 후천세계의 도래를 암시하였다. 후천개벽은 강증산(姜甑山, 1871-1909)의 핵심사상이기도 했다. 원불교를 창시한 박중빈(朴重彬, 1891-1943)은 "물질이 개벽하니, 정신을 개벽하자."는 금언을 개교(開敎)의 표어로 삼았다. 이들의 공통된 주장은 앞으로 정신문명의 시대가 도래한다는 것이었다. 물질적 발달이 극에 달하면서, 이를 토대로 정신문명이 건립된다는 것이었다. 그리고 이들 신종교에 호의적이었던 탄허(呑虛, 1913-1983) 스님 역시 이들의 주장을 긍정하고 한반도의 미래에 대해 낙관하면서 앞으로 초등학생들도 화엄을 배우고 공부하는 시대가 올 것이라고 예견하였다.162)

---

162) 김성철, '탄허 스님의 예언과 정보통신 문화', 『불교평론』 14호 수필, 2003년.

　우리나라의 근현대 사상가들이 이렇게 미래를 낙관하면서, 정신문명의 도
래를 예견한 것은 '점술가의 예언'이나 '숙명론' 같은 게 아니었다. 이들은
누구나 희망하는 우리나라의 바람직한 미래상을 그렸던 것이었다. 무력이나
금력과 같은 물리적 힘보다, 윤리와 도덕과 같은 정신적 힘이 우위에 있는
사회. 국민이 나라의 주인이 되는 사회. 남녀, 노소, 빈부의 차별이 사라지는
만민 평등의 사회. … 김일부가 발견한 정역 팔괘도에 이런 미래사회의 모습
이 그대로 반영되어 있다. 복희(伏羲)팔괘도와 문왕(文王)팔괘도, 그리고 바
람직한 인간사회를 그린 일부(一夫)팔괘도[정역(正易)팔괘도]를 비교해 보
자.

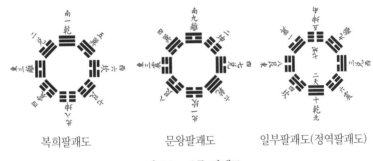

|복희팔괘도|문왕팔괘도|일부팔괘도(정역팔괘도)|

그림 25 - 3종 팔괘도

　먼저 좌측의 복희팔괘도는 하늘(乾)과 땅(坤)이 벌어지고 해(離)와 달(坎)
이 운행하며, 산(艮)이 솟고 물(兌)이 고이며, 바람(巽)이 불고 천둥(震)이 치
는 자연의 이치, 즉 천도(天道)를 나타낸다. 중앙의 문왕팔괘도는 지리적 방
위를 나타낸다.[163] 중국의 낙양(洛陽)을 중심으로 삼을 때 서쪽인 태방(兌
方)의 미국, 동쪽의 진방(震方)인 중국과 동북쪽인 간방(艮方)의 한반도, 동

---

163) 일반적으로 복희팔괘를 천도(天道), 문왕팔괘를 인도(人道), 일부팔괘인 정역팔
　　괘를 지도(地道)로 간주하나, 소강절의 『황극경세서』나 지구상 각국의 위치와 특성
　　에 근거할 때 필자는 문왕팔괘는 지도, 일부팔괘가 인도일 것으로 추정한다. 이에
　　대해서는 '김성철, 「탄허학으로 조명한 4.19혁명의 세계사적 의의」, 『한국불교학』
　　94집, 2020' 참조.

남쪽인 손방(巽方)의 일본, 남쪽인 이방(離方)의 베트남과 북쪽인 감방(坎方)의 러시아 그리고 서북방인 건방(乾方)의 유럽과 남서쪽인 곤방(坤方)의 중남미에서 보듯이 세계 각국의 지리적 위치와 문왕팔괘도의 방위는 일치한다. 이들 두 팔괘도와 비교할 때 일부팔괘도에는 몇 가지 특징이 있다.

먼저, 건(父, ☰)과 곤(母, ☷), 이(中女, ☲)와 감(中男, ☵), 손(長女, ☴)과 진(長男, ☳), 태(小女, ☱)와 간(小男, ☶)은 서로 짝이 되는 음양의 쌍들인데, 천도의 질서를 나타내는 복희팔괘도와 마찬가지로 일부팔괘도에도 이런 대응이 그대로 구현되어 있다. 즉 음양의 쌍들을 서로 마주 보도록 배치하여 조화를 이룬다. 또, 앞의 두 괘도와 비교할 때 정역팔괘도에서는 각 괘의 안과 밖이 전도되어 있다. 앞의 두 괘도에서는 팔괘 각각의 하단[首]이 내부를 향하고, 상단[尾]이 외부를 향했는데, 일부팔괘도에서는 상단이 내부를 향하고 하단이 외부를 향한다. 예를 들어서 문왕팔괘도 동남방의 손(巽, ☴)괘의 경우 음효(--)가 팔괘도의 안을 향하지만, 일부팔괘도에서는 '☴'와 같이 음효가 밖을 향한다. 이를 수미도치(首尾倒置)라고 부르는데, 탄허 스님은 정역팔괘도의 이런 독특한 모습에 대해 다음과 같이 설명하였다.

> 이 괘도가 복희, 문왕 팔괘와 다른 점은 수미(首尾)가 도치(倒置)된 점이다. 선천(先天)팔괘는 수(首)가 내(內)에 있고, 미(尾)가 밖에 있으며 근(根)이 속에 있고 말(末)이 외(外)에 있어서 마치 군주의 일령(一令) 하에 천하 신민(臣民)이 복종하는 것과 같거니와 정역팔괘는 이와 반대로 수가 외(外)로 가고 미가 내(內)에 있으며 근이 밖에 있고 말이 속에 있어서 마치 만민(萬民)이 주체가 되고 일군(一君)이 객체(客体)가 된 것과 같은 것이다. 그러므로 『서전(書傳)』에 말하기를 "민유방본(民維邦本)이니 본고(本固)라야 방녕(邦寧), 만민은 오직 나라의 근본이니 근본이 굳어야 나라가 편안하다." 했으며 또 이르되 "귀신은 무상향(無常享)하야 향우극성(享于極誠)하고 백성은 무상회(無常懷)하야 회우유덕(懷于有德), 천지신명은 아무나 가서 흠향(歆享)하는 것이 아니라 지극한 정성을 들이는데 가서 흠향하고, 만민은 한 사람만을 생각하는 것이 아니라 덕이 있는 이를 따라간다." 했으니 이것이 바로 민본군말(民本君末)을 의미한 것이다. 그리고 보면 일인독재(一人獨裁)의 통치시대는

선천사(先天事)가 된 것이요 앞으로 오는 후천시대는 만민의 의사가 주체가
되어 통치자는 이 의사(意思)를 반영시킴에 불과할 것이니 강태공(姜太公)의
말씀에 "천하는 천하인(天下人)의 천하요 일인(一人)의 천하가 아니라"는 것
도 바로 이것을 의미한 것일 것이다.[164]

　정역팔괘의 수미가 도치된 것은 만민인 백성이 주인이 되고 한 사람의 군
주, 즉 통치자가 객체가 된다는 점을 상징한다. 1982년 탄허 스님이 이 글을
탈고할 당시의 우리나라에서는 감히 꿈도 꾸지 못할 만한 바램이었지만, 202
0년 오늘의 우리 사회를 보니 어느새 그렇게 탈바꿈하였다. 통치자와 각료와
공무원은 문자 그대로 온 국민의 공복(公僕)이 되었다.

　세계사적으로 보면, 1960년 우리나라에서 일어난 4.19혁명의 성공을 미국
의 주류 언론이 대대적으로 보도하면서, 이에 고무된 미국의 대학생들을 중
심으로 베트남전 반대, 인종차별철폐, 여권신장 등을 기치로 내걸고 저항문
화운동(Counter-culture Movement)이 일어났고, 그 기운이 전 세계의 청년
학생들에게 들불처럼 번져서 프랑스의 68혁명에서 그 정점에 달했다. 그 후
미국 내외의 여론이 악화하면서 미군은 베트남에서 철수하였다. 이런 일들이
가능했던 이유는 그 어떤 곳에서 일어나는 사건이든 신문, 라디오, TV 등의
매스컴을 통해서 모든 사람에게 알려지기 때문이었다. 1989년 독일의 베를
린 장벽이 무너진 것은 한국의 경제적 성장이 전 세계의 매스컴을 통해 동구
권에 알려졌기 때문이었다.[165] 이런 변혁에서 신문, 라디오, TV와 같은 매스
컴이 큰 역할을 했지만, 그 위력은 컴퓨터와 스마트폰, 인터넷과 무선통신이
어우러진 정보통신기기에 비할 게 못 된다. 축적된 정보의 양도 그렇지만 그
이용자의 수와 정보의 다양성에서 가히 혁명적 변화가 일어났다. 우리들의
생활 터전이, 아날로그적인 물리 세계에서 디지털기기가 만들어내는 가상세

---

164) 金呑虛 譯注, 『周易禪解』 3, 圖書出版 敎林, pp.431-432.
165) 1988년 서울 올림픽 당시 IOC 위원장이었던 사마란치는 서울올림픽이 공산권
　　붕괴에 결정적인 역할을 했다고 주장하였다. http://www.chogabje.com/board/vi
　　ew.asp?C_IDX=4000&C_CC=AZ 사이트 참조.

계로 이동하고 있다. 가상공간 속에 거대한 의미의 세계가 출현한 것이다.

다시 정리해 보자. 한국 신종교에서 꿈꾸었던 정신문명의 시대는 탄허 스님이 예견했던 화엄의 시대와 다름없다. 온 세계와 교통하는 정보통신기기 앞에서는 누구나 세상의 중심이다. 비로자나 부처님이다. 공간상의 어느 지점에도 온 세계의 모든 정보가 담겨있기에 부족할 것이 없다. 이 세상 어느 지점이든 불국정토다. 가상세계에서는, 글과 영상과 아바타 등을 통해 활동하기에, 외모나 학벌이나 재산이나 가문의 우열이 무의미하다. 평등의 공간이다. 모든 정보가 온 세상에 퍼지기에 후미진 곳이 점차 사라진다. 어느 곳에서든 불의가 일어나면 온 네티즌이 관심을 보이며 이를 해결한다. 가상세계는 온갖 의미를 만들어내고 향유하는 공간이며 불의를 용납하지 않는 정의의 공간이다. 이 모든 일이 가능한 정보통신기기 덕분이다. 정보통신기기로 인해 의미의 세계가 열렸고, 정신문명의 시대가 시작되었다. 누구나 주인공이고, 차별 없고, 정의를 지향하고 실현하는 소위 '후천시대'가 도래하였다. 『법성게』에서 노래하듯이 "한 점 크기 티끌 속에 온 우주가 담겨있고 낱낱 모든 티끌에도 역시 이와 마찬가지(一微塵中含十方 一切塵中亦如是)"인 차방(此方)의 정토, 화장장엄세계다.

<u>마음의 정체를 푸는 열쇠 – 일미진중함시방</u>

a. 마음의 기원에 대한 뇌과학 이론의 문제점

마음이란 무엇인가? 저명한 뇌과학자 마이클 가자니가(Michael S. Gazzaniga, 1935-)는 마음의 기원에 대해 논의하면서 "의식이란 창발한(Emergent) 속성이지 그 자체에서 일어나는 어떤 독자적인 과정이 아니다. 소금의 짠맛은 나트륨과 염소가 결합하여 창발한 예기치 못한 산물이다."[166]라고 주장

---

166) Michael S. Gazzaniga, "Two brains – my life in science", Patt Rabitt Edt., *Inside Psychology – A Science over 50 years*, Oxford University Press, p.116.

한 바 있다. 마음의 기원에 대한 가장 유력한 이론으로, 생명체의 진화과정에서 뇌가 형성되면서 마음이 새롭게 나타났다는 것이다. 이렇게 마음의 기원에 대한 묻거나, 해답을 구하는 행위 모두 객관세계가 원래 존재한다는 전제 위에서 이루어진다. 그런데 생명체의 진화에 대해서만 추적해 봐도 '객관'이란 원래 존재하는 것이 아니라, 서서히 구성되는 것이며 아직도 그 구성이 완료되지 않았음을 알 수 있다.

　과학자들은 진화의 역사를 '시생대→ 원생대→ 고생대 →중생대→ 신생대'의 다섯 단계로 구분한다. 생명체의 종류와 성격의 공통점에 근거한 구분이다. 지구의 나이를 약 46억 년으로 추산하는데, 시생대의 시작은 약 38억 년 전으로, 이때 지구상 최초의 생명체인 박테리아가 출현하였다. 원생대는 약 25억 년 전에 시작되는데 초기에는 유전자가 세포 내에 흩어져 있는 원핵생물, 중기에는 세포핵을 갖는 진핵생물, 말기에는 아메바와 같은 원생동물, 해파리나 산호와 같은 강장동물, 지렁이와 같은 환형동물이 출현하였다. 그리고 약 5억 7천만 년 전에 고생대가 시작되었고 고생대 초기인 캄브리아기에 종의 대폭발이 일어났다. 이를 '캄브리아기 대폭발(Cambrian Explosion)'이라고 부르며 현존하는 생물의 문(門, phylum)이 이때 대부분 등장했다. 캄브리아기 대폭발의 원인은 찰스 다윈도 고민했던 문제로, 그에 대해 여러 가지 가설이 제시되었지만, 가장 유력한 이론은 '눈의 발생' 때문이라는 것이다. 진화과정에서 눈이 발생하면서 생명체는 처음으로 타자에 대한 인식이 가능해졌다. 즉 나와 남이 공존하는 객관세계가 드러나기 시작한 것이다. 원시적인 눈은 밝음과 어둠을 구분할 수 있을 뿐이지만, 진화를 통해 눈이 정교해지면서 객관세계가 더욱 뚜렷해졌다. 생명체에게 눈이 생기면서 적자생존의 솎아내기를 통해 종의 분화가 가속화되었다. 생명체가 살아남으려면 은폐에 능하고 빨라야 한다. 강자든 약자든 이는 마찬가지다. 강자의 경우 자신을 은폐하고 그 행동이 빨라야 먹이 획득에 성공적이다. 약자의 경우도 자신을 은폐해야 포식자로부터 목숨을 부지하고, 신속하게 도망쳐야 먹이지 않는다. 강자든 약자든 은폐에 능하고, 민첩한 생명체가 살아남는다. 적자생존이다. 이 모두 눈과 관련된다.

앞에서 말한 바 있지만, '안, 이, 비, 설, 신, 의'의 육근 가운데 '안, 이, 비'의 세 가지 감관이 '객관' 세계의 착각을 만들어낸다. 그런데 생명체의 진화과정을 추적해 보면 객관세계란 원래 뚜렷하고 완벽하게 존재하는 것이 아니라는 점을 알게 된다. 객관세계는 눈의 발생과 함께 점차 뚜렷해지고 있을 뿐이다. 타고 난 감관의 능력에 한계가 있기에, 인간은 망원경이나 현미경 등을 만들어 객관세계의 폭을 점차 넓히고 있지만, 아직도 객관의 끝이 무엇인지 알지 못한다. 미시적으로는 소립자 이하의 세계에 대해 아직도 연구 중이며, 거시적으로는 허블 망원경 등을 통해 멀고 먼 우주를 관찰하지만, 아직도 관찰의 끝이 나지 않았다. 객관세계가 점차 넓어지고 있기는 하지만, 아직 그 모두가 드러난 것은 아니다.

여기서 상상실험을 해 보자. 우리가 사는 영역을 객관과 주관으로 구분한다. 객관은 남과 공유하는 영역이고, 주관은 나에게만 인지되는 영역이다. 그런데 생명체의 진화과정 초기에는 오직 주관만 존재했을 것이다. 아직 눈이 발생하지 않았기에 타자나 외부 사물에 대한 인식이 있을 수 없기 때문이다. 그러다가 고생대로 접어들어 캄브리아기가 시작되면서 눈이 달린 생명체들이 출현하기 시작했고, 이들에게 비로소 객관이 나타나기 시작했으리라. 주관은 생명체의 발생 초기부터 완벽하게 존재했지만, 객관은 눈의 발생과 함께 드러나기 시작하여 점차 뚜렷해지고 있을 뿐이다. 주관은 객관에 선행한다. 즉 생명체에게 주관인 마음이 먼저 존재했다가, 나중에 눈이 발생하면서 객관이 구성된 것이다.

그런데 앞에서 마음의 기원에 대한 창발 이론에서 보았듯이, 현대의 뇌과학자들은 객관이 먼저 있었다는 전제 위에서 마음의 기원에 대해 추구한다. 그 결과 진화과정에서 뇌의 발생과 함께 주관인 마음이 새롭게 나타났다고 주장하기도 한다. 불교나 철학의 다른 이론을 도입하지 않고 진화과정만 돌이켜 보아도 뇌과학자들의 '마음 창발설'에 문제가 있음을 알게 된다. 코페르니쿠스(Copernicus, 1473-1543) 이전에 대부분의 사람들은 해와 달과 별과 하늘이 지구 주위를 도는 줄 알았다. 이를 천동설이라고 부르지만, 이는 이론이랄 것도 없다. 옛날이든 지금이든 누구에게나 외견상 해와 달과 별이 동쪽에서 떠서 서쪽으로 지는 것 같이 보인다. 그러나 이와 반대로 지구가 태양 주위를 도는 것이 진실이었다. 코페르니쿠스의 지동설이었다. 뇌과학의 마음이론 역시 이와 마찬가지다. 현대 사회에서 자연과학의 객관주의(Objectivism), 물리주의(Physicalism), 유물론(Materialism)의 위력이 너무나 강력하기에, 대부분의 현대인들에게 "객관은 원래 존재한다."는 사고방식이 체화(體化)되어 있다. 따라서 마음의 정체에 대해 물을 때에도, "물리세계에서 어떻게 정신이 탄생했는지?"라고 물으면서 '물리세계'의 존재를 당연시한다. 과거 천문학의 지동설과 같은 사고방식이다. 그러나 생명체의 진화과정에서 보듯이 물리세계, 객관세계는 원래 실재하는 게 아니라 눈의 발달로 인해 점차 명료해지고 있을 뿐이며 그 과정은 지금도 진행 중이다. 원래 존재하는 것은 주관세계뿐이다. 각각의 생명체가 홀로 갖는 단 하나의 주관세계만 실재하다가, 진화과정에서 눈이 발생하면서 객관이 구성되고 있을 뿐이다. 이런 통찰 위에서 마음의 정체를 추구하는 것이 합리적일 것이다. 뇌과학의 마음 연구에서 코페르니쿠스적 전환이 일어나야 한다는 말이다. 객관과 주관의 선후가 뒤바뀌어야 한다. 엄밀히 말하면 모든 생명체는 자신이 만든 주관의 세계에서 홀로 살아간다. 객관은 지금도 서서히 구성되어 가는 중이다. 객관의 완벽한 구성은 영원히 끝이 나지 않을 것이다. 순전(純全)한 주관은 있어도 순전한 객관은 없다. 모든 객관은 특정한 주관이 해석한 객관일 뿐이다. 모든 것은 주관인 내 마음이 만들었다. 일체유심조(一切唯心造)다. 뇌신경은 그런 마음이 타고 흐르는 궤도일 뿐이다.

b. 일미진중함시방으로 푸는 마음의 정체

그렇다면 순전한 주관이란 무엇인가? 마음이란 무엇인가? 이에 대한 해답이 바로 『법성게』의 '일미진중함시방'에 있다.

먼저 상상실험을 해 보자. "나의 마음이 어디에 있는가?"라고 물으면서, '나의 마음'이 있는 곳이 아닌 것들을 하나하나 소거해 보자. 내 얼굴에 나의 마음이 있지 않다. 얼굴에 화상을 입어서 알아볼 수 없게 변해도 나의 마음은 사라지지 않기 때문이다. 손이나 발에 나의 마음이 있는 것도 아니다. 팔다리가 잘려도 마음은 남아 있기 때문이다. 심장이나 간은 내가 아니다. 이식을 통해 남의 심장이나 콩팥, 간으로 대체해도 마음은 대체되지 않기 때문이다. 뼈, 근육, 피부, 내장과 같은 다른 모든 장기도 이식할 수 있기에 이들 가운데 어디에도 진정한 나의 마음이 존재한다고 볼 수 없다. 그렇다면 뇌만 남는데, 뇌 일부가 손상되어도 성격이나 인지에 장애가 생길 뿐 나는 사라지지 않기에 뇌의 어느 특정 부위에 나의 마음이 있다고 지목할 수 없다. 따라서 나의 몸 그 어디에도 나의 마음은 머물러 있지 않다.

그런데 이를 뒤집어 보면, 어디에든 나의 마음이 있을 수 있고 무엇이든지 나의 마음이 될 수 있음을 알게 된다. 내가 무엇을 바라보면 눈에 내 마음이 가 있고, 무슨 소리를 들으면 귀에 내 마음이 가 있으며, 어떤 촉감을 느끼면 몸에 내 마음이 가 있고, 무엇을 맛볼 때에는 혀에 내 마음이 가 있으며, 어떤 냄새를 맡을 때에는 코에 내 마음이 있고 무엇을 골똘히 생각할 때에는 그 생각에 내 마음이 있다. 다시 말해 나의 마음은 내 몸의 어느 한 곳에 있지 않고, 나의 주의(Attention, Ⓢmanasikāra, 作意)를 타고 이곳, 저곳 이동한다. 나의 마음[식]이 주의[행]가 지목한 특정한 대상[색]에 대해 어떤 느낌[수]과 생각[상]을 일으키는 것이다. 이렇게 매 찰나 색, 수, 상, 행, 식의 오온이 함께 하면서 새로운 현상이 나타난다. "모든 것을 오직 마음이 만들었다."는 일체유심조의 가르침을, 거꾸로 "마음은 자신이 만든 낱낱의 모든 현상에 존재한다."고 풀 수도 있다. 지금 나에게 인지되는 것 모두가 나의 마음이고, 그 낱낱에 나의 마음이 있다는 말이다. 내가 나를 바라볼 때는 그렇다는 말이다. 그런 나의 마음은 시시각각 변화한다. 주의를 타고서 쉬지 않고 계속 흘러간다. 그와 동시에 나에게 나타난 현상 역시 매 순간 변화한다. 마치 기름 심지가 타듯이 매 찰나 오온이 명멸하면서 다음 찰나로 이어진다. 후대 불교

에서는 이렇게 무상하게 이어지는 나의 마음을 자상속(自相續, sva-saṃtati)
이라고 명명하였다. '내 쪽에서 일어나는 오온의 연속적인 흐름'이라는 뜻이
다.

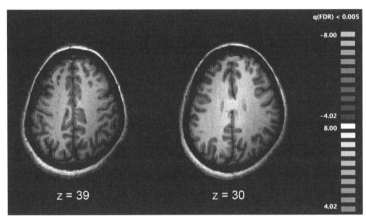

그림 26 - 작업기억 과제 시 전두엽의 fMRI 영상 (좌: 정상, 우: 조현병)

　그렇다면 이렇게 나의 주의와 함께 하는 마음은 남에게는 어떻게 나타날
까? 앞에서 분석했듯이 나의 얼굴이나, 팔다리, 몸통, 내장 모두 진정한 내가
아니다. 따라서 남에게 보이는 나의 얼굴, 팔다리 등도 진정한 내가 아니다.
나의 주의와 함께 하는 나의 마음은 뇌에서 요동한다. 남이 나를 볼 때 그렇
다는 말이다. fMRI라는 의료용 진단장치가 있다. functional Magnetic Reso-
nance Imaging의 약자다. 우리말로 옮기면 '기능성 자기공명영상'이다. X-ra
y나 PET(Positron Emission Tomography, 양전자 방사 단층촬영)의 경우 기
기나 약물의 방사능이 환자의 몸에 해를 줄 수 있다. 그런데, 혈관 속 산소[O
$_2$] 농도를 영상으로 기록하는 MRI는 몸에 거의 해가 없다. 그래서 MRI의
동영상 촬영도 가능하며, 이를 fMRI라고 부른다. fMRI로 뇌를 촬영하면서,
피험자에게 인지(認知)와 관련된 여러 가지 과제를 주면, 그 과제의 성격에
따라서 뇌의 어느 부위가 활성화되는지 파악할 수 있다. 예를 들어서 눈으로

무엇을 보게 하면, 후두엽의 시각중추가 주로 활성화되고, 귀로 무엇을 듣게 하면 측두엽의 청각중추가 주로 활성화된다. 주의의 이동에 따라서 뇌에서 활성화되는 분위가 달라지는 것이다. 이런 실험을 통해 알 수 있는 것은 우리의 마음은 뇌의 어느 한 곳에 머무르는 것이 아니라, 주의의 이동에 따라서 뇌의 해당 부위를 옮겨 다닌다는 점이다.

　이상의 내용을 다시 정리해 보자. 내가 보기에 나의 마음은 나의 주의와 함께 나타난 모든 현상에 존재한다. 그러나 남에게 보인 나의 마음은 나의 두개골 속에 자리한 뇌에서 이곳저곳을 이동한다. 즉 나에게 나타난 나의 마음은 내가 인지하는 모든 곳에 편재하지만, 남에게 보이는 나의 마음은 나의 대뇌 속에 국소적으로 존재한다. 『법성게』의 경구 '일미진중함시방(一微塵中含十方)'에서, 남에게 보인 나의 마음은 나의 뇌 속에서 요동하는 한 점[일미진] 식의 흐름에 대응하고, 나에게 보인 나의 마음은 나의 감관이 수용하는 모든 것[함시방]에 대응된다. 일미진의 국소성이 함시방의 편재성과 함께하듯이 나의 마음 역시 이렇게 국소성과 편재성이 함께한다. 편재성은 함용성(含容性)이기도 하다. 낱낱의 모든 사물의 모습이 온 공간에 편재하기에, 공간상의 어느 한 점에도 모든 사물의 모습이 담긴다[함용]. 객관의 사물은 국소적으로 존재하지만, 주관인 마음은 함용적이다. 그런데 우리 뇌 속의 어느 지점만 함용성을 갖는 게 아니라, 우리가 사는 3차원 공간에서 국소적인 그 어느 지점을 잡아도 그 지점에 함용성이 함께한다. 주관은 인간에게만 있는 게 아니다. 모든 생명체 낱낱이 유일무이한 주관성을 갖는다. 더 나아가 우리가 사는 3차원 공간상의 어느 지점에도 함시방의 주관성이 내재한다. "한 점 크기 티끌 속에 온 우주가 담겨있다[일미진중함시방]"는 『법성게』의 경구에 마음의 정체에 대한 비밀이 숨어있었다. 한 점 티끌은 마음의 객관적 측면이고, 그곳에 담긴 온 우주의 모습은 마음의 주관적측면이다. 앞에서 『화엄경』「노사나불품」에 실린 보장엄동자의 성불 신화에서 언급했듯이 우리가 사는 물리적 우주 전체는 비로자나 부처님의 몸이다. 우리는 법신(法身)이신 비로자나 부처님의 몸속에서 산다. 범위를 더 좁히면 '그분의 털 구멍[毛孔]' 속에서 살고 있다. '주의(注意)와 수반하여 매 찰나 요동하는 한 점 식(識)의 흐름'인 나의 마음이 거주하는 곳이다. 나뿐만 아니라 모든 생명체의 마음은 '한 점 식의 흐름[One Point Stream of Consciousness]'이라는 점에서 차이가 없다. 이 바로 그 한 점의 식은 온 우주를 함용하는[함시방] 일미진이기도 하다. '나의 마음'과 '온 우주이신 비로자나 부처님의 몸'과 '다른 모든 생명체의 마음'의 세 가지는 서로 다른 게 아니다. 그래서 『화엄경』「야마천궁보살설게품(夜摩天宮菩薩說偈品)」에서는 "마음과 부처와 중생, 이 세 가지는 차이가 없다[心佛及衆生 是三無差別]"[167]고 노래하는 것이다. 나의 마음과 비로자나 부처님의 몸과 모든 생명체의 마음, 이 세 가지는 차이가 없다는 뜻이다. 주관성인 우리의 마음은 뇌과학자들이 생각하듯이 진화과정에서 뇌의 발생과 함께 창발한[emergent] 것이 아니라, 물리적 세계인 이 3차원 공간에서 한 톨 먼지 크기의 어느 지점에든 항상 내재하는[일체진중역여시] 함시방(含十方)의 측면이었다. '일미진중함시방'의 경구에 마음의 정체를 푸는 열쇠가 있었다.

---

167) 60화엄, T9, p.465c.

⑷ 세속의 시간에 적용하여 법의 종류별 내용을 보여줌 (約世時 示攝法分齊)

⑪무량원겁즉일념 無量遠劫卽一念
　무량 세월 구원겁이 한순간의 생각이고
⑫일념즉시무량겁 一念卽是無量劫
　한순간의 잠깐 생각 무량겁의 세월이라

　앞에서는 한 톨 먼지 크기의 작은 공간에 들어가는 온 우주에 대해 노래했는데, 여기서는 한 찰나 길이의 짧은 시간이 그대로 온 시간과 일치하는 통찰을 노래한다. 무량원겁즉일념. 무량 세월 구원겁이 한순간의 생각이다. 무량한 겁(劫) 이전부터 이어져 온 과거의 세월이 모두 한 찰나의 생각일 뿐이다. 겁은 산스끄리뜨어 깔빠(kalpa)의 음사어로 가장 긴 시간의 단위다. 『잡아함경』에서 겁의 길이를 비유로 설명하는 경문의 일부를 인용하면 다음과 같다.

　　"세존이시여 겁은 아주 긴 세월을 의미하는지요?"
　　부처님께서 그 비구에게 다음과 같이 고하셨습니다.
　　"내가 그대를 위해 설명해 줄 수 있긴 하지만, 그대가 이해하기는 어려울 것이니라."
　　비구가 부처님께 다음과 같이 아뢰었습니다.
　　"비유로 설명해 주실 수 있는지요?"
　　부처님께서 다음과 같이 말씀하셨습니다.
　　"설명할 수 있느니라. 비구여 다음과 같이 비유할 수 있느니라. 사방과 상하의 길이가 1유순인 쇠로 만든 성곽을 겨자씨로 가득 채우고서, 어떤 사람이 100년에 한 번씩 겨자씨 한 톨을 꺼내서 그 겨자씨가 다 없어지더라도 겁의 세월은 아직 끝나지 않느니라. 이와 같으니라 비구여. 겁이란 것은 이와 같이 긴 세월이니라."[168]

---

168) T2, p.242b.

한 변의 길이가 1유순(由旬, yojana)인 정육면체 모양의 성곽을 아주 작은 겨자씨로 가득 채운 후, 100년에 한 번씩 겨자씨 한 알을 꺼내어서, 성곽이 텅 비게 되어도 1겁의 세월은 아직 끝나지 않는다는 비유다.[169] 상상할 수도 없는 긴 세월이다. 이렇게 긴 세월이 1겁인데, 법성게에서는 100겁, 억겁도 아니고 무량한 겁의 세월이 모두 한순간의 생각이라는 것이다. 요컨대 시간 대 전체가 그대로 한순간의 생각이라는 말이다. 이런 통찰이 담긴 『화엄경』의 게송 몇 수를 인용해 보자.

…

무량겁을 분석하니 그대로가 일념이고

염(念) 또한 염 아니라서 실념(實念) 없음 파악하네.

본래 자리 떠나잖고, 일념으로 주유(周遊)하고

무량무변 겁의 세월 일체중생 교화하네.

불가설의 갖가지 겁 그대로가 일념이고

겁의 세월 줄이잖고 찰나법에 들어맞네.[170]

…

– 「보현보살행품(普賢菩薩行品)」 –

…

모든 중생 갖가지 업, 상중하품 차별상을

여래 힘에 드신 보살, 남김없이 분간하고

불가사의 무량겁이 일념임을 능히 알며

---

169) 1유순은 현대의 단위로 12-15km 정도의 거리다. 서울의 광화문에서 잠실의 롯데월드까지 거리가 13km 정도 되는데, 그 정도의 거리를 한 변으로 삼는 성곽을 만들어 겨자씨로 채운 후, 100년마다 겨자씨 한 톨을 꺼내어 모두 소진될 때까지의 기간이 1겁이라는 설명이다. 겨자씨 크기가 1mm 정도 되는데 상하, 사방 13km 길이의 성곽에 가득 채우면 2.197×10^{21}개의 겨자가 들어갈 것이다. 100년에 한 번씩 겨자씨 한 톨을 꺼낸다면 2.197×10^{23}년이 지나야 성곽이 텅 비게 될 것이다. 숫자의 단위를 '십, 백, 천, 만, 억, 조(兆), 경(京), 해(垓)'로 늘여갈 때 1겁(劫)은 2,197해(垓) 년으로 계산된다.

170) "無量無數劫 解之即一念 知念亦非念 世間無實念 不動於本座 一念遊十方　無量無邊劫 常化諸衆生 不可說諸劫 即是一念頃 亦不令劫短 究竟剎那法." T9, p.610a.

시방 세계 모든 업을 청정하게 아신다네.171)

…

– 「금강당보살십회향품(金剛幢菩薩十迴向品)」 –

…

숙명통을 얻게 되니 일체 겁해(劫海) 떠올리고
나와 타인 구별하여 그 모두 다 요달하네.
나 일념에 모두 아네. 온갖 국토 미진겁의
부처님과 보살들과 오도 윤회 중생들을.
저 부처님 초발심에 오직 부처 보리 구해
한량없는 보살행을 결국 모두 채우시네.
등정각을 깨치시고 온갖 교묘 방편으로
신묘법륜 굴리시어 제승 바다 나투시네.
중생위해 설법하고, 일체에서 벗어나서
버림의 법 머묾까지 나 일념에 모두 아네
한량없는 겁 동안에 나 이 법문 수습하고
참된 불자 신속하게 이 법문에 도달하세.172)

– 「입법계품(入法界品)」 –

여기서 보듯이 『화엄경』에서는 한순간의 생각인 '일념'과 '무량겁'의 관계로 동치(同値)와 인지(認知)의 두 가지를 제시한다. 「보현보살행품」과 「금강당보살십회향품」에서 노래하듯이 무량겁이 그대로 일념이고 불가설의 온갖 겁이 그대로 일념이다[동치]. 또 「입법계품」에서 노래하듯이 일념으로 무량겁의 모든 일을 다 안다[인지].

초기불전에 의하면 보리수 아래 마른 풀을 깔고 앉아 선 수행에 들어간

---

171) "一切衆生種種業 上中下品差別相 菩薩深入如來力 悉能具足分別知 不可思議 無量劫 悉能了知即一念 一切十方所行業 菩薩覺悟清淨知.", T9, p.533a.
172) "我得宿命智 念一切劫海 自身及他人 分別悉了達 我於一念知 諸刹海塵劫 諸 佛及菩薩 五道衆生類 彼佛初發願 專求佛菩提 究竟悉滿足 無量菩薩行 覺了等正 覺 種種巧方便 轉淨妙法輪 顯現諸乘海 為衆演說法 度脫於一切 乃至遺法住 我悉 一念知 我於無量劫 修習此法門 真佛子應速 究竟此法門.", T9, p.745c.

싯다르타 태자는 숙명통(宿命通), 천안통(天眼通), 누진통(漏盡通)의 세 가지 신통력이 차례대로 열리면서 부처님이 되셨다고 한다. 숙명통이란 자신의 전생을 기억하는 능력이며, 천안통은 다른 중생이 지은 선업이나 악업에 따라서 내생에 어느 곳에 태어날지 아는 능력이고, 누진통은 고, 집, 멸, 도의 사성제를 그대로 알고 모든 번뇌에서 벗어난 해탈을 의미한다. 이 가운데 "무량 세월 구원겁이 한순간의 생각이고 한순간의 잠깐 생각 무량겁의 세월이라"는 법성게의 문구와 가장 관련이 깊은 신통력은 숙명통과 천안통이리라. 『사분율』에서는 싯다르타 태자에게 숙명통이 열리던 순간에 대해 다음과 같이 묘사한다.

> 그때 보살은 이미 괴로움과 즐거움을 버렸다. 먼저 이미 근심과 기쁨을 버렸기에 괴로움과 즐거움이 없어 청정하게 주의 집중하면서 제4선에서 노닐었다. 이것을 일러서 보살이 여기서 말하는 '네 가지 뛰어난 법'을 얻은 것이라 한다. 왜 그런가? 생각을 모아서 전념함에 방일함이 없었기 때문이다. 그때 보살이 이런 삼매의 마음을 얻어서 모든 번뇌가 다 사라져서, 청정하여 더러움이 없었고 그 행이 유연하게 견고한 곳에 머물러서 숙명지(宿命智)[173]를 증득했다. <u>스스로 숙명을 알았는데 1생, 2생, 3생, 4생, 5생, 10생, 20생, 30생, 40생, 50생, 100생, 1,000생, 백천생, 무수백생, 무수천생, 무수백천생, 겁의 성립과 겁의 소멸, 무수겁의 성립과 무수겁의 소멸, 무수겁의 성립과 소멸, "내가 일찍이 어느 곳에 태어나서 이름은 무엇이었고, 성씨는 무엇이었다."든지 "이러한 음식을 먹었고, 수명은 이러했으며, 수명의 한계는 이와 같았고, 세상에 오래도록 또는 짧게 머문 일이 이러했고, 이러한 괴로움이나 즐거움이 있었고, 저곳에서 죽어서 저곳에서 태어났으며, 저곳에서 죽어서 다시 저곳에 태어났고, 저곳에서 죽어서 이곳에 태어났으며, 이와 같은 얼굴 모습이었다."고 알았다. 무수한 숙명의 일을 안 것이다.</u> 그때 보살은 초야에 이런 첫 번째 명지(明智)를 얻어서 무명이 소멸하고 명지가 발생했다. 어둠이 사라지고 광명이 나타났으니 이른바 숙명통의 증득이다. 어떻게 그러한가? 정진하여 방일하지 않았기 때문이다.[174]

---

173) ⓟpubbe-nivāsa-anussati-ñāna = ⓢpūrva-nivāsa-anusmṛti-jñāna: 이전[pūrva]의 삶[nivāsa]을 기억하는[anu-smṛti] 지혜[jñāna].

싯다르타 태자가 보리수 아래 앉아서 수행을 하다가 어느 날 저녁[初夜] 제4선의 경지에 올랐을 때, 숙명통이 열리면서 무수한 전생의 일들이 기억나기 시작했다는 것이다. 직전의 생뿐만 아니라 무수한 낱낱의 전생에 이름이 무엇이었는지, 수명이 어땠는지, 어디에서 태어났다가 어디에서 죽었는지, 어떤 얼굴을 하고 있었는지 등등의 모든 일이 떠올랐다. 한순간 생각이 일어나면서 무량겁에 걸친 싯다르타 태자 당신의 전생 일들이 떠올랐던 것이다. 이어서 싯다르타 태자의 선정이 더 깊어지자 천안통이 열렸는데 『사분율』의 설명은 아래와 같다.

> 그때 보살은 다시 삼매의 선정으로 마음이 청정해져서 더러움도 없고 번뇌도 없으며 온갖 때가 이미 소진되었고, 그 행이 유연하게 견고한 곳에 머물러서, 중생들의 탄생과 죽음을 알게 되었다. **청정한 천안(天眼)으로 중생을 관찰하였는데 탄생과 죽음, 좋은 용모와 추한 용모, 선취와 악취, 귀한 것이나 천한 것이 중생이 짓는 행위에 따른다는 점을 모두 다 알게 되었다. 즉, 스스로 관찰해 보니, 어떤 중생이 몸으로 악을 행하고, 입으로 악을 행하고, 마음으로 악을 행하며, 사견으로 현인과 성인을 비방하고, 사견의 업보를 지으면 몸이 파괴되어 목숨을 마쳐서 지옥, 축생, 아귀 중에 태어난다는 점을 알았다. 또 중생이 몸으로 선을 행하고, 입으로 선을 행하며, 마음으로 선을 행하고, 정견을 갖고 현인과 성인을 비방하지 않으며 정견의 업보를 지으면 몸이 파괴되어 목숨을 마쳐서 천상이나 인간 중에 태어난다는 점을 관찰하였다. 이와 같이 천안이 청정해져서 중생의 탄생과 죽음이 그 짓는 행위에 따른다는 점을 관찰하여 보았다.** 이것을 '보살이 자정[中夜]에 얻은 이런 두 번째의 명지(明智)'라고 부른다. 무명이 사라지니 명지가 생하고, 어둠이 사라지고 광명이 나

---

174) "時菩薩已捨苦樂 先已去憂喜 無苦無樂護念清淨 遊戲四禪 是謂菩薩得此四勝法 何以故 由繫意專念不放逸故 時菩薩得此定意 諸結使除盡 清淨無瑕穢 所行柔軟住堅固處 證宿命智 自識宿命一生 二生 三生 四生 五生 十生 二十生 三十生 四十生 五十生 百生 千生 百千生 無數百生 無數千生 無數百千生 劫成劫敗 無數劫成無數劫敗 無數劫成敗 我曾生某處 字某如是生 食如是食 壽命如是 壽命限齊如是 住世長短如是 受如是苦樂 從彼終生彼 從彼終復生彼 從彼終生此 如是相貌 識無數宿命事 時菩薩於初夜得此初明 無明盡明生 闇盡光生 所謂宿命通證 何以故 由精進不放逸故.", 『四分律』, T22, pp.781a-b.

타났으니 이를 중생을 보는 천안지(天眼智)라고 부른다. 어떻게 그러한가? 정
진하여 방일하지 않았기 때문이다.175)

저녁에 숙명통이 열린 싯다르타 태자가 다시 생각을 집중하자 다른 생명
체들의 탄생과 죽음의 과정에 대해 모두 아는 천안통이 생겼다는 설명이다.
모든 생명체는 미추(美醜), 고락(苦樂), 귀천(貴賤)이 다르게 태어나는데 그
이유는 각각 전생에 지은 업이 다르기 때문이다. 즉, 몸과 말과 마음으로 악
을 행하면 지옥, 아귀, 축생의 삼악도에 태어나고, 선을 행하면 인간계나 천
상에 태어난다는 인과응보의 이치에 대한 통찰이었다. 이 세상의 부조리와
불평등은 원래 그런 것이 아니었다. 인과응보의 이치가 생명의 세계를 지배
하기에, 현생에 지은 선행과 악행에 따라서 다음 생의 괴로움과 즐거움, 잘남
과 못남, 귀함과 천함이 결정되는 것이다. 이렇게 무량겁에 걸쳐 일어나는
다른 모든 생명체의 인과응보의 윤회가 한순간의 생각으로 다 드러났다.

그 후 새벽[後夜]이 되어 누진통(漏盡通)이 열리면서 고, 집, 멸, 도의 사성
제 대한 여실한 통찰이 생겼고, 욕루(欲漏), 유루(有漏), 무명루(無明漏)에서
해탈하고, 그렇게 자신이 해탈했다는 사실을 스스로 자각하여 부처님이 되신
싯다르타 태자는 "[다시] 탄생[함]이 파괴된다. 청정한 행을 완수했고 해야
할 일을 했다. [나에게] 내세의 삶은 없다고 안다."176)는 해탈지견(解脫知見)
의 게송을 읊조린다.177) 숙명통, 천안통, 누진통의 삼명(三明)이 차례대로 열

---

175) "時菩薩復以三昧定意淸淨 無瑕無結使 衆垢已盡 所行柔軟 住堅固處 知衆生
生者死者 以淸淨天眼觀見衆生 生者死者 善色惡色 善趣惡趣 若貴若賤 隨衆生所
造行 皆悉知之 卽自察知 此衆生身行惡 口行惡 意行惡 邪見誹謗賢聖 造邪見業報
身壞命終 墮地獄畜生餓鬼中 復觀衆生身行善口行善 意行善 正見不誹謗賢聖 造
正見業報 身壞命終 生天上人中 如是天眼淸淨 觀見衆生生者死者隨所造行 是謂
菩薩中夜得此第二明 無明盡明生 闇盡光生 是謂見衆生天眼智 何以故 由精進不
放逸故.", 『四分律』, T22, p.781b.

176) *Sīlāyūpopama Suttaṃ*, AN. 9.26. "Khīṇā jāti, vusitaṃ brahmacariyaṃ, kata
ṃ karaṇīyaṃ, nāparaṃ itthattāya'ti pajānāmi"; "我生已盡 梵行已立 所作已作
自知不受後有."

177) 『四分律』, T22, p.781c.

리면서 부처님이 되신 것이다.

그런데 숙명통은 수행자 자신의 전생 삶을 모두 기억하는 능력이고, 천안통은 다른 생명체의 전생과 현생, 현생과 내생의 인과응보 관계에 대해 모두 보는 능력으로, 이 모두 제4선의 경지에서 체득되는 신통력이다. 제4선의 경지가 되면 호흡할 때 들숨과 날숨의 출입이 사라진다고 한다. 과학적으로 표현하면, '허파의 수축과 팽창 없이 피부호흡만으로도 혈액과 대기 간에 산소, 탄산가스 교환이 이루어지는 명상의 경지'라고 볼 수 있다. 즉 몸은 물론이고 마음에도 요동이 없기에 에너지 소모가 극히 적은 경지다. 항아리에 담긴 물이 잔잔해지면, 달의 모습이 그대로 비치듯이, 제4선의 경지가 되면 마음이 극도로 평온해지기에 자신의 전생은 물론이고, 다른 생명체의 전생 모두 그대로 드러나는 것이리라. 자신을 포함하여 모든 생명체가 겪었던 무량겁의 전생 일이 제4선의 경지에 오른 수행자의 한순간 생각 속에 그대로 드러난다. 법성게에서 노래하듯이 무량 세월 구원겁이 한순간의 생각[無量遠劫卽一念]이고, 한순간의 잠깐 생각이 무량겁의 세월[一念卽是無量劫]이기에 가능한 일이리라.

그런데 이런 일은 전문수행자에게만 일어나는 체험이 아니다. 깊은 수행을 하진 않았어도, 또 제4선의 경지에 오른 적은 없어도, 우리는 주변의 모든 사물 낱낱에 과거 무량겁의 세월이 담겨 있다는 점을 짐작할 수 있다. 예를 들어서, 내 책상 위에 있는 컵은 그것이 이곳에 놓이기까지의 모든 여정(旅程)을 담고 있다. 이를 열거해 보자.

이 컵에는 조금 전에 거실에서 내가 이 컵을 들고 온 여정이 담겨있다.
이 컵에는 찬장에 있다가 거실 탁자 위에 놓이기까지의 여정이 담겨있다.
이 컵에는 상점에서 구입하여 집으로 가져온 여정이 담겨있다.
이 컵에는 공장에서 제작하여 상점으로 운반한 여정이 담겨있다.
이 컵에는 점토와 가마[爐]와 공원(工員)의 힘으로 공장에서 제작된 여정이 담겨있다.

　이 컵에는 가마가 만들어지기까지의 과정과 공원이 공장에 출근하기까지의 여정이 담겨있다.

　이 컵에는 자연에서 점토가 생성되기까지의 여정이 담겨있다.

　이 컵에는 점토를 보유한 지구가 탄생하기까지의 여정이 담겨있다.

　이 컵에는 지구를 포함한 태양계가 형성되기까지의 여정이 담겨있다.

　이 컵에는 태양계를 포함한 우리 은하계가 형성되기까지의 여정이 담겨있다.

　……

　언어와 서술의 한계로 컵의 여정에 대해 단선적(單線的)으로 나열했지만, 실제는 복합적이고 중층적이다. 컵을 있게 만든 낱낱의 조건들이 다시 방사상(放射狀)의 여정을 가지며, 낱낱의 여정을 이루는 조건들 역시 다시 그것을 있게 만든 방사상 여정을 갖는다. 내 책상 위의 컵은 그야말로 중중무진(重重無盡)의 조건들로 인해 존재할 수 있는 것이다.

　하이퍼텍스트(Hypertext)라는 디지털 문서가 있다. 컴퓨터나 스마트폰과 같은 정보통신기기에서 가장 널리 사용하는 문서다. 중요하거나 필요한 단어에 링크를 달아 활성화한 문서화면이다. 마우스로 링크가 달린 단어를 클릭하면 그 의미와 연관된 새로운 문서화면이 나타나는데 그 새로운 문서화면에도 곳곳에 링크가 달린 단어들이 있다. 이를 클릭하면 다시 새로운 화면으로 진입한다. 전체 문서화면 중의 일부인 하나의 단어를 클릭하면 새로운 문서화면의 세계로 들어가는 것이다. 그렇게 새롭게 나타난 문서화면에도 역시 링크가 걸린 수많은 단어가 산재한다. 이와 마찬가지로 우리가 체험하는 어떤 사물이나 사태도 그것을 구성하는 낱낱의 사태가 마치 하이퍼텍스트처럼 끝없이 이어진다. '무량원겁즉일념'의 무량은 이렇게 중중무진한 무량이다. 끝없이 되풀이되는 무량이다. 일념에는 중중무진의 과거가 중첩되어 있다.

　지금 내 의식에 들어온 어떤 사물이든 사태든 그것이 있기까지 겪었을 무한한 과거의 여정이 배어있다. 일념즉시무량겁이다. 무량한 과거의 사태와 사건들이 모두 내 의식에 떠오른 한 생각을 형성한다. 무량원겁즉일념이다. 그런데 어떤 사물이나 사태든 무량한 과거의 여정이 담겨있겠지만, 그 여정을 지금 다시 그대로 재현할 수는 없다. 우리는 다만 추측을 통해 그런 사물과 사태에 중첩되어 있을 여정을 상상할 수 있을 뿐이다. 앞에서 설명한 바 있지만, "먼지 한 톨 크기 공간 속에 온 우주가 들어간다."라는 '일미진중함시방 일체진중역여시'의 이치는 카메라, 정보통신기기 등을 통해 이미 실생활에서 활용되고 있는데, '무량원겁즉일념 일념즉시무량겁'의 이치가 반영된 장치로 무엇이 있을까? 아마 녹음기나 촬영기 등이 그 예가 될 것이다. 과거에 있었던 대화가 녹음기에 그대로 각인되고, 온갖 모습은 영화 필름으로 그대로 재현할 수 있다. 과거의 사건이 녹음테이프나 영화 필름에 새겨졌기 때문이다. 이와 마찬가지로 우리 주변의 모든 사물에도 과거에 그 사물이 겪었던 모든 사건들의 흔적이 스며있을 것 같다. 지금의 과학기술로 그것을 재현할 수 없을 뿐이지, 앞으로 언젠가 모든 사물에 배어있는 여정을 재현하는 기술이 개발될 수도 있을 것이다. 앞으로 수백 년 또는 수천 년이 지나서 과학기술이 고도로 발달한 후에야 가능한 일이겠지만 ….

그림 27 - 카세트 테이프

그림 28 - 캠코더 촬영기

⑬구세십세호상즉 九世十世互相卽
아홉 갈래 온 시간이 그냥 바로 지금이나

앞에서 보았듯이, 무량한 과거의 세월이 모두 지금의 한 생각에 중첩되어 있으며, 지금 내가 그 어떤 생각을 떠올려도 그 생각은 무한한 과거의 누적으로 형성된 생각이다. 내 전생의 모든 일을 기억하는 숙명통과 다른 생명체의 윤회 과정을 직관하는 천안통이 가능한 이유는 "무량원겁즉일념 일념즉시무량겁"이라고 노래하듯이 지금의 이 순간에 모든 시간대가 중첩되어 있기 때문일 것이다. 시간은 과거, 현재, 미래의 3세(三世)로 구성되어 있는데 과거, 현재, 미래 각각을 다시 '이전, 당시, 나중'으로 구분하면, 시간을 9세(九世)로 구분할 수 있다. 그리고 이런 9세 전체를 통찰하는 지금의 시간을 합하면 시간의 종류는 총 10세(十世)가 된다. 『화엄경』「이세간품(離世間品)」에서는 시간에 대한 이런 구분에 대해 다음과 같이 설명한다.

> 불자여! 보살마하살이 3세에 대해 10가지로 설하는 경우가 있다. 무엇이 10
> 가지인가? 이른바, 과거세에서 과거세를 설하고, 과거세에서 미래세를 설하
> 고, 과거세에서 현재세를 설하며, 미래세에서 과거세를 설하고, 미래세에서
> 현재세를 설하고, 미래세에서 무진(無盡, 끝없음)을 설한다. 현재세에 미래세
> 를 설하고, 현재세에 과거세를 설하고, 현재세에 평등(平等)을 설한다. 현재세
> 에서 삼세가 그대로 일념임을 설한다. 불자여! 이것이 보살마하살이 10가지
> 로 삼세를 설하는 것이니라. 이렇게 10가지로 삼세를 설함으로 인하여 능히
> 두루 일체의 삼세를 설할 수 있느니라.[178]

이상의 내용 가운데 9세의 의미는 다음과 같이 정리된다.

3세	과거			현재			미래		
9세	과거	현재	미래	과거	평등	미래	과거	현재	무진
					(현재)			(미래)	

---

178) "佛子 菩薩摩訶薩有十種說三世 何等爲十 所謂 過去世說過去世 過去世說未
來世 過去世說現在世 未來世說過去世 未來世說現在世 未來世說無盡 現在世說
未來世 現在世說過去世 現在世說平等 現在世說三世卽一念 佛子 是爲菩薩摩訶
薩十種說三世 因此十種說三世 則能普說一切三世.", T9, p.634b.

이 경문에서 독특한 것은 현재의 현재를 '평등'이라고 표현하고, 미래의 미래를 '무진'이라고 표현한 점이다. 이 경문은 80화엄에도 거의 그대로 실려 있는데 화엄종의 제4조 징관은 이를 주석하면서, 과거의 현재나 미래의 현재는 지금 볼 수 없지만, 현재의 현재는 지금 볼 수 있기에 평등이라고 부르며, 과거와 현재는 유한, 미래는 무한하게 계속 일어나기 때문에 무진이라고 부른다고 설명하였다.[179]

시간을 거칠게 나누면 과거, 미래, 현재의 3세가 되지만, 세분하면 9세가 되는데, 이런 3세를 설하는 지금 이 순간의 일념(一念)을 합하여 총 10가지 시간대가 있게 된다. 그런데 앞에서 '무량원겁즉일념'이라고 노래했듯이, 무한한 시간대가 모두 지금의 일념에서 벌어진다. 즉 9세의 시간대가 지금 이 순간의 일념인 십세(十世)에 중첩되어 있는 것이다. "아홉 갈래 온 시간이 그냥 바로 지금[구세십세호상즉]."이라는 법성게의 가르침이다. 사실 그렇다. 아무리 먼 과거를 떠올려도, 그렇게 떠올리는 일 자체는 지금 이 순간에 일어난다. 먼먼 미래를 상상해도 그렇게 상상하는 일 자체는 지금 이 순간에 일어난다. 엄밀히 말해서 우리는 '지금 이 순간' 이외의 시간대를 체험한 적이 없다. 과거도 만난 적이 없고, 미래는 만날 수가 없다. 우리가 접하는 것은 항상 현재의 바로 이 순간뿐이다. 따라서 아무리 먼 과거나 미래를 떠올려도, 모두 이 순간의 일들일 뿐이다. 십세를 문자 그대로 해석하면 열 번째의 시간대가 되겠지만, 그보다 '완벽한 시간대'를 의미한다고 보는 것이 멋지다. 상대적으로 존재하는 9세 전체를 통찰하는 절대적인 시간대, 실재하는 시간대, 체험 가능한 시간대, 생생한 시간대가 바로 십세인 것이다. 징관은 『대방광불화엄경소연의초(大方廣佛華嚴經疏演義鈔)』에서 이 경문을 풀이하면서 다음과 같이 설명하였다.

---

179) "未來未來名爲無盡 過去已起故 過去過去不名無盡 現在現在即事可見例過未之現在故云平等 過未之現在非可見故 但對前後立現在名.", 『大方廣佛華嚴經疏鈔會本』, L133, p.94b.

앞의 9가지 시간대는 각론이고 일념은 총론이기 때문에 10세라고 말한다. 3세가 서로 인(因)이 되고 서로 포함되기 때문에 일념이 10을 갖추고, 10을 들어서 끝없음을 드러내기 때문에 일념이 그대로 무량겁이고 무량겁이 그대로 일념인 것이다. [80화엄의] 「보현행품」에서는 다음과 같이 말한다. "한량없고 무수한 겁, 알고 나니 일념이고, 염(念)이 또한 무념이니, 이와 같이 세간 보네." 이는 마치 하룻밤 꿈에서 여러 세월을 지내는 것과 같은데, 『섭대승론』에서는 다음과 같이 말한다. "꿈속에서 여러 해가, 깨고 나니 잠깐이듯, 시간 비록 무량해도, 한 찰나에 포함되네." [80화엄의] 「이세간품」에서는 다음과 같이 말한다. "사람들이 꿈속에서, 온갖 일을 지으면서, 억천 세가 흘렀어도, 하룻밤도 안 지났네." 그러니 장자는 어떤 꿈에서 몸뚱이가 나비가 되었고, [곽상(郭象)의] 주석에서 "세상은 선잠과 같아서 꿈에서 백 년이 지나간다."라고 한 것이다. 그런데 이와 유사한 일들이 많다.[180]

그러나 더 엄밀히 보면, '일념'이라고 부르는 현재의 지금 이 시간 역시 실재하지 않는다. 앞에서 인용한 바 있지만, 용수의 『중론』 제2장 관거래품 제1게송이 의미하듯이, 과거는 지나가서 만난 적이 없고, 미래는 오지 않아 만날 수가 없고, 현재는 과거와 미래의 틈에 끼어 있을 곳이 없기 때문이다. 궁극적으로 보면 반야중관학에서 가르치듯이 시간 자체가 존재하지 않기에, 화엄에서 말하는 완벽한 시간대인 지금 이 순간, 9세 전체를 통찰하는 절대적인 시간대인 십세(十世) 역시 존재할 수 없겠지만, 십세는 시간의 중첩성을 가르치기 위해 방편으로서 제시하는 최소한의 긍정 표현으로 이해해야 할 것이다.

찰나설의 논리적 문제와 방편적 효용

---

180) "前九為別 一念為總故云 十世以三世相因互相攝故一念具十 舉十以顯無盡故 一念即無量劫 無量劫即一念 普賢行品云 無量無數劫解之即一念知念亦無念 如是見世間 如一夕之夢經於數世 攝論云 處夢謂經年 覺乃須臾頃 故時雖無量 攝在一刹那 離世間品云 如人睡夢中 造作種種事 雖經億千歲 一夜未終盡 故莊生一夢身 為蝴蝶 注云世有假寐而夢經百年者 然事類廣矣.", 『大方廣佛華嚴經疏序演義鈔』 (華嚴玄談), X5, p.698c.

아비달마교학에서 말하는 찰나 역시 이와 마찬가지다. 궁극적으로 보면 찰나의 설정 자체가 논리적 모순에 빠진다. 『중론』 제1장 관인연품에서 '찰나연기론(緣起論)'인 차제연(次第緣) 이론의 논리적 문제점을 다음과 같이 지적한다.

> 존재[法]가 아직 발생하지도 않았는데 그것이 소멸한다는 것은 불합리하다.
> 소멸한 존재가 어떻게 연(緣)이 되겠느냐? 그러므로 차제연은 없다.[181]

차제연은 아비달마교학에서 말하는 사연(四緣) 가운데 하나다. 초기불전의 연기설에서는 '조건[緣]'을 그 성격에 따라 인연(因緣), 연연(緣緣), 차제연(次第緣), 증상연(增上緣)의 네 가지로 분류한다. 이를 사연이라고 부른다. 인연은 일반적인 원인, 연연은 인식대상으로서의 원인, 차제연은 마음의 시간적 원인, 증상연은 강력한 원인을 의미한다. 제행무상의 가르침에서 보듯이 모든 것은 무상하다. 생로병사의 인생이 무상하고, 춘하추동의 계절이 무상하고, 들숨과 날숨이 무상하다. 가장 엄밀히 보면 매 순간의 마음이 무상하다. 시간의 흐름을 극도로 미세하게 분석할 때 앞 찰나의 마음과 뒤 찰나 마음의 연기 관계가 차제연 관계다. 즉 앞 찰나의 마음을 조건으로 삼아서 간극 없이 바로 다음 찰나의 마음이 일어날 때, 앞 찰나의 마음을 차제연이라고 부른다. 차제연은 산스끄리뜨어 안안따라 쁘라뜨야야(anantara prtyaya)의 번역어인데, '간극[antara]이 없는[an] 조건[pratyaya]'이라는 뜻이다. 앞에서 소개한 바 있지만, 『아비달마구사론』에 의하면 1찰나는 1/75초로 계산된다. 즉 1초 동안에 75가지 사건 또는 현상이 마음에서 명멸하듯이 일어난다는 것이다. 그런데 1/75초 동안만 인지되는 앞 찰나의 마음이 조건이 되어, 역시 1/75초 동안만 존재하는 뒤 찰나의 마음이 발생한다고 할 때, 앞 찰나의

---

181) "果若未生時 則不應有滅 滅法何能緣 故無次第緣(anutpanneṣu dharmeṣu nirodho nopapadyate/ nānantaramato yuktaṃ niruddhe pratyayaś kaḥ//), 『中論』 1-8.

마음이 어떤 상태에서 조건의 역할을 하는지 물을 수 있다. 이때 우리는 다음과 같은 두 가지 이론을 고안할 수 있다.

① 앞 찰나의 마음이 존재하면서 조건의 역할을 하여 뒤 찰나의 마음을 발생시킨다.
② 앞 찰나의 마음이 사라지면서 조건의 역할을 하여 뒤 찰나의 마음을 발생시킨다.

그런데 ①은 논리적 모순을 안고 있다. 어떤 한 찰나의 마음이 존재하면서 조건의 역할을 하여 바로 다음 찰나의 마음을 발생시킨다면, 매 찰나의 마음은 최소한 앞과 뒤의 두 찰나 동안 존재하고 있어야 한다. 자기 앞 찰나의 마음에 대해서는 결과로서 존재해야 하고, 뒤 찰나의 마음에 대해서는 원인으로서 존재해야 한다. 즉 하나의 사건이 매 찰나 명멸하지 않고, 결과로서의 찰나와 원인으로서의 찰나인 두 찰나에 걸쳐 상주해야 한다. 제행무상 이론의 다른 표현인 찰나생멸 이론의 취지에 어긋나고 만다. 그래서 아비달마논사들은 ②를 차제연 이론으로 선택하였던 것이다. 그러나 앞에 인용한『중론』제1장 관연연품의 '차제연 이론 비판'에서 보듯이 이 이론 역시 논리적 오류에 빠진다. 의미가 명료해지도록, 생략한 어구를 보충하여 앞의 게송을 다시 쓰면 다음과 같다.

[결과인 다음 찰나의] 존재[法]가 아직 발생하지도 않았는데, 그것[= 원인인 앞의 찰나의 존재]이 소멸한다는 것은 불합리하다. 소멸한 존재가 어떻게 [다음 찰나의 존재를 발생시키는] 연(緣)이 되겠느냐? 그러므로 차제연은 없다.

무엇이 어떤 역할을 하기 위해서는 그 무엇이 일단 존재해야 한다. 손으로 밀어서 방문을 닫으려면, 손이 존재해야 한다. 냄비의 물을 끓이려면 불이 존재해야 한다. 그렇듯이 다음 찰나의 사건이 나타나게 하려면 앞 찰나의 사건이 존재해야 한다. 손으로 밀지 않고 방문을 닫을 수 없고, 불 없이 물을 끓일 수 없듯이, 앞 찰나의 사건이 소멸하면 다음 찰나의 사건이 일어날 수 없다. 이렇게 차제연 이론은 논리적으로 성립하지 않는다. 그러나 찰나설은 제행무상을 가르치기 위한 방편적 효용을 갖는다. 즉 제행무상(諸行無常)이라고 부정적으로 표현할 수밖에 없는 가르침을, 긍정적으로 표현하기 위해 방편으로서 제시하는 최소한의 입각점인 것이다. 이는 "모든 것이 공하다."는 표현이 "모든 것이 공하다는 언명 역시 모든 것에 포함되기에, 이 언명 역시 공해야 한다."라는 자기모순을 안고 있지만, 어떤 것에 실체가 있다는 착각을 제거해주는 방편으로서 효용이 있듯이, 또 담벼락에 적은 '낙서금지'라는 글이 자가당착에 빠져있지만, 앞으로 일어날 다른 낙서를 방지해 주는 효용이 있듯이, 『중론』의 차제연 비판에서 보듯이 찰나설은 논리적 모순을 안고 있지만, 제행무상의 가르침을 긍정적 표현을 통해 알려주는 방편으로서의 효용을 갖는다. 이와 마찬가지로 화엄에서 말하는 지금 이 순간의 일념(一念)의 시간대는 제행무상의 토대 위에서 절대긍정의 통찰을 노래하기 위한 최소한의 입각점으로 보아야 할 것이다.

미진설의 논리적 문제와 방편적 효용

온 우주를 담고 있는 일미진(一微塵)의 공간점 역시 마찬가지다. 반야중관학으로 분석하면 최소의 한 점, 공간적으로 가장 작은 한 점인 미진 역시 논리적 모순을 안고 있다. 아비달마교학에서는 '부분을 갖지 않는 최소한의 한 점'을 극미라고 부르는데, 용수의 수제자 아리야제바는 미진설의 논리적 문제에 대해 지적한 바 있다. 그 요점은 다음과 같이 정리된다.[182]

> 허공은 편재한다고 한다. 그렇다면 원형의 미진 속(內: 안)에도 허공이 끼어 있을 것이고 미진은 부분으로 나누어진다는 말이 된다. 부분으로 나누어지니

---

182) 김성철, 『용수의 중관논리의 기원』, 도서출판 오타쿠, p.183 각주 참조.

미진이 사물의 최소 단위일 수는 없다. 그와 달리 미진 내부에 허공이 없다고 한다면 허공은 편재한다는 정의가 훼손된다(微塵無常 以虛空別故).[183]

공간에는 동서남북의 방위가 있기에, 미진에도 동쪽 부분과 서쪽 부분 등이 있을 테고 이렇게 부분이 있다면 미진은 물질의 최소 단위가 될 수 없다(微若有東方 必有東方分 極微若有分 如何是極微).[184]

미진은 실체(實)이기에 속성(德)과 운동(業)을 가져야 한다. 미진이 어느 방향으로 운동을 하려면 '진행 방향에 속한 부분'과 '그 반대 방향에 속한 부분'이 있어야 한다. 따라서 운동 시에 전후의 부분을 가져야 하기에 미진은 부분이 없는 최소의 단위일 수는 없다(要取前捨後 方得說爲行 此二若是無 行者應非有).[185]

미진이 물질의 최소 단위라면, 더 나누어지지 않아야 하는데, ①허공이 편재하기에 미진 내부에도 허공이 있을 테고, 허공으로 미진이 나누어지니 미진의 정의에 어긋나며, ②미진에도 동, 서, 남, 북의 네 방향이 있을 테니, 그 방향으로 다시 나누어지기에 미진의 정의에 어긋나며, ③미진이 움직일 때 진행하는 앞 방향과 버리는 뒤 방향의 두 부분으로 구분되기에 '부분을 갖지 않는 것'이라는 미진의 정의에 어긋난다는 논리적 지적이다.

『화엄경』에서 "한 톨의 미진 속에 온 우주가 담긴다[일미진중함시방]."는 법성게의 통찰을 노래하지만, 반야중관학의 논리로 분석하면 이렇게 모순이 드러난다. 따라서 화엄학에서 말하는 미진 역시 제법무아의 가르침을 절대긍정의 방식으로 표현하기 위해 방편으로서 도입한 최소한의 입각점이라고 보아야 할 것이다.

십세의 일념과 일미진의 방편성

---

183) 『百論』, T30, p.180b.
184) 『廣百論本』, T30, p.182b.
185) 『廣百論本』, T30, p.182b.

법성게에서 "무량 세월 구원겁이 한순간의 생각이고, 한순간의 잠깐 생각 무량겁의 세월이라, 아홉 갈래 온 시간이 그냥 바로 지금[無量遠劫卽一念 一念卽是無量劫 九世十世互相卽]"이라고 노래하지만, 중관논리적으로 분석할 때 '한순간의 생각'에 해당하는 '찰나'라는 시간이나 '십세'가 의미하는 '바로 지금'이라는 시간 역시 외계에 실재하지 않는다. 또 "한 점 크기 티끌 속에 온 우주가 담겨있고, 낱낱 모든 티끌에도 역시 이와 마찬가지[一微塵中 含十方 一切塵中亦如是]."라고 노래하지만, '공간적 크기의 최소 단위'인 '미진'의 존재 역시 논리적으로 성립하지 않는다. 한 찰나만 존재하는 미진 크기의 점들이 무수히 모여서 세상만사를 이루고 있다. 낱낱의 점들은 한 찰나만 존재하기에 부단히 명멸한다. 불교논리학에서는 이렇게 한 찰나만 존재하는 한 점의 미진을 자상(自相, svalakṣaṇa)이라고 불렀다. 자상만이 참된 존재(paramārtha-sat)로, 우리가 자상을 지각할 때, 인식수단인 현량과 인식대상인 자상이 나누어지지 않는다. 제법무아이기에 인식주체는 원래 존재하지 않는다. 따라서 지금 나타난 모든 현상은 폭류(暴流)처럼 쏟아지는 자상들의 전 우주적인 흐름일 뿐이다. 근대 러시아의 불교학자 체르밧스키는 이런 자상을 '점-찰나(point-instant)'라고 명명하였다. 여기서 점(point)은 미진과 같은 공간적 크기의 최소 단위를 의미하고, 찰나(instant)는 시간적 길이의 최소 단위를 의미한다. 중관논리적으로 분석할 때 미진과 찰나에 대한 그 어떤 정의(定義)도 논리적 모순을 범한다. 그럼에도 불구하고 아비달마교학이나 불교논리학 그리고 화엄에서 찰나와 미진을 도입한 것은 부정의 방식으로 표현된 제행무상과 제법무아의 가르침을 긍정의 방식으로 설명하기 위한 피치 못한 방편이었다. 『화엄경』과 법성게에 등장하는 일념과 십세와 일미진은 선교방편으로 세속에 찍은 한 점의 입각점이었다.

⑭잉불잡란격별성 仍不雜亂隔別成
　그럼에도 혼잡 없이 구분되어 성립하네.

　『화엄일승법계도』에서는 '무량원겁즉일념 일념즉시무량겁 구세십세호상즉 잉불잡란격별성'의 네 문구를 별도로 묶어서 '세속의 시간에 적용하여 법의 종류별 내용을 보여주는 것(約世時 示攝法分齊)'이라고 규정한다. 즉, "그럼에도 혼잡 없이 구분되어 성립한다[잉불잡란격별성]."는 것은 무량겁과 일념을 동치시키고, 구세와 십세를 동치시키는 '세속적 시간의 중첩성'과 공존하는 '세속적 시간의 차별성'을 드러내는 문구로 분류하는 것이다. 그러나 그 의미로 볼 때 '무량겁(無量劫)과 일념(一念)', '구세(九世)와 십세(十世)'가 상즉(相卽)하는 시간의 중첩성은 물론이고 '일미진(一微塵)과 시방(十方)', 더 나아가 '일(一)과 일체(一切)'가 상즉하는 공간의 중첩성과 상입(相入)하는 함용성까지 포괄하여 그와 병존하는 차별과 분별의 세계를 나타내는 문구로 보는 게 좋을 것 같다. 즉 법계연기(法界緣起) 사사무애(事事無碍)의 통찰을 선포하는 앞의 시송 일곱 수의 파격(破格)을 수습(收拾)하는 시송(詩頌)인 것이다. 잉불잡란격별성의 시송에 이르기까지 사사무애의 파격을 노래하는 시송들을 다시 인용하면 다음과 같다.

⑦일중일체다중일 一中一切多中一 하나 속에 모두 들고 모두 속에 하나 들며
⑧일즉일체다즉일 一卽一切多卽一 하나가 곧 모두이고 모두가 곧 하나라네.
⑨일미진중함시방 一微塵中含十方 한 점 크기 티끌 속에 온 우주가 담겨있고
⑩일체진중역여시 一切塵中亦如是 낱낱 모든 티끌에도 역시 이와 마찬가지.
⑪무량원겁즉일념 無量遠劫卽一念 무량 세월 구원겁이 한순간의 생각이고
⑫일념즉시무량겁 一念卽是無量劫 한순간의 잠깐 생각 무량겁의 세월이라
⑬구세십세호상즉 九世十世互相卽 아홉 갈래 온 시간이 그냥 바로 지금이나
⑭잉불잡란격별성 仍不雜亂隔別成 그럼에도 혼잡 없이 구분되어 성립하네.

의상 스님은 이 가운데 ⑦과 ⑧은 '다라니의 원리와 작용에 의해 법의 종류별 내용을 설명한 것(約陀羅尼理用 以辨攝法分齊)'이고, ⑨와 ⑩은 '구체적 현상을 소재로 삼아서 법의 종류별 내용을 밝힌 것(卽事法 明攝法分齊)'이며 ⑪, ⑫, ⑬, ⑭는 '세속의 시간에 적용하여 법의 종류별 내용을 보여준 것(約世時 示攝法分齊)'이라고 과문(科文)하였는데, 미진과 시방 간의 함용성

(含容性)을 노래하는 ⑨와 ⑩의 경우 '세속의 공간에 적용하여 법의 종류별 내용을 보여준 것'이라고 규정해도 좋을 것이다. 그리고 ⑦~⑬까지 제시한 상즉상입의 통찰과 병존하는 차별과 분별의 세속을 노래하는 것이 ⑭번 시송인 것이다. 사실『화엄경』에서도 상즉상입의 무차별을 노래하면서 이와 병존하는 차별과 분별의 세계를 제시함으로써 사사무애의 무차별적 극단을 중화시킨다. 경문 몇 가지를 인용하면 다음과 같다.

> 보살들은 터럭 끝[毛端]에 불국토를 안치함을 말로 설명 할 수 없네.
> 미세하든 넓든 좁든 청정, 오염 무량함을 말로 설명 할 수 없네.
> 그 낱낱의 불토 속에 다시 불토 존재함을 말로 설명 할 수 없네.
> 보살들이 이런 불토 분별하여 아시는 것 말로 설명 할 수 없네.
> 터럭 끝에 무량 불토 들었으나 좁지 않음 말로 설명 할 수 없네.
> **아주 작은 터럭 끝을 확장 않고 넓은 불토 모두 수용 하지만은**
> **불국토에 잡란함이 전혀 없고, 형상 역시 원래처럼 다름없네.**
> 한 불토에 무량 불토 존재하고, 낱낱 다른 모든 불토 이와 같아
> **허공 같이 한량 없는 불국토를 한 가닥의 터럭 끝에 수용하네.**
> **불토 모습 설명할 수 없지만은, 한 가닥의 터럭 끝에 각각 달라.**
> 한 가닥의 터럭 속에 순서대로 들어감을 말로 설명 할 수 없네.
> 터럭에서 말로 설명 할 수 없이 다 담지만 터럭 속 다 차지 않네.186)
> – 「심왕보살문아승기품(心王菩薩問阿僧祇品)」 –

이는『화엄경』에서 석가모니 부처님께서 직접 설하신 몇 안 되는 경문 가운데 하나다. 요점은 "한 가닥의 터럭 끝에 넓은 불국토가 모두 들어가지만, 잡란함이 없다."는 것이다. "한 점 크기 티끌 속에 온 우주가 담겨있다[일미

---

186) "菩薩於一毛端處 安置佛剎不可說 或有微細或廣狹 淨穢無量不可說 於彼一一佛剎中 復有佛剎不可說 菩薩皆悉分別知 如是佛剎不可說 一毛端處無量剎 而於其中不迫迮 微小毛端亦不大 悉容彌廣諸佛剎 不令佛剎有雜亂 形相如本而無異 一佛剎有無量剎 一切佛剎亦如是 一毛端處悉容受 如虛空等無量剎 佛剎形相不可說 一毛端處各殊別 入於一毫毛道中 次第悉入不可說 毛道攝取不可說 毛道亦無究竟滿.", T9, p.587c.

진중함시방].”는 통찰을 제시한 후, 그럼에도 불구하고 무엇이 섞이는 일[雜]
도 없고, 어떤 혼란[亂]도 일어나지 않는다는 점을 노래한다. '잉불잡란격별
성'의 통찰인데, 그 소재는 모단(毛端)이나 불국토(佛國土)와 같이 공간과 관
계된다. 다른 경문을 보자.

> 한 톨 먼지 그 속에서 나유타에 무량수의
> 부처님들 설법하심 각각 시현 하고 있네.
> **한 톨 먼지 그 속에서 한량 없는 불국토의**
> **수미산과 금강위산 보이지만 좁지 않네.**
> **한 톨 먼지 그 속에는 삼악도도 존재하고**
> **천신 인간 아수라도 각각 업보 받고 있네.**
> 온갖 부처 나라에서 부처님들 묘한 음성
> 중생 마음 순응하여 무상 법륜 굴리시네.[187]
>
> — 「십지품(十地品)」 —

이 역시 공간적 통찰로 한 톨 먼지 크기의 공간 속에 나유타 무량수의 부
처님과 온갖 불국토의 수미산과 금강위산도 보이고 지옥, 축생, 아귀의 삼악
도와 천신, 인간, 아수라의 삼선도와 같은 차별의 모습이 보인다는 것이다.
한 톨 먼지 속에 이런 모든 것들이 들어가려면 뒤섞이고 혼란해야 할 텐데
수미산, 금강위산이 질서정연하게 자리 잡고 있고, 삼악도와 삼선도의 중생
들이 제각각 업보를 받는다는 것이다. 이 역시 "한 점 크기 티끌 속에 온 우주
가 담겨있지만[일미진중함시방], 그럼에도 혼잡 없이 구분되어 성립한다[잉
불잡란격별성].”는 통찰이 아닐 수 없다.

이상의 경문에서 보듯이 '잉불잡란격별성'은 세속의 시간뿐만 아니라, 공
간과도 관계된 통찰이다. 물론 각종의 시간대(時間帶)가 '잉불잡란격별성'한
다는 점은 쉽게 알 수 있다. 어제와 오늘과 내일, 작년과 올해와 내년, 과거와

---

187) "於一微塵中 各示那由他 無量數諸佛 於中而說法 於一微塵中 見無量佛國 須
彌金剛圍 世間不迫迮 於一微塵中 見有三惡道 天人阿脩羅 各各受業報 聞諸佛國
中 一切佛妙音 轉無上法輪 隨應眾生心.”,T9, p.564a.

현재와 미래, 먼저와 지금과 나중 등의 시간대가 질서정연하게 성립해 있지만, 사실은 이들 모두 지금의 한 생각에서 떠오른 것들이다. '무량원겁즉일념'이고 '일념즉시무량겁'이다. 반야중관학의 통찰에서는 시간 자체가 존재하지 않는다. 과거는 지나가서 만난 적이 없고, 미래는 오지 않아 만날 수가 없으며, 현재는 과거와 미래의 틈에 끼어 있을 곳이 없기 때문이다. 그럼에도 불구하고 우리는 과거, 현재, 미래를 떠올리고 거론한다. 이 세상에서 일어난 모든 일들의 발생 시점을 한 치의 어김 없이 시간의 좌표에 그을 수 있다. 시간이 실재하지 않지만, 모든 시간대가 질서정연하게 펼쳐져 있다. '잉불잡란격별성'이 아닐 수 없다.

화엄학의 법계연기 사상의 핵심을 열 가지로 정리한 가르침이 있다. 십현문(十玄門)이라고 부른다. 두순 또는 지엄이 창안하였는데 후대의 화엄가들은 그 명칭과 순서에 약간의 변화를 주었다.『화엄일승십현문』에 실린 두순(또는 지엄)의 초안을 기준으로 삼아, 순서의 변동은 번호로 표시하고 명칭의 변경은 배경의 농도를 달리하여, 이들 저자와 문헌에 따른 십현문의 명칭과 배열을 비교하면 다음과 같다.

순서	두순(지엄) 華嚴一乘十玄門	의상 華嚴一乘法界圖	법장 金師子章	법장 探玄記	징관, 이통현
1	同時具足相應門	동시구족상응문	1.동시구족상응문	1.동시구족상응문	1.동시구족상응문
2	因陀羅網境界門	인다라망경계문	7.일다상용부동문	9.廣狹自在無礙門	9.廣狹自在無礙門
3	祕密隱顯俱成門	비밀은현구성문	3.비밀은현구성문	7.일다상용부동문	7.일다상용부동문
4	微細相容安立門	미세상용안립문	2.인다라망경계문	8.제법상즉자재문	8.제법상즉자재문
5	十世隔法異成門	십세격법이성문	6.제장순잡구덕문	3.隱密顯了구성문	3.비밀은현구성문
6	諸藏純雜具德門	제장순잡구덕문	8.제법상즉자재문	4.미세상용안립문	4.미세상용안립문
7	一多相容不同門	일다상용부동문	4.미세상용안립문	2.인다라망경계문	2.인다라망경계문
8	諸法相即自在門	제법상즉자재문	5.십세격법이성문	10.탁사현법생해문	10.탁사현법생해문
9	唯心迴轉善成門	隨심회전선성문	9.由심회전선성문	5.십세격법이성문	5.십세격법이성문
10	託事顯法生解門	탁사현법생해문	10.탁사현법생해문	6.主伴圓明구덕문	6.主伴圓明구덕문

표 16 – 화엄일승십현문의 명칭, 순서 비교

의상은 두순의『화엄일승십현문』에 실린 십현문 각 항목의 명칭과 배열을
거의 그대로 수용하였다. 법장의 경우『화엄경문의강목(華嚴經文義綱目)』
에서는 두순을 그대로 계승했으나『화엄일승교의분제장(華嚴一乘教義分齊
章)』에서는 순서를 달리하여 설명했는데188), 위의 표에서 보듯이『금사자장
(金師子章)』에서는 '9.唯心 …'을 '由心 …'으로 쓰고 있고,『탐현기(探玄記)
』에서는 일부 항목의 변경과 교체도 보인다. 그리고 80화엄을 주석한 이통현
과 징관은 법장의『탐현기』를 거의 그대로 수용하였다. 이들 두 화엄가가 의
지한『화엄경』이 80화엄인데, 그 번역에 법장이 관여했기 때문이리라.『화엄
일승십현문』에 실린 십현문 낱낱의 명칭과 의미는 다음과 같이 정리된다.189)

1. 동시구족상응문(同時具足相應門, 此約相應無先後說): 한 걸음이 가능하
   면 모든 걸음을 걸어 결국 목표점에 도달하게 되듯이 하나의 사물이 성립할
   때 일체 만물이 동시에 성립한다.
2. 인다라망경계문(因陀羅網境界門, 此約譬說): 온 우주를 덮은 인다라망의
   구슬들이 서로서로 비추는 것과 같이 곳곳의 미진들은 각각 온 우주를 반영
   한다.
3. 비밀은현구성문(祕密隱顯俱成門, 此約緣說): 달의 이쪽에서 본 보름달과
   저쪽에서 보이는 반달이 동시에 성립되어 있듯이 사물의 다양한 측면이 동
   시에 함께 이룩되어 있다.
4. 미세상용안립문(微細相容安立門, 此約相說): 미세한 먼지 속에 무량한 불
   국토가 다 들어가 있어도 걸림 없이 모두 수용한다.
5. 십세격법이성문(十世隔法異成門, 此約世說): 한 찰나 속에 온 시간대가
   들어 있으나, 그럼에도 불구하고 과거 속의 과거, 현재, 미래, 현재 속의 과
   거, 현재, 미래, 미래 속의 과거, 현재, 미래, 그리고 바로 지금 이 순간의 열
   가지 시간대가 제각각 성립되어 있다.
6. 제장순잡구덕문(諸藏純雜具德門, 此約行說): 모든 것이 보시라고 볼 수
   있고 모든 것이 인욕이라고 볼 수 있듯이 하나의 행동에 대해 다른 모든 행

---

188) 여기서 법장은 십현연기를 1, 7, 8, 2, 4, 3, 6, 5, 9, 10의 순서로 나열하였다.
189) 김성철,「화엄사상에 대한 현대적 이해」,『불교문화연구』4권, 동국대불교사회
    문화연구원, 2003.

동의 의미를 부여할 수 있다.

7. 일다상용부동문(一多相容不同門, 此約理說): 모든 국토가 한 국토 속에 들어가고, 모든 중생의 몸이 한 중생의 몸 속에 들어가지만 모두와 하나 각각은 파괴되지 않고 제 모습을 지킨다.

8. 제법상즉자재문(諸法相卽自在門, 此約用說): 초발심 보살이 바로 부처님이라고 하듯이, 하나의 법을 획득하면 모든 법을 획득한다.

9. 유심회전선성문(唯心迴轉善成門, 此約心說): 마음 그 자체는 청정하거나 부정한 것이 아니기에 마음먹기에 따라 여래도 되고 중생도 된다.

10. 탁사현법생해문(託事顯法生解門, 此約智說): 한 가지 대상에 대해서도 무한한 해석이 가능하다.190)

이들 십현문 가운데 법성게의 '잉불잡란격별성[그럼에도 혼잡 없이 구분되어 성립하네]'라는 문구와 그 의미가 시간적으로 유관한 것은 십세격법이성문(十世隔法異成門)이며, 공간적으로 유관한 것은 일다상용부동문(一多相容不同門)이다. 『화엄일승십현문』에서는 십세격법이성문에 대해 다음과 같이 설명한다.

이와 같이 십세는 연기의 힘으로 인해서 상즉하고, 다시 상입하지만, 삼세를 잃지 않는다. 마치 다섯 손가락으로 주먹이 되지만 손가락을 잃지 않는 것과 같아서, 십세가 비록 동시이지만 십세를 잃지 않는다. … 십세는 상입하고 다시 상즉하지만 앞의 것과 뒤의 것, 짧은 것과 긴 것의 모습을 잃지 않는다. 그래서 "법들이 나뉘어 다르게 성립한다[隔法異成]."라고 말한다. '교의(敎義)'와 '이사(理事)' 등의 십문191)이 상즉하고 상입하지만 앞과 뒤의 차별의 모습을 잃지 않기에 "다르게 성립한다."라고 말하는 것이다.192)

190) "此中以事卽法故 隨擧一事攝法無盡", 『華嚴一乘十玄門』, T45, p.518c.
191) "一者敎義 二理事 三解行 四因果 五人法 六分齊境位 七法智師弟 八主伴依正 九逆順體用 十隨生根欲性.", T45, p.515c.
192) "如是十世以緣起力故 相卽復相入而不失三世 如以五指爲拳不失指 十世雖同時而不失十世 … 十世相入復相卽 而不失先後短長之相 故云隔法異成 敎義理事等十門相卽相入 而不失先後差別之相 故名異成也.", T45, p.517a.

십세는 지금, 이 순간을 의미한다. '구세십세호상즉'이라고 노래했듯이 십세가 그대로 9세이고 십세 속에 9세가 모두 들어있지만 과거, 현재, 미래의 삼세가 엄연히 벌어진다. 주먹을 쥐었을 때 다섯 손가락이 사라지는 것이 아니듯이 십세가 지금, 이 순간이지만 9세가 사라지지 않으며, 다섯 손가락의 길이가 제각각이듯이, 시간에도 길고 짧음이 있고, 다섯 손가락의 순서가 질서정연하듯이 시간의 순서도 앞과 뒤가 구분된다는 것이다. 무차별의 십세가, 차별의 9세와 병존한다는 통찰이다. 또 '교의', '이사' 등이라고 한 것은 다음과 같은 10쌍의 소재를 의미한다.193)

① 가르침(敎)과 의미(義)194)

② story(事)와 이치(理)195)

③ 이해(解)와 수행(行)196)

④ 불과(佛果)와 보살의 인행(因行)197)

⑤ 행원, 지혜, 자애, 대비 등의 개념들(法)과 그런 개념들이 인격화된 보살 (人)198)

⑥ 온갖 보살신중과(境) 그 역할(位)199)

⑦ 가르치는 자(師)와 가르침을 받는 자(弟)200)

⑧ 설법의 주인(主)과 설법의 청중(伴)201)

---

193) 이하 '김성철, 「화엄사상에 대한 현대적 이해」, 『불교문화연구』 4권, 동국대불교 사회문화연구원, 2003'에서 발췌.

194) "所言 敎義者 敎卽是 通相別相三乘五乘之敎 卽以別敎以論別義 所以得理而忘 敎 若入此通宗而敎卽義 以同時相應故也.", 『華嚴一乘十玄門』, T45, p.515c. 이하 十門의 출처 동일.

195) "第二 理事者 若三乘敎辨卽異事顯異理 如諸經擧異事喩異理 若此宗卽事是理 如入法界等經文是體 實卽是理相彰卽是事."

196) "第三 解行者 如三乘說 解而非行 如說人名字而不識其人 若通宗說者卽行卽 解 如看其面不說其名而自識也 相顯爲行 契窮後際爲解."

197) "第四 因果者 修相爲因契窮爲果."

198) "第五 人法者 文殊顯其妙慧 普賢彰其稱周 明人卽法也."

199) "第六 分齊境位者 參而不雜各住分位 卽分齊境位."

200) "第七 法智師弟者 開發爲師相 相成卽弟子."

⑨ 주체(體)와 작용(用) 또는 역행(逆)과 순행(順)[202]

⑩ 중생의 근기(根機)와 그에 응하여 나타나는 가르침(示現)[203]

즉, 이런 10쌍의 소재가 동시구족상응문에서 시작하여 탁사현법생해문까지, 상즉상입한 십현연기의 관계를 갖는다는 것이다.

이상에서 보듯이 십현의 연기문 가운데 '십세격법이성문' 중의 '격법이성[법들이 나뉘어 다르게 성립한다]'이 바로 '잉불잡란격별성[그럼에도 혼잡 없이 구분되어 성립하네]'을 의미한다. 또 '일다상용부동문[하나와 여럿이 서로 수용하지만 같지는 않다는 통찰]'의 '부동[같지 않음]' 역시 '잉불잡란격별성'의 측면에 대한 통찰이다. 『화엄일승십현문』에서는 일다상용부동문에 대해 다음과 같이 설명한다.

> 일다상용부동문(一多相容不同門)은 다음과 같다. 이는 이치(理致)에 의거한 설명이다. 하나가 여럿으로 들어가고, 여럿이 하나로 들어가기에 "서로 수용한다[相容]."라고 말한다. 그 자체에는 앞이나 뒤가 없지만, 하나와 여럿의 모습을 잃지 않기 때문에 "같지 않다[不同]."라고 말한다. 이는 연기의 참된 성질 그대로이며 천신이나 인간이 닦을 바가 아니다. 그래서 경전에서는 다음과 같이 말한다. "하나의 불국토로 시방을 채우고, 시방이 하나로 들어오지만 남김이 없으며 세계의 본래 모습 역시 부서지지 않으니, 자유자재한 원력 때문에 이렇게 할 수 있는 것이다." 또 「보현품」에서는 다음과 같이 말한다. "일체중생의 몸이 한 중생의 몸에 들어오고, 한 중생의 몸이 일체중생의 몸에 들어간다." 또 다음과 같이 말한다. "일체의 세계들을 한 톨 먼지에 들게 해도 세계는 쌓이지도 않고 섞여 혼란하지도 않다."[204] 수미산이 겨자에 들어간다. 이는 설명하지 않겠다.[205]

---

201) "第八 主伴依正者 擧一爲主餘卽爲伴 主以爲正伴卽是依."

202) "第九 逆順體用者 卽是成壞義也."

203) "第十 隨生根欲性者 隨緣常應也 如涅槃經云 此方見滿餘方見半 而月實無虛盈.", 『華嚴一乘十玄門』, T45, p.515c. 이상 十門 출처 동일.

204) "一切諸世界 令入一刹中 世界不積聚 亦復不離散.", 60화엄, T9, p.609b.

205) "第七一多相容不同門者 此約理說 以一入多 多入一故名相容 卽體無先後 而不失一多之相 故曰不同 此卽緣起實德非天人所修 故經云 以一佛土滿十方 十方

여기서는 말하는 '일다상용'은 일미진중함시방을 의미할 것이다. 즉, '일미진'과 '시방'이 공간적으로 서로 수용하는[相容] 것과 같은 관계다. 하나의 불국토와 시방이 서로 수용해도 세계의 모습이 부서지지 않고, 하나의 중생과 일체중생이 서로 수용하고, 한 톨 먼지와 일체세계가 서로 수용해도 혼잡하지 않다. 여기서 부서지지 않는다거나 혼잡하지 않다는 것이 바로 '잉불잡란격별성'의 통찰인 것이다.

의상은 『화엄일승법계도』에서 일다상용부동문을 해설하면서 "이것 역시 앞에서 말한 10문이 함께하는 의미를 갖추고 있으며 이치가 다를 뿐이다."[206]라고 말한 바 있다. 10문이란 앞에서 열거한 '①가르침(敎)과 의미(義), ②story(事)와 이치(理) … ⑩중생의 근기(根機)와 그에 응하여 나타나는 가르침(示現)'의 열 가지 소재를 의미한다. 즉, 일다상용부동문의 일(一)과 다(多)는 일미진과 시방의 공간이나, 일념과 무량겁의 시간은 물론이고 이런 10문에 제시된 대립쌍일 수도 있다는 말이다. 일다상용부동문을 세상만사에 적용할 수 있듯이, 잉불잡란격별성 역시 세상만사에 적용할 수 있다. 앞에서 '일중일체다중일, 일즉일체다즉일'을 설명하면서 예로 들었던 '나의 정체'로 돌아가 보자.

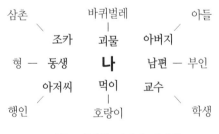

표 17 - '나'의 연기적 다면성

入一亦無餘 世界本相亦不壞 自在願力故能爾 又如普賢品云 一切衆生身入一衆生身 一衆生身入一切衆生身 又云 一切諸世界令入一塵中 世界不積聚 亦復不雜亂 須彌入芥子 此即不說也.", T45, pp.516c-517a.

206) "七 一多相容不同門 此亦具前十門俱義 從理異耳.", T45, p.715c.

'나'는 삼촌에게는 조카이고, 형에게는 동생이며 … 학생에게는 교수이고, 바퀴벌레에게는 무서운 괴물이다. 따라서 나 하나[一]에는 '조카, 동생 … 교수, 괴물' 등의 이름 또는 역할이 모두[一切] 들어있다. 일중일체(一中一切)다. 이런 이름 또는 역할들은 너무나 다른데도, 나에게서 그 의미가 서로 충돌하지 않는다. 시간이 펼쳐지면서 상황에 따라서 하나의 이름이 사용되기 때문이다. 삼촌을 만나면 조카가 되고, 형과 비교하면 동생이 되며 … 학생 앞에 서면 교수가 된다. '잉불잡란격별성'이다. 즉 그럼에도 혼잡 없이 구분되어 성립한다. 나에게 다양한 이름과 역할이 들어있음에도, 그런 이름과 역할들이 뒤섞이지 않고 상황에 맞추어 적시에 나타난다. 나 하나[一]에 여러 가지 이름들[多]이 들어있고, 여러 가지 이름들[多]이 나 하나[一]에게 적용될 수 있지만[相容] 그것들이 그대로 나와 동치인 것은 아니다[不同]. 일(一)과 다(多)가 상용(相容)하지만 부동(不同)이다. '일다상용부동문'이다. 세상만사가 다 그렇다. 어느 것 하나 고정된 이름이 없고, 고정된 역할이 없지만, 무차별의 혼돈은 아니다. 상황에 따라서 다양한 역할들이 나타난다. 무차별과 차별이 공존한다. 상즉상입의 무차별의 통찰은 잉불잡란격별성인 차별의 통찰과 함께한다. 진제와 속제가 공존하는 진속균등의 통찰이다.

⑸ 수행 단계를 예로 들어서 법의 종류별 내용을 드러냄
(約位 以彰攝法分齊)

⑮초발심시변정각 初發心時便正覺
첫 보리심 발했을 때 그대로가 정각이니

부처와 천신과 아라한의 차이

발심은 발아뇩다라삼먁삼보리심의 준말이다. 흔히 발보리심이라고 쓴다. 아뇩다라삼먁삼보리는 산스끄리뜨어 안웃따라삼먁삼보디(anuttarasamyaksaṃbodhi)의 음사어로 '보다 더 위[uttara]의 것이 없는[an] 바르고[samyaky] 완전한[sam] 깨달음[bodhi]'을 의미한다. 무상정등정각(無上正等正覺)이라고 의역하기도 한다. 소승 아라한의 깨달음, 벽지불의 깨달음이 아닌 부처님의 깨달음이다. 따라서 발심이란 부처님의 깨달음을 얻겠다는 마음을 내는 것이고, 초발심이란 처음으로 그렇게 다짐한 것을 의미한다. 부처가 되려는 것은 보다 많은 중생을 제도하기 위한 것이다. 그러기 위해서는 복력이 있어야 한다. 『대지도론』에서는 부처와 천신과 아란한의 차이점에 대해 다음과 같이 설명한다.

> 부처는 다음과 같은 두 가지를 갖추고 있다. 첫째는 대공덕의 신통력이고 둘째는 모든 번뇌가 소멸한 지극히 청정한 마음이다. 천신들의 경우 복덕의 신통력이 있기는 하지만, 모든 번뇌를 소멸하지 못했기에 그 마음이 청정하지 못하다. 또, 마음이 청정하지 못하기 때문에 신통력도 역시 적다. 그리고 성문과 벽지불은 비록 번뇌를 소멸하여 그 마음이 청정하지만, 복덕이 약하기 때문에 그 세력 역시 적다. 부처는 두 가지를 완전히 갖추었기 때문에, 누구든 이기지만, 다른 자들은 모든 자를 이기지 못한다.[207]

---

207) "復次 佛有二事 一者大功德神通力 二者第一淨心 諸結使滅 諸天雖有福德神
　　力 諸結使不滅故 心不淸淨 心不淸淨故 神力亦少 聲聞 辟支佛雖結使滅 心淸淨

부처는 대공덕의 신통력도 갖추고 모든 번뇌도 제거했지만, 천신은 복덕의 신통력만 있고 번뇌를 제거하지 못했으며, 성문과 벽지불은 번뇌는 제거했지만 복덕의 힘이 약하다는 것이다. 이런 가르침에 근거할 때, 다음과 같은 비교가 가능할 것이다.

	복덕	지혜(번뇌의 제거)
부처	○	○
천신, 전륜성왕	○	×
아라한	×	○

표 18 - 부처, 전륜성왕, 아라한의 복덕과 지혜 비교

복혜양족존(福慧兩足尊)이라고 하듯이 부처님은 복덕과 지혜를 모두 갖춘 분이시다. 한편, 천신이나 전륜성왕은 복덕은 출중하지만 삶과 죽음을 초월하는 지혜가 없으며, 아라한은 죽음을 극복하는 지혜는 갖추었으나 복덕의 힘이 적다. 불교수행자가 소승 아라한의 길을 버리고, 성불을 지향하며 대승 보살도에 들어가는 이유는 3아승기 100겁에 걸쳐서 복덕을 축적하기 위한 것이다. 그래야 보다 많은 중생을 제도할 수 있기 때문이다. 즉 3아승기 100겁에 걸친 보살행을 통해 수많은 중생들과 복덕의 인연을 맺어야, 성불했을 때 그 중생들을 제도할 수 있기 때문이다. 『대지도론』에서는 3아승기겁 보살행의 기간을 다음과 같이 구분한다.

> 첫 번째 아승기겁 동안에는 자신이 부처가 될 것인지, 부처가 되지 않을 것인지 스스로 알지 못한다. 두 번째 아승기 동안에는 자신이 부처가 될 것이라고 알긴 하지만, 그것을 발설하지 않는다. 세 번째 아승기 동안에는 자신이 부처가 될 것을 알뿐만 아니라 비난을 두려워하지 않고 그것을 발설한다.208)

福德薄故力勢少 佛二法滿足 故稱勝一切人 餘人不勝一切人.", T25, p.73b.
208) "初阿僧祇中 心不自知我當作佛不作佛 二阿僧祇中 心雖能知我必作佛 而口不稱我當作佛 三阿僧祇中 心了了自知得作佛 口自發言 無所畏難 我於來世當作佛.", T25, p.87a.

초발심 이후 첫 아승기 겁 동안에는 오직 보살행으로 살아갈 뿐 성불의 확신이 없고, 두 번째 아승기겁 동안에는 성불의 확신은 있으나 발설하지 않으며, 세 번째 아승기 겁 동안에는 성불의 확신을 남에게 얘기한다는 것이다.

부처님의 32상을 나타내는 상호업

이렇게 세 번의 아승기겁이 모두 지나면, 머지않아 성불할 것이기에 상호업을 짓기 시작하며 그 기간은 최대 100겁[209]이 걸린다. 부처님이 되기 위해서는 3아승기겁 동안 보살행을 통해 인연복(因緣福)을 짓고, 남은 100겁 동안 32상 80종호의 상호복을 쌓아야 한다. 그런데 이런 상호를 갖추려면 성불하기 전까지 100겁에 걸쳐 특별한 선업을 지어야 한다. 그러면 32가지 상호는 어떤 모습일까? 『대지도론』에서는 부처님께서 갖추신 32상을 다음과 같이 열거한다.[210]

1. 평평하고 안정된 발바닥 (足下平安立相)
2. 두 개의 바퀴 모양이 있는 발바닥 (足下二輪相)
3. 부드럽고 긴 손가락 (長指相)
4. 넓고 평평한 발바닥 (足廣平相)
5. 물갈퀴가 있는 손, 발가락 (手足指網相)
6. 유연한 손과 발 (手足柔軟相)
7. 두툼한 발등 (足趺高滿)
8. 사슴과 같은 어깨 (伊泥薄相)
9. 무릎까지 내려가는 양팔 (正立手摩膝相)
10. 말처럼 몸 속에 감춰진 성기 (陰藏相)
11. 넓이와 길이가 같은 몸 (身廣長等相)
12. 위로 향한 체모 (毛生上向)
13. 구멍마다 하나의 체모 (一一孔一毛生)
14. 황금 빛의 몸 (金色相)
15. 한 척 길이의 광명 (丈光相)
16. 먼지나 때가 묻지 않는 매끄러운 피부 (細薄皮相)

---

209) 석가모니불의 경우 91겁이 걸렸다고 한다. 『大智度論』, T25, p.87b.
210) T25, pp.90a-91a.

17. 둥글고 단정한 양손, 양발, 양어깨와 목 (七處隆滿相)
18. 평평한 겨드랑이 (兩腋下隆滿相)
19. 사자와 같은 상체 (上身如師子相)
20. 바르게 선 신체 (大直身相)
21. 둥근 어깨 (肩圓好相)
22. 40개의 치아 (四十齒相)
23. 가지런한 치아 (齒齊相)
24. 하얀 치아 (牙白相)
25. 사자 같은 얼굴 (師子顏相)
26. 감로와 같은 맛의 침 (味中得上味相)
27. 얼굴을 덮는 길다란 혀 (大舌相)
28. 범천과 같은 말소리 (梵聲相)
29. 푸른 연꽃과 같은 눈 (眞靑眼相)
30. 소와 같은 눈꺼풀 (牛眼睫相)
31. 정수리의 주먹 같은 육계 (頂髻相)
32. 눈썹 사이의 흰털 (白毛相)

이런 32상에 덧붙여 "손발톱이 모두 높이 솟아 있다[手足指甲皆悉高起]." 거나 "손발톱의 빛깔이 붉은 구리와 같다[指甲如赤銅]."는 등의 80종호, 즉 세부적인 관상211)을 갖춘 분이 부처님이시다. 보살이 초발심 이후 3아승기 겁 동안의 이타행을 마치면, 성불이 멀지 않았기에 중생 교화를 위한 위의(威儀)를 갖추기 위해서 32상 낱낱의 상호를 초래하는 업을 지으면서 100겁 동안 살아간다. 용수의 『보행왕정론(寶行王正論, Ratnāvalī)』에 이런 32상을 갖추기 위한 보살의 인행(因行)이 실려 있는데 그 일부를 소개하면 다음과 같다.

…
대왕이시여, 어떻게 하면 그대의 몸이 전륜성왕의 32상으로 장식되는지 잘 들으시오.
불탑과 성인과 현인과 노인을 공경하면 손과 발에 보배 법륜의 무늬가 나타나 그대는 전륜성왕이 될 것입니다.

211) 『方廣大莊嚴經』, T3, pp.557b-557c.

대왕이시여 당신이 수행하며 맹세한 것을 언제나 굳게 지키면, 그대는 발바닥
이 평평한 보살이 될 것입니다.

보시, 애어, 이행, 동사의 사섭법을 통해 그대는 손가락과 발가락 사이에 그물
이 펼쳐질 것입니다.

좋은 음식과 마실 것을 많이 보시하면, 그대의 손과 발은 부드러워지고 양손
과 양발과 양어깨와 목은 둥글고 단정해져서 이런 일곱 군데가 넓어질 것입
니다.

…

모든 생명을 자애로 바라보고, 탐욕과 분노와 어리석음에서 벗어나면 그대의
눈은 밝고 푸르게, 눈꺼풀은 소와 같이 변할 것입니다.212)

불탑과 성인을 공경하면 족하이륜상(2.足下二輪相)의 과보가 나타나고,
보살행의 맹세를 굳건히 지키면 발바닥이 넓고 평평한 족광평상(4.足廣平
相)의 과보가 나타나며, 보시, 애어, 이행, 동사의 사섭법을 잘 지키면 지절
(指節) 사이에 그물막이 생기는 수족지망상(5.手足指網相)의 과보가 나타나
고 … 모든 생명을 자애로 대하고 탐진치에서 벗어나면 눈이 밝고 푸른 진청
안상(29.眞靑眼相)의 과보가 나타난다는 것이다.

『우바이정행법문경(優婆夷淨行法門經)』에는 32상의 인연에 대한 보다
상세한 설명이 실려 있는데, 그 가운데 털구멍 낱낱마다 터럭 하나가 나오는
일일공일모생상(13.一一孔一毛生相)과 눈썹 사이에 하얀 털이 난 백모상(3
2.白毛相)의 인연에 대한 부처님의 설법을 인용하면 다음과 같다.

또, 비사거(毘舍佉, Viśākhā)여! 어떻게 수행하면 털구멍 낱낱에 터럭 하나가
나오고, 눈썹 사이에 도라면 같은 하얀 털이 있는가? 부처는 지난 옛적에 속
인으로 살아갈 때, 불망어를 실천하여 거짓말을 버렸고, 항상 참된 말만 실천
했으며, 진실한 말을 호지(護持)하고, 바른 마음으로 진실한 말을 하였다. 또
한 기어(綺語)를 하지 않고 중생에 맞추어 부드럽게 말했다. 이런 업을 짓기

212) T32, p.497b ; Jeffrey Hopkins 영역, *Nagarjuna's Precious Garland*, Snow
Lion Publications, pp.118-120.

때문에 언제나 천상에 태어나서 천상의 쾌락을 받으며 인간으로 하생하면 두
가지 대인의 상호를 얻는다. 첫째 털구멍 낱낱에 터럭 하나가 나오는데 그 터
럭이 미세하고 부드러우며 모두 오른쪽으로 돌고, 먼지나 물이 묻지 않는다.
둘째, 미간의 하얀 털은 깨끗하고 윤택하여 도라면과 같다. 이런 모습으로 인
해서 재가자로 있을 때는 전륜성왕이 되어 사천하를 통치하여 모든 사람들이
더욱 풍요로워지고 즐거운 일들이 끝이 없다. 출가자로 있을 때는 부처가 되
어 비구, 비구니, 우바새, 우바이의 사부대중의 권속들이 무량무변해져서 세
계에 가득하게 된다.213)

　　망어나 기어의 악구죄를 범하지 않고, 진실하고 정직하며, 상대에 맞추어
부드럽게 말하는 업으로 인해 일일공일모생상과 백모상을 갖추어 전륜성왕
이 되거나 부처가 된다는 가르침이다. 보살은 3아승기겁의 수행이 끝난 후
다시 100겁에 걸쳐서 이러한 상호업을 지어야 32가지 영웅의 상호로 장엄한
부처님이 되신다. 비유한다면, 평상복을 입고서 오랜 연습이 끝난 후에 공연
개막일이 되자 성장을 하고서 무대에 등장하는 배우와 같이, 3아승기겁의 보
살행이 끝난 후에 100겁의 상호업을 지어 위의를 갖추고 부처님이 되신다는
성불의 신화(Myth)다.
　　그런데 이렇게 100겁의 상호업으로 이룩되는 32상은 부처님뿐만 아니라
전륜성왕에게도 갖추어져 있다. 그래서 『금강경』에서는 32상을 보고서 여래
를 보았다고 생각해서는 안 된다고 가르친다. 경문을 보자.

　　“수보리야! 네 생각은 어떠하냐? 32상으로 여래를 볼 수 있겠느냐?” 수보리
　　가 말하였다. “그렇습니다. 그렇습니다. 32상으로 여래를 볼 수 있습니다.” 부

---

213) “復次 毘舍佉 云何修行 一一毛孔一毛生 眉間白毫如兜羅綿 佛於往昔作凡人時
修不妄語 捨離妄語 恒修實語 護持實語 正心實語 亦不綺語 發言柔軟 隨順眾生
以此業故 常生天上 受天快樂 下生人間得二大人相 一者 一一毛孔一毛生 其毛細
軟 皆起右旋 不受塵水 二者 眉間白毫光明鮮澤 如兜羅綿 以此相故 若在家者 作
轉輪王 王四天下 一切人民熾盛增長 快樂無極 若出家者 得成為佛 增長比丘 比丘
尼 優婆塞 優婆夷四部眷屬 無量無邊 充滿世界,”, 『優婆夷淨行法門經』, T14, p.9
58c.

처님께서 말씀하셨다. "수보리야! 만일 32상으로 여래를 본다면, 전륜성왕이 바로 여래일 것이니라." 수보리가 부처님께 아뢰었다. "세존이시여 제가 부처님께서 말씀하신 뜻을 이해한 대로라면, 32상으로 여래를 봐서는 안 되옵니다." 그때 세존께서는 게송을 설하여 다음과 같이 말씀하셨다. "형상으로 나를 보든 / 음성으로 나 구하면 / 삿된 길을 행함이니 / 여래 볼 수 없느니라."214)

부처님만이 아니라, 전륜성왕도 32상을 갖추었기에 그 외모만 보고서 부처를 보았다고 하면 진정한 부처를 본 것이 아니라는 가르침이다. 그렇다면 어떻게 해야 부처님을 뵐 수 있을까? 『금강경』에서는 이에 대해 단도직입적으로 답한다. "무릇 존재하는 모든 모습은 다 허망한 것이니, 만일 온갖 형상들이 형상 아니라는 점을 보면, 그것이 곧 여래를 보는 것이다[凡所有相 皆是虛妄 若見諸相非相 卽見如來]." 예를 들면 큰 것이 큰 것이 아니고, 우주가 우주가 아니며, 욕심이 욕심이 아니고 … 시계가 시계가 아니라는 점을 진정으로 보면 그것이 여래를 보는 것이라는 가르침이다. 따라서 우리는 32상 80종호를 갖춘 외적인 모습에서 부처님을 찾아서는 안 된다.

『화엄경』「범행품」의 초발심시 변성정각

그러면 누가 부처인가? 누가 아뇩다라삼먁삼보리를 얻은 부처인가? 누가 무상정등정각을 이룬 부처인가? 『화엄경』「범행품(梵行品)」에서는 성불하겠다는 다짐으로 보살도의 실천을 처음 다짐했을 때가 바로 정각을 이루는 순간, 성불의 순간이라고 가르친다. 즉 초발심시 변성정각(初發心時 便成正覺)이라고 설한다. 「범행품」은 그 분량이 A4 용지 한 쪽도 채 되지 못할 정도로 짤막한데, 먼저 서두에서 "보살마하살이 출가하여 도를 배우면서, 속인의

---

214) "須菩提 於意云何 可以三十二相觀如來不 須菩提言 如是 如是 以三十二相觀如來 佛言 須菩提! 若以三十二相觀如來者 轉輪聖王則是如來 須菩提白佛言 世尊 如我解佛所說義 不應以三十二相觀如來 爾時 世尊而說偈言 若以色見我 以音聲求我 是人行邪道 不能見如來.", T8, p.752a.

옷을 버리고, 법복을 입고서 어떤 방편으로 범행을 닦아야 보살의 십주도(十住道)의 경지를 갖춰서 아뇩다라삼먁삼보리를 신속히 성취하옵니까?”라는 정념천자(正念天子)의 물음에 대해 법혜(法慧)보살은 먼저 다음과 같이 대답한다.

> 보살마하살이 오로지 무상보리를 구한다면, 먼저 열 가지 법을 분별해야 합니다. 무엇이 열 가지인가? 이른바 ‘몸과 신업, 입과 구업, 마음과 의업, 불, 법, 승, 계(戒)’에 대해 다음과 같이 관찰해야 합니다. 몸이 범행(梵行)인가? … 생략 … 계가 범행인가? 만일 몸이 범행이라면, 마땅히 범행은 청정하지 못한 것임을 알아야 하고, 마땅히 범행이 비법임을 알아야 하고, 마땅히 범행이 혼탁한 것임을 알아야 하고, 마땅히 오염된 것이 범행임을 알아야 하고, 마땅히 범행이 먼지나 때라고 알아야 하고, 마땅히 범행이 아첨이라고 알아야 하고, 마땅히 범행이 8만 마리의 호충(戶蟲)이라고 알아야 할 것입니다. … 만일 계가 범행이라면 계의 도량이 계입니까? 열 가지 대중이 계입니까? 청정, 불청정을 묻는 것이 계입니까? 계사(戒師)가 계입니까? 세 분의 갈마화상이 계입니까? 삭발과 법복과 걸식이 계입니까? 보살마하살은 이와 같이 열 가지 법으로 관찰해야 합니다.215)

정념천자는 청정한 범행에 대해 물었는데, 법혜보살은 범행의 정체에 대해 추구하면서 그 실체가 없음을 드러내는 것으로 대답을 한다. 그 후 다음과 같이 더욱 집요하게 범행의 정체를 추구하면서 이분법적(二分法的)인 사고에서 벗어나는 것이 청정한 범행의 수습이라고 결론을 짓는다. 경문을 보자.

> 무엇을 위하는 것이 범행인가? 범행이라는 법은 어디에 존재하는가? 누구에게 범행의 법이 있는가? 이런 범행의 법은 존재하는가, 존재하지 않는가? 색법인가, 색법이 아닌가? 수, 상, 행, 식의 법인가, 수, 상, 행, 식의 법이 아닌가? 보살마하살은 삼세의 <u>**모든 법들이 평등하여 마치 허공과 같아서 두 모습 (二相)이 없음**</u>을 정념으로 장애 없이 관찰한다. 이를 보살마하살이 방편으로 청정한 범행을 수습하는 것이라고 부른다.216)

---

215) 60화엄, T9, pp.449a-b.

　범행은 허공과 같아서 긍정과 부정의 이분법적 사유로 재단하지 못한다는 점을 통찰하는 것이 범행의 진정한 수습이라는 것이다. 반야중관적, 돈오적(頓悟的)인 가르침이 아닐 수 없다. 그러곤 다음과 같이 「범행품」의 막을 내리는데, 여기서 초발심시변정각의 가르침이 제시된다.

　　또한, 다시 뛰어난 열 가지 법을 닦는다. 무엇이 열 가지인가? 이른바 ①올바른 곳과 올바르지 않은 곳에 대한 지혜, ②과거, 미래, 현재의 여러 업보에 대한 지혜, ③일체의 선(禪)과 삼매에서 해탈의 더러움과 깨끗함이 일어남을 바르게 받는 지혜, ④중생의 온갖 근기에 대한 지혜, ⑤온갖 욕락에 따르는 지혜, ⑥갖가지 성품에 대한 지혜, ⑦모든 곳에 이르는 도(道)의 지혜, ⑧장애 없는 숙명의 지혜, ⑨장애 없는 천안의 지혜, ⑩습기를 끊는 지혜. 이것이 열 가지다. 이같이 여래의 열 가지 힘은 아주 깊어서 무량함을 관찰하고, 이와 함께 대자비심을 크게 키우며, 중생을 모두 분별하지만 중생을 버리지 않으면서 또한 적멸도 버리지 않고, 위 없는 업을 행하지만 과보를 구하지 않고, 일체의 법들이 환상과 같고 꿈과 같고 번개와 같고 메아리와 같고 허깨비와 같음을 관찰한다. 보살마하살이 이와 같이 관찰한다면 적은 방편으로도 일체 모든 부처님의 공덕을 신속하게 얻는다. 언제나 즐거이 **무이(無二)의 법상(法相)을 관찰하면 이런 일이 있게 된다[斯有是處]**217). 즉 처음 발심을 했을 때 **곧 정각을 이루어[初發心時 便成正覺]** 일체법의 진실한 성품을 알고 지혜의 몸을 갖추게 되는데, 이는 다른 것으로 말미암아 깨닫는 게 아니다[不由他悟218)].219)

---

216) "菩薩摩訶薩正念無障礙 觀察分別三世諸法平等 猶如虛空 無有二相 如是觀者 智慧 方便無所罣礙 於一切法而不取相 一切諸法無自性故 於一切佛及諸佛法平等 觀察 猶如虛空 是名菩薩摩訶薩方便修習清淨梵行.", T9, pp.449b-c.

217) 한역불전의 용례를 보면 斯有是處는 無有是處[이런 일은 없다. 이런 경우는 없다.]와 대구를 이루어 상반된 의미로 쓰이기에 위와 같이 번역하였다.

218) 『중론』에 제18장 관법품(觀法品)에서도 이와 유사하게 "스스로 알며, 다른 것을 따르지 않는다. 적멸하여 희론이 없으니 다름도 없고 분별도 없다. 이것을 바로 실상이라고 부른다[自知不隨他 寂滅無戲論 無異無分別 是則名實相]"이라고 쓴다. 불교의 가르침은 '누구나 스스로 발견하는 진리'라는 점을 환기(喚起)시키는 경문이다.

219) "又 復修習增上十法 何等為十 所謂 是處非處智 去 來 現在諸業報智 一切諸禪三昧正受解脫垢淨起智 眾生諸根智 隨諸欲樂智 種種性智 至一切處道智 無障

무이(無二)의 진리를 관찰한다면, 즉 법상에 대한 이분법적 이해에서 벗어나난다면, 처음 발심했을 때 부처의 깨달음인 무상정등정각, 아뇩다라삼먁삼보리를 이룬다는 설명이다. 80권본『화엄경』에서도 말미에 "만일 보살들이 이와 같은 관행과 상응하여 제법에 대해서 둘[二]이라는 생각을 생하지 않으면 일체의 불법이 신속하게 현전할 수 있어서 처음 발심할 때 바로 아뇩다라삼먁삼보리를 얻는다."[220]라고 쓰고 있다. 즉, 보살도에 들어간 누구에게나 '초발심시변정각'이 성취되는 것이 아니라, '무이의 진리를 관찰한 보살'[60화엄] 또는 '제법에 대해 둘이라는 생각을 생하지 않는 보살'[80화엄]에 한하여 가능한 일이라는 것이다. 대승불교 수행을 시작한 초발심의 보살이나 그 종점에서 정각을 이룬 부처가 둘[二]로 구분된다는 생각에서 벗어나기에 초발심 할 때 그대로 정각을 이루는 일이 가능하다는 것이다. 일단『화엄경』에서는 이렇게 설한다. 무이중도(無二中道) 또는 불이중도(不二中道)가 사물과 사태의 진상이며 이는 대승 보살도의 수행에도 그대로 적용될 것이다. 그리고 60권본이든 80권본이든『화엄경』「범행품」바로 뒤에는「초발심공덕품(初發心功德品)」이 실려 있다.「범행품」말미에 실린 '초발심시 변성정각'의 가르침을 이어가기 위한 것이리라.

'초발심시 변성정각'에 대한 의상의 해석

의상 스님은『화엄일승법계도』에서 '초발심시 변성정각'인 이유에 대해 "1전이 10전인 것과 같기 때문인데, 왜냐하면 행(行)의 체(體)에 의거하여 설하

礙宿命智 無障礙天眼智 斷習氣智 是為十 如是觀察如來十力甚深無量 具足長養 大慈悲心 悉分別衆生而不捨衆生 亦不捨寂滅 行無上業 不求果報 觀一切法如幻 如夢 如電 如響 如化 菩薩摩訶薩如是觀者 以少方便 疾得一切諸佛功德 常樂觀察 無二法相 斯有是處 初發心時 便成正覺 知一切法真實之性 具足慧身 不由他悟.", T9, p.449c.

220) "若諸菩薩能與如是 觀行相應 於諸法中不生二解 一切佛法疾得現前 初發心時 卽得阿耨多羅三藐三菩提.", 80화엄, T10, p.88c.

기 때문이다.221)"라고 설명한다. 『화엄일승법계도』에 대한 균여(均如, 923-973)의 주석서인 『일승법계도원통기(一乘法界圖圓通記)』를 참조하여 그 의미를 풀이하면 다음과 같다; 초발심이 1전에 해당하고, 부처의 정각이 10전에 해당하는데, 수십전법(數十錢法)에서 1중10, 1즉10이라고 했듯이 '1인 초발심' 속에 '10인 정각'이 들어있고, 초발심이 그대로 정각이다. 10은 무량(無量), 무한(無限), 무진(無盡), 무변(無邊)을 의미하는데 "초발심 속에 이렇게 무량하고 무진인 공덕이 갖추어져 있다."라는 점을 드러내기 위해서222) 의상은 "1전이 10전인 것과 같기 때문인데"라고 설명하였다. 이어서 의상은 "왜냐하면 행(行)의 체(體)에 의거하여 설하기 때문이다."라고 설명하였는데, 여기서 '행의 체'라는 말은 '[보살이 행하는] 만행(萬行)의 본체[體]'이라는 뜻이다. 6바라밀과 같은 모든 보살행은 초발심 이후에 이루어진다. 1이 있어야 10이 가능하듯이 초발심의 1이 있어야 10인 정각을 이루어 성불하고, 초발심 이후에 보살의 만행이 가능하듯이 보살의 만행에는 그 본체로서 초발심이 깔려있다.223) 그래서 『화엄경』 「범행품」에서 "초발심시 변성정각"이라고 설하였고, 이를 계승하여 의상은 법성게에서 '초발심시변정각'이라고 노래했다는 것이다. 이상은 균여의 주석에 근거한 풀이다. 『화엄일승법계도』에서는 이런 설명 뒤에 다음과 같은 문답이 이어진다.

질문: **초발심의 보살은 [십]신(信)의 경지에 있는 보살로 제자의 지위이고, 정각을 이루는 것은 부처의 경지**로 큰 스승의 지위라서 높고 낮은 것이 같지 않고 경지와 지위가 완전히224) 다른데 **어째서 같은 곳에 머리와 다리가 함**

---

221) "初發心時便成正覺者 如一錢卽十故 何以故 約行體說故.", T45, p.715b.
222) "一錢卽十者 前但現一門與異門之无盡不弁所具之德故 今此欲現初一門所具 无盡之德故尒也." 『一乘法界圖圓通記』, B1, p.689a.
223) "約行体說故者 一云 初發心是万行之本故 於此心便成正覺 是故 約行体說也 .", 『一乘法界圖圓通記』, B1, p.690a.
224) 『화엄일승법계도』에는 '位地今一別'로 적혀 있고, 『법계도기총수록』에서는 '位地全別'이라고 쓴다. 의미상 후자가 타당하다. 짐작컨대 한문이 종서(縱書)이기에 '全'자를 필사하면서 '今'과 '一'의 두 글자로 나누어 오사(誤寫)한 듯 하다.

께 하는 것인가?

답변: 삼승의 방편법과 원교의 일승법은 법의 작용이 머묾에 서로 달라서 섞어서 사용할 수 없다. 그 뜻이 무엇인가? 삼승의 법에서 머리와 다리가 서로 다르다. 아버지225)와 아들의 나이가 같지 않다. 어째서 그런가? 상(相)에 의거하여 설하기 때문이고, 신심을 내게 하기 때문이다. **원교의 일승법에서 머리와 다리가 모두 하나다. 아버지와 아들의 나이가 모두 같다. 어째서 그런가? 도리(道理)에 의거하여 설하기 때문이다.**

질문: 하나[一]라는 것은 무슨 뜻인가?

답변: 하나라는 것은 구별되지 않는다는 뜻이다.

질문: 같다[同]는 것은 무슨 뜻인가?

답변: 같다는 것은 머무르지 않는다는 뜻이다. **분별이 없고 머무르지 않기 때문에 시작점과 종점이 같은 곳이고, 스승과 제자가 머리를 나란히 한다.**

질문: 같은 곳에서 머리를 나란히 한다는 것은 무슨 의미인가?

답변: 같은 곳에서 머리를 나란히 한다는 것은 서로 알지 못한다는 뜻이다. 왜냐하면 분별이 없기 때문이다.

질문: 분별이 없다는 것은 무슨 뜻인가?

답변: 분별이 없다는 것은 연기한다는 뜻이다. 즉 시작점과 종점 등에 **둘로 구별되는 것이 없다.** 어째서 이러한가? 모든 연기(緣起)한 모든 법들은 짓는 자도 없고, 이룩하는 자도 없고, 아는 자도 없어서 고요함과 작용함이 하나의 모습이고, 높음과 낮음이 하나의 맛으로 마치 허공과 같다. 제법이 법다운 것은 예부터 이와 같다. 그래서 경전에서는 "일체의 법이 무생무멸이며 인연으로 존재한다고 관찰하라."라고 말한다. 이와 같은 경문들이 바로 그런 뜻이다.

질문: [십]신(信)의 지위에 있는 보살에서 시작하여 부처에 이르기까지 같은 곳에서 머리를 나란히 하는 까닭은 무엇인가?

[답변:] 하경에서 "초발심시 변성정각"이라고 말하는 것과 같다. 또한 『십지경론』에서 "**[십]신(信)의 지위에 있는 보살에서 시작하여 부처에 이르기까지 육상(六相)이 성립하기 때문**이다."라고 해석하는 것과 같다. 이와 같은 뜻이 있다는 점을 밝게 알지어다. 육상은 위에서 설명한 바와 같다. 이 말은 법성의 집안에 들어가고자 할 때 긴요한 관문으로 다라니의 창고를 열

---

225) 균여는 '아야(阿耶)'가 아버지라고 주석한다. 阿耶는 중국어에서 아버지를 의미하는 여러 단어 중 하나다.

어주는데 좋은 열쇠이기 때문이다. 지금까지 밝히고자 한 것은, 오직 일승
의 다라니 대 연기법을 나타내는 것이며 또한 일승의 무애를 논하여 큰 본
체를 분간한 것이기도 하다. 삼승의 구분이 아니다.[226]

　여기서 의상은 '초발심시변정각'이 가능한 것은 『화엄경』의 가르침이 원
교의 일승법이기 때문이라는 것이다. 성문승, 연각승, 보살승의 삼승에서는
수행과 깨달음이 분리되어 있다. 성문의 경우 사성제에 대한 통찰을 통해 아
라한이 되며, 연각은 연기의 이치를 관찰하여 독각불의 깨달음을 얻으며, 보
살승의 경우 3아승기 100겁에 걸친 보살행의 인(因)을 지어야 성불의 과(果)
를 얻는다. 그러나 일불승(一佛乘)인 화엄의 원교(圓敎)에서는 성불을 지향
하는 발심의 그 순간에 정각을 이루어 성불한다. 보살의 인이 그대로 성불의
과와 일치하는 것이다. 그 이유는 도리(道理)에 의거하기 때문이고, 분별이
없기 때문이며, 초발심보살에서 부처에 이르기까지 육상이 성립하기 때문이
다.

　의상은 여기서 "도리에 의거한다."든지 "분별이 없다."라는 점 등을 초발
심시 변성정각의 근거로 대는데, '분별없음'은 무이중도(無二中道) 또는 불
이중도(不二中道)의 도리(道理)이기에, 『화엄경』 「범행품」 말미에서 초발심
시 변성정각의 근거로 제시한 "무이(無二)의 법상(法相)을 관찰하면 이런 일

226) "問 初發心菩薩者 信地菩薩 即是弟子位 成正覺者佛地 即是大師位 高下不同
位地'今一(全)'別 何以故 同處並頭脚耶 答 三乘方便法 與(焉)圓教一乘法 法用逗
留各別 不得雜用 其(×)其義云何 三乘法 頭脚各別 阿耶 兒子年月不同 何故如是
約相說故 生信心故 圓教一乘法者 頭脚總一 阿耶兒子 年月皆同總 何以故 由緣成
故 約道理說故 問 一者何義 答 一者一無分別義 又問 同者何義 答 同者同不住義
無分別不住故 始終同處 師弟子並頭 又 問 無分別者 何義 答 無分別者 緣生義
即是始終等是無二別 何故如是 一切緣生法無有作者 無有成者 無有知者 寂用一
相 高下一味 猶如虛空 諸法法爾 舊來如是 是故經云 觀一切法無生無滅 因緣而有
如是等文即其義也 問 同處並頭者何義 答 同處並頭者 不相知義 何以故 無分別故
問 所以得知信位菩薩 乃至佛同處並頭 [답] 如下經云 初發心時 便成正覺 亦如地
論釋 信地菩薩乃至佛 六相成故 明知有如是義 六相如上 此語欲入法性家要門 開
陀羅尼藏 好鑰匙故 上來所明者 唯顯示一乘陀羅尼大緣起法 亦可論一乘無礙 辨
大體 非三乘分齊", T45, p.715b. ( ) 괄호 속 글자는 『法界圖記叢髓錄』

이 있게 된다."라는 설명과 그 의미가 다르지 않다. 앞에서 설명했듯이 보살도의 시작점인 초발심과 종점인 정각이 다르다[二]는 생각에서 벗어날 경우 초발심보살 그대로 정각을 이룬 부처일 수 있다.

그런데 위의 인용문 말미에서 초발심시 변성정각의 근거로 제시한 "초발심에서 부처에 이르기까지 육상(六相)이 성립한다."는 설명은 무슨 의미일까? 어째서 육상이 성립하기 때문에 '초발심시 변성정각'일 수 있는 것일까?

육상의 의미와 초발심시변정각

육상은 모든 사물이나 사태가 갖추고 있는 여섯 가지 모습으로 총상(總相)과 별상(別相), 동상(同相)과 이상(異相), 성상(成相)과 괴상(壞相)의 세 쌍으로 이루어져 있으며 그 명칭의 기원은 『십지경』에 있다.227) 세친은 『십지경론(十地經論)』에서 제1 극희지(極喜地, 歡喜地)에 대해 주석하면서 '모든 보살들에게 불가사의한 갖가지 불법(佛法)을 명료하게 설하는 이유'로 다음과 같이 10가지를 나열한다.

①근본입(根本入): 지혜의 지위(地位)에 들어가게 하기 위해서
②섭입(攝入): 일체 선근(善根)을 섭수하기 위해서
③사의입(思議入): 일체의 불법(佛法)을 잘 분별하여 선택하게 하기 위해서
④법상입(法相入): 갖가지 법들에 대해 널리 알게 하기 위해서
⑤교화입(敎化入): 잘 결정하여 제법에 대해 설하게 하기 위해서
⑥증입(證入): 무분별의 지혜가 청정하여 잡스러움이 없게 하기 위해서
⑦불방일입(不放逸入): 일체 마구니 법이 더럽힐 수 없게 하기 위해서
⑧지지전입(地地轉入): 출세간 법의 선근이 청정하게 하기 위해서
⑨보살진입(菩薩盡入): 불가사의한 지혜의 경계를 얻게 하기 위해서

---

227) 『佛說十地經』, T10, p.538c.

⑩불진입(佛盡入): 궁극적으로 일체지자(一切智者)의 경계를 얻게 하기 위해서[228]

이 가운데 ①근본입은 총론이고, ②에서 ⑩까지의 나머지 9가지 항목은 각론인데 총론을 총상(總相), 각론을 별상(別相)이라고 부른다. 나머지 9가지를 별상이라고 부르는 이유는 총상인 근본에 의지하여 그런 근본을 채우기 때문이다. 이들 10가지 항목 모두가 들어감(入)이라는 점에서 공통된다는 점이 동상(同相)이고, ①근본입에서 시작하여 상(相)이 점차적으로 증가한다는 점이 이상(異相)이다. 성상(成相)은 요약하여 설하는 것이고 괴상(壞相)은 자세히 설하는 것이다.[229] 그런데 세친의 이런 해석은 오온, 십이처, 십팔계 등의 구체적인 사물이 아닌 보살행에 대한 것이며 의미도 모호하다. 어쨌든 이 해석을 기점으로 화엄학에서 육상이론이 체계를 잡아갔다. 80화엄을 주석한 이통현은 『신화엄경론』에서 여러 가지 예를 들면서 육상의 의미에 대해 명료하게 설명한 바 있는데 그 일부를 소개하면 다음과 같다.

한 사람이 몸에 이런 육상이 갖추어져 있는 것과 같다. 머리, 몸통, 손, 발, 눈, 귀, 코, 혀 등의 작용이 각각 다른 것은 **별상**이고, 이 모두 하나의 몸, 한 덩어리의 사대인 것은 **총상**이다. 한결같이 공(空)하여 실체가 없는 것을 **동상**이라고 부르고, 이렇게 같으면서 다르지 않다는 점을 폐하지 않고 머리, 몸통, 손, 발, 눈, 귀, 코, 혀 등의 작용에 차이가 있는 것이 **이상**이 된다. 머리, 몸통, 손, 발, 눈, 귀, 코, 혀 등이 함께 하나의 몸을 이루는 것을 **성상**이라고 부르고, 다만 지음 없이 의존적으로 존재한다는 점만 따를 뿐이며 그 낱낱에 자성이 없고, 실체도 없고 모습도 없고, 발생도 없고 소멸도 없고, 성립도 없고 괴멸도 없다는 점을 **괴상**이라고 부른다.
또 일체중생을 **총상**이라고 부르며 어리석거나 지혜롭다는 구분을 **별상**이라고 부른다. 모두가 부처의 지혜 면에서 동등하게 존재한다는 점을 **동상**이라고 부

---

228) T26, p.124c.
229) "摠者是根本入 別者餘九入 別依止本 滿彼本故 同相者 入故 異相者 增相故 成相者 略說故 壞相者 廣說故", T26, p.125a.

르고 집착과 업에 따라서 다르다는 점을 **이상**이라고 부른다. 지은 업이 인이
되어 그 과보로 발생할 수 있다는 점을 **성상**이라고 부르고 마음에 의지하는
바가 없고 업의 실체가 무생이라는 점을 **괴상**이라고 부른다.[230]

이 인용문 가운데 앞에서는 '몸'과 '그 구성요소인 손, 발, 눈, 귀 등'을 예
로 들었고, 이어서 '일체중생'과 '부처'를 예로 들었다. 그 내용을 보면 육상
가운데 총상, 동상, 성상이 유사하고, 별상, 이상, 괴상이 함께 묶인다. 전자는
손, 발, 눈, 귀 등이 모여서 한 덩어리[總相]의 몸이 이룩되었는데[成相] 본질
적으로 모두 공하다[同相]는 통찰로 원융상섭문(圓融相攝門, 원융하게 서로
포용하는 통찰)이라고 부르고, 후자는 손, 발, 눈, 귀 등의 작용이 제각각으로
서로 다르며 흩어져 있다는 통찰로 차제행포문(次第行布門, 순서대로 펼쳐
행하는 통찰)이라고 부른다.

이 책 서두에서 『화엄일승법계도』에 실린 의상의 설명과 『법계도기총수록
』의 내용에서 취사하여 법계도인의 기하학적 상징의 의미에 대해 간략히 소
개한 바 있는데 이때 생략한 내용이 있다. 육상을 통한 의상의 설명이었다.
육상의 의미를 보다 분명히 하기 위해 아래에 인용해 본다.

총상이란 근본 도장(圖章)이다. **별상**은 굴곡들인데 도장에 의지하여 그 내용
을 채우기 때문이다. **동상**이라고 하는 이유는 도장이라는 점 때문이다. 말하
자면 굴곡은 제각각이지만 도장이라는 점에서는 같기 때문이다. **이상**이라고
하는 이유는 모습이 늘어나기 때문이다. 말하자면 첫 번째 굴곡, 두 번째 굴곡
등으로 늘어나면서 안착하기 때문이다. **성상**이라고 하는 이유는 굵게 말하기
때문이다. 말하자면 도장을 이루기 때문이다. **괴상**이라고 하는 이유는 자세하
게 말하기 때문이다. 말하자면 번잡하게 돌아가는 굴곡들이 원래 각각 스스로

---

230) "如一人身具足是六相 頭身手足眼耳鼻舌等用各別是別相 全是一身一四大 是
總相 一空無體是名同相 不廢如是同無異性 頭身手足眼耳鼻舌等用有殊 是為異相
頭身手足眼耳鼻舌等共成一身 名為成相 但隨無作緣有 各無自性 無體無相 無生
無滅 無成無壞 名為壞相 又一切眾生名為總相 愚智區分名為別相 皆同佛智而有
名為同相 隨執業異名為異相 所因作業受報得生名為成相 心無所依業體無生名為
壞相", X4, p.388a-b.

무엇을 짓는 것이 아니기 때문이다. **연기한 모든 법 가운데 이런 육상으로 이루어지지 않은 것이 없다.** 말하자면 총상이란 것은 원교에 해당하고, 별상이란 것은 삼승교에 해당하는데 총상, 별상, 성상, 괴상 등이 그렇듯이 원교와 삼승교는 일치하는 것도 아니고 떨어져 있는 것도 아니며[不卽不離], 같은 것도 아니고 다른 것도 아니어서[不一不異] 언제나 중도의 관계에 있다. 일승과 삼승도 역시 이와 마찬가지다. 중심과 수반이 서로 의존하여, 일치하는 것도 아니고 떨어진 것도 아니며, 같은 것도 아니고 다른 것도 아니다. 비록 중생에게 이익을 주지만 오직 중도의 관계에 있어서 중심과 수반이 서로 성립한다.231)

여기서 말하듯이 연기한 모든 존재는 총상과 별상, 동상과 이상, 성상과 괴상의 육상을 갖추고 있다. 미로와 같은 굴곡들로 이루어진 만자(卍字)형의 법계도인 역시 예외일 수 없다. 법계도인은 그냥 하나의 도장이다. 도장(圖章)이란 문자 그대로 글[章]로 이루어진 그림[圖]이다. 그런데 관점에 따라서 하나의 도장에서 세 쌍으로 이루어진 여섯 가지 모습을 추출할 수 있다. 도장이 여섯 가지 모습으로 변신하는 것이 아니라, 그 모양 그대로 여섯 가지 모습으로 통찰할 수 있다는 말이다. 즉, 전체의 모습[총상]과 부분들의 모습[별상], 단일한 모습[동상]과 차별의 모습[이상], 종합한 모습[성상]과 분산된 모습[괴상]의 여섯 가지다. 『대승기신론』의 체(體), 상(相), 용(用) 삼대(三大)의 틀에 적용하면 총상과 별상은 도장의 체, 동상과 이상은 도장의 상, 성상과 괴상은 도장의 용에 해당할 것 같다. 그런데 위에서 말하듯이 이들 여섯 가지 모습들은 서로 일치하는 것도 아니고 떨어져 있는 것도 아니며, 서로 같은 것도 아니고 다른 것도 아니다. 객관적으로는 그냥 하나의 도장인데 주관의 통찰에 따라서 여섯 가지 모습을 나타내기에 객관에서는 육상 낱낱이 서로 떨어져 있거나 다른 것일 수 없으며, 주관에서는 육상이 서로 일치하거나 같은 것일 수 없다.

'초발심'과 '정각'의 관계에 대해서도 육상의 통찰이 가능하다. 일반적으로

---

231) T45, p.711b-c.

는 보살의 초발심과 부처의 정각이 일치하거나 같은 것일 수 없지만, 화엄적 통찰에서는 보살의 초발심과 부처의 정각이 떨어져 있거나 다른 것일 수 없다[不離, 不異]. 긍정적으로 표현하면 일치하기도 하고, 같기도 하다. 법계도인의 '문자 그림[도장]'과 '굴곡'의 관계에서 육상이 서로 일치하는 것도 아니고 떨어져 있는 것도 아니며, 같은 것도 아니고 다른 것도 아니듯이, 이통현이 예로 든 '몸통'과 '손, 발 등'의 관계에서 육상이 서로 일치하는 것도 아니고 떨어져 있는 것도 아니며 같은 것도 아니고 다른 것도 아니듯이 … 앞에서 인용했던 『화엄일승법계도』의 문답에서 "[십]신(信)의 지위에 있는 보살에서 시작하여 부처에 이르기까지 같은 곳에서 머리를 나란히 하는 까닭은 무엇인가?"라는 질문에 대해 의상이 "[십]신(信)의 지위에 있는 보살에서 시작하여 부처에 이르기까지 육상(六相)이 성립하기 때문이다."라는 『십지경론』의 경문으로 대답을 한 이유다. 십신(十信), 십주(十住), 십행(十行), 십회향(十廻向), 십지(十地)의 보살도 50위에서 십신의 보살, 즉 성불의 길에 입문한 보살이 처음 발심한 순간에 그대로 부처의 깨달음을 이루는 이유다. 초발심시변정각인 이유다.

깨달음 전과 후가 다르지 않은 수행자의 삶

보리수 아래에서 깨달음을 얻어 부처님이 되신 싯다르타 태자는 녹야원으로 가서 다섯 비구에게 첫 설법을 베푸셨다. 중도의 수행과 사성제를 가르치신 초전법륜이었다. 수행자는 고행이나 세간락(世間樂)을 버리고 중도의 수행을 해야 한다. 여기서 말하는 중도는 정견(正見), 정사유(正思惟), 정어(正語), 정업(正業), 정명(正命), 정정진(正精進), 정념(正念), 정정(正定)의 팔정도다. 불자들로부터 간혹 듣는 질문이 있다. 부처님께서는 깨달음 이후에 어떤 수행을 하면서 살아가셨을까? 대답은 간단하다. 팔정도의 삶을 사셨다. 부처님께서는 팔정도 수행을 통해 깨달음을 얻으셨고 성도 후에도 팔정도 수행의 모습을 시현(示現)하는 교화의 삶을 사셨다.

팔정도는 계정혜(戒定慧) 삼학(三學)으로 요약된다. 정어와 정업과 정명은 계학, 정념과 정정은 정학, 정견과 정사유는 혜학에 해당하며 정정진의 경우 정학에 포함시키기도 하지만, 계정혜 삼학 모두에 해당하는 것으로 보기도 한다. 계정혜의 삼학이 불교 수행의 근간이다. 동물성을 벗어나[계학] 마음을 집중하여[정학] 지혜를 추구한다[혜학]. 계정혜 삼학 가운데 정학과 혜학만을 묶어서 정혜쌍수(定慧雙修)라고 부른다. 정혜쌍수를 다른 말로 지관쌍운(止觀雙運)이라고 부른다. 지와 관을 함께 운행하는 수행이다. 지(止)는 사마타(Ⓟsamatha, Ⓢśamatha), 관(觀)은 위빠싸나(Ⓟvipassanā, Ⓢvipaśyanā)의 번역어로 '가만히[사마타] 관찰하는 것[위빠싸나]'에 다름 아니다. 또는 "곰곰이 생각한다."라고 풀이할 수도 있다. 이렇게 사마타와 위빠싸나가 함께 하는 수행을 한 단어로 선(禪)이라고 부른다. 선은 선나(禪那)의 줄임말이다. 선나는 빠알리어 자나(jhāna) 또는 산스끄리뜨어 댜나(dhyāna)의 음사어로 정려(靜慮)라고 한역하기도 한다. 문자 그대로 '고요히[靜] 생각[慮]하는 것'이다. 동아시아 불교 전통에서는 이런 선(禪)을 수행의 으뜸으로 친다. 부처님께서는 깨달음 전과 후 모두 계, 정, 혜 삼학의 삶을 사셨다.

본서 앞부분에서 소개한 바 있지만 일제강점기, 우리나라 최초의 판사였지만, 발심 출가하신 효봉(曉峰, 1888-1966) 스님 얘기다. 출가 후 얼마 지나지 않아 금강산 법기암 뒤에 무문관의 토굴을 짓고 수행에 들어가 구자무불성(狗子無佛性)의 화두를 참구하여 깨달음을 얻으셨다. 주지하듯이 구자무불성이란 다음과 같은 조주(趙州, 778-897) 스님의 교화를 소재로 삼는 화두다.

어떤 승려가 조주에게 물었다. "개에게 불성이 있습니까, 없습니까?"
조주가 말했다. "무(無)!"
그 승려가 물었다. "모든 중생이 다 불성을 갖는데 개는 어째서 없습니까?"
조주가 말했다. "업식(業識)이 있기 때문이다."[232]

232) "僧問趙州 狗子還有佛性也無 州云無 僧云 一切衆生皆有佛性 狗子爲什麼却

『대반열반경』에서 '일체중생실유불성(一切衆生悉有佛性)'이라고 하듯이, 모든 생명체에게 불성이 있기에 개 역시 불성이 있을 것이다. 그러나 그 하는 짓을 보면 불성이 있을 것 같지가 않다. 그래서 한 스님이 조주 스님께 개에게도 불성이 있는지 여쭈었다. 이때 조주 스님은 "무!"라고 대답하였다. 불교의 상식이나 기대와 다른 대답이었다. 왜 "무(無)!"라고 답하셨는지 무척 궁금하다. 그래서 후대에 간화선이 탄생하면서 이 문답이 화두로 사용되는 것이다. 왜 "무(無)!"라고 했을까? 어째서 "무(無)!"라고 답하셨을까? 무(無)라 ~, 무라 ~, 무라 …. 간화선 수행자는 가부좌 틀고 앉아 계속 이 의문을 떠올린다. 효봉 스님은 은사인 석두화상에게서 받은 이 구자무불성의 화두를 타파하여 깨달음을 얻었으나, 그 후에도 평생 이 화두를 참구하였고, 임종시에도 "무(無)라 ~, 무라, 무라 ~"를 되뇌다가 열반에 드셨다고 한다. 한담(閑談)을 좋아하는 사람 중에는 효봉 스님의 이 일화를 거론하면서, 임종 때까지 깨닫지 못한 증거라고 농을 하는 사람이 있다. 그러나 그게 아니다. 화두를 드는 것 자체가 마음을 중도 자리에 두는 것이다. 화두를 드는 것 자체가 정혜쌍수, 지관쌍운의 수행이다. 화두에 대한 집중이 정(定)과 지(止)라면, 화두에 대한 의심은 혜(慧)와 관(觀)이다. 의심은 마음을 어느 한쪽에 안착하지 않는 심리적 행위다. 단(斷)과 상(常)의 이변(二邊) 가운데 어느 곳에도 떨어지지 않는 것이다. 마음이 흑백논리의 이분법에서 벗어난 상태다. 다시 말해 마음을 중도 자리에 두는 것이다. 요컨대 간화(看話)의 행위는 불이중도(不二中道)의 지적(知的)인 실천이다. 화두는 풀면 끝나는 숙제와 같은 게 아니다. 선승은 화두를 타파한 후 타파한 그 화두를 들고 살아간다. 간화 그 자체가 생각이 끊어진 지점이다. 효봉 스님은 '조주무자(趙州無字)'의 화두를 통해서 깨달음을 얻으셨고, 깨달은 후에도 조주무자 화두를 들고서 살아가셨다. 마치 석가모니 부처님께서 팔정도를 통해 정각을 이루신 후, 팔정도의 삶을 사셨듯이 …. 깨달음 전과 후의 수행이 다르지 않듯이, 초발심보살의

無 州云 爲伊有業識在.", 『法演禪師語錄』, T47, p.665b.

삶과 정각을 이루신 부처님의 삶이 다르지 않다. 그래서 초발심시변정각이다.

천 리 길도 한 걸음부터

초발심의 보살은 상구보리(上求菩提) 하화중생(下化衆生)의 삶을 살아가기 시작한다. 위로는 깨달음을 추구하고, 아래로는 중생을 교화하는 삶이다. 계정혜 삼학을 닦는 자리(自利)의 삶과, 보시하고 교화하는 이타(利他)의 삶을 함께 살아가는 것이다. 깨달음을 이루신 부처님도 이는 마찬가지다. 계정혜 삼학을 시현하면서 중생을 교화하신다. 자리의 모습과 이타의 모습이 함께 하는 삶이다. 초발심 보살의 삶은 항상 남을 돕는 이타의 삶과 항상 깨달음을 추구하는 자리의 삶이 함께한다는 점에서 부처님의 삶과 그 모습이 다르지 않다. 초발심 보살이 그대로 정각을 이루신 부처님일 수 있는 이유다.

"천 리 길도 한 걸음부터"라는 속담이 있다. 천 리 길을 걸어서 목표지점에 도달하려면 일단 첫 발걸음부터 떼어야 한다. 두 발을 움직여 걷고 있다는 점에서는 첫걸음을 뗀 사람과 목표에 도달한 사람이 다르지 않다. 이와 마찬가지로 이타의 삶을 산다는 점에서 초발심의 보살과 정각을 이룬 부처의 삶이 다르지 않다. 걸음걸이의 경우 목표에 도달하면 쉬지만, 보살도의 경우는 성불의 목표에 도달해도 쉬지 않고 교화의 삶을 산다. 천 리에 도달해도 계속 걷는다. 초발심 보살 그대로 정각을 이룬 부처인 이유다. 즉, 첫 보리심 발했을 때 그대로가 정각이다. 초발심시변정각이다.

⑯생사열반상공화 生死涅槃常共和
생사윤회, 열반해탈 항상 함께 조화롭네.

생사는 윤회를 가리키며 열반은 이런 생사의 종식을 의미한다. 삶과 죽음을 무한히 되풀이하는 윤회에서 해탈하는 것이다. 즉, 생명의 세계에서 완전히 사라지는 것이 열반이다. 열반은 산스끄리뜨어 니르바나(nirvāṇa)의 음사어로, '훅! 불어서 끄는 작용'을 의미한다. 우리 마음속에서 타고 있는 탐욕, 분노, 우치, 교만의 번뇌의 불길이 완전히 꺼지는 것이다. 적멸(寂滅)이라고도 부른다. 생명체의 삶을 이끄는 동력이 사라졌기에 생명의 세계에 다시는 태어나지 않는 것이 열반이다.

삼계			육도	탄생방식(四生)	선악
무색계	비상비비상처천		천상	화생	삼선도
	무소유처천				
	식무변처천				
	공무변처천				
색계	제4선천	무운천, 복생천, … 색구경천			
	제3선천	소정천, 무량정천, 변정천			
	제2선천	소광천, 무량광천, 광음천			
	초선천	범중천, 범보천, 대범천			
욕계	육욕천	타화자재천			
		낙변화천			
		도솔천			
		야마천			
		도리천			
		사대왕중천			
			인간	태, 난, 습, 화생	삼악도
			아수라	태, 화생	
			아귀	태, 화생	
			축생	태, 난, 습, 화생	
			지옥	화생	

표 19 - 삼계와 육도 및 탄생방식

불전에서는 생명의 세계를 다양한 방식으로 분류한다. 그 구성요소에 따라서 구분하면 욕계(欲界), 색계(色界), 무색계(無色界)의 삼계(三界)가 된다. 욕계(kāma-dhātu)는 '정신과 몸과 성적 욕망(kāma)'을 모두 갖는 중생들이 사는 곳이고, 색계(rūpa-dhātu)는 성적 욕망을 초월했기에 '청정한 정신과 몸'으로만 이루어진 천신들이 사는 곳이며, 무색계(ārupya-dhātu)는 몸도 사라진 '정신적 삼매의 경지'의 세계다. 윤회의 현장인 삼계를 육도 및 탄생방식 등과 비교하여 간략히 정리하면 위의 표 19와 같다.

이 표에서 보듯이 삼계의 분류에서 무색계와 색계 그리고 욕계 가운데 육욕천(六欲天)은 육도의 분류에서 천상에 해당한다. 그리고 육도 가운데 인간계와 아수라, 아귀, 축생, 지옥은 모두 욕계에 속한다. 요컨대 삼계설에서는 윤회의 현장에서 '천상'을 보다 세분하여 설명한다. 또 생명체의 탄생 방식은 태생(胎生), 난생(卵生), 습생(濕生), 화생(化生)의 네 가지로 구분된다. 이를 사생(四生)이라고 부르는데, 태생은 자궁을 통해 태어나는 포유류, 난생은 알로 태어나는 어류와 조류와 파충류, 습생은 지네, 매미와 같은 곤충들, 화생은 갑자기 나타나는 변화신(變化身)이다. 중생이 짓는 선업과 악업의 과보에 따라서 구분하여 천상, 인간, 아수라를 삼선도(三善道)라고 부르고 아귀, 축생, 지옥을 삼악도(三惡道)라고 부른다. 모든 생명체는 탄생과 죽음을 무한히 반복하면서 삼계 또는 육도를 윤회한다. 불교 수행의 최종 목표는 다시는 이런 윤회를 되풀이하지 않는 것이다. 삼계, 육도에서 완전히 사라지는 열반이다.

열반은 유여의열반(有餘依涅槃)과 무여의열반(無餘依涅槃)으로 구분된다. 유여의열반이란 문자 그대로 '남아 의지할 것[餘依]이 있는 열반'이고 무여의열반은 '남아 의지할 것이 없는 열반'이다. '남아 의지할 것'은 '육신'을 의미한다. 29세에 출가하신 싯다르타 태자께서 6년의 수행을 거쳐 보리수 아래 앉아 35세에 이루신 열반은 유여의열반이었고, 그 후 45년 동안 '남아 의지할 육신'을 이끌고 교화의 삶을 사시다가 80세에 사라쌍수 아래서 오른쪽 몸을 땅에 대고 누운 채 시현(示現)하신 열반은 무여의열반이었다. 무여의열반에 들면 다시는 이 세상에 태어나지 않는다. 삼악도나 인간계는 물론이고 천상에도 태어나지 않는다. 몸에서 광명을 발하는 색계의 천신으로 태어나지도 않고, 정신적 삼매의 경지가 지속되는 무색계에도 들어가지 않는다. 이 모든 세계에서 사라지는 것이다. 적멸에 드는 것이다. 굳이 긍정적으로 표현하면 온 우주와 하나가 되는 것이다. 객관의 시점에서는 이 세계에서 내가 사라지지만, 주관의 시점으로 말하면 내 앞에 나타난 이 세계가 사라진다. 무여의열반에 들면 이 모든 세계도 사라지고 몸도 사라져서 적멸에 드는 것이다.

그런데 유여의열반은 이와 다르다. 이른바 깨달음이다. 세상은 다 사라졌지만 의지할 육신이 아직 남아 있기에 교화의 삶을 살 수가 있다. 객관의 시점에서는 32상 80종호를 갖추신 부처님께서 화신(化身)으로 아직 살아 계셔서 행주좌와(行住坐臥)의 모습을 보이시고 교화의 말씀도 펼치신다. 무명에 물든 일반인들이 보기에는 그렇다는 말이다. 그러나 부처님 당신의 시점, 주관의 시점에서는 아무것도 없고, 그 어떤 행동도 하지 않으신다. 말을 해도 말을 한 것이 아니고 걸어가도 걸어가는 것이 아니다. 부처님은 45년 동안 한 말씀도 하지 않으셨을 뿐 아니라, 한 걸음도 떼지 않으셨다. 유여의열반을 체득하여 무명이 사라졌기에 행(行)이 사라지고, 행이 사라졌기에 식(識)이 사라지며 궁극적으로 세상 전체가 사라졌기 때문이다. 십이연기 환멸문[233]의 가르침이다.

생명체의 윤회의 현장에 대한 공간적 조망이 삼계설이라면 윤회의 과정에 대한 시간적 통찰이 십이연기설이며 다음과 같이 전개된다. ①무명(無明)→ ②행(行)→ ③식(識) ↔ ④명색(名色)→ ⑤육입(六入)→ ⑥촉(觸)→ ⑦수(受) → ⑧애(愛)→ ⑨취(取)→ ⑩유(有)→ ⑪생(生)→ ⑫노사(老死). 삼계, 육도 윤회의 현장 가운데 이를 인간계에 적용하여 풀어서 설명하면 다음과 같다.

삶과 죽음, 생명과 세계의 진상에 대해 무지몽매하여[①무명] 나는 갖가지 업[②행]을 지으며 살아간다. 내가 평생 지은 일거수일투족의 업을 항상 목격한 한 사람이 있다. 바로 나다. 따라서 내가 평생 지은 업은 그때, 그때 씨앗과 같이 영글어서 나의 마음 밭[③식]에 저장된다. 이렇게 살아가다가 사망하게 되면 이렇게 평생 지은 업의 씨앗을 간직한 나의 마음이, 내생에 어미가 될 여성의 자궁 속 수정란과 결합하여 태아[④명색]로서 자라난다. 그 후 5주 정도 지나면 이목구비의 윤곽이 잡히기 시작한다. 아직은 기능하지 못하는 안이비설신의의 여섯 가지 지각기관[⑤육입]이다. 그리고 자궁 속에서 열 달을 채우면 드디어 어미의 자궁 밖으로 나온다. 소위 탄생하는 것이다. 그러나 아직은 눈도 보이지 않고, 귀도 들리지 않는다. 3-5일 정도 지나면서 감관이 서서

---

233) 무명으로 인해서 십이연기의 각 지분이 발생하는 과정을 유전문(流轉門)이라고 부르고, 무명의 소멸로 인해 십이연기의 각 지분이 소멸하는 과정을 환멸문(還滅門)이라고 부른다.

히 열리면서 외부의 대상과 감각적으로 접촉[⑥촉]하기 시작한다. 그와 동시에 내가 체험하는 갖가지 대상에서 괴로움이나 즐거움을 느끼게 된다[⑦수]. 이렇게 어린아이로서 자라나다가 13-15세가 되어 그 몸이 성적으로 발달하는 사춘기가 되면 욕망과 분노가 강열해진다. 약육강식, 적자생존의 세계에서 나를 지키며 독립적으로 살아가기 위한 동물적인 감성이다[⑧애]. 그러나 이를 그대로 발휘할 수 없기에 사회에서 용인하는 제도[⑨취]에 편승하여 욕망을 실현하며 살아간다[⑩유]. 그러다가 나이가 들면 다시 사망하여, 내가 지었던 업의 씨앗을 간직한 채 다른 태에 들어가서 탄생하고[⑪생] 살아가다가 다시 사망하는[⑫사] 윤회를 되풀이한다.

이것이 윤회다. 위에서 인간계만 예로 들었지만, 우리가 사망한 후 언제나 인간으로 태어나는 것만은 아니다. 내생에 축생이 되기도 하고 천신이 되기도 하며 지옥에 가기도 하고 아귀가 되기도 한다. 삼계, 육도를 오르락내리락 하면서 십이연기의 과정을 무한히 되풀이하는 것이다.

그런데 깨달음을 얻으면 이런 십이연기의 과정이 모두 무너진다. 깨달음을 얻어서 무명(無明)이 타파되어 모든 것의 공성을 자각하기 때문이다. 이는 사성제(四聖諦)의 멸(滅)을 체득하는 것이고, 선가에서 말하는 본래무일물(本來無一物)의 자각이다. 따라서 행동이 행동이 아니고, 말이 말이 아니며, 그 생각이 생각이 아니다. 무명이 멸하기에 행이 멸하는 이유다. 행이 사라지기에 마음 밭에 업의 씨앗이 저장될 리가 없다. 명색이 생길 리도 없고 이어지는 육입, 촉, 수, 애, 취, 유, 생, 노사가 모두 무너진다. 이런 과정이 십이연기의 환멸문(還滅門)이며, 유여의열반의 체득이다. 이때 내가 어떤 다른 세계로 이동하는 게 아니라, 지금까지 살아왔던 바로 이 세계 그대로 모든 분별이 무너진다. 생사윤회의 세계가 그대로 열반에 들어간다. 아니, 원래 열반에 들어있었다는 사실을 자각한다. 생사윤회의 세계 그대로 원래 열반해탈의 세계였다. 법성게에서 노래하듯이 '생사열반상공화(生死涅槃常共和)'다. 즉 '끝없이 생사하던 윤회'와 '영원한 열반의 해탈'이 항상 함께 조화롭다. 유여의열반을 체득하신 부처님, 성도하신 부처님의 눈에 비친 세상이다.

『화엄경』「보살운집묘승전상설게품(菩薩雲集妙勝殿上說偈品)」에서 지혜(智慧)보살은 생사가 그대로 열반인 이런 통찰을 다음과 같이 노래한다.

> 나 최승교 듣고 나니 청정 지혜 광명 생겨
> 시방세를 두루 비춰 일체불을 모두 보네.
> 만일 중생 있다 보면 이는 가장 곤란한 일
> 모든 법엔 실체 없어 다만 거짓 언설이네.
> 우매한 이 자기 몸의 참된 성품 볼 수 없고
> 여래께선 상(相)이 없어 부처님을 못 본다네.
> 먼지 때가 혜안(慧眼) 가려 등정각(等正覺)을 보지 못해
> 한량없는 무수 겁을 생사 바다 돌고 도네.
> 유전하면 생사이고 그 반대가 열반이나
> 생사거나 열반이든 둘 다 얻지 못한다네.
> 허광 망설 하는 사람 생사 열반 구분하니
> 현성법에 몽매하여 무상도를 모른다네.
> 이와 같이 상(相)을 취해 불등각(佛等覺)이 있다 하나
> 전도(轉倒)되고 정념(正念) 없어 부처님을 못 본다네.234)
> …

가장 뛰어난 가르침인 부처님의 설법을 듣고서 청정한 지혜의 광명이 생기고 나니 생사와 열반의 구분이 사라져서 생사도 없고, 열반도 없다는 점을 알게 되었다는 감흥을 노래하는 것이다. 이런 통찰이 생길 때 열반과 생사를 자유자재하게 넘나드는 보살행이 가능할 것이다. 『화엄경』「이세간품(離世間品)」에서 보현보살은 보살행에 대한 보혜(普慧)보살의 갖가지 의문에 대해 대답하는 가운데 보살이 갖춘 '열 가지 경계에서 자유자재함'에 대해 다음과 같이 설명한다.

---

234) "我聞最勝教 即生淨慧光 普照十方世 悉見一切佛 若計有眾生 是為最難處 法本無真主 但有假言說 愚惑莫能知 自身真實性 如來非取相 是故不見佛 塵垢障慧眼 不見等正覺 無量無數劫 流轉生死海 流轉則生死 非轉是涅槃 生死及涅槃 二皆不可得 虛誑妄說者 生死涅槃異 迷惑賢聖法 不識無上道 如是取相者 言有佛等覺 顛倒無正念 是故不見佛.", T9, p.443c.

불자여! 보살마하살에게는 '열 가지 경계에서 자유자재함'이 있다. 무엇이 열
인가? 이른바, 보살은 법계의 경계에 존재하면서 중생의 경계를 시현한다. 열
반의 경계에 존재하면서 생사의 경계를 벗어나지 않는다. 일체지의 경계에 존
재하면서 보살의 경계를 벗어나지 않는다. 적멸의 경계에 존재하면서 산란한
중생의 경계를 버리지 않는다. 일체의 허망함에서 벗어난 경계에 존재하면서
허망한 경계를 벗어나지 않는다. 장엄력의 경계에 존재하면서 일체지가 아닌
경계를 시현한다. 중생이랄 것이 없는 실제의 경계에 존재하면서 일체의 중생
을 교화하여 제도하는 경계를 버리지 않는다. 갖가지 선(禪)과 삼매와 해탈과
신통과 명지(明智)와 이욕(離欲)의 경계에 존재하면서 일체의 세계에 생명으
로 태어나는 경계를 시현한다. 여래행의 보리로 장엄한 경계에 존재하면서 성
문과 연각의 고요한 위의의 경계에서 벗어나지 않는다. 불자여! 이것이 보살
마하살이 '열 가지 경계에서 자유자재함'이다.235)

보살은 깨달음의 경계인 법계, 열반, 일체지, 적멸 … 등의 경계에 존재하
면서 중생, 생사, 보살 … 등의 경계에서 벗어나지 않는다는 것이다. 말하자
면 진제의 통찰과 속제의 실천이 함께 하는 삶이다. 생사윤회와 열반해탈이
항상 함께 조화롭기 때문에 가능한 보살의 삶이리라. 생사열반상공화다.
   동아시아 불교계에 큰 영향을 끼친 우리나라 스님으로 우선 원측(圓測, 61
3-696)과 원효(元曉, 617-686), 두 분 스님을 들 수 있다. 우리나라에는 기
록이 전혀 없지만, 신라의 왕자 출신으로 불교신앙의 면에서 중국에서 현재
까지 지장보살의 현신으로 크게 추앙되는 김교각(金喬覺, 696-794) 스님이
있다. 그리고 보살황제라고 불리는 양무제(梁武帝, 502-549)의 불교관에 영
향을 주었고, 이어지는 진(陳)나라 때 그 손제자들과 증손제자들의 활약으로
동아시아불교가 대승으로 자리 잡는 데 크게 기여했던 스님으로 고구려 출신

---

235)"佛子 菩薩摩訶薩有十種境界自在 何等為十 所謂 菩薩在法界境界而示現在眾
   生境界 在佛境界而示現在眾魔境界 在涅槃境界而不離生死境界 在一切智境界而
   不離菩薩境界 在寂滅境界而不捨散亂眾生境界 在離一切虛妄境界而不離虛妄境
   界 在莊嚴力境界而示現非一切智境界 在無眾生實際境界而不捨化度一切眾生境
   界 在諸禪三昧解脫通明智離欲境界而示現一切世界受生 在如來行菩提莊嚴境界
   而示現聲聞緣覺寂靜威儀境界 佛子 是為菩薩摩訶薩十種境界自在.", T9. p.648b.

의 승랑(僧朗, 450-530년경)이 있다. 서력 기원후 400년 전후하여 구마라습(鳩摩羅什, 344-413)이 『중론』, 『백론』, 『십이문론』 등 인도 중관학 문헌을 번역, 소개함으로써 성립한 삼론학을 남조 불교계에서 부흥시킨 인물이 승랑이었다. 『양고승전』에 의하면 승랑은 화엄과 삼론에 특히 능했다고 한다. 절대부정의 삼론학과 절대긍정의 화엄학은, 우리의 세속적 분별을 타파한다는 점에서 그 취지가 동일하기 때문이리라. 화엄학의 법성게에서 노래하는 '생사열반상공화'의 통찰을 삼론학의 전범(典範)인 용수의 『중론』 제25장 관열반품(觀涅槃品)에서는 다음과 같이 노래한다.

제19게

na saṃsārasya nirvāṇātkiṃ cidasti viśeṣaṇam/ na nirvāṇasya saṃsārātkiṃ cidasti viśeṣaṇam//

윤회가 열반과 구별되는 점은 그 어떤 것도 없다. 열반이 윤회와 구별되는 점은 그 어떤 것도 없다.

涅槃與世間 無有少分別 世間與涅槃 亦無少分別

열반은 세간과 조금도 구별되지 않는다. 세간도 열반과 조금도 구별되지 않는다.

제20게

nirvāṇasya ca yā koṭiḥ saṃsaraṇasya ca/ na tayorantaraṃ kiṃ citsusūkṣmamapi vidyate//

열반에 있어서 한계인 것은 윤회에 있어서도 그렇다. 그 양자의 사이에는 그 어떤 미세한 틈도 존재하지 않는다.

涅槃之實際 及與世間際 如是二際者 無毫釐差別

열반의 참된 한계와 세간의 한계, 이 양자의 한계는 털 끝 만큼의 차이도 없다.

윤회와 열반이 전혀 다르지 않은 이유는 윤회든 열반이든 그 실체가 공(空)하기 때문이다. 윤회의 세계, 우리가 체험하는 현상세계가 원래 열반에 들어있다. 그 어떤 번뇌의 개입도 가능하지 않다. 법성게 초두에서 노래했듯이, 우리가 체험하는 모든 법들은 본질적으로 흑백논리의 이분법적 사고방식을 용납하지 않고[법성원융무이상], 본래 고요하기[제법부동본래적] 때문이다. 수많은 법들로 구성되어 있는 이 윤회의 세계가 그렇다는 말이다. 그래서 윤회의 세계가 그대로 열반의 세계인 것이다. 열반이 언어도단이고, 불가사의하듯이 생사윤회의 세계 역시 말로 접근할 수 있는 길이 끊어져 있고 우리의 생각을 붙일 수가 없다. 생사윤회, 열반해탈 항상 함께 조화롭다. 생사열반상공화다.

⑹ 이상의 내용에 대한 총론 (總論 上意)

⑰이사명연무분별 理事冥然無分別
본체 현상 그윽하여 구별할 수 없는 것은

<u>색즉시공과 이사명연무분별</u>

이사명연무분별. 본체인 진리[理]와 세상만사인 현상[事] 모두 깊은 어둠처럼 그윽하여[冥然] 구별이 되지 않는다[無分別]. 밝은 대낮에는 산과 강, 돌과 나무, 하늘과 땅이 모두 분명하게 구별된다. 그런데 날이 저물면 온 세상이 어둠에 덮이면서 이런 낱낱의 것들을 구별할 수 없게 된다. 이와 마찬가지로 우리의 이분법적 사고가 활발하게 작동할 때에는 산, 강, 돌, 나무와 같은 갖가지 사물들뿐만 아니라 본체와 현상, 진리와 세속이 분명하게 다른 것처럼 생각된다. 그러나 이분법적 사고의 문제점을 자각할 경우 이런 모든 분별과 구별이 허구임을 알게 된다. 갖가지 사물들만이 아니라 본체와 현상의 구분, 진리와 세속의 구분 모두 우리의 생각이 만든 것일 뿐이다. 이런 자각은 『반야심경』에서 가르치는 색즉시공, 공즉시색의 통찰과 유사하다. 『반야심경』의 경문을 인용해 보자.

> 色不異空 空不異色 色卽是空 空卽是色 受想行識 亦復如是
> 색은 공과 다르지 아니하고, 공은 색과 다르지 아니하며, 색이 곧 공이요 공이 곧 색이니 수상행식도 그러하니라.

요컨대 "색, 수, 상, 행, 식의 오온이 공과 다르지 않고, 공이 오온과 다르지 않으며, 오온이 곧 공이요 공이 곧 오온이다."라는 가르침이다. 더 줄이면 "일체가 공과 다르지 않고 공이 일체와 다르지 않으며, 일체가 곧 공이요 공이 곧 일체다."라고 바꿔 쓸 수 있다. 그리고 법성게의 이사명연무분별(理事冥然無分別)에서 이(理), 즉 본체인 진리가 공(空)에 해당하고 사(事), 즉 세상만사인 현상이 일체(一切)에 해당한다. 이사명연무분별이란 공과 일체가 깊은 어둠처럼 그윽하여 구별되지 않는다는 의미이기도 하다. 일체불리공(一切不離空) 공불리일체, 일체즉시공(一切卽是空) 공즉시일체다. 일체인 세상만사 그대로 공이다. 그렇다고 해서 공의 경지가 별도로 있는 게 아니다. 공은 그대로 일체의 세상만사. 색즉시공은 색이 공함을 알려주고, 공즉시색은 그런 공의 세계가 별도로 있다는 오해를 시정한다. 색과 공에 대한 분별에서 벗어날 때 이사명연무분별의 통찰이 생긴다. 이는 바로 앞의 구절인 생사열반상공화의 새로운 표현일 뿐이다. 이(理)는 열반, 사(事)는 생사에 해당한다.

예를 들어서 어떤 방에 처음 들어갔을 때 그 방에 대해 큰방이라는 생각이 들 수가 있다. 들어가기 전에 기대했던 방보다 크기 때문에 그런 생각이 떠오른 것이다. 그러나 그 방이 항상 큰방인 것은 아니다. 그보다 더 큰방을 염두에 두고서 그 방에 들어갔다면 그 방에 대해 작은방이라는 생각이 들었을 것이다. 따라서 그 방의 원래 크기는 큰 것도 아니고 작은 것도 아니다. 그래서 그 방의 크기는 원래 공하다. 여기서 그 방의 크기가 공하다는 점은 보편타당하고 만고불변한 진리이고, 그 방의 크기가 크다거나 작다는 점은 상대적인 현상세계에서 우리가 체험하는 일이다. 즉 공하다는 점은 이(理)이고 크다거나 작다는 점은 사(事)에 해당한다. 그 방의 크기가 공하다는 점은 그 방의 크기와 별도로 존재하는 것이 아니고, 하나의 방에 대해 크다거나 작다고 생각이 바뀔 수 있는 것은 그 방의 크기에 실체가 없기 때문이다. 즉 그 방의 크기가 공하기 때문이다. 공인 이(理)는 그 방이 크다거나 작다는 사(事)와 중첩되어 있고, 크다거나 작다는 점(事)은 그 방의 크기에 실체가 없다는 공인 이(理)로 인해 가능한 일이다. 방의 크기에서도 공인 이(理)와 크기인 사(事)가 별도로 있는 게 아니다. 이사명연무분별이다.

『화엄오교지관』의 사리원융문(事理圓融門)

『화엄오교지관(華嚴五教止觀)』에서는 불전의 가르침을 ①소승교(小乘教), ②대승시교(大乘始教), ③대승종교(大乘終教), ④대승돈교(大乘頓教), ⑤일승원교(一乘圓教)의 다섯 단계로 구분한 후 각 단계의 사상적 특징에 대해 다음과 같이 규정한다.

> ①소 승 교 - 법은 존재하나 자아는 없다[法有我無門]
> ②대승시교 - 생이 그대로 무생이다[生即無生門]
> ③대승종교 - 사와 이가 원융하다[事理圓融門]
> ④대승돈교 - 언어와 통찰이 모두 끊어진다[語觀雙絕門]
> ⑤일승원교 - 화엄의 삼매[華嚴三昧門]

저자는 이런 다섯 단계의 교법 가운데 대승종교(大乘終教)의 사상적 특징으로 사리원융문(事理圓融門)을 제시한다. 대승종교란 『승만경』, 『열반경』, 『대승기신론』 등에 실린 가르침이다. 사리원융문은 "사와 이가 원융하다."라는 통찰인데 이에 대한 설명 가운데 골자가 되는 단락을 발췌하여 인용하면 다음과 같다.

> 세 번째는 사리원융관이다. 무릇 사(事)와 이(理)의 두 부문이 원융하여 하나로 만난다는 것은 다음과 같다. 다음과 같은 두 가지 부문이 있다. 첫째는 심진여문(心眞如門)이고 둘째는 심생멸문(心生滅門)이다. 심진여문은 이(理)에 해당하고 심생멸문은 사(事)에 해당한다. 그런데 공과 유의 두 가지 견해가 자유자재하고 원융하여 숨고 드러남이 같지 않지만, 궁극적으로는 서로 걸림이 없다. 연기한 법들은 존재하는 것 같지만 그대로 공하고, 공은 그대로 불공이어서 다시 유를 이루어 유와 공이 둘이 아니어서 하나로 만나 원융하니 둘이라는 견해가 여기서 사라져 공과 유가 무애하다.

저자는 여기서 『대승기신론』의 심진여문과 심생멸문이라는 용어를 빌려 쓴다. 『기신론』의 일심(一心)은 심진여문과 심생멸문으로 구분된다. 위에서 설명하듯이 심진여문은 이(理)인 공(空)이고, 심생멸문은 사(事)인 유(有)에 해당한다. 이런 공과 유는 둘이 아니고 무애하다. 저자는 설명 후반부에서 공과 유의 관계를 다음과 같이 4구로 정리한 후 물과 파도의 비유를 들어 공과 유가 무애한 이유에 대해 설명한다.

또한 이를 다음과 같이 4구로 나누어 설명할 수도 있다. ①유가 그대로 공이기에 생사에 머물지 않고, ②공이 그대로 유이기에 열반에 머물지 않으며, ③ 공과 유가 한 덩어리지만 양측이 다 존재하기에 생사에 머물기도 하고 열반에 머물기도 하며, ④공과 유가 상충하여 양측 모두 존재하지 않기에 생사에 머물지도 않고 열반에 머물지도 않는다.

이는 물과 파도로 비유할 수 있다. 높낮이로 나타나는 것은 파도겠지만, 그 모두 축축하다는 점에서는 물이다. 파도가 물과 다르지 않은 파도이기에 파도로 물이 밝혀지고, 물은 파도와 다르지 않은 물이기에 물로 파도가 이루어진다. 파도와 물이 같지만 다름을 장애하지 않고, 물과 파도가 다르지만 같음을 장애하지 않는다. 같음을 장애하지 않기 때문에 물에 처하여 파도가 머물고, 다름을 장애하지 않기 때문에 파도에 머물면서 언제나 물에 거주한다. 왜 그런가? 물과 파도는 구별되면서 구별되지 않기 때문이다.236)

그림 29 - 물은 공(空)에 비유되고, 파도는 유(有)를 비유한다.

여기서 물은 공(空)을 비유하고, 파도는 유(有)를 비유한다. 즉, 물은 이

---

236) "亦可分爲四句 以有卽空故 不住生死 以空卽有故 不住涅槃 空有一塊而兩存故 亦住生死亦住涅槃 以空有相奪兩不存故 不住生死不住涅槃 其猶水波爲喩 高下相形是波 濕性平等是水 波無異水之波 卽波以明水 水無異波之水 卽水以成波 波水一而不礙殊 水波殊而不礙一 不礙一故處水卽住波 不礙殊故住波而恒居水.", T45, p.511c.

(理)에 해당하고 파도는 사(事)에 해당한다. 바다에서 파도가 일어날 때 바닷물과 파도가 같은 것이 아니지만, 그 본질을 추구해 들어가면 물이라는 점에서 일치하듯이, 우리가 체험하는 이 세계에 갖가지 사물과 사태가 존재하지만, 그 낱낱의 본질이 궁극적으로 공하다는 점에서는 차이가 없다.

생사열반상공화 – 생사와 열반이 구별되지 않듯이, 이사명연무분별– 진리와 현상이 구별되지 않는다. 우리가 체험하는 현상 그대로 진리다. 유(有)의 세계 그대로 공(空)이다. 사(事) 그대로 이(理)이다. 현상이 그대로 절대였다. 사바세계가 그대로 극락이었다.

『화엄경문답』의 이사명연무분별

지금까지 '이사명연무분별'의 의미를 문자 그대로 해석하면서, 그런 의미의 가르침이 실린 경문을 소개해 보았다. 『반야심경』에서 '색즉시공 공즉시색'이라고 하듯이 '사즉시이(事卽是理) 이즉시사(理卽是事)'이고, 『화엄오교지관』의 대승종교에서 이(理)인 공(空)을 물, 사(事)인 유(有)를 파도에 비유하듯이 이와 사는 원융무애하다. 그런데 의상은 『화엄경문답』에서 이와 사가 이런 식으로 상즉, 상용하는 이치는 삼승의 가르침이라고 격하시키면서 한 걸음 더 나아간 통찰을 제시한다. 보법(普法)인 화엄의 통찰이다. 화엄에서 말하는 이(理)와 사(事)가 상즉, 상입(相入)하는 이치에 대해 다음과 같이 설명한다.

질문: 삼승(三乘)에서 말하는 사(事)와 이(理)와, 보법(普法)에서 말하는 사와 이는 어떻게 구별되는가?
답변: 삼승에서 사(事)는 '마음에 반연(攀緣)되는 질애성(質礙性)의 색법' 등이고, 이(理)는 평등한 진여다. 비록 이와 사가 같지 않지만 상즉하고 상용(相融)하여 서로 방해되거나 장애하지 않는다. 또한 서로 방해하지 않지만 사와 이의 의미가 같은 것은 아니다. 보법인 [화엄]에서 사와 이는 다음과 같다. 이(理)가 그대로[卽] 사이고, 사(事)가 그대로 이이다. 이(理) 속에

[中] 사가 있고 사(事) 속에 이가 있어서 즉(卽)이라 하든 중(中)이라 하든 자유롭다. 비록 사와 이가 섞여 있지는 않지만 그윽하[여 구별되지 않는]다. [이와 사의] 둘이 없지만, 말에 따르면 모든 것을 망라한다. 모든 것을 망라하지만 모든 것이 망라되지 않는다. '이, 사'와 마찬가지로 '사, 이'도 역시 그러하다. [예를 들어서] '마음[心]'에 의해서 일체법을 말하면 마음 아닌 것이 없고, '물질[色]'에 의해서 일체법을 말하면 물질 아닌 것이 없다. 나머지 일체의 인(人)과 법(法), 교(敎)와 의(義) 등의 다양한 법문도 모두 그렇다. 왜 그런가? 연기(緣起) 다라니의 장애 없는 법에서는 하나의 법을 거론함에 따라서 일체가 포함되어 걸림 없고 자유자재하기 때문이다. 하나가 없으면 일체가 없기 때문이다.[237)

　성문승, 연각승, 보살승의 삼승에서는 진리와 현상이 상즉하고 상용하지만, 그렇다고 해서 진리와 현상이 같다고 보지는 않는다. 그러나 보법인 화엄에서는 진리[理]가 그대로 현상[事]이고 현상이 그대로 진리이며, 진리 속에 현상이 있고 현상 속에 진리가 있다고 가르친다. 예를 들어서 마음[心]으로 보려면 모든 것이 마음이 되고, 물질[色]로 보려면 모든 것이 물질이 된다. 더 나아가 사람[人]으로 보려면 모든 것이 사람이고, 모든 것이 법(法)이고, 모든 것이 교(敎)이고, 모든 것이 의(義)다. 마음, 물질, 사람, 법, 교, 의 등이 낱낱의 현상인 사(事)라면, 이들 낱낱의 정체가 모든 것[一切]으로 확산하는 이치가 진리인 이(理)에 해당한다. 사물이나 사태의 개별성, 특수성이 사(事)라면 일반성, 보편성이 이(理)다. 진리인 이가 현상인 사의 이면에 본체와 같이 내재하는 것이 아니라, 현상 속에서 구현되는 것이다. 의상이 말하는 '이사명연무분별'의 진정한 의미이리라.

---

237) "問 三乘事理 普法事理云何別 答 三乘中事者心緣色礙等 理者平等眞如 雖理事不同而相即相融不相妨礙 亦不相妨而事義非理義也 普法中事理者 理即事事即理 理中事事中理 即中中恣 雖事理不參而冥 無二隨言盡 全盡而全不盡 如理事事理亦爾 以心言一切法而無非心 以色言一切法而無非色 餘一切人法敎義等差別法門皆爾 所以者何 緣起陀羅尼無障礙法 隨擧一法盡攝一切 無礙自在故 一無一切無故.", T45, pp.598b~c.

⑱시불보현대인경 十佛普賢大人境
시방 부처, 보현보살 대인들의 경계일세.

   법성게에 대한 의상의 과문(科文)에 의하면 총30구의 법성게는 '1.자신을 이롭게 하는 수행[自利行], 2.남에게 이로움을 주는 수행[利他行], 3.수행자의 방편과 얻게 되는 이익을 설명함[辨修行者方便及得利益]'의 세 가지 주제로 구성되어 있다. 이 가운데 '1.자신을 이롭게 하는 수행[自利行]'은 제①구에서 제⑱구까지인데, 이를 다시 둘로 나누어 제①구에서 제④구까지는 'A.깨달음 그 자체를 나타내는 부분[現示證分]'이고 제⑤구에서 제⑱구까지는 'B.연기의 원리를 드러내는 부분[顯緣起分]'이다. 법성게의 전반부에 해당하는 이들 18구 전체를 의상의 과문과 함께 다시 열거하면 다음과 같다.

  1. 자신을 이롭게 하는 수행[自利行]
  <u>A. 깨달음 그 자체를 나타내 보임[現示證]</u>
   ①법성원융무이상 法性圓融無二相 법의 본성 원융하여 분별함을 용납 않고
   ②제법부동본래적 諸法不動本來寂 모든 법은 부동하여 본래부터 고요해서
   ③무명무상절일체 無名無相絶一切 이름 없고 모습 없어 모든 것이 끊겼으니
   ④증지소지비여경 證智所知非餘境 깨달은 이 아는 경계 다른 이는 모른다네.
  <u>B. 연기의 원리를 드러냄[顯緣起]</u>
  ⑴ 연기의 본질을 가리킴[指緣起體]
   ⑤진성심심극미묘 眞性甚深極微妙 참된 본성 아주 깊고 지극하게 미묘하여
   ⑥불수자성수연성 不守自性隨緣成 자기 성품 고집 않고 인연 따라 성립하네.
  ⑵ 다라니 원리와 작용에 의해 법의 종류별 내용을 설명함[約陀羅尼理用 以辨攝法分齊]
   ⑦일중일체다중일 一中一切多中一 하나 속에 모두 들고 모두 속에 하나 들며
   ⑧일즉일체다즉일 一卽一切多卽一 하나가 곧 모두이고 모두가 곧 하나라네.
  ⑶ 구체적 현상을 예로 들어서 법의 종류별 내용을 밝힘[卽事法 明攝法分齊]
   ⑨일미진중함시방 一微塵中含十方 한 점 크기 티끌 속에 온 우주가 담겨있고
   ⑩일체진중역여시 一切塵中亦如是 낱낱 모든 티끌들도 역시 이와 마찬가지.
  ⑷ 세속의 시간에 적용하여 법의 종류별 내용을 드러냄[約世時 示攝法分齊]

⑪무량원겁즉일념 無量遠劫卽一念 무량 세월 구원겁이 한순간의 생각이고
⑫일념즉시무량겁 一念卽是無量劫 한순간의 잠깐 생각 무량겁의 세월이라
⑬구세십세호상즉 九世十世互相卽 아홉 갈래 온 시간이 그냥 바로 지금이나
⑭잉불잡란격별성 仍不雜亂隔別成 그럼에도 혼잡 없이 구분되어 성립하네.
(5) 수행 단계를 예로 들어서 법의 종류별 내용을 드러냄[約位 以彰攝法分齊]
⑮초발심시변정각 初發心時便正覺 첫 보리심 발했을 때 그대로가 정각이니
⑯생사열반상공화 生死涅槃常共和 생사윤회, 열반해탈 항상 함께 조화롭네.
(6) 이상의 내용에 대한 총론[總論上意]
⑰이사명연무분별 理事冥然無分別 본체 현상 그윽하여 구별할 수 없는 것은
<u>⑱시불보현대인경 十佛普賢大人境 시방 부처, 보현보살 대인들의 경계일세.</u>

여기서 보듯이 법성게 서두에서 의상은 '①법성원융무이상 ②제법부동본
래적 ③무명무상절일체'라는 세 수의 시구로 제법(諸法)의 본질에 대한 궁극
적 통찰을 제시한 후, 제4구에서 이에 대해 '증지소지비여경'이라고 평(評)한
바 있다. 즉 "법의 본성은 원융하여 흑백논리적인 분별을 용납하지 않고, 모
든 법은 부동하여 본래부터 고요해서, 이름도 없고 모습도 없어서 일체가 끊
어져 있다."라는 점은 "깨달은 이만 알 수 있는 경계이며 깨닫지 못한 사람은
알 수 없다."라는 평이었다. 그리고 이에 뒤이어 의상은 제5구인 '진성심심극
미묘'에서 시작하여, 제17구인 '이사명연무분별'에 이르기까지 총 열세 구의
게송에 걸쳐서 다양한 방식으로 법계연기(法界緣起)의 원리를 노래한 후 제
18구에서 다시 '시불보현대인경'이라고 평한다. 즉 제5구 이후 노래했던 하
나[一]와 무한[一切]이 상즉하고 상입하는 법계연기의 원리는[⑦,⑧] "시방
세계에 편재하신 부처님이나 보현보살과 같은 큰 성인들의 경지가 되어야
나타나 보이는 경계"라는 평이다. 구체적으로 말하면 공간적으로는 한 점의
먼지와 온 우주가[⑨,⑩], 시간적으로는 한 찰나의 생각과 무량겁의 세월이
[⑪,⑫,⑬], 불교수행론에서는 출발점에 선 초발심보살과 정각을 이룬 종점의
부처가[⑮,⑯] 상즉상입하는 이치이며, 생사윤회와 열반해탈이[⑯], 진리와
현상이[⑰] 상즉상입하는 이치다. 이런 이치에 대한 이러한 통찰은 아무에게
나 일어나는 게 아니다. 시방세계의 부처님과 보현보살과 같은 대 성인들만

알 수 있는 통찰이다. 즉 '시불보현대인경'이다.

제1구~제3구를 마무리하는 제4구 '… 증지소지비여경'은 ①무이상(無二相), ②부동(不動), ③무명무상(無名無相)과 같이 부정적인 방식으로 표현된 통찰에 대한 평이었다면, 제6구~제17구를 마무리하는 제18구 '… 시불보현대인경'은 하나와 무한[⑦⑧], 극소와 극대[⑨⑩], 순간과 영원[⑪⑫], 상대와 절대[⑬⑭], 시작과 끝[⑮], 세속과 초월[⑯], 진리와 현상[⑰]이 상즉하고 상입하는 긍정적 통찰에 대한 평이다. 그런데 제4구의 '증지(證智)'는 일반적인 연기(緣起)에 대한 깨달음으로 불보살은 물론이고, 성문(聲聞)이나 연각(緣覺)과 같은 이승(二乘)의 깨달음도 포함하지만, 제5구 이후 본격적으로 제시되는 사사무애(事事無碍)의 통찰은 대승의 불보살에게만 나타나는 화엄적인 성기(性起)에 대한 깨달음이라는 것이다. 그러면 시불(十佛)과 보현(普賢)은 어떤 분일까?

시불(十佛), 즉 시방불(十方佛)이란?

화엄학에서는 이 세상을 기세간(器世間)과 중생세간(衆生世間)과 지정각세간(智正覺世間)의 3종으로 구분한다. 기세간은 물리적 세계이고, 중생세간은 그런 세계에서 살아가는 인간, 천신, 축생, 아귀 등의 생명체를 의미한다. 그리고 이런 두 세계에 관여하시는 부처님과 보살들을 지정각세간이라고 부른다. 화엄의 법계연기는 지정각세간인 시방에 계시는 부처님과 보현보살과 같은 대 성인들에게만 드러나 보이는 진리인 것이다.

『화엄경』「여래명호품」에서는 운집한 보살들이 여러 부처님과 각각의 부처님 계신 곳에 있는 보살들의 모습을 나타내 주시기를 원하자 부처님께서는 보살들의 이런 생각을 아시고 신통력을 나타내어 연화장세계를 중심으로 시방에 계시는 불보살을 보여주시는데, 그 방위와 부처님 명호와 대표 보살의 명호를 정리하면 다음의 표와 같다.

방위	세계 명호	부처님 명호	대표 보살 명호
동	금색(金色)	부동지(不動智)	문수사리(文殊師利)
남	낙색(樂色)	지화(智火)	각수(覺首)
서	화색(華色)	습지(習智)	재수(財首)
북	담복화색(薝蔔華色)	행지(行智)	보수(寶首)
동북	청련화색(靑蓮華色)	명지(明智)	덕수(德首)
동남	금색(金色)	구경지(究竟智)	목수(目首)
서남	보색(寶色)	상지(上智)	진수(進首)
서북	금강색(金剛色)	자재지(自在智)	법수(法首)
하	파려색(玻瓈色)	범지(梵智)	지수(智首)
상	여실색(如實色)	복원지(伏怨智)	현수(賢首)

표 20 - 시방 세계와 부처님 그리고 대표 보살의 명호

세존께서 이들 세계의 모습을 드러내어 보여주시자, 이들 열 곳에 계신 미진수와 같이 무량한 보살들이 부처님 계신 곳으로 와서 예를 올리고 각각의 방위에서 '연꽃으로 장식된 사자의 자리[蓮華藏師子之座]'를 만들어 결가부좌하고 앉았다. 그러자 연화장세계 동쪽의 금색세계의 대표 보살인 문수보살이 부처님의 위력을 이어받아 이렇게 모인 모든 보살을 둘러보고서 다음과 같이 찬탄한다.

이렇게 보살들이 모인 일은 참으로 드문 일입니다. 불자들이여! 부처님 나라는 불가사의합니다. 부처님의 머무심과 부처님 나라의 장엄과 부처님의 가르침과 부처님 나라의 청정함과 부처님의 설법과 부처님께서 세상에 나타나심과 부처님 나라가 일어남과 모든 부처님의 아뇩다라삼먁삼보리는 불가사의합니다. 왜 그러냐 하면, 불자들이여! 시방세계의 모든 부처님들께서는 모든 중생들이 즐기고 욕구하는 것이 같지 않음을 아시고, 그에 응하여 설법하고 조복하시는데, 법계나 허공계만큼 될 때까지 이런 일을 하십니다. 불자들이여 여래께서는 이 사바세계의 온갖 사천하에서 갖가지 몸, 갖가지 이름, 갖가지 모습, 갖가지 크기, 갖가지 수명, 갖가지 장소, 갖가지 감관, 갖가지 탄생지, 갖가지 말씀, 갖가지 관찰을 통해서 온갖 중생들로 하여금 제각각 알고 보게 하십니다.[238]

그러곤 먼저 이곳 사천하(四天下)와 시방의 다른 사천하에 계신 부처님을 부르는 다양한 명호를 소개하는데, 이를 정리하면 다음과 같다.

방위	사천하 이름	여래를 부르는 다양한 명호
중앙	이곳 사천하 (此四天下)	실달(悉達), 만월(滿月), 사자후(師子吼), 신선(神仙), 노사나, 구담(瞿曇), 대사문(大沙門), 최승(最勝), 능도(能度) 등 1만 가지
동	선호(善護)	금강(金剛), 존승(尊勝), 대지(大智), 불괴(不壞), 운왕(雲王), 무쟁(無諍), 평등(平等), 환희(歡喜), 무비(無比), 묵연(黙然) 등 1만 가지
남	난양(難養)	감로관(甘露灌), 선명칭(善名稱), 이구(離垢), 실론사(實論師), 조어(調御), 낙혜(樂慧), 대음(大音), 중우(衆祐), 무량, 승혜(勝慧) 등 1만
서	불혜(佛慧)	성혜(性慧), 애현(愛現), 무상왕(無上王), 무공포(無恐怖), 실혜(實慧), 상화(常化), 지족(知足), 법혜(法慧), 구경, 능인(能忍) 등 1만
북	사자언 (師子言)	대모니(大牟尼), 고행(苦行), 바가바(婆伽婆), 복전(福田), 일체지(一切智), 선의(善意), 청정(淸淨), 이나바나(伊那婆那), 승만(勝鬘), 원행만(願行滿) 등 1만 가지
동북	안녕(安寧)	법왕(法王), 등기(等起), 적정(寂靜), 묘천(妙天), 이욕(離欲), 승혜(勝慧), 등심(等心), 무괴(無壞), 혜음(慧音), 원래(遠來) 등 1만 가지
동남	희락(喜樂)	연화(蓮華), 혜화(慧火), 지인(智人), 밀교, 해탈, 자연안주(自然安住), 묘행성취, 청정안왕(淸淨眼王), 상용(上勇), 정진력 등 1만 가지
서남	견고(堅固)	부동, 혜왕(慧王), 만혜(滿慧), 무동혜(無動慧), 상비(常悲), 정왕(頂王), 승음(勝音), 일체시(一切施), 지선(持仙), 승수미(勝須彌) 등 1만
서북	수보리 (須菩提)	보혜(普慧), 광명성취(光明成就), 보계(寶髻), 응경념(應敬念), 무상의(無上義), 열락(悅樂), 본성청정(本性淸淨), 광명만(光明滿), 수비(脩臂), 본선주(本善住) 등 1만 가지
하	염도 (焰道)	장양선근(長養善根), 사자색(師子色), 이지(利智), 진금염(眞金焰), 보친(普親), 범음(梵音), 요익(饒益), 구경래(究竟來), 진천(眞天), 평등시(平等施) 등 1만 가지
상	지지 (持地)	맹혜(猛慧), 무량청정(無量淸淨), 각혜(覺慧), 용수(勇首), 묘장엄, 능발환희(能發歡喜), 의성만(意成滿), 화광(火光), 정진, 일승 등 1만

표 21 - 시방의 다른 사천하와 여래의 다양한 명호

그런데 이뿐만이 아니다. 이 사바세계에는 이런 사천하가 100억 곳이 있고, 여래의 명호도 100억만 가지가 된다. 그리고 다시 또 이 사바세계를 중심으로 시방에 밀훈(密訓), 최용(最勇), 이구(離垢), 보경계(寶境界), 하니(訶尼), 요익(饒益), 선소(鮮少), 지족(知足), 이단식(離摶食), 해탈음(解脫音)이

---

238) 60화엄(T9, p.419a)과 80화엄(T10, p.58c)의 해당 경문을 종합하여 의미가 통하도록 번역하였다.

라는 이름의 열 가지 세계가 있으며 그런 시방의 세계에서 부르는 부처님의 명호가 각각 다르고, 이와 마찬가지로 다시 시방에 백, 천, 억의 무량한 세계에서 부르는 부처님의 명호가 모두 다르다고 문수보살은 설명한다. 그리고 이렇게 부처님의 명호가 갖가지인 것은 세존께서 과거에 보살행을 하실 때에 갖가지 담론과, 갖가지 말씀과, 갖가지 음성과, 갖가지 행동과, 갖가지 과보와, 갖가지 장소와, 갖가지 방편과, 갖가지 감관과, 갖가지 신해(信解)와, 갖가지 지위를 통해 중생들을 성숙하게 하시고 또한 중생들로 하여금 이와 같이 알고 보게 하기 위해서 설법하셨던 것과 같다는 문수보살의 설명과 함께 「여래명호품」은 막을 내린다. 즉 여래의 명호가 이렇게 다양한 이유는 부처님의 교화 방편이 다양하듯이, 다양한 명호를 통해 다양한 중생을 교화하기 위한 것이라는 설명이다. 화엄에서 말하는 시방의 부처님은 상상을 초월한다. 온 우주에 부처님이 가득하시고, 그 명호 또한 무량하다. '시불보현대인경'의 시불은 이렇게 『화엄경』「여래명호품」에서 설하듯이 온 우주에 가득하고 그 명호 또한 무량하신 모든 부처님을 의미한다.

보현보살은 어떤 분이신가?

시불보현대인경. "시방 부처, 보현보살 대인들의 경계일세." 위에서 보았듯이 시불은 모든 부처님, 또는 시방의 부처님을 의미한다. 그러면 보현보살은 어떤 분일까? 『화엄경』의 주존은 법신인 비로자나 부처님이시다. 그리고 부처님을 보좌하면서 설법을 이끄는 대표 보살은 문수보살과 보현보살이다. 일반적으로 문수는 지혜를 상징하고, 보현은 행원(行願)의 상징이라고 한다. 행원은 보살행의 서원을 의미하리라. 대웅전에 석가모니 부처님이 계실 경우, 좌보처(左補處)에 문수보살 우보처에 보현보살을 모시듯이, 일반적으로 문수를 우위에 두지만, 『화엄경』에서는 보현의 역할이 월등히 많다. 『대정신수대장경』「인도찬술부」 총 32권에서 보살 명호의 출현빈도를 검색해 보면 문수의 명호가 9,978회, 보현이 2,479회 출현하여 문수가 보현의 4배를 넘는데, 60화엄경에서 보살 명호의 출현빈도를 조사해 보면 이와 반대다. 문수가 93회, 보현이 375회로 보현이 문수의 4배를 넘는다. 보현이『화엄경』의 대표 보살임을 방증한다.

보현(普賢)은 산스끄리뜨어 Samantabhadra의 번역어다. samanta는 'universal, whole, entire, all'와 같이 '보편이나 전체'를 의미하고, bhadra는 'blessed, auspicious, fortunate, prosperous, happy'와 같이 '축복, 상서로움, 행운, 번영'을 의미한다. 그러면 보현을 어떻게 번역해야 할까? 산스끄리뜨어에서 복합어를 해석하는 방식에 여섯 가지가 있다. 이를 육합석(六合釋)이라고 부른다. Samantabhadra를 동격한정(同格限定)복합어인 지업석(持業釋)으로 해석하면 '전체가 상서로움인 분', 소유(所有)복합어인 유재석(有財釋)으로 해석하면 '전체적인 상서로움을 가진 분', 격한정(格限定)복합어인 의주석(依主釋)으로 해석하면 '전체에서 상서로운 분'으로 번역될 것이다. 전체를 의미하는 samanta에 처격(處格)이 내재한다고 본 해석이다. 보현보살의 특성과 역할을 조사해 보면 이 가운데 어떤 해석이 타당한지 결정할 수 있을 것이다. 동아시아 삼론학을 집대성한 길장(吉藏, 549-623)은『법화의소(法華義疏)』에서 보현이라는 명호에 대해 다음과 같이 설명한다.

> 보현이라는 것은 외국의 이름으로는 삼만다발타라(三曼多跋陀羅)이다. 삼만다를 여기서는 보(普)라고 한다. 발타라는 이곳에서 현(賢)이라 한다. 이 지역에서 편길(遍吉, 또는 변길)이라고 부르기도 한다. 편(遍)은 보(普)에 해당하고 길(吉)은 현(賢)이다. 보현이라고 부르는 이유는 다음과 같다. 그분은 갖가지 법문을 하셨는데, 관세음보살의 경우 전체적으로 자비법문이라고 이름을 지은 것과 같이, 여기서는 보편법문이라고 지은 것이다. 보(普)에는 두 가지 뜻이 있다. 첫째는 법신의 보(普)다. 모든 곳에 편재하기 때문에 삼세 부처님의 법신을 전체적으로 포괄하여 그 모두가 보현의 법신이다.『화엄경』에서 "보현의 몸의 모습은 마치 허공과 같아서 여여(如如)함에 의지하지 불국토에 의지하지 않는다."라고 말하는 것과 같다. 둘째는 응신(應身)의 보다. 시방에 두루 응하여 일체의 방편을 짓기 때문에 시방삼세의 부처님 응신이 다 보현의 응신이며, 다 보현의 응용이다. 그래서『대지도론』에서 "보현은 그 계시는

곳을 말할 수가 없다. 군이 설명하고자 한다면 일체의 세계 속에 머물고 계시다.”라고 하는 것이 그 증거다.239)

보현이라고 부르는 이유는 보편법문을 하시기 때문인데, ‘두루 하다’는 의미인 보(普)라는 말을 쓰는 이유는 허공과 같은 부처님의 법신과 함께 편재하기 때문이고, 부처님의 응신으로서 시방에 두루 응하여 갖가지 방편을 짓기 때문이라는 것이다. 그래서 『대지도론』에서는 보현보살이 “일체의 세계 속에 머물러 계시다.”라고 설명한다. 미륵보살은 일생보처보살(一生補處菩薩)로서 도솔천에 계시고,240) 관세음보살은 극락정토에서 아미타불의 좌보처로서 계시며,241) 문수보살의 경우 지금의 중국 오대산인 청량산에 계신다고 한다.242) 그런데 보현보살은 거주하시는 곳을 말할 수 없다. 마치 허공과 같아서, 보이지는 않지만, 어디든지 계신 분이다.

보현보살의 이러한 편재성에 비추어 볼 때, 복합어 Samantabhadra는 의주석(依主釋)인 ‘전체에서 상서로운 분’이라고 해석해야 하리라. 즉, 보현이란 ‘모든 곳에 계신 상서(祥瑞)로운 분’으로 번역되며, 한역어 보현은 ‘두루 계신 어진 분’으로 풀이할 수 있다. 또 보현을 산스끄리뜨어로 필수발타(必輸跋陀, Viśva-bhadra)라고 쓰기도 하는데, viśva는 samantha와 이음동의어로 ‘일체’를 의미하기에 두 명호의 뜻에 차이는 없다. 티벳어로는 'kun tu bzang po'라고 번역한다. 직역하면 ‘모든 곳에 계신 으뜸가는 분’이다. 따라서

---

239) “普賢者 外國名三曼多跋陀羅 三曼多者此云普也 跋陀羅 此云賢也 此土亦名 遍吉 遍猶是普 吉亦是賢也 所以言普賢者 其人種種法門 如觀音總作慈悲法門名 今作普遍法門 普有二義 一者 法身普 遍一切處 故總攝三世佛法身皆是普賢法身 如 華嚴云 普賢身相猶若虛空 依於如如不依佛國也 二 應身普 普應十方作一切方便 故十方三世佛應身皆是普賢應身 皆是普賢應用故 智度論云 普賢不可說其所住處 若欲說者應在一切世界中住 即其證也.”, T34, p.631b.
240) 『妙法蓮華經』, T9, p.61c.
241) “復作一大蓮華 在佛右邊 想一觀世音菩薩像坐左華座 亦放金光如前無異 想一大勢至菩薩像 坐右華座.”, 『佛說觀無量壽佛經』, T12, p.343b.
242) “東北方有處 名清涼山 從昔已來 諸菩薩眾於中止住 現有菩薩 名文殊師利 與其眷屬 諸菩薩眾一萬人俱 常在其中而演說法.”, 80화엄, 「壽命品」, T10, p.241b.

보현보살은 '이 세상 어디에서든 나타나시는 상서롭고 훌륭한 보살'이시다.

80화엄 「보현삼매품(普賢三昧品)」에는 보현보살이 계시는 처소와 그 능력과 특성이 게송으로 축약되어있다. 보현보살이 '연꽃으로 장식한 사자의 자리'에 앉아서 부처님의 신통력을 이어받아 온갖 명칭의 삼매에 들어가자 시방의 모든 부처님께서 보현보살을 찬탄하시면서 온갖 지혜를 함께 하신 후, 보현보살의 정수리를 어루만지셨다. 그리고 보현보살이 삼매에서 나오자 마니주(摩尼珠) 구슬과 같이 영롱한 빗방울을 머금은 갖가지 구름이 비를 내렸고, 그 후 모든 여래의 털구멍에서 방출하는 광명 속에서 보현보살을 찬탄하는 다음과 같은 게송이 울려 퍼졌다.

> 온갖 찰토 어디든지 머무시는 보현께서,
> 보련화에 앉은 모습 온갖 중생 바라보니,
> 그 어떠한 신통력도 나타내지 못함 없고,
> 한량 없는 삼매 모두 들어가실 수가 있네.
> 보현께선 언제든지 온갖 몸을 사용하여,
> 법계 가득 두루 흘러 남김 없이 채우시고,
> 삼매력과 신통력과 방편력을 사용하여,
> 원음으로 설법하니 어디에도 걸림 없네.
> 모든 곳의 불국토의 부처님이 계신 곳에,
> 가지가지 삼매로써 신통력을 나타내니,
> 그런 신통 낱낱마다 두루두루 널리 퍼져,
> 시방세계 불국토에 버리는 자 하나 없네.
> 모든 곳의 불국토의 여래 계신 장소처럼,
> 그런 불토 먼지들은 낱낱 모두 그와 같아,
> 나타나는 삼매력과 신통력의 일들 모두,
> 비로자나 부처님의 서원 담긴 힘이라네.
> 보현보살 몸의 모습 허공처럼 생기시어,
> 형상 있는 국토 아닌 진리 속에 머무시며,
> 온갖 중생 마음으로 바라는 바 수순하여,
> 두루 하신 몸과 함께 온갖 일을 나투시네.

보현보살 큰 원력에 편안하게 머무시며,
이와 같이 한량 없는 신통력을 획득하여,
일체 모든 부처님들 몸이 계신 국토마다,
그 모습을 나타내어 그곳으로 가신다네.
온갖 종류 바다들은 그 한계에 끝 없지만,
몸을 나눠 그곳에서 머무심도 한량 없어,
나타나는 국토마다 장엄하고 정화하며,
한 찰나의 순간에서 여러 겁을 나타내네.
불토마다 보현보살 편안하게 앉으셔서,
나투시는 신통변화 견줌 없이 뛰어나고,
시방세계 진동함이 두루하지 않음 없어,
그 모습을 관찰한 이 모두 친견 하게 하네.
모든 부처 지혜마다 갖추어진 공덕력이,
가지가지 큰 일들을 모두 가득 성취하고,
가지가지 삼매들로 선교방편 문을 열어,
당신께서 행하셨던 옛 보리행 보이시네.
이와 같이 자재하고 불가사의 하지만은,
시방 불토 곳곳에서 모두 시현 하시오며,
온갖 삼매 두루 듦을 나투시기 위하여서,
부처님의 구름 광명 그분 공덕 찬탄하네.[243]

요컨대 보현보살은 온갖 불국토에서 마치 허공과 같이 진리에 의지하여 머물면서, 온갖 삼매에 들어가고, 원음으로 설법하며, 어떤 중생도 버리지 않고, 그들이 원하는 바에 따라서 몸과 일을 나투시며, 한 몸을 여러 몸으로

---

243) "普賢遍住於諸刹 坐寶蓮華眾所觀 一切神通靡不現 無量三昧皆能入 普賢恒以
種種身 法界周流悉充滿 三昧神通方便力 圓音廣說皆無礙 一切刹中諸佛所 種種
三昧現神通 一一神通悉周遍 十方國土無遺者 如一切刹如來所 彼刹塵中悉亦然
所現三昧神通事 毘盧遮那之願力 普賢身相如虛空 依真而住非國土 隨諸眾生心所
欲 示現普身等一切 普賢安住諸大願 獲此無量神通力 一切佛身所有刹 悉現其形
而詣彼 一切眾海無有邊 分身住彼亦無量 所現國土皆嚴淨 一刹那中見多劫 普賢
安住一切刹 所現神通勝無比 震動十方靡不周 令其觀者悉得見 一切佛智功德力
種種大法皆成滿 以諸三昧方便門 示己往昔菩提行 如是自在不思議 十方國土皆示
現 為顯普入諸三昧 佛光雲中讚功德.", 80화엄, T10, pp.33c-34a

나누어 온갖 불토에 출현하시기도 하고, 한 찰나에 여러 겁을 나타내기도 하는 분으로 누구나 친견할 수 있는 분이시다. 특정한 거주처를 갖는 미륵, 관세음, 문수, 지장과 같은 보살들과 달리, 허공과 같은 몸으로 진리에 의지하여 어디든지 나투시는 분이며, 온 우주이신 비로자나 부처님의 속성과 같이 허공에 편재하면서 중생제도를 발원하고 실천하는 분이 보현보살이시다. 이런 보살행을 위한 보현보살의 발원을 '보현원행(普賢願行)' 또는 '보현행원'이라고 부른다. 산스끄리뜨어로 Samantabhadra-caryā-praṇidhāna 또는 Bhadra-caryā-praṇidhāna라고 쓰는데, 보현행원은 티벳불교에서도 중시하는 보살의 서원이다. 그런데 보현행원은 한 종류만 있는 게 아니다. 『화엄경』 도처에서 보현보살의 행원을 칭송하고, 권유하는데 그 종류가 다양하다. 예를 들어 60화엄의 「이세간품(離世間品)」에서는 보현원행법으로 다음과 같은 10가지 실천을 열거한다.

① 미래 겁[의 세월]이 다하도록 보살행을 실천하겠습니다.
② 미래의 모든 부처님을 공경하고 공양하겠습니다.
③ 모든 중생을 보현보살의 원행법 위에 세우겠습니다.
④ 모든 선근을 쌓고 모으겠습니다.
⑤ 모든 바라밀에 들어가겠습니다.
⑥ 모든 보살들의 원행에 만족하겠습니다.
⑦ 모든 세계를 장엄하겠습니다.
⑧ 부처님이 계신 모든 곳에 왕생하겠습니다.
⑨ 선교방편으로 모든 법을 추구하겠습니다.
⑩ 시방의 모든 불국토에서 무상의 보리를 이루겠습니다.[244]

또 40권본 『화엄경』의 제40권 말미에는 62수로 이루진 '보현광대원력왕청정게(普賢廣大願王淸淨偈)'가 실려 있는데 중략하고 서두와 말미의 게송만 소개하면 다음과 같다.

---

[244] T9, p.635a.

① 동서남북 사유 상하 시방 세계 가득하고,
과거 현재 미래 삼세 가득 계신 인사자(人師子)께,
깨끗하고 맑디맑은 신업 구업 의업으로,
단 한 분도 남김 없이 두루 예경 올립니다.
② 보현보살 행원 실린 위신력의 힘에 의해,
모든 여래 앞에 나가 두루 몸을 나투오며,
한 몸으로 다시 또한 찰토 미진 나타내어,
미진 수의 부처님께 낱낱 모두 예배하네.
③ 단 한 톨의 미진에도 미진 수의 부처님들,
곳곳마다 보살님들 운집하여 모였는데,
무진 법계 먼지마다 역시 또한 그러해서,
그 낱낱의 부처님을 깊은 믿음 가득하네.
…
⑥⓪ 만일 누가 이와 같은 보현보살 큰 행원을
독송하고 수지하고 연설까지 하신다면
그 과보는 부처님만 능히 아실 수 있는데
수승한 저 보리도를 확실하게 획득하네.
⑥① 누군가가 이와 같은 보현행원 독송하면
내가 설한 선근(善根) 중에 일부라도 축적되니
그를 통해 일념 경에 모든 것이 원만해져
모든 중생 맑은 서원 남김 없이 성취하네.
⑥② 이와 같은 보현보살 뛰어난 행 실천으로
내가 얻은 가없는 복 그 모두를 회향하여
윤회 속에 가라앉아 허덕이는 모든 중생
무량광의 불(佛) 세계로 신속 왕생 하옵소서[245]

　　그런데 우리 불교계에 널리 보급되어 있는 보현행원 또는 '보현보살 십대
원(十大願)'은 반야(般若)가 번역한 40권본 『화엄경』(795-798년 번역)의 「
입부사의해탈경계보현행원품(入不思議解脫境界普賢行願品)」의 마지막, 제
40권에 실린 10가지 서원으로 그 요점은 다음과 같다.

245) 40화엄, T10, pp.847a-848b.

① 모든 부처님을 몸과 말과 마음으로 예경하겠습니다.
② 모든 부처님의 공덕을 온갖 음성으로 칭송하고 찬탄하겠습니다.
③ 모든 부처님께 꽃과 향은 물론 수행과 교화의 공양을 올리겠습니다.
④ 제가 과거에 탐욕, 분노, 우치로 지었던 업장을 참회하겠습니다.
⑤ 모든 부처님과 성인과 모든 중생이 지은 공덕을 함께 기뻐하겠습니다.
⑥ 몸과 말과 마음으로 영원토록 부처님께 가르침을 청하겠습니다.
⑦ 모든 부처님과 성인께 열반하지 않고 중생에게 이익을 주시기를 청하겠습니다.
⑧ 언제나 모든 것을 바쳐서 부처님을 따르며 가르침을 배우겠습니다.
⑨ 그 어떤 중생이라도 마치 부모나 부처님을 모시듯이 받들겠습니다.
⑩ 초발심 후 제가 쌓은 모든 공덕을 중생에게 회향하겠습니다.246)

보현보살의 이러한 열 가지 서원은 그 지향에 따라 크게 세 가지로 구분할 수 있다. 첫째는 부처님을 향한 서원이고[①,②,③,⑤,⑥,⑦,⑧], 둘째는 자신을 향한 서원이며[④], 셋째는 중생을 향한 서원이다[⑨,⑩]. 사만따바드라(Samantabhadra) 보현(普賢). '허공처럼 계시면서 이 세상 어디에서든 나타나시는 상서롭고 훌륭한 분'인 보현보살은 부처님에 대한 깊은 신앙심과 함께, 번뇌로 인한 죄업을 항상 참회하고, 모든 중생을 받들고 도우며 살아가겠다는 본원(本願)을 세우신 분이다.『화엄경』곳곳에서 이런 보현의 원행을 거론하면서, 보살도에 들어간 누구나 갖추어야 하고,247) 닦아야 하며,248) 성취해야 하고,249) 들어갈 수 있어야 한다고250) 가르친다.

---

246) T10, pp.844b-846c.
247) "普賢諸行皆具足 能令衆生悉淸淨.", T9, p.407c.
248) "無量無數大劫中 修習普賢甚深行.", T9, p.408c.
249) "成就普賢菩薩所行.", T9, p.528c.
250) "得入普賢菩薩行門.", T9, p.531c.

2. 남에게 이로움을 주는 수행 (利他行)

⑲능입해인삼매중 能入海印三昧中
바다 같은 해인삼매 능히 들어 가시어서

　능입해인삼매중. 위에 적은 "바다 같은 해인삼매 능히 들어 가시어서"는 자구(字句)를 맞추기 위한 번역이었고, 직역하면 "해인삼매에 능히 들어가신 중에"로 된다. 그런데 우리 불교계에서는 이 가운데 능입(能入)을 능인(能仁)으로 읽기도 했다. 이능화(1869-1943)의 『조선불교통사』, 설잠 김시습(1435-1493)의 법성게 선해(禪解)인 『대화엄일승법계도병서(大華嚴一乘法界圖并序)』, 조선시대의 유문(有聞)이 과문(科文)하고 주석한 『의상법사법성게』에서는 능인(能仁)이라고 쓴다. 능인이란 석가모니(Śākyamuni)를 의역한 능인적묵(能仁寂默)에서 앞의 두 글자를 떼어서 약칭으로 삼은 것이다. 만일 원문이 '능인해인삼매중'이었면 "능인께서 해인삼매 들어가신 중에"라고 번역해야 할 것이다. 그런데 의상의 자주(自註)인 『화엄일승법계도』에서는 '능인'이라는 용어는 전혀 볼 수 없고, '능입삼매'라는 문구는 발견된다. 법성게에 대한 주석 모음인 『법계도기총수록』에는 이 문구가 총 여섯 번 등장하며 모두 '능인(能人)해인 …'으로 쓰고 있는데, 『진기(眞記)』 인용문에 "능인이란 교화하시는 부처님이시다[能人者能化佛也]."라고 쓰여 있는 것으로 보아, 『진기』의 저자가 능인(能人)으로 알고 있었고, 『총수록』의 편집자는 이에 근거하여 다른 용례 모두 能人으로 적은 듯하다. 한역 불전에서 부처님을 能人으로 부르는 용례가 몇 군데 보이지만, 고유명사가 아니라 단순히 '능력 있는 사람'을 의미하는 조어(造語)든지,[251] 능인(能仁)의 오사(誤寫)로 확인된다. 따라서 『법계도기총수록』의 편집자가 모두 능인(能人)으로 쓴 것은 『진기』의 저자의 착오에 기인한 것으로 생각된다. 또 60권본이든 80권

---

251) "時大仙人復白佛言 一切能人證大寂者 一切智者 更為我說 若先世中曾在畜生 共千萬身一處來者 云何可知.", 『大威燈光仙人問疑經』, T17, p.886b.

본이든『화엄경』을 보면 '能入 … 三昧'의 용례는 많이 눈에 띄지만 '能仁 … 三昧'의 용례는 전혀 보이지 않는다. 물론 능인(能人)이라는 용어는 아예 사용되지 않는다. 본서에서 법성게의 원문을 확정할 때 능인(能仁, 能人)이 아니라 능입(能入)을 선택한 이유다.

그러면 부처님께서 이렇게 '기꺼이 들어가시는[능입]' 해인삼매는 어떤 삼매일까?『화엄경』,「현수보살품(賢首菩薩品)」에서 문수보살은 해인삼매의 위력에 대해 다음과 같이 노래한다.

①혹시 부처 계시잖은 어떤 국토 있다 하면
바로 그곳 국토에서 깨달음을 시현하고,
혹시 어떤 국토에서 가르침이 없다 하면
바로 그곳 국토에서 가르침을 시현하네.
②보살께서 모든 것을 끊어주기 위하여서
한순간의 생각 동안 시방세계 두루 다녀,
시방에서 만월처럼 그 모습을 시현하고
한량없는 방편으로 중생들을 교화하네.
③동서남북 사유상하 그런 시방 세계에서
하나하나 생각마다 성불의 길 시현하고,
바른 법륜 굴리신 후 열반도에 들어가서
중생들을 위하여서 사리 분배 시현하네.
④혹은 이승(二乘) 성문의 길 연각의 길 시현하고
성불의 길 시현하여 두루두루 장엄하고
한량없는 겁에 걸친 중생 제도 시현하니
이와 같이 삼승의 문 활짝 열어 교화하네.
⑤어느 때는 남자 모습 어느 때는 여자 모습
이런저런 온갖 모습, 천인, 용신 아수라 등
중생에게 부응하는 이런저런 몸뚱이와
한량없는 행업들과 온갖 음성 시현하네.
⑥남기는 것 하나 없이 모든 것을 시현하니
그 이유는 해인삼매 세력의 힘 때문일세.252)

화엄종의 제4조 청량국사 징관(澄觀, 738-839)은 이상의 여섯 게송에서 해인삼매를 밝히고 있다고 규정한 후, 앞의 다섯 게송에서는 '업의 작용이 두루 편재한다는 점'을 밝혔고, 여섯 번째 게송에서는 '그런 큰 작용이 의지하는 곳'을 밝혔다고 설명한다. 해인삼매에 들어가면 온갖 중생의 모습으로 나타나서 시방세계의 어느 곳에서든지 그 모습을 시현하여 중생을 교화하고 제도할 수 있다는 것이다. 그러나 이는 해인삼매의 힘으로 인해 이루어지는 일들이지 해인삼매 그 자체의 의미는 아니다. 해인삼매(sāgara-mudrā-samādhi). 삼매의 이름 앞에 해인이라는 한정어를 붙인 이유는 무엇일까? 『대승비분타리경(大乘悲分陀利經)』에서는 "해인삼매는, 큰 바다의 물과 같이 능히 모든 삼매를 포섭한다."고 설명한다. 온갖 강물이 바다에 모이듯이, 가지가지 삼매가 모두 그 속에 들어가기에 해인삼매라고 부른다는 설명이다. 『대보적경(大寶積經)』에서는 '일체법 해인삼매'에 대해 다음과 같이 설명한다.

> 비유한다면 큰 바다의 물이 무량하여 그 분량을 측량할 수 있는 사람이 없는 것과 같이, 일체의 제법도 역시 이와 마찬가지여서 그 분량을 결코 측량할 수 없다.
> 또 일체의 갖가지 강물들이 그 속으로 들어가는 큰 바다와 같이 일체의 제법이 법인(法印) 속에 들어가는 점 또한 이와 마찬가지이기에 해인(海印)이라고 불렀으며 일체법을 인(印)하여 모두 제법의 해인 속에 들어가게 한다. 이 인(印) 속에서 일체법이 법인과 같음을 본다.
> 또 대룡(大龍)과 여러 용중(龍衆)들 및 큰 몸을 갖는 중생들은 큰 바다에 들어가서 그 바다를 거주처로 삼을 수 있다. 여러 보살마하살 역시 이와 마찬가지다. 무량한 백, 천의 겁 동안에 갖가지 업을 잘 닦아서 이러한 삼매인(三昧印)의 문에 들어가서 그런 인문(印門)을 거주처로 삼을 수 있다.
> 갖가지 불법을 증득하고자 하기 때문에, 또 일체지에서 선교방편의 원만함과

---

252) "或有刹土無有佛 於彼示現成正覺 或有國土無有法 於彼示現說法藏 菩薩希望 一切斷 於一念頃遊十方 示現十方如滿月 無量方便化衆生 於彼十方世界中 念念 示現成佛道 轉正法輪入涅槃 現分舍利為衆生 或現聲聞緣覺道 示現成佛普莊嚴 現無量劫度衆生 以三乘門廣開化 或現男女種種形 天人龍神阿脩羅 隨諸衆生若干 身 無量行業諸音聲 一切示現無有餘 海印三昧勢力故.", T9, p.434b.

일체지 때문에 이와 같은 갖가지 법인의 문을 성취한다. 여러 보살마하살들이
정성스럽고 부지런하게 이 법문을 닦을 때는 일체의 법문을 닦고 배울 수가
있다. 여러 법문들이 이 법문 중에 있는 것을 보기 때문에 제법의 광명을 발
휘하고 일으킬 수 있어서 일체법의 바다로 들어간다. 그래서 이 법을 '일체법
해인삼매'라고 부른다.
또 큰 바다는 수많은 진귀한 보배가 쌓이고 모여 있는 곳인데, 이 삼매도 역
시 이와 마찬가지로 일체법과 법의 선교방편이 쌓이고 모여 있는 곳이다.253)

여기서 보듯이 일체법 해인삼매를 설명하면서 바다의 비유를 든다. 그 크
기가 무량하고, 모든 강물을 수렴하며, 큰 생명체들이 거주할 수 있고, 진귀
한 보배가 쌓인 곳이라는 점에서 바다의 비유를 드는 것이다. 해인(海印, sāg
ara-mudrā)을 문자 그대로 풀면 '바다 도장'이라는 의미인데, 도장[印]은 함
축과 공인(公認)을 의미하리라. 제행무상, 제법무아, 열반적정의 삼법인(三
法印, tri-lakṣaṇā-dharma-mudrā, 三相法印)에는 부처님의 모든 가르침이
함축되어 있다. 항마촉지인, 설법인, 지권인, 여원인, 시무외인 등의 수인(手
印, hasta-mudrā)에는 그런 수인을 하고 계신 불보살의 역할이 함축되어 있
다. 위의 『대보적경』 인용문 가운데 "일체법을 인(印)하여 모두 제법의 해인
속에 들어가게 한다."거나 "인문(印門)을 거주처로 삼을 수 있다."와 같은 문
장에 쓰인 인(印)에 그런 함축과 공인의 의미가 담겨있다. 따라서 여기서 말
하는 해인(海印)이란 "함축적이고 공인된 진리 모두를 바다와 같이 수용한
다."라는 의미이리라.

253) "譬如大海水乃無量而無有能測其量者 一切諸法亦復如是 終無有能測其量者
又如大海一切眾流悉入其中 一切諸法入法印中亦復如是 故名海印印一切法悉入
諸法海印之中 於此印中見一切法同於法印 又如大龍及諸龍眾 諸大身眾能有大海
能入大海 於彼大海以為住處 諸菩薩摩訶薩亦復如是 而於無量百千劫中善修諸業
乃能入此三昧印門 於彼印門以為住處 為欲證得諸佛法故 善巧圓滿一切智故 成就
如是諸法印門 諸菩薩摩訶薩精勤修學此法門時 則能修學一切法門 見諸法門在此
門故 而能發起諸法光明 入於一切法海之中 是故此法名一切法海印三昧 又如大海
是大珍寶積集之處 此三昧者亦復如是 是一切法及法善巧積集之處.",『大寶積經』,
T11, p.141a.

한편『대방등대집경(大方等大集經)』에서는 해인삼매에 대해 다음과 같이
풀이한다.

> 보살은 크게 정진하고자 하는 마음을 내고, 이렇게 크게 정진하고자 하는 힘
> 에 의해서 머지않아 **해인삼매**를 얻는다. 이 삼매를 얻고 나서 자연히 무량한
> 아승기의 백천만 법문을 얻으며, 무량한 아승기의 백천만 경전을 얻어서, 남
> 에게 들어서가 아니라 스스로 설법을 할 수 있고, 모든 부처님의 가르침을 다
> 수지할 수 있으며, 모든 중생의 마음의 행처(行處)를 알 수 있다. 선남자여!
> 비유하자면 염부제에 있는 모든 중생의 몸의 모습 및 다른 외모와 같은 형상
> 들과 같다. **이와 같은 형상들은 모두 바다에 도장찍힌 형상을 갖기 때문에 대
> 해인(大海印)**이라고 부른다. 보살도 역시 이와 마찬가지다. **대해삼매(大海三
> 昧)**의 도장을 얻고 나서 모든 중생의 마음 상태를 분별하여 볼 수 있고, 모든
> 법문에서 다 밝은 지혜를 얻을 수 있다. 이것이 보살이 **해인삼매**를 얻어서 모
> 든 중생의 마음의 행처가 가는 곳을 보는 것이다.254)

앞에서 인용했던『대보적경』에서 해인삼매를 설명하면서 든 바다의 비유
는 '모든 것을 수용한다.'는 의미였다. 그런데 위에 인용한『대방등대집경』에
서는 '마치 도장을 찍듯이 모든 형상이 바다에 찍혀있다.'라는 의미로 바다의
비유를 사용한다. 의상 역시 법성게의 해인삼매를 설명하면서 이와 유사하게
맑은 물이나 거울에 사물이 비치듯이 바다에 만상이 드러난다는 의미로 해석
한다. 해인삼매에 대한 의상의 설명을 보자.

> 인(印)이란 비유에 의거해서 이름을 얻은 것이다. 왜 그런가? 큰 바다란 아주
> 깊다. 밑바닥까지 밝고 깨끗하다. 제석천이 아수라와 싸울 때 모든 병사와 모

---

254) "菩薩發大欲精進 以此大欲精進力故 不久便得海印三昧 得此三昧已 即得自然
　　無量阿僧祇百千萬法門 得無量阿僧祇百千萬億修多羅 不從他聞自然能說 一切諸
　　佛所說悉能受持 能了一切眾生心行 善男子! 喩如閻浮提一切眾生身及餘外色 如
　　是等色海中皆有印像 以是故名大海印 菩薩亦復如是 得大海印三昧已 能分別見一
　　切眾生心行 於一切法門皆得慧明 是為菩薩得海印三昧 見一切眾生心行所趣.", T
　　13, p.106c.

든 무기가 그곳에 현현(顯現)해서 명료하게 알게 되는데, 이는 마치 도장이 문자를 나타내는 것 같다. 그래서 해인이라고 부른다. 능입삼매도 역시 이와 마찬가지여서 법성을 궁극적으로 증득하는데 그 바닥이 없지만 궁극적으로 청정하기에 맑고 명백하여 삼종의 세간이 그 속에서 현현하기에 해인이라고 부른다.255)

여기서 의상이 말하는 '바다에 만상이 드러나는 것'은 거울 면이나, 잔잔한 수면과 같이 만상이 비치기 때문이 아니다. [왜 그런지는 몰라도] 제석천과 아수라가 전쟁을 벌이는 모습도 바다에 그대로 나타나는데, 모든 생명체[중생세간]와 산하대지의 물리세계[기세간]와 깨달은 불보살의 세계[지정각세간]의 3종 세간 전체의 모습도 바다에 그대로 현현한다는 것이다. 따라서 의상이 말하는 해인삼매에 들어가면, 불보살의 세계를 포함한 세상 전체의 모습이 그대로 드러나 보이리라. 그리고 앞에 인용했던 『화엄경』, 「현수보살품(賢首菩薩品)」에서 문수보살이 노래하듯이 이런 해인삼매의 힘으로 온갖 중생의 모습으로 나타나서 시방세계의 어느 곳이든지 그 모습을 시현하여 다른 중생을 교화하고 제도한다. 오직 불보살만 이루시는 해인삼매.

⑳번출여의부사의 繁出如意不思議
불가사의 여의주를 무수하게 뿜으시니

먼저 이 문구에 대한 저자 의상의 설명을 보자.

'번(繁)'이라고 한 이유는 센 불길처럼[熾] 강력하게 일어난다[盛]는 뜻이기 때문이다. '출(出)'이란 솟구쳐[涌] 나오는[出] 일이 무궁무진하기 때문이다. '여의(如意)'란 비유에서 이름을 얻은 것이다. 여의보왕(如意寶王)은 무심하

---

255) "印者約喩得名 何者 是大海極深 明淨徹底 天帝共阿修羅鬪諍時 一切兵衆 一切兵具 於中顯現了了分明 如印顯文字 故名海印 能入 三昧亦復如是 窮證法性 無有源底 以究竟清淨 湛然明白 三種世間於中顯現 名曰海印.", 『華嚴一乘法界圖』, T45, pp.712c-713a.

게 보배와 같은 비를 내려 중생에게 이익을 주는데 [그 방식이] 상황[緣]에 따라서[隨] 무궁하다. 석가여래의 선교방편도 역시 이와 같아서, 일음(一音)으로 가르침을 펴시어 중생계에 순응하여 악(惡)을 멸하고 선(善)을 생하여 중생을 이익되게 한다. 그 어디에 사용한다고 해도, 뜻[意]대로[如] 하지 못함이 없기에 여의(如意)라고 말한다.256)

번출여의부사의. 부처님께서 해인삼매에 들어가셔서[능입해인삼매중] 여의주를[如意] 무수히[繁] 뿜어내시는 게[出] 불가사의하다[不思議]. 여의보왕이 보배 같은 비를 내려 중생에게 이익을 주듯이, 부처님께서는 일음으로 가르침을 펴시어 중생에게 이익을 주신다는 것이다. 굳이 구별한다면 여의보왕은 중생들에게 물질적 이익을 주고, 부처님께서는 악을 멸하고 선을 생하는 정신적인 이익을 주신다고 볼 수 있다.

여기서 말하는 여의주(如意珠)의 재료는 마니보석(摩尼寶石)이다. 여의주는 그 작용으로 이름을 삼은 것이고, 마니주는 그 재료로 이름을 삼은 것이다. 『화엄경』에서는 두 보석을 구분하여 설하기도 하지만 두 명칭을 합하여 여의마니(如意摩尼)라고도 부르기도 한다. 80화엄 제1권 「세주묘엄품」에서 부처님의 성도 장면을 묘사할 때 최초로 등장하는 인격체가 마니보왕(摩尼寶王)이다. 마니보왕이 자유자재로 변화를 나타내어 한량없는 보배를 비처럼 내리고, 갖가지 신묘한 꽃을 땅에 뿌림으로써 부처님께서 성도하신 보리도량을 찬란하게 장엄한다.

㉑우보익생만허공 雨寶益生滿虛空
단비 같은 보배 구슬 중생 위해 허공 가득

우보익생만허공. "단비 같은 보배 구슬 중생 위해 허공 가득"이라고 옮겼

---

256) "繁者熾盛義故 出者涌出無盡故 如意者從喩得名 如意寶王無心而雨寶益生 隨緣無窮 釋迦如來善巧方便 亦復如是 一音所暢 應眾生界 滅惡生善 利益眾生 隨何用處 無不如意 故名如意.", 『華嚴一乘法界圖』, T45, p.713a.

다.『화엄경』,「현수보살품(賢首菩薩品)」에서 문수보살이 노래하듯이, 화엄
삼매에 들어간 불보살은 그 힘으로 성불을 시현하기도 하고, 가르침을 시현
하기도 하며, 보름달처럼 그 모습을 온 세계에 나투어 중생을 교화하기도 하
고, 성문, 연각, 보살의 삼승의 길을 시현하기도 하며, 인간이나 천신, 용신이
나 아수라 등 온갖 중생의 모습을 시현하기도 하고, 갖가지 몸의 모습과 갖가
지 음성을 시현하기도 한다. 이는 마치 여의보왕이 뿜어낸 보석 같은 빗방울
이 허공 가득 내리는 것과 같으리라. 가뭄에 시달리다가 드디어 비가 내린다.
허공 가득 동그란 보석 같은 빗방울이 가득하다. 온 세상에 비가 내린다. 비
를 갈구하던 모든 생명들은 기쁘기 그지없으리라.『법계도기총수록』에 인용
된『법기(法記)』에서는 '우보익생만허공'의 의미에 대해 다음과 같이 설명한
다.

> 허공에 끝이 없기에 세계도 끝이 없다. 세계에 끝이 없기에 중생도 끝이 없다.
> 이렇게 끝없는 중생이지만 이와 같은 가르침이 가피(加被)하지 않는 것이 없
> 기 때문[에 우보익생만허공이라고 노래하는 것]이다.[257]

　　허공과 세계도 그 크기에 끝이 없지만, 사홍서원(四弘誓願)에서 중생무변
서원도(衆生無邊誓願度)라고 발원하듯이 중생의 수도 끝이 없다. 그리고 해
인삼매에 들어가신 부처님께서 온갖 모습과 음성을 시현하시기에 허공과 세
계와 중생 모두에게 부처님의 가르침의 가피가 가득하다. 가뭄에 시달릴 때
쏟아져 내리는 빗방울은 보석처럼 소중하다. 부처님의 가르침은 우리 마음속
번뇌의 불길을 식혀주고 고통에서 벗어나게 해 주기에 보배 같은 빗방울과
같다.『화엄경』「세간정안품(世間淨眼品)」에 "사자당건달바(師子幢乾闥婆)
는 모든 방향에서 보배같은 법문이 비처럼 내리시는 것으로 인해 자유자재함
을 얻었다."라거나 "주계화광역사(珠髻華光力士)는 보살이 일체 세간에 시

---

[257] "虛空無邊故世界無邊 世界無邊故衆生無邊 於此無邊衆生　如是之敎無所不被
故也.", T45, p.727c.

현하여 보배같은 법문(法門)을 비처럼 내리시는 것으로 인해 자유자재함을 얻었다."라는 경구가 실려 있다. 보살의 법문을 보배 같은 비에 비유하는 것이다. 『화엄경』, 「노사나불품」에서 사자염광분신음보살(師子焰光奮迅音菩薩)은 비로자나 부처님의 행화(行化)를 찬탄하면서 다음과 같이 노래한다.

> 비로자나 부처님은 위신력을 갖추시어
> 모든 곳의 국토에서 법의 바퀴 굴리시고
> 보현이신 보살님의 행원 실린 그 말씀은
> 모든 곳의 세계해에 두루하고 가득하네.
> **부처님의 법의 몸[法身]은 모든 국토 가득하여**
> **일체법의 빗방울을 두루두루 내리시며**
> 부처님의 법의 상[法相]은 생도 없고 멸도 없어
> 시방삼세 제 세간을 남김 없이 비추시네.
> …258)

부처님의 법의 몸, 법신은 지금 이 순간에도 어디든지 계시다. 온 우주 그 자체가 법신이신 비로자나 부처님이시기 때문이다. 우보익생만허공. 허공 가득 보배같은 법문의 비를 내리시는 분은 진리의 몸, 법신이신 비로자나 부처님이시다. 『화엄경』, 「보왕여래성기품(寶王如來性起品)」에서 보현보살은 이런 법우(法雨)의 종류를 열거하면서 그 모두 '대비(大悲)'라는 한 맛의 비에서 유래한다고 설한다.

> 불자들이여! 비유하자면 큰 구름이 비를 내리는 것과 같다. 그 비를 '거센 불길의 소멸'이라고 부르기도 하고, 혹은 '능히 일으킴'이라고 부르기도 하며, 혹은 '능히 파괴함'이라고 부르기도 하고, 혹은 '대천세계를 분별함'이라고 부르기도 한다. 여래, 응공, 등정각도 역시 이와 마찬가지여서 세상에 출현하여 '바른 가르침[정법(正法)]'의 비를 내리신다. '제거하여 소멸함[제멸(除滅)]'이

---

258) "盧舍那佛神力故 一切刹中轉法輪 普賢菩薩願音聲 遍滿一切世界海 法身充滿 一切刹 普雨一切諸法雨 法相不生亦不滅 悉照一切諸世間 ….", T9, p.408a.

라고 부르는데, 중생의 번뇌로 치성한 불길을 제거하여 소멸한다. 혹은 '능히 일으킴[능기(能起)]'이라는 이름의 법우가 있는데, 중생의 모든 선근을 능히 일으킨다. 혹은 '능히 파괴함[능괴(能壞)]'이라는 이름의 법우가 있는데, 중생의 갖가지 나쁜 사견을 파괴한다. 혹은 '보배를 이룸[성보(成寶)]'이라는 이름의 법우가 있는데, 중생의 모든 지혜 보배를 능히 이룬다. 혹은 '분별함[분별 (分別)]'이라는 이름의 법우가 있는데, 중생의 마음과 마음이 행하는 바를 분별한다. … 불자들이여! 비유하자면 큰 구름이 한 맛[일미(一味)]인 물을 비로 내리지만, 갖가지 비에 따라서 차별이 있다. 여래, 응공, 등정각도 역시 이와 마찬가지다. '대비(大悲)'라는 한 맛의 법우를 내리는데, 교화 대상에 따라서 갖가지이며 동일하지 않다.259)

큰 구름에서 한 맛의 물이 내리는 것을 비라고 하지만 그 이름이 여럿이듯이, 부처님께서 내리시는 가르침의 비[法雨]는 모두 '대비(大悲)'에서 비롯하지만 번뇌의 불길을 소멸하는 비[제멸]도 있고, 중생의 선근을 일으키는 비도 있으며[능기], 갖가지 사견(邪見)을 파괴하는 비[능괴]도 있고, 중생이 지혜의 보배를 이루게 하는 비[성보]도 있으며, 중생의 마음을 분별하는 비[분별]도 있다. 우보익생만허공. 허공 가득한 보배같은 빗방울은 법신이신 비로자나 부처님의 가르침을 비유한다. 지금도 우리가 사는 이 세상은 부처님의 법문으로 가득하다. 이 세상 전체가 부처님의 설법이다. 이 우주이신 비로자나 부처님의 설법이다.

중관논리로 분석한 비로자나 부처님의 중도법문

비가 내려도 비로자나 부처님의 법문이고, 바람이 불어도 비로자나 부처님

---

259) "佛子 譬如大雲降雨 名滅熾然 或名能起 或名能壞 或名成寶 或名分別大千世界 如來 應供 等正覺亦復如是 出興于世 雨正法雨 名曰除滅 除滅衆生煩惱盛火 或有法雨 名曰能起 能起衆生一切善根 或有法雨 名曰能壞 能壞衆生諸惡邪見 或有法雨 名曰成寶 能成衆生一切智寶 或有法雨 名曰分別 分別衆生心心所行 … 佛子 譬如大雲雨一味水 隨其所雨而有差別 如來 應供 等正覺亦復如是 雨於大悲一味法雨 隨所應化 種種不同.", T9, p.613a-b.

의 법문이며, 꽃이 피어도 비로자나 부처님의 법문이다. 온 우주이신 비로자
나 부처님께서 항상 시현(示現)하고 계신 중도의 법문이다. 그러면 어째서
비가 내리고 바람이 부는 세상만사가 중도의 법문인지 분석해 보자.

우리는 창 밖에 비가 내릴 때 "비가 내린다."라고 말한다. 너무나 당연한
얘기 같이 보이지만 그렇지 않다. 면밀히 분석해 보면 이 말이 논리적 오류를
범한다는 점을 알게 된다.

그림 30 – "비가 내린다."고 하지만 '내리는 비'는 또 내릴 수 없다.

우리가 "비가 내린다."는 말을 할 때, 하나의 강우현상을 '비'와 '내림'이라
는 두 가지 개념으로 나누게 된다. 그래서 오류가 발생한다. '비'는 반드시
'내림'을 갖고 있다. 내림이 없는 비는 이 세상 어디에도 없다. 따라서 "비가
내린다."라는 말에서 주어로 사용된 '비'는 의미상 '내림을 갖는 비'다. 그런
데 그런 비에 대해 술어에 다시 내린다는 표현을 덧붙인다. 그래서 "[내림을
갖는] 비가 내린다."라고 말을 하는 꼴이 되어, '내림'이라는 의미가 주어와
술어에 두 번 존재하는 꼴이 된다. 즉 '의미중복의 오류'가 발생하는 것이다.
의미중복을 증익견(增益見)이라고 부른다. '늘이고 덧붙인 생각'이라는 의미

다. 지금 창밖에 내리는 비, 우리 눈에 보이는 비를 보고서 "비가 내린다."라
고 말하게 되면 이렇게 '의미중복의 오류'가 발생하는 것이다. 그러면 이와
반대로 창밖에 내리는 비 말고, 저 하늘 위에 '내림을 갖지 않은 비'가 있어서
그것이 내린다고 하면 어떨까? 즉 저 하늘 위에 '내리지 않은 비'가 있어서
그것이 내린다고 말하면 오류를 범하지 않을 것 같다. 그러나 이 역시 오류를
범한다. 저 하늘 위에도 '내림이 없는 비', '내리지 않은 비'는 있을 수 없기
때문이다. 비가 내릴 때, 하늘 위로 올라가 우리가 만날 수 있는 것은 구름이
다. 구름은 비가 아니다. 구름의 수증기가 응결되어 떨어져야 비로소 비가
된다. '응결되어 떨어지는 것'은 '내리는 것'이기에 저 하늘 위에 올라가서
찾아보아도 내려야 비가 되는 것이지, 내리지 않는 비는 있을 수 없다. 이를
'사실위배의 오류'라고 부른다. 사실위배를 손감견(損減見)이라고 부른다.
'덜어내고 줄인 생각'이라는 의미다. 이상의 논의는 다음과 같이 정리된다.

①'내리는 비'가 내린다. – 증익견: 의미중복의 오류
②'내리지 않는 비'가 내린다. – 손감견: 사실위배의 오류

지금 눈에 보이는 비는 '내리는 비'이기에 다시 내릴 수가 없고, 저 하늘
위에 '내리지 않는 비'가 있어서 그것이 내리는 것도 아니다. "비가 내린다."
고 말을 할 때, 주어로 사용된 '비'에 대해 '내리는 비'라고 규정할 수도 없고,
'내리지 않는 비'라고 규정할 수도 없다. 이럴 수도 없고, 저럴 수도 없다.
다시 말해 이분법적으로 작동하는 우리의 생각을 갖다 붙일 수가 없다. 강우
현상은 흑백논리적으로 작동하는 우리의 생각으로 규정할 수 없는 중도적
현상이다. '강우현상'에 우리의 생각이나 분별이 들어갈 수 없기에 불가사의
(不可思議)하고, 그 어떤 말로 표현해도 오류가 발생하기에 말의 길이 끊어
져 있어서 언어도단(言語道斷)이다. 비가 내리는 강우현상은 온 우주이신 비
로자나 부처님의 중도법문 가운데 하나였다. 여기에 덧붙여 다음과 같은 두
가지 이해도 가능하다.

③'내리면서 내리지 않는 비'가 내린다. – 상위견(相違見): 상호모순의 오류
④'내리는 것도 아니고 내리지 않는 것도 아닌 비'가 내린다. – 희론견(戲論
見): 언어유희의 오류

"비가 내린다."는 판단의 주어인 '비'를 '내리면서 내리지 않는 비'라고 이
해하게 되면 이는 '내림'과 '내리지 않음'이 서로 모순되는 상위견으로 상호
모순의 오류에 빠진다. 밝음과 어둠이 함께 할 수 없듯이, '내림'과 '내리지
않음'은 함께 할 수 없다. 그렇다고 해서 '비'를 '내리는 것도 아니고 내리지
않는 것도 아닌 비'라고 이해하게 되면, 이는 말만 될 뿐인 허무맹랑한 이해
다. 그저 말장난의 언어유희[희론견]이기에 언어유희의 오류에 빠진다. 그래
서 ③과 ④의 두 가지 이해 모두 타당하지 않다. "비가 내린다."라고 할 때
주어로 사용된 '비'에 대해 이렇게 ①, ②, ③, ④의 네 가지 방식으로 이해하
는 것을 4구(句)라고 부른다. 또 4구 낱낱에 대해 비판하는 논리를 '4구 비판
의 논리'라고 부른다. 용수보살이 개발한 중관논리(中觀論理)다.
　강우현상뿐만이 아니다. 우리가 체험하는 세상만사를 생각에 떠올리거나
말로 표현하게 되면 강우현상을 "비가 내린다."고 표현했을 때와 똑같은 논
리적 오류에 봉착하고 만다. "바람이 분다."는 말도 그렇고, "꽃이 핀다."는
말도 그렇다. '바람'은 이미 불고 있는 것이기에 그것에 대해 '분다'는 술어를
덧붙이면 붊이 주어와 술어에 두 번 존재하는 의미중복의 오류에 빠진다. 그
렇다고 해서 불지 않는 바람이 어딘가에 있어서 그것이 분다고 생각하게 되
면, 그런 사실은 있을 수 없기에 '사실위배의 오류'에 빠지고 만다. "꽃이 핀
다."라고 말하지만, '꽃'은 이미 피어 있는 것이기에 다시 필 수 없고, "얼음이
언다."고 말하지만 얼음은 이미 얼어있기에 다시 얼 수 없으며, "꿈을 꾼다."
고 말하지만, 꿈은 이미 꾸고 있는 것이기에 다시 꿀 수 없다.
　비가 내리든, 바람이 불든, 꽃이 피든, 얼음이 얼든, 꿈을 꾸든 세상만사
모두에 대해 말이나 생각을 붙일 수가 없다. 모든 것이 언어도단이고, 불가사
의한 중도적 현상이다. 이분법적 사유, 흑백논리적 사유가 들어갈 수 없는

중도적 현상이다. 세상만사가 우리에게 중도를 가르친다. 모든 것이 비로자나 부처님의 중도법문이다. 이분법적으로 작동하는 우리의 생각이 지어내는 갖가지 고민을 모두 떨쳐 버리게 해주는 중도의 법문이다. 하늘 가득 보배 같은 빗방울이 내리듯이, 온 세상의 모든 현상에서 우리는 이러한 중도법문을 만난다. 60화엄의 보장엄동자, 80화엄의 대위광태자의 보살행의 원력으로 이룩한 차방정토(此方淨土), 화장장엄세계의 참모습이다. 그 몸 그대로 우주이신 비로자나 부처님께서 보이시는 무언(無言)의 교화다. 놀라운 화엄신화(Myth)다.

㉒중생수기득이익 衆生隨器得利益
뭇 생명들 근기 따라 제 이익을 얻는다네.

중생수기득이익. 본서에서는 "뭇 생명들 근기 따라 제 이익을 얻는다네." 라고 번역했다. '우보익생만허공' 뒤에 이어지는 구절이다. 긴 가뭄 끝에 보배구슬 같은 단비[우보]가 중생들에게 이익을 주기 위해서[익생] 허공 가득 내리는데[만허공], 중생들은 자기가 가지고 있는 그릇만큼 빗물을 받아갈 수 있듯이, 온 우주에 비로자나 부처님의 가르침이 가득하지만, 사람들은 자신의 수준과 능력과 바램의 한도 내에서 가르침을 얻는다는 비유다. 이런 비유의 원천은 『화엄경』, 「세간정안품(世間淨眼品)」의 다음과 같은 게송에서 찾을 수 있다.

> 여래께서 중생 위해 당신 업보 보이시니
> 태양 빛이 비추듯이 온갖 모습 나투시네.
> 또 그 중생 위하여서 적멸의 법 설하시니
> 진실하고 아주 깊은 지혜 보게 하신다네.
> 여래께서 아주 깊은 묘한 이치 관찰하사
> **그 중생들 근기 따라 감로법을 내리시네.**
> 무량하고 불사의한 온갖 법문 열으시니

모두 적멸 돌아가서 평등 진실 관한다네.
한량 없는 겁 동안에 대비심을 익히시고
등정각을 이루시어 온갖 중생 제도하네.
용(龍)이 경운(慶雲) 일으켜서 모든 곳에 비 뿌리듯
감로법을 두루 내려 그릇마다 채우시네.[260)]

부처님께서 초성정각 하셨을 때 보리도량에 모여 부처님을 찬탄한 온갖 신중(神衆)들 가운데 한 분인 낙업광명천왕(樂業光明天王)이 노래한 게송이다. 위에서는 자구(字句)를 맞추기 위해서 '보우감로법(普雨甘露法)'을 "감로법을 내리시네." 또는 "감로법을 두루 내려"라고 번역했지만 그 뜻을 그대로 살리면 "감로와 같은 가르침을 비처럼 두루 내려주셔서"라는 의미가 된다. 그리고 마지막 구절인 '수기개충만(隨器皆充滿)'과 함께 번역하면 "감로와 같은 가르침을 비처럼 두루 내려주셔서 그릇에 따라서 모두 가득 채우셨다."가 될 것이다. 온 우주이신 비로자나 부처님께서, 진리의 몸인 법신(法身)으로서 설법하시는 모습에 대한 최고의 비유다.

그러면 '중생수기득이익'의 의미에 대한 설명을 『법계도기총수록』에서 찾아보자. 『법계도기총수록』에 실린 『법기』에서는 이에 대해 다음과 같이 설명한다.

> '중생수기득이익'이란 다음과 같다. 이 여의(如意)의 가르침이 삼승(三乘)과 오승(五乘)과 무량승(無量乘) 등 모든 중생 가운데 갖가지로 불리는 근기(根機)에게 이익을 얻게 해주기 때문이다.
> 묻는다. 만일 그렇다면, 이 화엄에서는 삼승과는 다른 결과를 얻는 것인가?
> 답한다. 그런 일은 없다. 말하자면 이 『화엄경』에 무량승을 갖추고 있기 때문이다. 그래서 이 경에 갖추어진 무량승 가운데 『대품반야경』 등에서 별도의

---

260) "如來爲眾生 普現業報相 猶若日光照 眾像靡不現 又爲彼眾生 演說寂滅法 令彼見真實 甚深智慧處 如來自觀察 甚深微妙義 隨彼眾生根 普雨甘露法 爲開諸法門 無量難思議 悉歸入寂滅 平等真實觀 無數無量劫 廣修習大悲 逮成等正覺 度脫群生類 普雨甘露法 隨器皆充滿 如龍興慶雲 等雨於一切.", T9, p.398b.

결과를 얻을 뿐이다.261)

화엄의 가르침은 모든 중생의 온갖 근기에게 이익을 준다. 근기를 성문승
(聲聞乘), 연각승(緣覺乘), 보살승(菩薩乘)의 삼승으로 나누든, 불승(佛乘),
벽지불승(辟支佛乘), 성문승, 천승(天乘), 인승(人乘)의 오승으로 나누든, 또
는 그 이상의 무량한 승(乘)으로 나누든 각 근기의 필요에 맞추어 이익을 준
다. 또한 화엄의 가르침을 통해 도달하는 수행의 결과에는 성문승을 통한 아
라한, 연각승을 통한 벽지불, 보살승을 통한 성불도 포함된다. 화엄의 가르침
에는 삼승이든 오승이든 무량한 수행의 길이 모두 들어있기 때문이다. 화엄
의 가르침 안에서는 차이가 있을 수 있지만, 화엄의 길이 다른 수행의 길과
상치되는 것은 아니다.

성문은 부처님의 가르침에 의지해서 깨달음을 추구한다. 연각 또는 벽지불
은 불교를 모르지만 삶과 죽음, 인생과 세계에 대한 의문을 풀어서 깨달음을
얻기 위해 홀로 수행한다. 성문과 연각을 묶어서 이승(二乘)이라고 부르는데,
이승에의 1차적인 수행 목표는 자신의 깨달음이다. 자신을 제도하는 것이다.
그러나 보살의 수행 목표는 이런 이승과 다르다. 남을 제도하는 것이 자신의
깨달음보다 우선한다. 그래서 3대아승기 100겁에 걸쳐 이타(利他)의 삶을 살
아가면서 복력(福力)을 증장시킨다. 보다 많은 중생을 제도하기 위해 인연복
을 짓는 것이다. 이승에게도 다른 중생을 향한 자비심이 있지만, 보살의 자비
심에는 미치지 못한다. 성문과 연각과 보살은 이렇게 그 그릇이 다르다. 또
천승(天乘)의 경우는 내생에 복락이 넘치는 하늘나라에 태어나기를 희구하
며 살아간다. 인승(人乘)의 경우는 내생에 유복한 인간으로 태어나길 희구한
다. 그런데 천승이든 인승이든 복락은 반드시 고통으로 변하는 법이다. 삼법
인에서 가르치듯이 일체개고(一切皆苦), 모든 것은 궁극적으로 괴로움이기

261) "眾生隨器得利益者 此如意教於三乘五乘無量乘等一切眾生中各各稱根令得利
益故也 問若爾於此花嚴得三乘別果耶 答無也 謂此大經中具無量乘故 乃於此經所
具無量乘中 大品經等得別果耳.", T45, p.727c.

때문이다. 아주 맛있는 음식[樂]도 계속 많이 먹으면 배탈이 난다[苦]. 오래서 있으면 다리가 아파서[苦] 편안히 앉고 싶고[樂], 오래 앉아 있으면 허리가 아파서[苦] 편안히 눕고 싶고[樂], 오래 누워 있으면 등창이 나서[苦] 일어서고 싶다[樂]. 낙(樂)은 처음 얻었을 때, 그때뿐이고 그 어떤 낙도 오래 지속되면 반드시 고(苦)로 변한다. 잠자리에서 아무리 편한 자세로 누워도[樂], 얼마 지나면 반드시 몸이 배겨서 괴로워진다[苦]. 다시 몸을 뒤척여 안락한 자세를 취하지만[樂], 시간이 지나면 다시 그 자세 때문에 몸이 배겨서 괴로워진다[苦]. 잠을 자면서 온 밤 내내 엎치락뒤치락하는 이유다. 모든 낙은 반드시 고로 변한다. 숨을 쉴 때, 들이쉬면 상쾌하지만[樂] 그 상태로 멈추면 숨이 막혀 괴롭다[苦]. 다시 내쉬어야 한다. 내쉬면 개운하지만[樂] 다시 그 상태로 멈추면 숨이 막혀 괴롭다[苦]. 다시 들이쉬어야 한다. 우리가 숨 쉴 때마다 낙이 고로 변하고, 다시 고를 피해 낙을 만들고, 그 낙이 다시 고로 변하는 일이 되풀이 된다. 하늘나라에 태어나도 행복은 바로 그때뿐이다. 얼마 지나면 덤덤해진다. 항상 쾌락이 있기에 쾌락이 무의미해진다. 쾌락이 고통으로 변한다. 인간계에서 물질적 복락에 궁극점이 없는 이유다. 제행무상(諸行無常), 일체개고(一切皆苦). 복락을 추구하는 천승과 인승이 허망한 이유다. 그렇더라도 화엄의 가르침에서는 이를 모두 포용한다. 그 사람의 그릇이 인승이든, 천승이든, 성문승이든, 벽지불승이든, 보살승이든 그가 원하는 대로 가르침의 빗물을 받아간다. 중생수기득이익이다. 천승과 인승을 추구하는 이들은 지계행과 보시행의 법우(法雨)를 그릇에 담아가서 복락을 성취하고, 성문승을 추구하는 이들은 사성제의 법우를, 벽지불승을 추구하는 이들은 십이연기의 법우를 그릇에 담아가서 이승의 깨달음을 성취하며, 보살승을 추구하는 이들은 보현행의 법우를 그릇에 담아가서 성불을 지향한다.

3. 수행자의 방편과 얻게 되는 이익을 설명함 (辨 修行者方便 及得利益)

A. 수행의 방편을 밝힘 (明 修行方便)

㉓시고행자환본제 是故行者還本際
그러므로 수행자가 본래 자리 돌아갈 때

<u>화엄경과 법성게의 본제 개념은 다르다.</u>

시고행자환본제. "그러므로 수행자가 본래 자리 돌아갈 때"라고 번역했다. 여기서 말하는 본래 자리는 본제(本際)의 번역이다. 대승불교에서 여래장(如來藏), 불성(佛性), 참나, 주인공 등으로 표현하는 우리 마음의 근본 자리를 의미한다. 『법계도기총수록』에 인용된 『법기(法記)』에서는 '행자'는 보법을 향한 믿음이 있는 사람들이며, '본제'란 내적으로 증득한 해인(海印)이라고 주석한다.262) 조선시대의 승려 유문(有聞)은 '행자(行者)'는 수도(修道)를 의미하며, '본제로 돌아간다[환본제].'라는 것은 '불과의 증득[證果]'이라고 주석한다.263) 그런데 『화엄경』에서 '본제(本際)'의 용례를 찾아보면 그 출현 회수도 얼마 안 되지만,264) 그 의미 또한 이와 전혀 다르다. 본제라는 용어가 사용된 60화엄의 「공덕화취보살십행품(功德華聚菩薩十行品)」의 경문을 인용해 보자.

그때 여러 부처님들께서 각각 오른 손을 내밀어 공덕림보살의 정수리를 쓰다듬으셨다. 정수리를 쓰다듬고 나서 삼매에서 일어나 온갖 보살들에게 다음과

262) T45, p.728b.
263) B32, p.825a.
264) 60화엄에 3회, 80화엄에 1회.

같이 말씀하셨다. … "모든 소리가 다 존재하지 않으며, 진실한 것이 아니고,
만드는 이도 없고, '본제(本際)'도 역시 없으며, 법성 등과 다르지 않다. 이것
이 보살이 '적정(寂靜)한 신구의(身口意)의 행'을 성취하는 것이며, 다시는 퇴
전하지 않는다." 265)

모든 소리는 실재하는 것이 아니며, 본제도 없다는 설명인데, 여기서 말하
는 본제는 불교 수행자의 귀향처나 지향점이 아니라, 버려야 할 망상이다.
「여래광명각품(如來光明覺品)」에 실린 문수보살의 게송에서도 "지혜로운
이는 본제를 멸한다[慧者滅本際]."라고 노래한다.266) 즉 법에 본제가 있다는
생각은 잘못된 것으로 불교의 지혜가 생기면 본제라는 생각은 사라진다는
가르침이다. 징관 역시 80화엄을 주석하면서 본제의 실재성을 비판하는데,
그 근거는 용수의 『중론』 관본제품이었다. 본제와 관련된 징관의 설명을 인
용하면 다음과 같다.

　　『중론』에서는 "위대한 성인께서는 본제는 얻을 수 없다고 말씀하신바, 생사
　　에는 시작도 없고 끝도 없다."라고 말한다. 만일 시작과 끝이 없다면 중간은
　　어떻게 존재하겠는가? 그러므로 여기서 선행, 후속, 공존 역시 존재하지 않는
　　다. 이미 본제를 얻을 수 없다고 말했으니, 시작도 없고 끝도 없다고 확고하게
　　말해도 안 되는데, 하물며 시작이나 끝이라는 견해가 있겠는가?267)

　여기서 징관이 인용한 게송은 『중론(中論)』 제11 관본제품(觀本際品)의
첫 게송이다. 관본제품은 총 8게로 구성되어 있는데, 본제(本際)는 산스끄리
뜨어 'pūrva koṭi'의 한역어다. pūrva는 '이전의, 앞선, 이른' 등을 의미하고

265) "爾時 諸佛各申右手 摩功德林菩薩頂 摩其頂已 即從定起 告眾菩薩言 … 知一
　　切聲 皆無所有 非真實性 無有造者 亦無本際 與法性等 無有差別 是菩薩成就寂靜
　　身口意行 不復退轉.", T9, p.468c.
266) T9, p.426a.
267) "中論云 大聖之所說本際不可得 生死無有始亦復無有終 若無有始終 中當云何
　　有 是故於此中先後共亦無 既言本際不可得 亦不應定謂無始無終 況有始終之見
　　耶.", 『大方廣佛華嚴經疏』, T35, p.679a.

koṭi는 '끝, 궁극, 첨단' 등을 의미한다. 관본제품의 문맥에 비추어 볼 때 'pūrva koṭi'를 우리말로 풀면 '이전의 한계' 또는 '선행하는 궁극'이라는 뜻이다. 관본제품에서는 생(生)과 노사(老死)를 예로 들어서 본제가 실재하지 않음을 논증한다. 즉 생과 노사는 서로 의존하는 대립 개념이며, 일반적인 연기설에서는 "생에 의존하여 노사가 있다."라고 가르친다. 즉 노사의 논리적 토대는 생이라는 것이다. 그러나 곰곰이 생각해 보면 '생'은 원래 실재하는 것이 아니라, '노사'라는 대립 개념에 의존하여 존재한다. 따라서 노사의 근거로 생을 들었는데, 생이 성립하려면 그 이전에 다시 그 근거로 노사의 존재가 요구된다. 따라서 생은 노사의 근거가 될 수 없다. 즉 생은 노사의 '선행하는 궁극'이 될 수 없다. 다시 말해 본제가 될 수 없다. 이와 같은 논리로 『중론』에서는 '본제'의 실재성을 비판하였으며, 본제는 '선행하는 궁극' 또는 '확고한 토대'를 의미하였는데, 『화엄경』에서도 본제에 대한 관점이 『중론』과 다르지 않다. 즉 실재하지 않는 허구의 개념이었다. 앞에서 보았듯이 『화엄경』, 「공덕화취보살십행품」이나, 위에 인용한 징관의 『대방광불화엄경소』에서 본제는 비판의 대상이었다.

법성게 본제 개념의 전거

그러나 법성게의 '시고행자환본제'에서 말하는 '수행자가 돌아가는 본래 자리'인 본제는 그 의미가 전혀 다르다. 화엄 수행자가 종국에 귀환하게 되는 지향점이고 목표점이다. 자성(自性, svabhāva)이라는 개념이 원래 '사물의 실체'를 의미하였기에 용수의 『중론』에서 그 실재성이 비판되었지만, 후대의 동아시아불교에서는 '불성'과 동의어로 사용되었듯이, 『화엄경』이나 『중론』에서 부정적 의미로 사용되던 '본제'라는 개념이 의상의 법성게에서는 수행의 지향점으로 탈바꿈한 것이다.

그러면 이렇게 귀환처나 지향점으로서의 본제 개념은 어떤 불전에 근거한 것일까? 의상이나 후대의 주석에는 전혀 제시되어 있지는 않지만 『구경일승

보성론』이나 『보살영락경(菩薩瓔珞經)』 또는 『불설여래홍현경(佛說如來興
顯經)』 등의 본제 개념이 법성게의 그것과 같다. 『구경일승보성론』 「승보품
(僧寶品)」에서 말하는 본제는 다음과 같다.

> 게송으로 말한다.
> 중생들의 고요하고 참된 법신 여실하게 봄으로써
> 원래부터 본성 맑고 번뇌 역시 없다는 점 보게 되네.
> 이 게송은 무엇을 밝히고 있는가? **본제(本際)를 여실하게 본 이후에는** 아공
> (我空)과 법공(法空)을 알아야 한다. [앞의] 게송에서 '바르게 깨닫고, 바르게
> 아는 자'라고 말한 것은, 모든 중생이 청정하여 무아임을 보는 것이 고요하고
> 참된 실제이기 때문이다. 또 그는 **"무시(無始) 이래 본제(本際)는 고요하여
> 자아도 없고 법도 없다.** 번뇌를 소멸하여 깨달을 때 비로소 있는 것이 아니
> 다."라는 점을 여실하게 안다.268)

여기서 말하는 본제는 중생들이 갖추고 있는 법신이며, 본성이 원래 맑고
번뇌도 없으며, 고요한 참된 실제다. 『보성론』이 여래장 사상을 가르치는 대
표적인 논서이기에 '본제'는 여래장(如來藏)이나 불성(佛性), 자성에 다름 아
닐 것이다. 의상이 노래하듯이 수행의 궁극에서 돌아갈 '본래 자리'다. 또 『보
살영락경(菩薩瓔珞經)』을 보면 노해마왕(怒害魔王)이 부처님께 질문을 올
리면서 "십주에서 '본제(本際)'로 돌아와서 물러나서 이룩하고 오히려 다시
나아가서 가장 뛰어나게 이런 어려움에서 건져주시고 때때로 연설하시니 의
심을 내지 마소서."269)라고 노래하는 장면을 볼 수 있다. 여기서 말하는 '본
제' 역시 깨달음의 근본 자리에 해당하리라. 또 『불설여래홍현경(佛說如來興
顯經)』에서도 "여래의 성스러운 가르침은 허공계를 연(緣)하기에 그 행함에

---

268) "偈言 / 如實見衆生 寂靜真法身 以見性本淨 煩惱本來無 / 此偈明何義 以如實
見 本際以來 我空法空應知 偈言正覺正知者 見一切衆生清淨無我 寂靜真實際
故 又彼如實知無始世來本際寂靜無我無法 非滅煩惱證時始有.", 『究竟一乘寶性
論』, T31, p.824c.
269) "十住還本際 退成猶復進 最勝度此難 時演勿有疑.", 『菩薩瓔珞經』, T16, p.14
a.

걸림 없고 본제(本際)의 성스러운 지혜의 경계를 밝게 아시며, 부처님의 지혜를 두루 이해하시고, 성도를 분별하신다."270)라고 설명하는데, 여기서 말하는 '본제' 역시 깨달음의 근본 자리를 의미한다. 이 외에도 본제를 '깨달음의 근본 자리'로 이해하는 불전이 여럿 있다. 법성게의 본제 개념은 『화엄경』이 아니라, 이런 불전들에서 유래한 듯하다.

<u>불교는 해체법이다.</u>

불교의 깨달음을, 높은 산의 정상에 비유하여, 길을 걷고 비탈을 딛고 힘들게 올라야 할 지점으로 생각할 수 있을 것이다. 그러나 불교의 깨달음은 앞으로 나아가고 높이 쌓아서 이룩하는 것이 아니다. 이와 반대로 지우고, 또 지워서 체득되는 것이다. 내가 갖고 있는 고정관념을 하나하나 해체하면서 깨달음에 이르게 된다. 내 감성을 가득 메우고 있는 탐욕, 분노, 교만과 같은 번뇌를 하나하나 제거하면서 깨달음 얻게 된다. 불교는 해체법이기 때문이다. 노자의 『도덕경』을 보면 다음과 같은 경구가 있다.

> 학문을 함에 나날이 늘어나고, 도를 닦음에 나날이 덜어낸다.
> 덜어내고 또 덜어내어서 무위에 이르면 함이 없지만 하지 못할 것이 없다.
> 爲學日益 爲道日損 (위학일익 위도일손)
> 損之又損 以至於無爲 無爲而無不爲(손지우손 이지어무위 무위이무불위)

학문은 쌓아서 이룩된다. 지식이 많은 학자(學者)가 되려면 많이 읽어야 하고, 암기해야 한다. 그러나 도인(道人)이 되려면 많이 버려야 한다. 고정관념을 버릴 때 사물과 사태를 있는 그대로 보는 지혜가 생긴다. 지식은 쌓아서 이룩되고 지혜는 버려서 체득한다. 불교수행의 길도 이와 마찬가지다. 모든 번뇌를 제거한 아라한이 되려면 버려야 한다. 탐욕을 버리고, 분노를 버리고,

---

270) T10, p.592c.

교만을 버리고, 어리석음을 버려야 한다. 율장(律藏) 가운데 하나인 『근본설 일체유부비나야(根本說一切有部毘奈耶)』에 16나한 가운데 한 분인 주리반 특가(周利槃特迦, Cūḍapanthaka)의 깨달음과 관련한 일화가 실려있는데 요 약하면 다음과 같다.

주리반특가라는 아이가 있었다. 주리반특가는 산스끄리뜨어 쭈다빤타까(Cūḍ apanthaka)의 음사어다. 쭈다(Cūḍa)가 '작음', 빤타까(panthaka)가 '길'을 의 미하기에, 뜻으로 번역하면 소로(小路)가 된다. 그런데 소로는 너무나 우둔하 였다. 산스끄리뜨의 실담(悉曇) 문자를 가르쳤는데, '담'자를 말하면 '실'자를 잊어버리고, '실'자를 말하면 '담'자를 잊어버릴 정도였다. 그래서 사람들은 소로를 '어리석은 소로'라는 의미에서 '우로(愚路)'라고 불렀다. 그의 형은 이 름이 대로(大路)였는데, 출가하여 스님이 되었고 머지않아 아라한과에 올랐 다. 우로는 자신이 너무나 우둔한 것을 알기에 출가할 엄두를 내지 못했는데, 형 대로의 격려를 받아 출가하였다. 대로는 아우인 소로에게 구족계를 준 후, 다음과 같은 게송을 알려주면서 부지런히 외게 했다.

몸과 말과 마음으로 악을 짓지 말아라.
세상 속의 제 유정을 괴롭히지 말아라.
욕망 경계 허망함을 정념으로 관하라.
이익 없는 고행에서 의당 멀리 떠나라.[271]

그러나 우로는 3개월이 지나도 이 게송을 욀 수가 없었다. 어느 날 우로는 자 신의 우둔함에 낙담하여 슬피 울고 있었는데, 부처님께서 이를 보시고 우로에 게 "나는 먼지를 텁니다. 나는 때를 닦습니다[我拂塵 我除垢]."라는 두 구절 의 가르침을 주셨다. 그러나 우로는 이조차 외지 못했다. 그러자 세존께서는 우로의 업장이 무거움을 보시고, 우로에게 "그대는 다른 스님들을 위해서 신 발을 털고 닦아드려라."라고 분부하셨다. 우로는 부처님의 분부를 받고 스님 들의 신발을 털고 닦아드리다가 드디어 "나는 먼지를 텁니다. 나는 때를 닦습 니다."라는 가르침의 뜻을 알게 되어 다음과 같은 게송을 노래했다.

---

271) "身語意業不造惡 不惱世間諸有情 正念觀知欲境空 無益之苦當遠離.", 『根本 說一切有部毘奈耶』, T23, p.796b.

이 먼지는 탐욕이지 흙먼지가 아니지만
은밀하게 이 탐욕을 흙먼지라 설하셨네
현명한 자 이 탐욕을 없앨 수가 있지만은
뻔뻔하고 방종한 자 그렇게 할 수가 없네.

이 먼지는 분노이지 흙먼지가 아니지만
은밀하게 이 분노를 흙먼지라 설하셨네.
현명한 자 이 분노를 없앨 수가 있지만은
뻔뻔하고 방종한 자 그렇게 할 수가 없네.

이 먼지는 우치이지 흙먼지가 아니지만
은밀하게 이 우치를 흙먼지라 설하셨네.
현명한 자 이 우치를 없앨 수가 있지만은
뻔뻔하고 방종한 자 그렇게 할 수가 없네.272)

부처님께서 주리반특가에게 다른 스님들의 신발을 털고 닦게 하신 취지를 알
게 된 주리반특가는 탐욕, 분노, 우치의 삼독을 제거하여 모든 번뇌를 끊고 드
디어 아라한과를 증득하였다.273)

실담(悉曇, siddhaṃ)은 데바나가리와 함께 범어를 표기하는 문자 가운데
하나다. 주리반특가에게 실담문자를 가르쳤는데, '담'자를 말하면 '실'자를 잊
고, '실'자를 말하면 '담'자를 잊을 정도로 주리반특가는 우둔하였다. 출가한
주리반특가에게 부처님께서 "나는 먼지를 텁니다. 나는 때를 닦습니다[我拂
塵 我除垢]."라는 두 문장만 외라고 하셨는데 이도 외지 못했다. 그러자 부처
님께서는 가르침을 더욱 낮추어 다른 스님들의 신발을 털고 닦아드리라는
일을 시키셨다. '신발을 털고 닦는 일'만 하던 주리반특가는 부처님께서 자신
에게 그 일을 시키신 취지를 자각하고 삼독심을 제거하여 깨달음을 얻는다.

---

272) "此塵是欲非土塵 密說此欲爲土塵；智者能除此欲染 非是無慚放逸人 / 此塵
是瞋非土塵 密說此瞋爲土塵 智者能除此瞋恚 非是無慚放逸人 / 此塵是癡非土塵
密說此癡爲土塵 智者能除此癡毒 非是無慚放逸人.", T23, p.797a.
273) T23, pp.795b-797a.

즉, 아라한과 오른 것이다. 탐욕을 제거하고, 분노를 제거하고 우치를 제거하면 아라한이다. 즉 번뇌를 해체하면 아라한이다. 쌓고 더하여 이룩하는 것이 아니라, 버리고 덜어내어 깨달음을 만난다. 탐욕을 버리는 것, 분노를 버리는 것은 머리가 좋든 나쁘든 누구나 할 수 있다. 그리고 우치를 버릴 때 깨달음을 얻는데, 우치를 버리는 것이 지식을 얻을 때와 같이 쌓아서 이룩되는 것이라면 주리반특가와 같이 우둔한 사람은 절대 깨달음을 얻을 수 없을 것이다. 그러나 고정관념을 버림으로써 우치에서 벗어나기에 불교의 지혜를 체득하는 일은 누구에게나 열려 있다. 심지어 벌레도 반야 지혜의 편린(片鱗)을 체득하고 있다. 예를 들어보자. 불교의 반야 지혜의 최정상에서 이루어지는 것이 선문답이다. 부처님은 마른 똥 막대기[간시궐(乾屎厥)]이고 달마 스님께서 서쪽에서 오신 뜻은 뜰 앞의 잣[측백]나무다[정전백수자(庭前柏樹子)]. 이런 선문답과 같은 통찰은 사과 벌레도 갖고 있다. 사과 벌레는 "집(House)이 밥(Food)이다."라고 생각한다. 우리 인간에게는 집이 밥이 아니다. 그러나 사과 속에 사는 벌레는 자기 집을 먹고 살기에 집이 밥이다. 사과 벌레에게는 집과 밥이 다르다는 고정관념이 없다. 그래서 "집이 밥이다." 화두와 같이 주어와 술어의 연결이 상식을 초월한다.

요컨대 불교의 깨달음은 쌓고 더하여 이룩되는 것이 아니라, 버리고 몰라서 체득하는 것이다. 탐욕, 분노, 교만과 같은 감성을 버리고, 고정관념의 인지(認知)를 폐기할 때 깨달음을 얻는다. 깨달음이란 '시고행자환본제'에서 수행자가 돌아갈 '본래 자리'다. '본래 자리'는 수행을 통해, '도달하는 신세계'가 아니라, '돌아가는 고향마을'과 같은 귀환처(歸還處)다. 온갖 번뇌로 가득한 우리 마음에서 번뇌만 제거하면 만나게 되는 '근본 자리'다.

㉔파식망상필부득 叵息妄想必不得
망상분별 쉬잖으면 절대 결코 얻지 못해

파식망상필부득. "망상분별 쉬잖으면 절대 결코 얻지 못해."라고 옮겼다.

앞 구절인 '시고행자환본제'의 당연한 귀결이다. 수행자가 돌아가는 근본 자리는 무엇을 쌓고 더하여 만나는 것이 아니라, 지우고 지워서 이룩된다. 주리반특가가 탐욕을 지우고, 분노를 지우고, 우치를 지워서 아라한이 되었듯이. 『신심명』 서두에서도 선종의 제3조 승찬은 "지극한 도는 어렵지 않다. 취사분별만 멀리하면 된다[지도무난 유혐간택(至道無難 唯嫌揀擇)]."고 가르친다. 불교의 깨달음은 만들어서 이룩되는 게 아니라, 지우고 씻어서 만난다는 점. 초기불교 이후 현대 한국불교의 간화선 수행에 이르기까지 일관하는 모든 불교 수행의 공통점이다. 『화엄경』 「광명각품(光明覺品)」에서 시방의 모든 불국토의 문수보살들이 부처님을 찬탄하여 다음과 같이 노래한다.274)

> 최승자의 깨치심은 이 세상을 초월하여 의지 않고 뛰어나서 이길 자가 없사옵고
> 대선께서 모든 생명 교화하고 제도하니 청정하고 오묘하신 온갖 공덕 갖추셨네.
> 그 마음은 오염 없고 있는 곳도 없습니다. 그 언제나 생각 없고 기대지도 않사오니
> 상서로운 영원한 곳 그 누구도 훼손 못해 위의 덕행 훌륭하신 큰 인도자 이옵니다.
> 본래부터 맑고 밝아 온갖 어둠 소멸하고 온갖 오염 아주 떠나 티끌이나 때가 없어
> 고요하고 부동하여 극단 생각 떠났기에 여래지에 올바르게 드셨다고 말한다네.
> 선서님의 깊은 법해 들어가기 원하여서 몸과 마음 **망상에서 아주 멀리 벗어나면**
> 모든 법의 진실성을 이해하고 요달하며 의혹하는 마음에는 순응하지 않게 되네.
> 시방삼세 모든 세계 여래님의 경계에서 모두 능히 바른 법륜 굴리고자 하지만은
> 모든 법의 자성에는 굴릴 것도 없사오니 무상이신 인도자님 방편으로 설하셨네.
> 모든 법을 밝게 알아 의혹 전혀 없사오니 있다거나 없다 하는 **망상분별 아주 떠나**

---

274) "最勝自覺超世間 無依殊特莫能勝 / 大仙化度一切有 具足淨妙諸功德 / 其心無染無處所 常住無想亦無依 / 永處吉祥無能毀 威德尊重大導師 / 從本淨明滅眾冥 永離諸染無塵穢 / 寂然不動離邊想 是名善入如來智 / 欲入善逝深法海 遠離身心虛妄想 / 解了諸法真實性 永不隨順疑惑心 / 一切世界如來境 悉能為轉正法輪 / 於法自性無所轉 無上導師方便說 / 曉了諸法無疑惑 有無妄想永已離 / 不生差別種種念 正意思惟佛菩提 / 諦了分別諸法時 無有自性假名說 / 隨順諸佛真實教 法非一相亦不多 / 眾多法中無一相 於一法中亦無多 / 若能如是了諸法 是知諸佛無量德 / 觀察諸法及眾生 國土世間悉寂滅 / 心無所依不妄想 是名正念佛菩提 / 眾生諸法及國土 分別了知無差別 / 善能觀察如自性 是則了知佛法義.", T9, pp.424c-425a.

가지가지 생각들을 차별함도 발생찮는 부처님의 깨달음을 올바르게 생각하네.
모든 법을 진실되게 요지하여 분별할 때 자성들이 없지만은 가명으로 설하여서
부처님들 진실하신 가르침을 수순하니 모든 법은 그 모습이 일도 다도 아니라네.
여러 가지 법들 속에 한 모습이 있지 않고 한 가지의 법 가운데 여럿 역시 없사오니
만일 능히 이와 같이 모든 법을 파악하면 이는 바로 부처님의 무량한 덕 아는 거네.
온갖 법과 중생들과 국토들과 세간 모두 고요하게 소멸함을 관찰할 수 있다면은
그 마음은 어디에도 기대찮고 망상 없어 바로 이걸 불보리의 정념이라 이름하네.
중생들과 모든 법과 온갖 국토 세 가지가 다르지가 않다는 점 분별하고 파악하여
자성처럼 올바르게 관찰할 수 있다면은 이게 바로 부처님의 가르침을 아는 거네.

망상에서 벗어나면 모든 법의 진실성을 알게 되고, 있다거나 없다고 하는
망상 분별에서 떠나는 것이 부처님의 깨달음이다. 어찌 보면 너무나 당연한
가르침 같아 보이지만 그렇지 않다. 불교 바깥의 종교에서는 '깨달음'이나
'해탈'을 그렇게 정의하지 않는다. 예를 들어서 고대 바라문교의 성전인『우
빠니샤드』에서는 범아일여(梵我一如)에 대한 자각을 해탈이라고 본다. 즉
우주의 주재자인 브라만(Brāhman, 梵)이, 견문각지(見聞覺知)와 행주좌와
(行住坐臥)의 구심점인 아뜨만(Ātman, 我)과 일치한다는 자각을 해탈이라
고 가르친다. 이는 망상을 버려서 만나는 것이 아니라, 아뜨만을 발견하고,
브라만을 발견한 후, 양자의 일체성을 체험함으로써 얻어진다. 즉 유위(有爲)
의 조작을 통해 추구하는 종교적 목표인 것이다. 또 바라문교 육파철학 가운
데 하나인 상캬(Saṃkhya, 數論, 僧佉) 사상에서는 궁극적 자아인 뿌루샤(Pu
ruṣa, 冥我)의 독존(獨存, Kaivalya) 체험을 해탈이라고 주장한다. 이는 망상
을 제거함으로써 체득되는 불교의 깨달음과 그 방식이 전혀 다르다. 순수주
관인 뿌루샤와 객관인 쁘라끄리띠(Prakṛti, 原質)라는 근본원리가 만난 후 쁘
라끄리띠에 변화가 일어나 세상만사가 출현했다는 전변설(轉變說)에 근거하
여 삼매에 들어가 뿌루샤의 독존을 직관함으로써 해탈한다. 궁극적 자아인
뿌루샤의 발견이 수행의 최종 목표인 것이다. 또 불교와 마찬가지로 갠지스
강 유역에서 발생한 사문(沙門, Śramaṇa)의 종교 중 하나로 현재까지 그 명

맥을 유지하고 있는 자이나교(Jaina敎)에서는 고행을 통해서 궁극적 자아인 지와(Jīva, 命我)를 업의 물질에서 해방하는 것을 종교적 목표로 삼는다. 우빠니샤드건, 상캬 사상이건, 자이나교건 실체로서의 궁극적 자아를 설정한 후 그와의 합일 또는 발견을 수행의 목표로 삼는다. 그러나 불교 수행자는 그저 번뇌만 제거할 뿐이다. '파식망상필부득'이라고 노래하듯이 '망상만 쉴 뿐'이다. 초기불교의 사성제에서 가르치듯이 집기(集起)하는 번뇌를 도(道)의 수행을 통해 제거하여 고(苦)를 멸(滅)한다. 범아일여든, 뿌루샤의 독존이든, 순정(純淨)한 지와든 미세한 욕망인 유애(有愛), 즉 인간의 '존재하고 싶은 욕망'이 만들어 낸 허상일 뿐이다. 이조차 놓아버리는 것이 진정한 해탈이다. 불교의 열반이다. 망상을 쉬고, 간택을 멀리하고, 번뇌를 제거하기만 하면 된다. 그렇지 않으면 불교의 열반에 이를 수 없다. 파식망상필부득이다.

한편, 『법계도기총수록』에 실린 『법기』에서는 파식망상필부득에 대해 다음과 같이 설명한다.

> '파식망상필부득'의 의미는 다음과 같다. 두 가지 아집(我執)이 '망상'이다. 위에서 보듯이 해인의 근본 자리를 내적으로 증득하는 일은, 무아(無我)를 체득한 사람이어야 비로소 도달할 수 있다. 만일 '나'라는 생각이 남아 있다면 결코 도달할 수 없기 때문이다. 예를 들어서 바다 근처의 우물에는 바닷물이 스며서 해갈(解渴)할 수가 없는 것과 마찬가지이다. 이같이 인(人)과 법(法)의 두 가지 자아에 대한 의식(意識)이, 마나식과 아뢰야식이라는 바다에 잠겨있다가 다시 솟아난다. 왜 그런가? 근본식(根本識)인 아뢰야식은 자아의 뿌리이고, 마나식이란 것은 자아의 줄기이며, 제6식 및 전(前) 5식은 인아(人我)와 법아(法我)가 출입하는 문이기 때문이다. 비유하자면, 어떤 사람이 수미산에 오르려고 할 때, 여덟 바다를 말려버리는 일이 끝나야, 육지에 의지하여 계속 걸어가서 수미산에 오를 수 있는 것과 같다. 이런 식으로 수행자가 근본 자리로 돌아가고자 하는데, '점차적으로 8식의 망상 바다를 쉬고 나서야 도달'할 수 있다는 것은 삼승(三乘)에 해당한다. 일승에서는 '첫 바다를 밟는 일이 그대로 모든 바다를 밟고 수미산의 정상을 밟는 일'이다. 따라서 한 걸음도 옮기지 않고 근본 자리로 돌아갈 수 있는 것이다.275)

망상을 쉰다는 것은 자아와 법에 대한 집착을 제거한다는 의미이다. 즉 아공(我空)과 법공(法空)을 체득하는 일이 망상을 쉬는 것이다. 자아나 법에 대한 집착이 조금이라도 남아 있으면 근본 자리로 돌아갈 수 없다. 이는 소금기가 있어서 갈증을 해소할 수 없는 바닷가의 우물에 비유할 수 있는데, 여기서 소금기는 아집과 법집에 해당한다. 그리고 아집과 법집을 없앤다는 것은 유식학에서 열거하는 총 8식의 망상을 제거하는 일인데 성문, 연각, 보살의 삼승의 경우 이를 점차적으로 없애지만, 초발심시변정각이라고 했듯이 일불승인 화엄교에서는 초발심의 순간에 모든 망상을 제거하여 근본 자리로 돌아간다. 망상을 제거하지 않으면 근본 자리로 돌아갈 수 없다. 파식망상필부득이다.

㉕무연선교착여의 無緣善巧捉如意
조건 없는 선교방편 여의주를 손에 넣어

시고행자환본제 파식망상필부득 무연선교착여의 귀가수분득자량. "그러므로 수행자가 본래 자리 돌아갈 때, 망상분별 쉬잖으면 절대 결코 얻지 못해. 조건 없는 선교방편 여의주를 손에 넣어 귀가할 때 분수 따라 자량으로 삼는다네." 의상은 이 네 구절이 '수행의 방편을 밝힌 것[明 修行方便]'이라고 적고 있다. 법계도인의 굴곡이 의미하듯이 길고 긴 보살도의 길을 돌고 돌아 이제 수행의 종착점에 이른 수행자는 선교방편을 써서 중생을 돕는 이타행을 시현한다. 그리고 그런 이타행의 공덕은 성불을 위한 자량이 된다. 그런데 이때 시현하는 이타행의 선교방편은 무연(無緣)의 것이다. 즉 무연의

---

275) "叵息妄想必不得者 以二我執爲妄想也 如上內證海印之際無我之人乃能得至 若存我則必不得至故也 如海邊井有海水故不得令渴 如是意識人法二我由彼末那 及黎耶海藏而還起 何者 黎耶本識是我之根 其末那識是我之莖 六及前五皆是二我 出入之門故也 比如有人欲上須彌 乾八海竟依陸而行得上須彌 如是行者若欲返本 漸息八識妄想海已而得至者 三乘義也 一乘之中若履初海即履諸海踐須彌頂 故不移一步得還本際也.", T45, pp.728b-c.

선교방편이다. '조건 없는 선교방편 여의주를 손에 넣어' 이타행을 시현하는 것이다. 의상은 이러한 '무연선교착여의'의 의미에 대해 다음과 같이 풀이한다.

> 분별에 등을 돌려서 무분별을 얻는 것을 '무연(無緣)'이라고 부른다. 이치에 따르지만 머무름이 없는 것을 '선교(善巧)'라고 부른다. 가르침대로 끝까지 수행하여 성자의 뜻을 얻는 것을 '착(捉)'이라고 부른다. '여의(如意)'의 의미는 앞에서 설명한 것과 같다.276)

무연은 '무분별'이다. 따라서 '무연선교'란 '분별에서 벗어난 선교방편'이라는 의미이리라. 불교 술어 가운데 무연대비(無緣大悲)의 무연도 그 뜻이 이와 마찬가지다. 『대지도론』「발취품(發趣品)에서는 보살의 10지277) 가운데 제7지에 대한 설명을 통해 무연대비의 의미를 알 수 있다. 이는 다음과 같다.

> "일체중생에 대해 자비의 지혜를 구족한다."는 말의 의미는 다음과 같다. 비(悲)에는 세 가지 종류가 있다. '중생연'과 '법연'과 '무연'이다. 여기서 말하는 무연의 대비를 '구족'이라고 부른다. 이른바 법성이 공하며 내지 실상도 역시 공하다. 이를 무연대비라고 부른다. 보살은 실상에 깊이 들어간 다음에 대비의 마음으로 중생을 생각한다. 비유한다면 어떤 사람이 아들 하나가 있는데, 좋은 보물을 구해서, 마음 깊이 사랑의 염을 내어 그 아들에게 주려고 하는 것과 마찬가지다.278)

보살마하살이 제7지에 오르면 '①자아에 집착하지 않음, ②중생에 집착하

---

276) "背反分別 得無分別 名曰無緣 順理不住 故名善巧 如說終行得聖者意 故名為捉 如意如前.", T45, p.714a.
277) 『마하반야바라밀경』의 보살 10지로 ①乾慧地, ②性地, ③八忍地, ④見地, ⑤薄地, ⑥離欲地, ⑦已作地, ⑧辟支佛地, ⑨菩薩地 ⑩佛地를 의미한다.
278) "一切眾生中具足慈悲智者 悲有三種 眾生緣 法緣 無緣 此中說無緣大悲名具足 所謂法性空 乃至實相亦空 是名無緣大悲 菩薩深入實相 然後悲念眾生 譬如人有一子 得好寶物 則深心愛念欲以與之.", 『大智度論』, T25, p.417b.

지 않음, ③수명에 집착하지 않음 … ⑳승가에 의지함에 집착하지 않음' 등 20가지 법에 집착하지 않게 되며, 이와 아울러 '①공을 갖춤, ②무상(無相)을 증득함, ③무작(無作)을 앎 … ⑳애욕에 물들지 않음' 등 20가지 법을 완전히 구족하게 된다. 그런데 완전히 구족하는 20가지 법 가운데 다섯 번째가 '일체 중생에 대해 자비의 지혜를 구족하는 것'이다. 이는 무연의 대비로 법성의 공성 내지 실상의 공성 등을 체득한 다음에 대비(大悲)의 마음으로 중생을 생각하는 것이다. 그래야 모든 중생을 마치 자신의 아들처럼 생각할 수 있다. 즉 공성에 대한 자각이 선행해야 모든 중생을 아들처럼 대하는 무차별의 자비가 가능하고 이것을 무연대비라고 부른다. 이렇게 무연이란 무차별, 공성, 무분별을 의미하기에 무연선교는 '차별 없는 선교방편'이라고 이해할 수 있다. 부처님의 선교방편이지만, 이와 같이 제7지 이상의 보살에게도 가능한 교화의 모습이다.

　『법계도기총수록』에 인용된 『대기』에서는 '무연'에 이어지는 '선교착여의'의 의미에 대해 다음과 같이 '자기 보물을 찾는 맹인'의 비유를 들어서 설명한다.

> '선교착여의' 등이라고 말한 것은 다음과 같이 비유할 수 있다. 눈이 보이지 않기에 자기 보물이 있는 곳을 찾지 못하는 맹인이 있었다. 나이가 들어서 가난해져서 멀리 타향에서 구걸하는데, 눈이 성한 사람이 이를 불쌍하게 여겨서 새끼줄 하나를 갖고서 그 보물이 있는 곳에 묶은 후 그 한끝을 맹인의 손에 쥐어 주고서 손가락으로 가르치면서 다음과 같이 말했다. "만일 당신이 놓치지 않고서 새끼줄을 따라가면 당신의 보물이 있는 곳으로 돌아갈 것이다." 맹인은 이를 듣고서 놓치지 않고 따라가서 보물이 있는 곳에 이르렀다. 그 보물이 있는 곳에는 영험한 약도 있었는데, 약의 기운으로 눈을 뜰 수 있었고, 갖가지 보물을 자유롭게 취하여 사용하였다. 수행자도 이와 마찬가지다. 지혜의 눈이 멀었기에 스스로 내증(內證)하는 법성의 보물이 있는 곳을 찾지 못하여 무시(無始) 이래 남에게 구걸한다. 그런데 위대한 성인이 계셔서 대비의 원력을 일으켜 '일중일체다중일' 등 다라니의 새끼줄을 베풀어서 수행자의 믿음의 손에 쥐어주셨고 '진성심심(眞性甚深)'의 한끝을 저 깨달음의 보물이 있는 곳

에 묶어주신 후 다음과 같이 훈계의 가르침을 주셨다. "그대가 놓치지 않고 부지런히 정진을 행하면 반드시 그대의 법성의 보물이 있는 집으로 돌아갈 것이다." 수행자는 성인의 뜻을 믿음으로 받고 얻어서 처음 발심할 때에 열 가지 안목이 열려 한 걸음도 움직이지 않고서 직접 내증의 법성의 보물이 있는 곳에 들어가서 무진장한 자기 집의 진귀한 보물을 받아서 썼다. 따라서 수행인이 만일 법성의 집으로 귀환하고자 한다면, 반드시 다라니의 새끼줄을 잘 붙잡고서 잃지 않는 것을 자량으로 삼아야 한다.279)

자기 보물이 있지만, 눈이 보이지 않아 그것을 찾지 못하여 구걸을 하며 살아가는 맹인에게, 보물이 있는 곳과 연결된 새끼줄을 쥐어 줄 경우, 그 맹인은 줄을 더듬어가서 보물을 찾아 자유롭게 사용할 수 있다. 이와 마찬가지로 지혜의 눈이 먼 수행자에게 '일중일체다중일' 등의 다라니의 새끼줄을 쥐어 주면 법성을 내증하게 된다. 따라서 수행자는 법성, 진공, 참된 근원으로 이어지는 다라니의 새끼줄을 잘 붙잡아야 한다. 비로자나 부처님께서 차별 없이 내어주는 선교방편의 가르침을 잘 포착해야 한다. '무연선교착여의'다. 그래야, 다음 문구에서 노래하듯이, 진공의 집, 진공의 집, 참된 근원의 집으로 돌아갈 수 있다.

㉖귀가수분득자량 歸家隨分得資糧
귀가할 때 분수 따라 자량으로 삼는다네.

"귀가할 때 분수 따라 자량으로 삼는다네." 의상은 『화엄일승법계도』에서

---

279) "言善巧捉如意等者 比如盲人由其盲故迷自寶所 長年貧困遠乞他鄕 有具眼人 心生哀愍 爲持一索繫彼寶所 以其一末授盲人手而指誨云 汝若不失尋索而行 則返 汝寶所 盲人聞已不失尋行得至寶所 其寶所中亦有靈藥 以藥氣力眼得開明 所有衆 寶自在取用 行者亦爾 智眼盲故迷自內證法性寶所 無始時來窮乞於他 有大聖者起 大悲願 垂一中一切多中一等陀羅尼索授於行者信心之手 以眞性甚深之一末繫彼 證分寶所 而敎誡云 汝若不失勤行精進則必直返汝法性寶宅 行者信受得聖者意捉 如意敎 初發心時便開十眼 不動一步直入內證法性寶所 受用無盡自家珍寶 是故行 人若欲還歸法性家者 要須善捉陀羅尼索持而勿失爲資糧也.", T45, p.729b-c.

이에 대해 다음과 같이 풀이한다.

> '귀가(歸家)'인 것은 본성을 증득하기 때문이다. '가(家)'란 무슨 뜻인가? 그늘
> 지게 덮는다는 뜻이다. 거주하는 곳을 의미하기 때문이다. 이른바 모든 법의
> 본질인 진공(眞空)이다. 깨달은 자가 사는 곳이기에 '택(宅)'이라고 부른다.
> 대비심에서 선교방편으로 중생을 그늘지게 덮기에 '사(舍)'라고 부른다. 그러
> 나 이런 이치는 삼승에 해당한다. 일승에서 비로소 궁극을 다한다. 왜냐하면
> 법계에 순응하기 때문이다. 말하자면 법계 다라니의 가(家) 및 인다라의 가,
> 미세한 가 등인데, 이는 성자가 의지해서 사는 곳이기 때문에 '가(家)'라고 부
> 른다. '수분(隨分)'이라고 한 것은 아직 채우지 못했다는 뜻이기 때문이다. '자
> 량(資糧)'이라는 것은 보리분(菩提分)을 보조하기 때문인데, 『화엄경』 하경
> (下經)의 이세간품(離世間品)에 실린 2천 가지 답변 등을 말한다.[280]

'귀가'에서 수행자가 돌아갈 집[家]은 '모든 법의 본질인 진공(眞空)'을 비
유한다. 따라서 귀가한다는 것은, 모든 법의 본질인 진공을 자각한다는 의미
다. 한편 『법계도기총수록』에 실린 『법기』에서는 귀가를 '법성의 집으로 돌
아가는 것[귀법성가(歸法性家)]'이라고 해석하며, 『진기』에서는 '참된 근원
으로 귀환하는 것[환진원(還眞源)]'이라고 풀이한다. 진공이나 법성이나 참
된 근원 모두 의미는 같다. 법성은 모든 법의 공통점인 공성이며 공성은 모든
법의 참된 근원이기 때문이다. 그러나 모든 수행자가 진공의 집, 법성의 집,
참된 근원의 집으로 돌아가기 위해서 준비하는 자량이 동일한 것은 아니다.
근기가 다르기 때문이다. 여기서는 분수가 다르다고 표현했다. 성문, 연각,
보살은 그 분수가 다르기에, 하늘 가득 내리는 빗방울 같은 선교방편의 여의
주를, 각각 자기 분수에 맞게 받아서 성불의 자량으로 삼는다.

자량은 문자 그대로 자구(資具)와 양식(糧食)을 의미한다. 즉 재물이나 식

---

280) "歸家者 證本性故 家者何義 陰覆義 住處義故 所謂法性眞空 覺者所住 故名為
宅 大悲善巧蔭覆眾生 名曰為舍 此義在三乘 一乘方究竟 何以故 應法界故 所謂法
界陀羅尼家 及因陀羅家 微細家等 此是聖者所依住故 名曰為家 隨分者 未滿義故
資糧者 助菩提分故 如下經離世間品中二千答等是也.", T45, p.714a.

량이 우리의 삶을 뒷받침하듯이, 깨달음을 지향하는 보살에게도 자량이 필요
하다. 위의 인용문에서 의상은『화엄경』「이세간품」에 실린 2천 가지 답변이
보살행의 자량이라고 설명한다. 「이세간품」은 60권본『화엄경』가운데 제36
권~제43권까지 총 8권을 차지할 정도로 그 분량이 많다. 「이세간품」에서 보
현보살이 불화엄(佛華嚴)이라는 이름의 삼매에 들어갔다가 나오자, 보혜보
살이 보현(普慧)보살에게 보살마하살에게 갖추어져 있는 덕목에 대해 200가
지 질문을 던진다. 중략하여 인용하면 다음과 같다.

> 그 때 보혜보살은 여러 보살 대중이 운집한 것을 알고서 보현보살에게 다음
> 과 같이 여쭈었다. "불자여! [1]어떤 것들이 보살마하살들의 '의과(依果)'입니
> 까? [2]어떤 것들이 기특상(奇特想)입니까? [3]어떤 것들이 행(行)입니까?
> [4.]어떤 분들이 선지식(善知識)입니까? … [197]어떤 것들이 등정각(等正覺)
> 을 이루는 겁니까? [198]어떤 것들이 전법륜입니까? [199]어떤 것들이 전법
> 륜으로 인해서 백정법(白淨法)을 얻는 것입니까? [200]불자여! 어떤 것들이
> 여래, 응공, 등정각께서 대반열반을 시현하시는 것입니까?"281)

이어서 보현보살은 이런 200가지 의문에 대답하면서 낱낱마다 10가지 덕
목을 열거한다. 즉, 보살이 갖춘 덕목으로 총 2,000가지를 제시하는 것이다.
이 역시 중략하여 소개하면 다음과 같다.

> 그 때 보현보살마하살은 보혜보살 등 여러 보살들에게 다음과 같이 말했다.
> [1]"불자여! 보살마하살에게는 10가지 '의과(依果)'가 있다. 무엇이 열 가지인
> 가? 이른바, ①보리심 의과인데, 궁극적으로 잊거나 잃지 않기 때문이다. ②
> 선지식(善知識) 의과인데 수순하여 화합하기 때문이다. ③선근(善根) 의과인
> 데, 온갖 선근을 키우고 기르기 때문이다. ④온갖 바라밀 의과인데 궁극을 다
> 하는 수행이기 때문이다. … ⑨부처님을 공양하는 의과인데, 신심(信心)이 파
> 괴되지 않기 때문이다. ⑩모든 여래의 의과인데 바른 가르침이 전도(轉倒)에
> 서 벗어나기 때문이다. …… [200]불자여! 여래, 응공, 등정각께서는 불사(佛

281) T9, pp.631c-632c.

事)에 궁극을 다하시고 나서 10가지 뜻이 있어서 대반열반을 시현하십니다. 무엇이 10가지인가? 이른바, ①모든 행(行)이 다 무상(無常)함을 밝히기 때문이다. ②모든 유위법이 안은(安隱)하지 않음을 밝히기 때문이다. ③반열반으로 가는 것이 가장 안은함을 밝히기 때문이다. … ⑩반열반은 생사에서 멀리 벗어나서 발생하거나 소멸하는 것이 아님을 밝히기 때문이다. 불자여! 이런 10가지 뜻으로 인해서 여래, 응공, 등정각은 대반열반을 시현하십니다."[282]

이런 식으로 열거하는 2천 가지 덕목들이 보살도를 뒷받침하는 자량이 된다. 예를 들어서 보리심, 선지식, 선근, 육바라밀, … 부처님께 올리는 공양, 가르침을 주시는 여래 등에 의지하는 것이 자량이 되며 … 부처님의 대반열반을 목도함으로써 제행무상을 자각하고, 일체 유위법이 편안한 것이 아님을 자각하며, 반열반(般涅槃, Pari-nirvāṇa)이 가장 편안한 것임을 자각하고, 반열반은 생멸에서 벗어난 것임을 자각하는 등의 덕목들이 자량이 된다. 보살은 이런 류의 2천 가지 덕목들을 자량으로 삼아서 진공이며, 법성이며, 참된 근원인 성불의 집으로 귀환하는 것이다. 귀가수분득자량이다.

---

282) T9, pp.632-669b.

B. 얻게 되는 이익을 설명함 (辨 得利益)

㉗이다라니무진보 以陀羅尼無盡寶
 다라니의 한량없는 금은보화 사용하여
㉘장엄법계실보전 莊嚴法界實寶殿
 화엄법계 보배 궁전 장중하게 꾸미고서
㉙궁좌실제중도상 窮坐實際中道床
 궁극에서 참된 경계 중도 자리 앉고 보니
㉚구래부동명위불 舊來不動名爲佛
 옛적부터 부동하여 그 이름이 부처였네.

『법성게』의 저자 의상의 설명은 다음과 같다.

　　둘째는 얻게 되는 이익을 밝힌다. '다라니'라고 말한 것은 '모두 갖고 있기[총
지(總持)]' 때문이다. 그 의미는 아래의 '수십전법(數十錢法)'의 설명과 같다.
'실제'라는 것은 법성을 다하기[궁(窮)] 때문이다. '중도'란 '양극단[이변(二
邊)]'을 융합하기 때문이다. '좌상(坐床)'이란 일체를 포섭하기 때문이다. 법
계의 열 가지 열반의 넓고 큰 보배 법상에 편안하게 있으면서 일체를 포섭하
기에 좌상이라고 말한다. '보(寶)'란 가히 귀하기 때문이다. '상(床)'이란 포섭
하여 갖고 있다는 뜻이기 때문이다. 열 가지 열반이란 『화엄경』하경(下經)의
「이세간품」에서 설한 내용과 같다. '구래부동(舊來不動)'이란 옛적부터 성불
했다는 뜻이기 때문인데, 말하자면 열 분의 '부처님'으로 『화엄경』의 설명[283]
과 같다. 첫째는 무착불(無著佛)인데 세간에 편안히 머물면서 정각을 이루기
때문이다. 둘째는 원불(願佛)인데 출생하시기 때문이다. 셋째는 업보불(業報
佛)인데 믿기 때문이다. 넷째는 지불(持佛)인데 따라서 순응하기 때문이다.
다섯째는 열반불(涅槃佛)인데 영원히 건너가셨기 때문이다. 여섯째는 법계불
(法界佛)인데 도달하지 못하는 곳이 없기 때문이다. 일곱째는 심불(心佛)인데
편안히 머물기 때문이다. 여덟째는 삼매불(三昧佛)인데 한량없이 집착하지

---

283) T9, p.663b.

않기 때문이다. 아홉째는 성불(性佛)인데 확고하게 정해져 있기 때문이다. 열 번째는 여의불(如意佛)인데 두루 덮기 때문이다. 어째서 열이라는 숫자로 설명하는가? 여러 부처님을 드러내기 위해서다. 이런 뜻이 제법의 참된 근원이며 궁극을 다한 심오한 종지(宗旨)로 아주 깊어서 이해하기 어려우니 마땅히 깊이 생각하는 것이 좋을 것이다.284)

화엄의 가르침을 집약한 다라니인 '일중일체다중일, 일즉일체다즉일'과 같은 가르침은 마치 금은보화와 같다. 이렇게 금은보화와 같은 사사무애(事事無碍)의 가르침으로 이곳을 보배 궁전과 같이 꾸며서 화장장엄세계를 만든 후 드디어 그 궁전의 한 가운데에 있는 중도 자리에 앉았는데, 그 자리는 '10종 열반'의 자리다. 위에서 의상이 지목하는 『화엄경』「이세간품(離世間品)」을 보면, 보혜보살이 던진 200가지 질문 가운데 마지막 질문인 "불자여! 어떤 것들이 여래, 응공, 등정각께서 대반열반을 시현하시는 것입니까?"라는 질문에 대답하면서 보현보살은 반열반(般涅槃, Parinirvāṇa)의 10가지 뜻에 대해 설명하는데 이를 모두 인용하면 다음과 같다.

불자여! 여래 · 응공 · 등정각께서 궁극적으로 불사(佛事)를 마치고 나서 10가지 뜻이 있어서 대반열반(大般涅槃, Mahāparinirvāṇa)은 시현하십니다. 무엇이 10가지인가? 이른바 ①모든 행(行)이 다 무상(無常)함을 밝히기 때문이며, ②모든 유위법이 안은(安隱)하지 않음을 밝히기 때문이고, ③반열반으로 가

---

284) "二 明得益 謂陀羅尼者 總持故 如下數十錢法中說 實際者 窮法性故 中道者 融二邊故 坐床[坐]者 攝一切故 安在[坐]法界十種涅槃廣大寶床 攝一切故 名曰坐床 寶者可貴故 床者即攝攝[攝持]義故 十種涅槃者 如下經離世間品說 舊來不動者 舊來(成)佛義故 所謂十佛如華嚴經(說) 一無著佛 安住世間 成正覺故 二願佛 出生故 三業報佛 信故 四持佛隨順故 五化佛[涅槃佛] 永度故 六法界佛 無處不至故 七心佛 安住故 八三昧佛 無量無著故 九性佛 決定故 十如意佛 普覆故 何故十數說 欲顯[現]多佛故 此義諸法之真源 究竟之玄宗 甚深難解 宜可深思." 『華嚴一乘法界圖』, T45, p.714a. 이 문장은 『법계도기총수록』에도 거의 그대로 인용되어 있는데, 몇 글자에서 차이를 보인다. 『화엄일승법계도』에 누락된 글자는 둥근 괄호 ( ) 속에 추가하였고, 글자가 다른 경우 『법계도기총수록』의 글자를 각진 괄호 [ ] 속에 넣었다.

는 것이 가장 안은함을 밝히기 때문이며, ④반열반은 모든 두려움에서 멀리 벗어나 있음을 밝히기 때문이고, ⑤천신과 인간들이 물질적인 몸에 집착하지만, 물질적인 몸은 무상하고, 닳아 없어지는 존재라는 점을 밝혀서, 상주하는 청정한 법신을 추구하게 하기 위함이며, ⑥무상의 힘이 강력하여 돌이킬 수 없음을 밝히기 때문이고, ⑦유위법은 욕망에 따라주지 않는 법이라서, 우리의 행동이 자유자재하지 못함을 밝히기 때문이며, ⑧삼계 속의 존재는 모두 질그릇과 같아서 견고하지 않음을 밝히기 때문이고, ⑨반열반이 가장 진실하여 파괴할 수 없음을 밝히기 때문이고, ⑩반열반은 생사에서 멀리 벗어나서 발생하거나 소멸하는 것이 아님을 밝히기 때문이다. 불자여! 이런 10가지 뜻으로 인해서 여래, 응공, 등정각은 대반열반을 시현하십니다.285)

수행자는 보살행의 궁극에서 드디어 마음속 번뇌도 소진되고 육신도 사라지는 대반열반의 자리에 앉는다. 위에서 인용한 경문에서 열거하듯이 대반열반의 시현은 10가지 의의를 갖는데, 요점은 중생으로 하여금 윤회를 지양(止揚)하고 열반을 추구하게 하기 위한 것이다. 윤회의 세계는 ①무상하고, ②안은하지 않으며, ⑤윤회 속의 몸은 무상하고, ⑥무상의 힘을 거역할 수 없으며, ⑧자유롭지 못하고, 질그릇과 같이 견고하지 않은 반면, 열반은 가장 ③안은하며, ④두려움에서 멀리 벗어나 있으며, ⑤상주하는 청정한 법신의 세계이고, ⑨가장 진실되고, 파괴할 수 없으며, ⑩생사에서 멀리 벗어나고 생멸이 없다. 화엄일승법계도에서 수행자는 수행의 궁극에서 드디어 이런 열반의 법상에 앉았다. 이 자리는 모든 법의 본질이 드러난 자리이고, 이분법적 인지

---

285) "佛子 如來 應供 等正覺究竟佛事已 有十種義 示現大般涅槃 何等為十 所謂 明一切行悉無常故 明一切有為非安隱故 明般涅槃最安隱故 明般涅槃遠離一切 諸怖畏故 以諸天人樂著色身 明色身無常 是磨滅法 令求常住淨法身故 明無常力 強不可轉故 明有為法不隨愛行不自在故 明三界法悉如坯器無堅牢故 明般涅槃最 為眞實不可壞故 明般涅槃遠離生死非起滅故 佛子！以此十種義故 如來 應供 等 正覺示現大般涅槃 佛子！如來 應供 等正覺究竟佛事已 有十種義 示現大般涅槃 何等為十？所謂：明一切行悉無常故 明一切有為非安隱故 明般涅槃趣最安隱故 明般涅槃遠離一切諸怖畏故 以諸天人樂著色身 明色身無常 是磨滅法 令求常住淨 法身故 明無常力強不可轉故 明有為法不隨愛行不自在故 明三界法悉如坯器無堅 牢故 明般涅槃最為眞實不可壞故 明般涅槃遠離生死非起滅故 佛子！以此十種義 故 如來 應供 等正覺示現大般涅槃.", T9, p.669a-b.

와 감성의 양극단을 떠난 중도의 자리였다. 열반에 드신 부처님께서 앉아 계신 자리다. 그런데 그분은 '구래부동(舊來不動)'의 부처님이셨다. 의상은 '구래부동'에 대해 '옛적부터 성불했다는 뜻'이라고 간단히 언급할 뿐이지만『법계도기총수록』에 인용된『대기』와『법기』의 설명을 참조할 때 그 의미가 보다 명확히 드러난다. 먼저『대기』에서는 다음과 같이 풀이한다.

> "옛적부터 부동하여 그 이름이 부처였네[구래부동명위불]."라고 한 것은, [『화엄일승법계도』가] 처음에 '법(法)'자에서 일어나서 마지막에 '불(佛)'자에 도달하는데 처음의 일어남과 마지막의 도달함이 한 곳이기 때문이다. 이 때문에 화상께서 "가고 가도 본래 그 자리이고, 도달하고 도달해도 출발점이네."라고 말씀하신 것이 대개 이 뜻이다.286)

여기서 보듯이『대기』의 저자는 법성게의 마지막 문구인 '구래부동명위불'의 의미를 법계도인(法界圖印)의 글자 배치와 연관시켜서 해석한다. '법성원융무이상 …'으로 시작하는 법성게에서 첫 글자인 '법(法)'자는 법계도인의 중앙에 배치되어 있다. 그 후 총 210자 가운데 나머지 문구가 이어지면서 법계도인의 54각을 돌고 돌아 마지막 문구인 '… 구래부동명위불'의 '불(佛)'자로 종료하는데, '불'자가 도착한 곳이 바로 '법'자가 있는 곳이었다. 즉 보살도의 길고 긴 여정을 끝내고 드디어 부처가 되어 열반의 법상에 올랐는데, 그 자리는 다름 아닌 애초의 출발점이었다. 아니 "가도 가도 본래 그 자리, 도달하고 도달해도 출발점이네."라고 하듯이 수행자는 단 한 걸음도 움직이지 않고 원래부터 그 자리에 있었다. 수행자는 옛적부터 원래 성불해 있었다. 옛적부터 한 걸음도 움직이지 않았고 그 이름이 부처였다. '구래부동명위불'이었다.『법계도기총수록』에 실린『법기』에서는 '구래부동'에 대해 다음과 같이 풀이한다.

---

286) "舊來不動名爲佛者 初起法字終至佛字 初起終至是一處故也 是以和尚所云行行本處至至發處蓋此意也.",『法界圖記叢髓錄』, T45, p.730b.

'구래[舊來, 옛적부터]'란 것은, 위에서 말한 깨달음 가운데 본래 고요함이기 때문이다. '부동(不動)'이란 것은, 위에서 말한 깨달음 가운데 제법이 부동한 것이다. 마치 어떤 사람이 침상에서 잠든 것과 같아서 꿈속에서 30여 곳의 역(驛)을 돌다가 깨어난 후에 바야흐로 부동하게 침상에 누워있음을 아는 것과 같다. 여기서도 이와 마찬가지다. 근본인 법성으로부터 30가지 문구(文句)를 지나서 돌아와 법성에 이르렀는데 한결같이 부동이기 때문에 '구래부동[옛적부터 부동하여]'이라고 말한다.287)

어떤 사람이 침상에 누워서 잠을 자면서 꿈속에서 말을 타고 30곳의 역을 돌아서 종점에 이르렀는데, 잠에서 깨어보니 그 몸은 조금도 움직이지 않고 그대로 침상에 누워있다. 이와 마찬가지로 법성게 초두에서 '법성원융무이상 제법부동본래적'이라고 노래했듯이, 모든 법의 본질인 법성은 불이(不二)의 중도이고, 모든 법은 부동하며 본래 고요하다는 점을 자각하면서 법성게를 시작하였는데, 30구의 통찰을 돌고 돌아 드디어 종점에 도착하여 화엄법계의 보배궁전에 잘 차려진 부처의 자리에 앉고 보니, 법성이 부동하다는 점에서 한 치도 앞으로 나아가지 않았다. 애초의 출발점부터 나는 부처였다. "옛적부터 부동하여 그 이름이 부처였다." '구래부동명위불'이었다. 의상 스님이 법계도인의 첫 글자인 '법'자와 끝 글자인 '불'자를 중앙에 배치한 이유가 이에 있었다. 의상의 설명을 보자.

어째서 시작과 끝에 있는 두 글자를 중앙에 배치했는가? 원인과 결과의 두 지위가 법성가의 진실한 성질과 작용이지만 그 본질은 중도임을 나타내기 때문이다.288)

법계도인에서 첫 글자인 '법'도 그 본질은 중도이고, 끝 글자인 '불'도 그

---

287) "舊來者 上證分中本來寂也 不動者 上證分中諸法不動也 比如有人在牀入睡 夢中迴行三十餘驛 覺後方知不動在牀 此中亦爾 從本法性 經三十句 還至法性 只一不動故 云舊來不動也.", T45, p.730a.
288) "何故始終兩字 安置當中 表 因果兩位 法性家內 真實德用 性在中道故.", 『華嚴一乘法界圖』, T45, p.711b.

본성이 중도이다. '법성원융무이상'이라는 첫 문구에서 보듯이 법의 본질은
이분법적 사유를 용납하지 않는 무이상(無二相)의 중도이고, 부처의 본질 역
시 중도다. 부처가 갖춘 동체대비의 감성은 자타의 이분법에서 벗어났기에
중도이고, 부처의 지성은 삶과 죽음의 이분법을 초월했기에 중도이다. '법'자
에서 시작하여 '불'자에서 끝나는 54각의 굴곡은 보살행의 인(因)을 지어서
부처의 과(果)에 도달하는 과정을 비유하는데, 위에서 의상이 말하듯이 원인
인 보살행의 인(因)이나 성불의 과(果) 모두 그 본질은 중도에 있다. 또 앞에
서 '초발심시변정각'이라고 노래했듯이 수행의 종점과 그 출발점은 모두 중
도에 입각한다는 점에서 다르지 않다. 이어서 의상은 수행의 종점에서 이룬
부처의 속성 열 가지를 『화엄경』「이세간품」에서 발췌하여 열거한다. 화엄종
의 제4조 청량 징관의 『신역화엄경칠처구회송석장(新譯華嚴經七處九會頌
釋章)』289)을 참조하여 그 의미를 요약하면 다음과 같다.

①무착불(無著佛) - 세속에서 깨달음을 얻지만 세속에 집착하지 않으신다.
②원불(願佛) - 중생 제도의 서원으로 탄생하셨다.
③업보불(業報佛) - 무량한 선업의 과보인 32상 80종호로 보는 이에게 믿음
  을 주신다.
④[주]지불([住]持佛) - 무궁무진한 가르침이 삼세에 머물면서 일체지에 순응
  한다.
⑤열반불(涅槃佛) - 열반을 시현하지만 실제로는 소멸하지 않고 영원히 중생
  을 제도하신다.
⑥법계불(法界佛) - 법계 전체가 부처님의 몸이어서 지혜 광명이 도달하지
  못하는 곳이 없다.
⑦심불(心佛) - 바르고 곧은 것에 부처님의 마음이 머무른다.
⑧삼매불(三昧佛) - 무량무변한 생각에서 해탈하셨다.
⑨성불(性佛) - 여래는 그 자성이 본각이다.
⑩여의불(如意佛) - 자유자재한 신통력이 모든 곳에 두루한다.

---

289) 『新譯華嚴經七處九會頌釋章』, T36, pp.713c-714a.

수행자가 초발심의 길을 떠나 보살도를 통해 드디어 부처의 지위에 올랐는데, 알고 보니 자신이 원래 부처였다. 초발심의 자리가 성불의 자리였다. 따라서 초발심 보살의 첫걸음을 뗄 때부터 ①원래 세속에 대한 집착에서 벗어나 있었고, ②중생 제도의 서원으로 가득했으며, ③그 모습이 보는 이에게 믿음을 주었고, ④세상만사에서 부처의 가르침 아닌 것이 없었으며, ⑤세상에서 몸을 거두어도 절대로 사라지지 않으며, ⑥모든 것이 지혜의 빛으로 가득하고, ⑦그 마음이 바르고 곧은 것에 머무르며, ⑧모든 생각에서 해탈해 있었고, ⑨그 본성이 깨달음 그 자체였고, ⑩나타나 보이는 세상만사에 그 힘이 미치지 않는 곳이 없었다.

사실 그렇다. 유식학에서 일체유심조(一切唯心造)라고 할 때, 그 심(心)은 나 개인의 마음을 의미한다. 즉 "모든 것은 오직 마음이 만들었다."고 할 때, 그 마음은 남의 마음이나, 마음의 보편을 의미하는 것이 아니라 바로 나의 마음이다. 무엇을 바라볼 때 형상을 만들고, 무엇을 들을 때 소리를 만들고, 무엇을 먹고 마실 때 냄새를 만들고 맛을 만든다. 무엇을 만질 때 촉감을 만들고, 무엇을 의식할 때 생각을 만든다. 내 마음이 이런 모든 것을 만들기에, 이 세상의 구심점은 바로 나다. 내가 세상의 중심이다. 누구든 자신이 세상의 주인공이다. 자신이 부처다.

"내가 곧 부처다."

"구래부동명위불(舊來不動名爲佛)." 누구나 원래 부처였다. 선승들의 어록에서도 "마음이 곧 부처."라든지, "내가 곧 부처."라는 가르침을 만날 수 있다. 또 불교는 아니지만, 우빠니샤드의 범아일여(梵我一如) 사상 역시 이와 유사하다. 범아일여는 "브라만(Brāhman, 梵)과 아뜨만(Ātman, 我)이 같다."라는 의미로 산스끄리뜨어로 '땃뜨 뜨왐 아시(tat tvam asi, 그분이 당신입니다.)'[290] 또는 '아함 브라마 아스미(aham brahmā asmi, 내가 브라만입니다.)'[291]이라고 쓴다. 부처를 브라만으로 대체했을 뿐 의미의 골격은 같다.

불교 유식학에서 "모든 것을 마음이 만들었다[일체유심조(一切唯心造)]."고 할 때 '모든 것[一切]'을 온 세상인 브라만으로 대체하고 '마음[心]'을 아뜨만 으로 대체하면 이 역시 그 골격이 범아일여사상과 다르지 않다. 또 "한 점 크기 티끌 속에 온 우주가 담겨있고"라고 번역한 '일미진중함시방'이라는 문 구에서 '한 점 크기 티끌'을 아뜨만인 내 마음, '온 우주'를 브라만인 모든 것으로 대체하면 이 역시 범아일여사상과 맥락을 같이 한다. 이상의 내용을 표로 정리하면 다음과 같다.

종교	출전	하나(一), 마음(心)	관계	전체, 절대자
불교	법성게	나, 초발심의 수행자	즉(卽)	부처
	선(禪)	나, 마음	즉(卽)	부처
	유식학	마음[心]	조(造)	모든 것[一切]
	법성게	한 점 티끌[一微塵]	함(含)	온 우주[十方]
외도	우빠니샤드	아뜨만[我]	일여(一如)	브라만[梵]

표 22 - 주관적 시점에서 도출되는 종교적 통찰

그런데 이상과 같은 통찰, 즉 "내가 곧 부처."라거나, "내 마음이 모든 것을 만들었다."는 통찰이 가능한 시점이 있다. 바로 주관적 시점이다. 앞에서 설 명한 바 있지만, 부처님께서 제행무상(諸行無常)과, 제법무아(諸法無我)의 가르침을 설하실 때, 먼저 제행이나 제법에 해당하는 일체를 오온, 십이처, 십팔계 등으로 분류하셨는데, 그때 견지하셨던 시점이 주관적 시점이었다. "옛적부터 내가 원래 부처였다."라는 법성게의 가르침 역시 이와 마찬가지 다. 철저한 주관적 시점에서 이루어진 통찰이다.

앞에서 예로 들었던 자동차의 모습으로 주관적 시점에 대해 다시 설명해 보자. 내 자동차를 바라보는 두 가지 시점이 있는데, 하나는 자동차 밖에서 그 외형을 바라보는 시점이고, 다른 하나는 자동차 안의 운전석에 앉아서 내

---

290) *Chandogya Upanishad*, 6.8.7.
291) *Bṛhadāraṇaya Upaniṣad*, 1.4.10.

부를 바라보는 시점이다. 전자는 객관적 시점이고, 후자는 주관적 시점이다. 객관적 시점의 내 자동차는 이 세상에 있는 여러 자동차 가운데 하나에 불과하지만, 주관적 시점에서 본 내 자동차는 오직 하나다. 위를 보든 아래를 보든 옆을 보든 모두가 내 자동차 내부의 모습뿐이다. 객관적 시점에서는 내 자동차의 모습과 크기를 다른 자동차와 비교할 수 있지만, 주관적 시점에서는 자동차 내부의 모든 것들이 유일무이한 것들이기에 비교가 불가능하다. 핸들이든 기어든 백미러든 내비게이션이든 모두 오직 하나이기에 다른 것과 비교가 불가능한 절대적인 존재들이다. 객관적 시점에서는 내 자동차를 포함하여 갖가지 자동차들이 다 다르지만, 주관적 시점에서는 내 자동차의 내부만 보이기에, 그 모든 것이 나의 소유다. 그리고 그 모든 것의 중심은 바로 나다. 자동차 안에서는 내가 주인공이다.

세상을 바라볼 때도 이와 마찬가지다. 주관적 시점에서 이 세상 전체를 오온이나 십이처, 십팔계 등으로 분석할 때 그 중심은 바로 나에게 있다. 나에게 나타난 오온, 십이처, 십팔계로 이루어진 세상에서 살아있는 유일무이한 존재는 오직 나뿐이다. 이런 주관적 시점 속으로는 남이 들어올 여지가 없다. 아니 결코 남이 들어올 수가 없다. 주관의 세계에는 오직 나 혼자만 살아간다. 이런 통찰에 대한 이해를 돕기 위해서, 필자가 몇 달 전에 지었던 랩시(Rap詩) 한 편을 소개해 본다.

난공불락(難攻不落)인 주관의 성채(城砦)에서

너와 내가 대화가 통하는 줄 알아? 이 주관의 성에서 무슨 일이 일어나는 줄 알아? 네가 이곳에 들어올 수 있는 줄 알아? 어림없지. 내가 완강히 막아서 그런 게 아니야. 네가 사는 성채도 마찬가지야. 나는 그곳의 낌새도 모르고 그곳에 들어갈 수도 없어. 우리가 사는 주관의 성채는 원래 그런 거야. 단 한 번도 출입한 적이 없으면서, 마치 제집인 양 서로의 성채를 얘기하지, 천연덕스럽게 …. 서로 단 한 번도 들여다본 적이 없고 단 한 번도 들어가 본 적이 없는 절대적 고립, 주관의 성채에서 …

남도 나의 주관 속에 들어올 수 없지만, 나도 남의 주관 속에 들어갈 수가 없다. 누구나 자기의 주관 속에서 혼자 살아간다. 인간만 그런 게 아니라 모든 생명체가 그렇다. 객관은 모호하지만, 주관은 언제나 분명하다. 주관에는 끝이 있지만, 객관에는 끝이 없다. 주관은 끝장을 낼 수 있지만, 객관은 끝장을 낼 수 없다. 주관의 세계는 모두 다 알 수 있지만, 객관의 세계는 모두 다 알 수 없다. 주관의 작동방식은 언제 어디서든 한결같지만, 객관세계의 모습과 활동은 시대와 장소에 따라 판이하게 달라진다. 순수주관은 있어도 순수객관은 없다. 모든 객관은 특수한 주관의 반영일 뿐이다.

"내가 곧 부처다." 또는 "내 마음이 곧 부처다."라고 할 때, 이런 주관의 세계에서 그렇다는 말이다. 주관의 세계에는 나 홀로 살기에 내가 중심이고, 내가 절대자이고, 내가 부처이기 때문이다. 객관의 세계에는 남들도 살지만, 주관의 세계에는 나 홀로 살고 있기에 그 전체는 내 마음이 구성한 것이다. 모든 것을 오직 내 마음이 만들었다. 일체유심조다.

이런 시점으로 세상을 바라보는 것이 불교에만 있는 것이 아니다. 위에서 언급한 우빠니샤드의 범아일여 사상에서도 온 우주인 브라만이 한 점 아뜨만으로 수렴한다. 법성게의 '일미진중함시방'과 유사한 시점이다. 먼지 한 톨이 아뜨만이라면 시방이 브라만이다. 먼지 한 톨 속에 시방이 들어가듯이, 한 점의 아뜨만 속에 무한의 브라만이 들어간다. 무한 객관처럼 보이는 브라만이 사실은 아뜨만의 변형일 뿐이다. 거꾸로 말하면 한 점 아뜨만이 무한 객관인 브라만으로 방사(放射)한다. 그래서 브라만이 그대로 아뜨만이다. 범아일여(梵我一如)다.

초기불전의 부처님께서는 무아(無我)를 설하셨지만, 대승불전의 시대가 되자 진정한 자아의 존재를 주장하였다.『대반열반경』에서는 열반의 네 가지 속성으로 상락아정(常樂我淨)을 든다. 열반에는 영원성과 즐거움과 자아성과 청정성이 함께한다는 가르침이다. 또, 선승들의 어록에 '진아(眞我), 주인공, 참나' 등과 같이 주체를 의미하는 용어들이 자주 등장한다. 이런 개념들이 우빠니샤드의 아뜨만과 유사하기에 비불교적이라고 비판하기도 하지만,

어찌 되었든 불교 수행의 과정에서 많은 사람들이 진아, 주인공, 참나에 대한 통찰을 얘기한다. 그런데 이런 모든 통찰은 주관적 시점에서 이루어졌다는 점에서 소중한 가치를 갖는다. 진정한 무아와 진정한 열반을 체득하기 이전에 반드시 거쳐야 하는 과정적 통찰인 것이다. 심지어 외도인 우빠니샤드 사상가들의 아뜨만(Ātman) 체험 역시 그 시점이 주관적이라는 점에서, 무아(無我, Anātman)의 체득을 향한 과정적 통찰로서 그 가치를 인정할 수 있다.

부처님의 오온, 십이처, 십팔계설에서 보듯이 불교 수행자는 시작부터 철저하게 주관적 시점을 가져야 한다. 주관적 시점으로 세상을 보면 이 세상에서 살아있는 존재는 오직 나 하나뿐이다. 이 세상에서 나 혼자 산다. 옛날에도 그랬고, 지금도 그렇고, 앞으로도 영원히 그럴 것이다. 잠을 자면서 꿈을 꿀 때, 오직 나 하나만 존재하는 것과 마찬가지다. 서양철학에서 말하는 일종의 독아론(獨我論, Solipsism)이다. 진아, 주인공, 참나에 대한 천착(穿鑿)은 내가 세상의 중심이고, 내 마음이 세상을 만들었다는 통찰이 가능한 주관적 시점에 서게 해 준다는 점에서는 쓸모가 있다. 객관의 허구를 배제하고 순수 주관과 만나게 해 준다는 점에서 '도구적 가치'를 갖는 것이다. 그런 진아, 주인공, 참나를 심지어 아뜨만이라고 불러도 되리라. 그러나 그런 통찰이 진정으로 불교적이기 위해서는 주관적 시점에 머물러서는 안 되고 더 깊이 들어가야 한다. 주관성의 끝에서 만난 참나 또는 아뜨만이 불변의 실체가 아니라 무상(無常)하고 무아(無我)이며 주재성(主宰性)이 없는 식(識)일 뿐이라는 통찰까지 들어가야 한다. 즉 이런 주체들이 사실은 '찰나생멸하는 식의 흐름'에 불과하다는 점을 자각해야 한다. 세상의 중심에서 찰나생멸하는 나의 마음이 내가 체험하는 세상 전체를 만들어낸다. 일체유심조(一切唯心造)다. 나만 그런 게 아니라 다른 모든 사람은 물론이고 낱낱의 생명체는 나름대로 소유한 주관적 세상의 주인이고, 부처님이고, 절대자다. 법성게에서 '일미진중함시방 일체진중역여시(一微塵中含十方 一切塵中亦如是)'라고 노래하듯이, 한 톨 먼지 크기의 찰나적인 마음에[일미진중] 그것이 만든 온 세계가 담겨있고[함시방], 다른 모든 생명체 역시 제각각 자기 마음이 만든 세계 속에서 살아간다[일체진중역여시]. 그래서 누구든 자기가 사는 세상의 중심인 부처다. 『화엄경』에서 설하듯이 마음과 부처와 중생, 이 세 가지는 다르지 않다[心佛及衆生 是三無差別].

　사유(思惟)의 틀을 깨고 여기서 더 나아가면, 이 세상 그대로 내 몸이라고 볼 수도 있다. 내 눈에 보이는 세상 전체는 안근인 눈으로 들어온 망막 살[肉]의 모습일 뿐이고, 내 귀에 들리는 모든 소리는 내 고막 살[肉]의 변화일 뿐이며 … 내 의식에 떠오른 생각은 두개골에 가득한 뇌신경의 발화일 뿐이다. 일체가 다 내 살덩어리, 몸의 변화된 모습이다. 내 몸이[신(身)] 그대로 이 세상이다. '일체유**신**조(一切唯**身**造)'다. 내 몸 그대로인 이 세상이 그대로 온 우주이신 비로자나 부처님의 몸이기도 하다. 내 몸뿐만 아니라, 세상에 사는 모든 생명체의 몸이 그대로 이 세상이고 비로자나 부처님의 몸이다. 주관적 시점에서 볼 때 그렇다. 내 몸과 부처님의 몸과 모든 중생의 몸, 이 세 가지는 차별이 없다. 나의 몸과 마음이 그대로 이 세상이고, 모든 중생의 몸과 마음 역시 그대로 이 세상이며, 이 세상 그대로 비로자나 부처님의 몸과 마음이다. 누구나 세상의 중심이었고, 누구나 부처님이었다.

　이렇게 모든 생명체는 제각각 순전히 자기의 몸 또는 마음으로만 이루어진 세계에서 살아가지만, 앞으로 그런 세계를 계속 만들어낼 것인지, 아니면 이제 그만 거둘 것인지 스스로 결정할 수 있다. 탐욕, 분노, 교만, 어리석음과 같은 번뇌를 계속 발휘하면 그런 세계가 계속 나타나고, 이런 번뇌들을 모두 제거하면 그런 세계 역시 사라진다. 이 세상을 펼칠 것인가, 아니면 거둘 것인가? 내가 결정할 일이다. 주관의 세계에서 내가 중심이고, 내가 절대자이기 때문이다. 탐욕, 분노, 교만, 어리석음과 같은 번뇌를 모두 제거할 때 이 세상은 막을 내린다. 열반이다. 펼쳤던 세상을 기꺼이 거둔다. 옛적부터 부동하여 그 이름이 부처[구래부동명위불(舊來不動名爲佛)]였기 때문이다.

부록 - 탄허 스님의 예언과 정보통신 문화

김성철

　유불선 삼교에 통달하시고 선교(禪敎)를 겸수하셨으며 교학 중 특히 화엄학에 조예가 깊으셨던 탄허 스님께서는 생전에 수많은 예언을 남기셨다. 스님의 예언은 주역과 음양오행설, 그리고 김일부 선생의 『정역(正易)』 등에 근거한 것으로, 스님에게는 여기(餘技)와 같은 것이었지만, 길흉화복에 웃고 우는 미혹한 대중들은 스님의 선지(禪旨)와 학행(學行)보다 예언에 더 많은 관심을 보였다.

　6·25동란, 삼척·울진 공비침투 사건, 미국의 월남전 패배, 박정희 대통령과 마오쩌뚱의 사망, 광주 민주화 운동 등 스님의 수많은 예언들은 적중하여 세인들을 놀라게 하였다. 그러나 조만간 천지개벽이 일어나 강대국의 핵 폭탄이 저절로 폭발하고 전 인류의 대부분이 일시에 사망하며, 일본 국토의 1/3이 침몰할 것이라는 무시무시한 예언과 동해가 육지로 변하고 만주 땅이 우리 것이 되며, 우리나라가 사우디아라비아 이상의 산유국이 되고 곧이어 남북통일이 이루어질 것이라는 희망찬 예언들은 그 시기가 아직 무르익지 않았는지 실현될 조짐이 없다(金呑虛 著, 『부처님이 계신다면』 참조).

　불교적 견지에서 볼 때 미래가 완전히 결정되어 있다고 보는 숙명론은 도덕과 수행의 가치를 부정하는 사견(邪見)이기에 배척받아야 할 것이다. 그러나 그렇다고 해서 우리의 미래가 완전히 열려 있다고 보는 싸르트르(Sartre)식의 극단적 자유론이 옳다는 말은 아니다.

　불교의 인과응보설이나 아뢰야연기론에서 가르치듯이, 우리가 현생에 받고 있는 모든 것은 과거 또는 전생에 지었던 업으로 인해 야기된 것이기 때문이다. 그리고 우리가 전생에 지었거나 현생에 짓고 있는 업들은 우리의 마음 속에서 하나하나 씨앗으로 결실된 후 미래의 언젠가 발아(發芽)하여 과보로 나타나기 위해 지금도 우리의 마음 속에서 성숙하고 있다. 예언이 들어맞는 경우는 이렇게 우리의 마음속에 잠재된 업종자의 의미를 그대로 해석하거나 직관했기 때문일 것이다.

그러나 업종자의 의미를 정확히 파악하여 어떤 예언을 했다고 해도 그것이 나중에 실현되지 않는 경우가 있다. 현재 우리가 짓는 행위에 따라 업종자에 변화가 생길 수 있기 때문이다. 우리 각자가 전생이나 과거의 악업을 진심으로 참회하고 계행(戒行)을 다짐한다면 마음의 창고 속에서 발아를 기다리며 익어가던 악업의 씨앗들은 그 성장을 멈추고 쇠락하게 된다.

더 나아가 우리가 매일매일 적극적으로 선업을 지으며 살아간다면, 그로 인해 야기될 행복의 과보가 내생이 아닌 현생에 미리 나타나기도 한다. 『명심보감』에서도 '착하게 살아가는 집안에는 반드시 남은 경사가 있다'(積善之家 必有餘慶)고 말하듯이…. 물론 그 반대 경우도 있을 수 있다. 이렇게, 인과응보설은 극단적인 숙명론도 아니고 극단적인 자유론도 아니다. 미래에 우리가 겪을 일들이 대체로 결정되어 있긴 하지만 우리가 지금 무엇을 짓는가에 따라 미래는 변할 수 있다. 탄허 스님의 예언이 간혹 적중하지 않았던 것은 인과응보의 이러한 가변성(可變性) 때문일지도 모른다.

그런데 탄허 스님의 예언들 중 지금 그대로 실현되고 있는 것이 한 가지 있다고 생각된다. 스님께서는 앞으로 화엄의 세계가 열릴 것이라고 말씀하신 바 있다. 즉 비단 불교계 내에서 뿐만 아니라 어린아이부터 노인에 이르기까지 전국민이 화엄을 공부하고 실천하는 세계가 도래할 것이며, 이런 화장장엄(華藏莊嚴)의 미래세계는 한국사람들에 의해 선도(善導)될 것이라고 예언하셨다.

지금 우리나라 사람 대부분이 화엄학을 공부하고 있지 않고 공부하려 하지도 않는데, 이게 무슨 엉뚱한 소리냐고 반문하는 사람이 있을지도 모른다. 그런데 '화장장엄세계'를 컴퓨터와 인터넷과 핸드폰이 주도하는 '현대의 정보통신사회'와 동치시킬 경우, 스님의 예언은 그 의미가 살아난다.

방대한 『화엄경』의 가르침을 짧은 시구로 요약한 의상(義湘) 스님의 『법성계』에서는 한 티끌 공간 속에 온 우주가 들어가고(一微塵中含十方), 한 찰나의 생각에 무량겁의 시간이 담겨 있다고 노래한다(一念卽是無量劫). 한 톨 먼지 크기의 공간 속에 온 우주가 들어 있고, 한 순간의 생각에 온 시간이 담겨 있기에 언제 어디서든 그 누구도 부족한 것이 없다는 것이다.

다시 말해 그 누구나 모든 것을 갖추신 부처님이란 말이다. 사실 물리적 측면에서 보아도 우리 눈동자에 뚫린 작은 구멍으로 온 우주의 모습이 모두 빨려 들어온다. 이것이 세상의 진상이다. 그러나 우리는 이런 진상을 모르고 자신을 못나고 부족한 존재라고 착각한 채 끊임없이 무언가를 추구하며 살아간다. 그래서 무명 중생이다.

그런데 컴퓨터, 인터넷, 핸드폰에 의해 주도되는 현대의 정보통신 사회는 우리와 같은 무명 중생을 부처님과 같이 만들어 준다. 손톱 만한 메모리 칩 속에 우리의 인식에 영향을 주는 온갖 정보가 담겨 있고, 인터넷을 통해 전 세계의 단말기에 누적된 모든 정보와 만날 수 있으며, 언제 어디에 있다고 하더라도 핸드폰을 통해 항상 모든 사람과 교신할 수 있다. 지금 여기의 나는 모든 것과 만날 수 있고, 모든 것을 알 수 있고(一切智, 全知), 모든 것을 할 수 있는 것이다(神通, 全能).

이렇게 '한 티끌만한 공간 속에 온 우주를 담는 화엄적 문화'인 현대의 정보통신문화에 대한 우리 나라 사람들의 관심은 각별하다. 컴퓨터와 핸드폰 보급률, 인터넷 통신망, 메모리 칩 생산 등의 분야에서 우리는 가히 세계 최고 수준이다. 개발은 서구인들이 했지만 그것을 사용하는 데는 우리가 가장 적극적이다. 스타크래프트와 같은 컴퓨터 게임의 경우 전 세계 100위권 이내를 우리 청소년들이 석권할 정도로 그 성취가 놀랍다.

우리 민족의 이런 화엄적 성향은 오늘날 새롭게 나타난 것이 아니다. 불교의 경우 겉모습은 선종이지만 정토, 화엄, 진언 등 대승의 온갖 사상이 녹아든 통불교적 특성을 지닌다고 한다. 최근에는 남방의 위빠싸나와 티베트불교까지 흡인하려 한다. 벽촌에 가도 술자리만 벌어지면 김대중이가 어떻고 이회창이가 어떻다는 거대담론이 오가며 열띤 토론이 벌어진다. 어린아이가 말문이 트일 정도가 되면, 피아노, 웅변, 속셈, 미술, 영어 등 온갖 학원을 순례 시킨다.

어른, 아이 할 것 없이 모든 것을 다 해야 직성이 풀린다. 우리나라 사람들의 이런 성향이 부정적인 것만은 아니다. '직업을 소명으로 여기는 노예'가 아니라 '모든 것을 총괄하는 주인'으로 살아가려는 심성이며, '천수천안의 보살'이 되려는 마음가짐으로 전화될 수 있는 불교적인 심성이다. 현대의 정보통신문화를 대하는 우리 청소년들의 눈빛이 유난히 반짝이는 이유도 그 핏속에 흐르는 종합과 회통의 유전인자 때문인지도 모른다.

그리고 우리 사회를 진정한 화장장엄세계로 만들기 위해 앞으로 우리 불교인들이 해야 할 일은 정보통신문화에 '윤리'의 지침을 제공하고 '자비'와 '지혜'의 거름을 대는 일일 것이다.

『불교평론』 제14호 칼럼, 2003년 3월

참고문헌 목록

『中阿含經』, T1.

『雜阿含經』, T2.

『方廣大莊嚴經』, T3.

『大般若波羅蜜多經』, T5, T6, T7.

『摩訶般若波羅蜜經』, T8.

『妙法蓮華經』, T9.

『大方廣佛華嚴經』(佛馱跋陀羅 譯), T9.

『大方廣佛華嚴經』(實叉難陀 譯), T10.

『大方廣佛華嚴經』(般若 譯), T10.

『佛說十地經』, T10.

『大寶積經』, T11.

『大般涅槃經』, T12.

『佛說觀無量壽佛經』, T12.

『大方等大集經』, T13.

『優婆夷淨行法門經』, T14.

『菩薩瓔珞經』, T16.

『大威燈光仙人問疑經』, T17.

『四分律』, T22.

『根本說一切有部毘奈耶』, T23.

『大智度論』, T25.

『阿毘達磨法蘊足論』, T26.

『十地經論』, T26.

『阿毘達磨發智大毘婆沙論』, T27.

『阿毘達磨俱舍論』 T29.

『中論』, T30.

『百論』, T30.

『廣百論本』, T30.

『十二門論』, T30.

『瑜伽師地論』, T30.

『成唯識論』, T31.

『究竟一乘寶性論』, T31.

『華嚴經探玄記』, T35.

『華嚴經文義綱目』, T35.

『大方廣佛華嚴經搜玄分齊通智方軌』, T35.

『大方廣佛華嚴經疏』, T35.

『新華嚴經論』, T36.

『新譯華嚴經七處九會頌釋章』, T36.

『肇論』, T45.

『華嚴法界玄鏡』(『華嚴法界觀門』), T45.

『華嚴一乘法界圖』, T45.

『華嚴五教止觀』, T45.

『華嚴一乘十玄門』, T45.

『華嚴經旨歸』, T45.

『華嚴經內章門等雜孔目章』, T45.

『華嚴一乘教義分齊章』, T45.

『大方廣佛華嚴經金師子章』, T45.

『法界圖記叢髓錄』, T45.

『華嚴經問答』, T45.

『筠州洞山悟本禪師語錄』, T47.

『法演禪師語錄』, T47.

『六祖大師法寶壇經』, T48.

『宋高僧傳』, T50.

『華嚴經傳記』, T51.

『續一切經音義』, T54.

『大方廣佛華嚴經疏序演義鈔』(華嚴玄談), X5.

『一乘法界圖圓通記』, B1.

『義相法師法性偈』, B32.

『大方廣佛華嚴經疏鈔會本』, L133.

Sīlāyūpopama Suttaṃ, AN.

Alagaddupama Sutta, MN. I (PTS本).

Nyāyabindu.

Jeffrey Hopkins 英譯, *Nagarjuna's Precious Garland*, Snow Lion Public
ations, 2007.

해주 역주, 『정선화엄 I』, 대한불교조계종 한국전통사상서 간행위원회 출
판부, 2010.

『周易』.

『莊子』.

金呑虛 譯注, 『周易禪解』 3, 圖書出版 敎林.

Chandogya Upanishad.

Bṛhadāraṇaya Upaniṣad.

김성철, 『중론, 논리로부터의 해탈』, 불교시대사, 2004.

김성철, 『억울한 누명』, 도서출판 오타쿠, 2019.

김성철, 『용수의 중관논리의 기원』, 도서출판 오타쿠, 2019.

Leibniz, *Monadology.*

Ludwig Wittgenstein, *Philosophical Investigations*.

TH. Stcherbatsky, *Buddhist Logic I* (New York: Dover Publication, 1962 [초판은 1930-1932년에 발간]).

TH. Stcherbatsky 英譯, *Buddhist Logic II*.

Michael S. Gazzaniga, "Two brains - my life in science", Patt Rabitt Edt., *Inside Psychology - A Science over 50 years*, Oxford University Press, 2009.

김성철, 「Nāgārjuna의 運動 否定論」, 동국대석사학위논문, 1988.

김성철, 「중관사상에 대한 마츠모토의 곡해」, 『비판불교의 파라독스』, 고려대장경연구소, 1999.

김성철, 「중론 귀경게 팔불의 배열과 번역」, 『한국불교학』 제30집, 2001.

김성철, 「화엄사상에 대한 현대적 이해」, 『불교문화연구』 4권, 동국대불교사회문화연구원, 2003.

김성철, 「불교와 뇌과학으로 조명한 자아와 무아」, 『불교학보』 71집, 동국대 불교문화연구원, 2015.

김성철, 「불교와 인공지능」, 『불교평론』 75호, 2018.

김성철, 「탄허학으로 조명한 4.19혁명의 세계사적 의의」, 『한국불교학』 94집, 2020

김성철, '탄허 스님의 예언과 정보통신 문화', 『불교평론』 14호 수필, 2003.

웹사이트

http://www.chogabje.com/board/view.asp?C_IDX=4000&C_CC=AZ

사진/그림 출처

본서에 수록한 저작권개방 '사진/그림'의 출처는 아래와 같다.

* 표지 - 꽃 그림 https://pixabay.com/illustrations/flower-petals-spring-floral-2 336287/
* 96쪽 - 모네 작, 인상 일출 https://commons.wikimedia.org/wiki/File:Monet_-_ Impression,_Sunrise.jpg ; 고흐 작, 자화상 - https://upload.wikimedia.org/wiki pedia/commons/4/4c/Vincent_van_Gogh_-_Self-Portrait_-_Google_Art_Proj ect_%28454045%29.jpg
* 97쪽 - 세잔느 작, 베르시 지방의 센 강 https://commons.wikimedia.org/wiki/Fil e:Paul-Cezanne-The-Seine-at-Bercy.jpg ; 브라크 작. 바이올린과 물병 - http s://commons.wikimedia.org/w/index.php?title=Special:Search&limit=20&offs et=20&ns0=1&ns6=1&ns12=1&ns14=1&ns100=1&ns106=1&search=Georges +Braque&advancedSearch-current={}#/media/File:Buntstiftmalerei_nach_Bra que.jpg
* 98쪽 - 피카소 작, 게르니카 복제 벽화 https://pixabay.com/ko/photos/%EC%9 A%B0%EC%8A%A4-%EA%B9%8C%EB%94%94-%EA%B2%8C%EB%A5% B4%EB%8B%88%EC%B9%B4-3554980/
* 134쪽, 138쪽 - 컵 https://www.dreamstime.com/stock-photo-empty-drinkin g-glass-cup-white-background-image49193498
* 150쪽 - 눈 https://upload.wikimedia.org/wikipedia/commons/8/82/Eye_anato my.jpg ; 나무 https://pixabay.com/ko/illustrations/%ED%8A%B8%EB%A6% AC-%EC%86%8C%EB%82%98%EB%AC%B4-%EC%B9%A8-%EC%97%B D-%EC%88%98-%EB%A7%8C%ED%99%94-5624012/
* 151쪽 - 나는 항상 나의 뇌를 보고 있다. https://upload.wikimedia.org/wikipedi a/commons/1/1a/1204_Optic_Nerve_vs_Optic_Tract.jpg
*163쪽 - 반가사유상 https://commons.wikimedia.org/w/index.php?search=kore an+bodhisattva&title=Special%3ASearch&go=Go&ns0=1&ns6=1&ns12=1&ns 14=1&ns100=1&ns106=1#/media/File:Pensive_Bodhisattva_01.jpg ; 생각하는

사람 https://commons.wikimedia.org/w/index.php?title=Special:Search&limit
=20&offset=20&profile=default&search=Rodin+thinker&advancedSearch-cur
rent={}&ns0=1&ns6=1&ns12=1&ns14=1&ns100=1&ns106=1#/media/File:Th
e_Thinker_by_Auguste_Rodin,_Grand_Palais,_Paris_13_July_2017.jpg

* 168쪽 - 한국소 https://pixabay.com/ko/photos/%EC%95%94%EC%86%8C
-%EB%A8%B8%EB%A6%AC-%EC%86%8C-%EB%A8%B8%EB%A6%AC
-%EB%8F%99%EB%AC%BC-1715829/ ; 대동여지도 https://commons.wiki
media.org/w/index.php?search=korea+map&title=Special:Search&profile=adv
anced&fulltext=1&advancedSearch-current=%7B%7D&ns0=1&ns6=1&ns12=
1&ns14=1&ns100=1&ns106=1#/media/File:Daedongyeojido-full.jpg

* 175쪽 - 바늘구멍사진기 https://upload.wikimedia.org/wikipedia/commons/8/
81/Pinhole-camera.png

* 191쪽 - 거울구슬 https://pixabay.com/ko/photos/%EC%9C%A0%EB%A6%A
C-%EA%B3%B5-%EA%B2%A8%EC%9A%B8-%EB%88%88-%EB%AF%B
8%EB%9F%AC%EB%A7%81-1992028/ ; 거미줄 물방울 https://pixabay.com
/ko/photos/%EC%8A%A4%ED%8C%8C%EC%9D%B4%EB%8D%94-%E
C%9B%B9-%ED%95%A0%EC%9D%B8%EB%90%98%EC%97%88%EC%8
A%B5%EB%8B%88%EB%8B%A4-3060448/

* 201쪽 - Maximilien Luce의 점묘 그림(Metropolitan Museum of Art) https://u
pload.wikimedia.org/wikipedia/commons/6/60/Morning%2C_Interior_-_Luc
e.jpeg

* 205쪽 - 편재하는 촛불의 빛 https://www.oogazone.com/2018/best-candle-cli
p-art-black-and-white-drawing/

* 209쪽 - 전파송출 https://pixabay.com/ko/vectors/%EB%B3%B4%EB%82%B8
-%EC%82%AC%EB%9E%8C-wifi-%ED%83%80%EC%9B%8C-296666/ ;
라디오 https://pixabay.com/ko/vectors/%EB%9D%BC%EB%94%94%EC%9
8%A4-%ED%8F%AC%EB%8F%84%EC%A3%BC-%EC%98%A4%EB%94%
94%EC%98%A4-%EC%A0%84%EC%9E%90-158399/

* 222쪽 - fMRI 영상 https://commons.wikimedia.org/wiki/File:Schizophrenia_f

MRI_working_memory.jpg

* 233쪽 - 카세트 테이프 https://pixabay.com/ko/illustrations/%EC%B9%B4%E
C%84%B8%ED%8A%B8-%EC%9D%8C%EC%95%85-%ED%85%8C%EC%
9D%B4%ED%94%84-%EB%A0%88%EC%BD%94%EB%8D%94-4171238/ ;
캠코더 촬영기 https://pixabay.com/ko/photos/%EC%B9%B4%EB%A9%94%E
B%9D%BC-%EB%8F%99%EC%98%81%EC%83%81-%EC%BA%A0%EC%
BD%94%EB%8D%94-%EB%94%94%EC%A7%80%ED%84%B8-1840/

* 284쪽 - 파도 https://pixabay.com/ko/photos/%EB%AC%BC-%EB%B0%94%
EB%8B%A4-%EC%84%9C%ED%95%91-%EC%9E%90%EC%97%B0-%E
C%B2%AD%EB%A1%9D%EC%83%89-3244961/

* 310쪽 - 비 내리는 풍경 https://pixabay.com/ko/photos/%EB%B9%84-%EB%
B9%84%EC%98%A4%EB%8A%94-%EB%82%A0%EC%94%A8-%EB%82%
98%EC%81%9C-%EB%82%A0%EC%94%A8-1479303/

찾아보기